AF816596

KLAUS FRIEDRICH RÖHL

Über die lebenslange Freiheitsstrafe

KRIMINOLOGISCHE FORSCHUNGEN

Herausgegeben von Professor Dr. Hellmuth Mayer

Band 6

Über die lebenslange Freiheitsstrafe

Von

Landgerichtsrat Dr. jur. Klaus Friedrich Röhl

DUNCKER & HUMBLOT / BERLIN

Gedruckt 1969 bei Buchdruckerei Bruno Luck, Berlin 65
Printed in Germany

Vorwort

Die hiermit vorgelegte Untersuchung ist in ihren wesentlichen Teilen schon im Jahre 1965 entstanden, während ich als Assistent von Professor Dr. Hellmuth *Mayer* am Kriminologischen Seminar der Christian-Albrechts-Universität in Kiel tätig war. Herrn Professor Dr. Mayer, meinem verehrten Lehrer im Strafrecht und in der Kriminologie, gilt mein aufrichtiger Dank. Er hat mir bei der Wahl des Themas und bei der Ausführung völlig freie Hand gelassen, mich jedoch in jeder Hinsicht gefördert und unterstützt und vor manchem Irrweg bewahrt. Im Sommer 1967 habe ich die Arbeit der Rechts- und Staatswissenschaftlichen Fakultät der Christian-Albrechts-Universität als Dissertation eingereicht. Im Wintersemester 1968/69 ist sie noch einmal überarbeitet und die bis zum Frühjahr 1969 erreichbare Literatur nachgetragen worden.

Während der Drucklegung hat der Bundestag zwei Gesetze zur Reform des Strafrechts verabschiedet (1. StrRG vom 25. 6. 1969, BGBl. I 645, und 2. StrRG vom 4. 7. 1969, BGBl. I 717). Das 1. StrRG läßt die Unterscheidung zwischen Zuchthaus, Gefängnis und Haft fallen und führt die einheitliche Freiheitsstrafe ein, die wie bisher die Zuchthausstrafe zeitig bis zu 15 Jahren oder lebenslang verhängt werden kann. Entsprechend der jüngsten Stellungnahme des Sonderausschusses für die Strafrechtsreform in seiner Sitzung vom 23. 1. 1969 (Protokoll S. 2698) beschränken sowohl Art. 1 § 26 des 1. StrRG als auch Art. 1 § 57 des 2. StrRG die Möglichkeit der Aussetzung eines Strafrestes zur Bewährung auf zeitige Freiheitsstrafen. Das 2. StrRG bedeutet für den Allgemeinen Teil des Strafrechts den Abschluß der Reformarbeiten. Das veranlaßt mich, meine Stellungnahme zur Verfassungsmäßigkeit der bedingungslosen lebenslangen Einsperrung (unten S. 170) zu präzisieren: Das 2. StrRG tritt am 1. 10. 1973 in Kraft. Von diesem Tage an wird man dem Gesetzgeber vorhalten müssen, daß er den Verfassungsauftrag zur Milderung der lebenslangen Freiheitsstrafe nicht erfüllt habe mit der Folge, daß der Ausschluß der Lebenslänglichen von einer bedingten Aussetzung des Strafrestes als verfassungswidrig und darum nichtig anzusehen wäre. Mangels einer positiven gesetzlichen Regelung könnte das Vollstreckungsgericht, wenn die sonstigen Voraussetzungen des § 57 StGB n. F. erfüllt wären, einen Lebenslänglichen nach Verbüßung der Höchstdauer der zeitigen Freiheitsstrafe, also frühestens nach 15 Jahren, zur Bewährung entlassen. Es müßte allerdings zuvor nach Art. 100 GG das Bundesverfassungsgericht anrufen. Bis zum 1. 10. 1973 bleibt dem Gesetzgeber noch Zeit, Abhilfe zu schaffen. Dazu hätte er besonders bei der Beratung des gegenwärtig vorbereiteten Strafvollzugsgesetzes Gelegenheit.

Kiel, im August 1969

Klaus F. Röhl

Inhaltsverzeichnis

Dritter Abschnitt

Der Vollzug der lebenslänglichen Zuchthausstrafe und seine Wirkung auf die Gefangenen

Vierter Abschnitt

Die Rolle der lebenslangen Freiheitsstrafe in der Strafrechtsgeschichte

Fünfter Abschnitt

Sechster Abschnitt

Kriminalpolitischer Ausblick

Abkürzungsverzeichnis

a.a.O.	am angegebenen Ort
Abs.	Absatz
a. F.	alte Fassung
Anm.	Anmerkung
AöR	Archiv für öffentliches Recht
ArchKrim	Archiv für Kriminologie (früher: Archiv für Kriminal-Anthropologie und Kriminalistik)
Art.	Artikel
Aufl.	Auflage
BayerVGH	Sammlung der Entscheidungen des Bayerischen Verwaltungsgerichtshofs II. Teil (Verfassungsgerichtshof)
BayObLG	Bayerisches Oberstes Landesgericht
Bd.	Band
BGBl	Bundesgesetzblatt
BGHSt	Entscheidungen des Bundesgerichtshofes in Strafsachen
BJM	Bundesjustizministerium
BlfGefK	Blätter für Gefängniskunde
BVerfG	Bundesverfassungsgericht
BVerfGE	Entscheidungen des Bundesverfassungsgerichts
BVerwG	Bundesverwaltungsgericht
BVerwGE	Entscheidungen des Bundesverwaltungsgerichts
DJT	Deutscher Juristentag
DJZ	Deutsche Juristen-Zeitung
DVBl	Deutsches Verwaltungsblatt
E	Entwurf eines Strafgesetzbuchs (mit Jahreszahl)
Exc. Crim.	Excerpta Criminologica
Fußn.	Fußnote
G.	Gesetz
GA	Goltdamers Archiv für Strafrecht
GG	Grundgesetz
HdWB	Handwörterbuch der Kriminologie (die Aufl. wird durch eine hochgestellte Zahl bezeichnet)

h. M.	herrschende Meinung
i. d. F.	in der Fassung
JCrimLaw a. Criminology	Journal of Criminal Law and Criminology
JR	Juristische Rundschau
JZ	Juristenzeitung
KRG	Kontrollratsgesetz
LK	Leipziger Kommentar
MSchrKrim	Monatsschrift für Kriminologie und Strafrechtsreform
N.F.	Neue Folge
n.F.	neue Fassung
NJW	Neue Juristische Wochenschrift
Nr.	Nummer
NTfK	Nordisk Tidsskrift for Kriminalvidenskab
NZZ	Neue Züricher Zeitung
OGHSt	Entscheidungen des Obersten Gerichtshofes für die Britische Zone in Strafsachen
OLG	Oberlandesgericht
OVG	Oberverwaltungsgericht
RCCP	Royal Commission on Capital Punishment, Report
RGBl	Reichsgesetzblatt
RGSt	Entscheidungen des Reichsgerichts in Strafsachen
Rn.	Randnummer
S.	Seite
Sammlung	Sammlung außerdeutscher Strafgesetzbücher in deutscher Übersetzung
SchlHA	Schleswig-Holsteinische Anzeigen
SchweizZStr	Schweizer Zeitschrift für Strafrecht
StrÄG	Strafrechtsänderungsgesetz
StGB	Strafgesetzbuch
StPO	Strafprozeßordnung
VerwRspr	Verwaltungsrechtsprechung
Vgl.	zu vergleichen
ZfStrVo	Zeitschrift für Strafvollzug
ZStW	Zeitschrift für die gesamte Strafrechtswissenschaft

Einleitung

Das am 23. 5. 1949 verkündete Grundgesetz hat für den Bereich der Bundesrepublik Deutschland die Todesstrafe abgeschafft. Damit ist das lebenslange Zuchthaus, das an ihre Stelle getreten ist, zur schwersten Strafe aufgerückt. Dem Namen nach scheint es sich bei dieser Sanktion nur um eine Steigerung der zeitigen Zuchthausstrafe zu handeln. Nach Wesen und Wirklichkeit bedeutet lebenslanges Zuchthaus jedoch etwas grundsätzlich anderes als zeitiges Zuchthaus und die übrigen zeitigen Freiheitsstrafen[1].

Der Unterschied muß allerdings verborgen bleiben, solange man die lebenslange Freiheitsstrafe nur im Gegensatz zur Todesstrafe sieht. Noch immer lenkt die Todesstrafe mit magischer Kraft alle Blicke auf sich. Deshalb ist bisher fast ganz übersehen worden, daß die lebenslange Freiheitsstrafe ihre eigene Problematik besitzt. Das erstaunt um so mehr, als jede wissenschaftlich begründete Entscheidung für oder gegen die Todesstrafe jedenfalls zu einem Teil davon abhängt, ob sich die lebenslange Freiheitsstrafe als die bedeutsamste Alternative zur Todesstrafe rechtfertigen läßt und ob sie praktisch durchführbar und wirksam ist. Diese Fragen sind auch nicht etwa dadurch gegenstandslos geworden, daß der Gesetzgeber sich gegen die Todesstrafe entschieden und lebenslanges Zuchthaus an ihre Stelle gesetzt hat, sondern verlangen jetzt erst recht nach einer Antwort. Es ist indessen zu beobachten, daß die lebenslange Freiheitsstrafe ganz allgemein mit einer kaum zu verstehenden Selbstverständlichkeit hingenommen wird. Dabei bedarf es nur geringer Mühe, um zu erkennen, daß auch diese Strafe im wahren Sinne des Wortes fragwürdig ist.

Die Geschichte der Strafmittel ist seit der Carolina die Geschichte ihrer Humanisierung. Sollte diese Entwicklung vor der lebenslangen Freiheitsstrafe haltmachen? Das wäre um so merkwürdiger, als viele lebenslanges Zuchthaus für eine härtere Strafe halten als den Tod. Ebenso wie die Todesstrafe soll lebenslanges Zuchthaus den Verbrecher endgültig aus der menschlichen Gemeinschaft ausschließen. Es ist die letzte Strafe, die auf die Resozialisierung des Täters verzichtet[2], und bedarf

---

[1] *Maurach*, AT S. 685, unterscheidet innerhalb der Zuchthausstrafe die lebenslange und die zeitige als „zwei voneinander nicht nur graduell, sondern auch qualitativ unabhängige Strafgrößen".

[2] Die Geldstrafe schließt eine Resozialisierung, sofern eine solche überhaupt

deshalb einer besonderen Rechtfertigung. Manche Länder haben diese Strafe bereits ganz abgeschafft. In anderen Ländern können Lebenslängliche auf Grund der bestehenden Gesetze wie Zeitgefangene nach Verbüßung eines Teils ihrer Strafe bedingt entlassen werden. Selbst dort, wo die lebenslange Strafe von rechtswegen ausnahmslos zu vollstrecken ist, wird sie in der Praxis häufig durch Begnadigung gemildert. Das deutet alles darauf hin, daß die echte lebenslängliche Verwahrung Krimineller entweder gar nicht durchführbar ist oder jedenfalls nicht für notwendig gehalten wird. Wenn aber die Entlassung der Lebenslänglichen keine Ausnahme bleibt, sondern eine gewisse Regelmäßigkeit annimmt, darf sie dann im Rechtsstaat der Gnadenentscheidung überlassen bleiben?

Während die kriminalistische Literatur zur Todesstrafe unübersehbar geworden ist, sind bisher nur vereinzelt Untersuchungen über die lebenslange Freiheitsstrafe angestellt worden. Beachtung hat man diesem Thema besonders in den Jahren vor dem Ersten Weltkrieg geschenkt. 1909 erschien die Habilitationsschrift des Psychiaters Rüdin „Über die klinischen Formen der Seelenstörungen bei zu lebenslänglicher Zuchthausstrafe Verurteilten". 1912 widmete Liepmann den Lebenslänglichen einen längeren Abschnitt in seinem dem 31. Deutschen Juristentag in Wien erstatteten Gutachten über die Todesstrafe. Angeregt durch diese Arbeit berichteten in den nächsten beiden Jahren die Ärzte Lumpp[3], Többen[4] und Viernstein[5] in Aufsätzen über das Schicksal von Lebenslänglichen in verschiedenen Strafanstalten. 1927 erschien noch einmal ein größerer Bericht von Többen[6] und 1930 ein Aufsatz des Juristen Plischke[7].

Erst in der allerjüngsten Zeit mehren sich die Anzeichen dafür, daß man der lebenslangen Freiheitsstrafe erneut seine Aufmerksamkeit zuwendet. Die 1955 in Italien mit einem Buch von Perucatti[8] einsetzende Diskussion über die Dauerzuchthausstrafe (ergastolo), die schließlich 1962 zu einer Gesetzesänderung führte, welche auch für diese Strafe die bedingte Entlassung ermöglicht, ist bei uns fast unbemerkt geblieben.

---

notwendig ist, jedenfalls nicht aus. Die Geldstrafe kann im Einzelfall auch erzieherisch wirken, obwohl sie an sich bloße Übelszufügung ist.

[3] Das Schicksal von 50 zu lebenslänglicher Zuchthausstrafe Verurteilten, BlfGefK 47, 1913, 107.

[4] Ein Beitrag zur Psychologie der zu lebenslänglicher Zuchthausstrafe verurteilten oder begnadigten Verbrecher, MSchrKrim 9, 1913, 449.

[5] Eigenschaften und Schicksale von 40 lebenslangen Gefangenen des bayer. Zuchthauses Kaisheim, Zeitschrift für Medizinalbeamte 27, 1914, 41.

[6] Neuere Beobachtungen über die Psychologie der zu lebenslänglicher Zuchthausstrafe verurteilten oder begnadigten Verbrecher.

[7] Die Lebenslänglichen, ZStW 50, 1930, 146.

[8] Perchè la pena dell'ergastolo deve essere attenuata; vgl. ferner *Vassalli* in Studies in Penology, S. 225 ff.; *Jovane*, Carcere a vita et pena di morte, Rassegna di Studi penitenziari 1964, 625.

1959 veröffentlicht der Anstaltspfarrer Ohm ein Buch über „Haltungsstile Lebenslänglicher“. 1962 ist die Lebenszeitstrafe Beratungsgegenstand des 5. Kongresses der Nordischen Kriminalistenvereinigung in Helsingfors[9], und 1964 treten die finnischen Kriminologen Anttila und Westling mit einer Studie über die Begnadigung und die Rückfallkriminalität Lebenslänglicher hervor[10]. Auch in Polen ist 1963 eine Monographie über die lebenslange Freiheitsstrafe erschienen[11]. Mit einer Umfrage in den Strafanstalten der Bundesrepublik hat kürzlich Ullrich das Schicksal der Lebenslänglichen aufzuklären versucht[12]. Das Institut für Kriminologie der Universität Tübingen (Direktor: Professor Dr. Dr. Göppinger) hat 1965 damit begonnen, die in Baden-Württemberg einsitzenden Lebenslänglichen zu untersuchen[13]. Schließlich haben sich auch die Journalisten des Themas angenommen[14].

Im Unterschied zu den bisher veröffentlichten Untersuchungen, die sich im wesentlichen damit begnügen, in der lebenslangen Freiheitsstrafe die geeignete Alternative zur Todesstrafe aufzuzeigen und über das Schicksal der Lebenslänglichen zu berichten, hat sich die vorliegende Arbeit zum Ziel gesetzt, den besonderen Standort der lebenslangen Freiheitsstrafe zwischen der Todesstrafe einerseits und der „modernen Freiheitsstrafe“ andererseits zu bestimmen und daraus die notwendigen Folgerungen abzuleiten. Dazu gehört unserer Meinung nach vor allem, daß die lebenslange Freiheitsstrafe am Geist und am Wortlaut des Grundgesetzes gemessen wird.

Ihren Ausgang muß die Untersuchung von dem kriminologischen Tatbestand nehmen. Deshalb behandeln die ersten Abschnitte der Arbeit den Anwendungsbereich der lebenslangen Zuchthausstrafe, die Begnadigungspraxis und die Wirkungen des Strafvollzugs. Sodann soll mit einem geschichtlichen Rückblick die Rolle der lebenslangen Freiheitsstrafe bis zur Gegenwart verfolgt werden. Diese Betrachtung mündet in eine verfassungsrechtliche Untersuchung über die Vereinbarkeit der lebenslangen Zuchthausstrafe mit dem Grundgesetz. Schließlich folgt die kriminalpolitische Auswertung.

---

[9] Vgl. Nordisk Kriminalistik Årsbok 1962, S. 140—150.

[10] Die englische Übersetzung mit dem Titel „A Study in the Pardoning of, and Recidivism among, Criminals sentenced to Life Imprisonment“ erschien 1965 in Bd. 1 der „Skandinavian Studies in Criminology“, S. 13 ff.

[11] *Wasik*, Dozywotniego Wiezinia w Polsce, Warschau 1963.

[12] Das Schicksal der Lebenslänglichen, MSchrKrim 48, 1965, 257.

[13] Nach Mitteilung von *Würtenberger*, MSchr.Krim 49, 1966, 280.

[14] *Horbach*, Gespräch mit dem Mörder, 12 Interviews mit Lebenslänglichen; *Winters*, Wie lang ist lebenslänglich?, in: Christ und Welt, Hinter Gittern wird keiner besser, Sonderdruck, Ende 1966; Wie lang ist lebenslänglich?, in: Der Stern Nr. 26 v. 25. 6. 1967; Petra *Michaely*, Lebenslänglich, Sendung im 1. Programm des Hessischen Rundfunks am 6. 3. 1968; Hanno *Kühnert*, Lebenslänglich ohne Gnade, Frankfurter Allgemeine vom 8. 3. 1968, S. 2.

Obwohl die lebenslange Zuchthausstrafe wesentlich Mordstrafe ist, mußte ich mir versagen, auch auf die Kriminologie des Mordes einzugehen, weil ich nicht hoffen durfte, dem Mordproblem auch nur annähernd gerecht werden zu können[15]. Es bleibt die Frage: Reicht unser Wissen aus, um für den Mord eine so außerordentlich schwere Sanktion endgültig zu rechtfertigen? Die Frage dürfte nach dem gegenwärtigen Stand der Kriminologie zu verneinen sein. Vorläufig müssen wir uns damit zufrieden geben, daß zum Schutz des Menschenlebens alle Maßnahmen recht sind, die Erfolg versprechen, ohne die Menschenwürde anzutasten.

Es hätte auch nahe gelegen, hier eine rechtsvergleichende Darstellung über die Anwendung der lebenslangen Freiheitsstrafe in fremden Strafgesetzen zu geben. Damit wäre aber der Rahmen der Arbeit gesprengt worden. Es sei einleitend nur kurz darauf hingewiesen, daß eine Anzahl von Ländern aus zwei ganz verschiedenen Rechtskreisen lebenslange Freiheitsstrafen abgeschafft haben[16]. Es handelt sich dabei einerseits um Portugal, San Marino, Spanien und eine Reihe lateinamerikanischer Staaten und andererseits um die Mehrheit der kommunistisch regierten Länder Osteuropas.

In Portugal war die Todesstrafe seit 1846 nicht mehr vollstreckt worden[17]. 1867 wurde sie gesetzlich abgeschafft und durch lebenslängliches Zellengefängnis ersetzt. Im Zuge der sogenannten Nova Reforma Penal von 1884 wurde dann auch die lebenslange Freiheitsstrafe beseitigt. Die amtliche Begründung des Gesetzes erklärte dazu, lebenslängliche Strafen müßten abgeschafft werden, da sie als Sühne ungerecht und als Abschreckungsmittel maßlos seien. Zudem stünden sie im Widerspruch zu den Gesetzen der sittlichen Natur des Menschen, nach welchen eine Vermutung dafür bestehe, daß schlechte Neigungen geändert und auch der verkommenste Charakter gebessert werden könne[18]. Heute sieht der Código penal português in Art. 55 als Höchststrafe schweres

---

[15] Die ältere Literatur ist fast vollständig verzeichnet bei *Rösner*, Bibliographie zum Problem des Mordes, ZStW 56, 1937, 34 ff. Aus neuerer Zeit ist besonders hervorzuheben: *Blühm*, Kriminalität der vorsätzlichen Tötungen; *Brückner*, Zur Kriminologie des Mordes; *v. Hentig*, Der Mord; RCCP, Report; *Steigleder*, Mörder und Totschläger; *Unruh*, Der Giftmord; *Verkko*, Homicides and Suicides in Finland; *Wolfgang*, Patterns in Criminal Homicide; *Wurmser*, Raubmörder und Räuber.

[16] Einige Angaben über die bedingte Entlassung Lebenslänglicher nach ausländischem Recht finden sich im 2. Abschnitt unter V. Die rechtsvergleichenden Hinweise dieser Arbeit beruhen auf Quellen von sehr unterschiedlicher Aktualität und Zuverlässigkeit und müssen deshalb besonders kritisch aufgenommen werden.

[17] Beleza *dos Santos* in der Einleitung zur Übersetzung des Port. StGB von *Basedau*, Sammlung Bd. 79 S. 12 Fußn. 20. Nach *Ancel*, Capital Punishment, S. 29, war die letzte Hinrichtung 1838.

[18] *Dos Santos* a.a.O. S. 13.

Gefängnis von 20 bis zu 24 Jahren vor. Nach Art. 67 kann diese Strafe allerdings bei gefährlichen und schwer besserbaren Tätern um aufeinanderfolgende Zeiträume von drei Jahren verlängert werden, bis der Verurteilte zeigt, daß er in der Lage ist, ein ehrenwertes Leben zu führen oder daß er seine Gefährlichkeit verloren hat. Dem Beispiel Portugals sind San Marino, Spanien und die meisten Mittel- und Südamerikanischen Länder gefolgt, nämlich Brasilien, Costarica, die Dominikanische Republik, Guatemala, Honduras, Kolumbien, Mexiko, San Salvador, Uruguay und Venezuela. Auch Chile und Peru müssen hier genannt werden. Sie haben die lebenslange Freiheitsstrafe durch eine Strafe von unbestimmter Dauer ersetzt. Doch sind Spanien, Costarica, Guatemala, Honduras, Mexiko und San Salvador zur Todesstrafe und zum Teil auch zur lebenslangen Freiheitsstrafe zurückgekehrt.

Spanien hatte 1931 die Todesstrafe und zugleich die lebenslange Freiheitsstrafe abgeschafft und durch strenge Reklusion von 20 bis 30 Jahren ersetzt[19]. Das Franco-Regime führte die Todesstrafe wieder ein. Das geltende Recht droht sie in 17 Fällen an, jedoch nirgends absolut. Bei der Abschaffung der Lebenszeitstrafe ist es dagegen geblieben. Die längste Freiheitsstrafe dauert nach Art. 30 des StGB 30 Jahre. Mord wird weiterhin in der Praxis fast nur mit zeitigen Freiheitsstrafen geahndet. Spanien nimmt sogar für sich in Anspruch, das humanste Strafrecht in Europa zu besitzen[20]. Mit der 1944 eingeführten Strafablösung durch Arbeit kann jeder Gefangene seine Strafe erheblich verkürzen, wenn ihn das Gericht von dieser Möglichkeit im Urteil wegen seiner Gefährlichkeit nicht ausdrücklich ausgeschlossen hat. Zusätzlich ist für das letzte Viertel der Strafzeit bedingte Entlassung möglich.

Brasilien, bis 1822 portugiesische Kolonie, erhielt am 11. 10. 1890 ein neues StGB, das weitgehend vom italienischen StGB vom 22. 11. 1888 beeinflußt war[21]. Das Strafsystem lehnt sich aber an die Entwicklung im früheren Mutterland Portugal an. Die Todesstrafe wird ausgeschlossen und alle Freiheitsstrafen zeitlich begrenzt. Nach Art. 55 des geltenden StGB aus dem Jahre 1940 beträgt das Maximum der schweren Freiheitsstrafe (reclusão) 30 Jahre. Diese Grenze ist in der Verfassung verankert.

Uruguay hat die Todesstrafe 1907 abgeschafft. Die längste Freiheitsstrafe dauert nach dem StGB von 1934 30 Jahre. Bedingte Entlassung ist nach Ablauf der halben Strafzeit möglich[22].

Venezuela ist schon seit 1873 ohne die Todesstrafe. Das Höchstmaß der Freiheitsstrafe beträgt 20 Jahre[23].

In Honduras hatte die Verfassung von 1894 die Todesstrafe verboten. Die Höchststrafe betrug sogar nur zehn Jahre schweres Zuchthaus[24].

---

[19] Vgl. *de Asúa*, Die Strafgesetzgebung der spanischen Republik, MSchrKrim 22, 1931, 641.

[20] *Düsing* S. 247.

[21] *Lang-Hinrichsen*, Strafgesetzgebung in Brasilien, ZStW 64, 1952, 514 (516).

[22] Vgl. *Carballa*, Die strafrechtliche Entwicklung in Uruguay, ZStW 64, 1952, 123 (125).

[23] *Kohlrausch* in HdwBKrim[1], Bd. 2 Artikel „Todesstrafe".

[24] *Kohlrausch* a.a.O.

Im Ostblock hat das Vorbild der Sowjetunion gewirkt, wo der Verzicht auf die lebenslange Freiheitsstrafe schon zu einer Tradition geworden ist. Nach kommunistischer Auffassung ist das Verbrechen ein notwendiger Ausfluß der Klassengegensätze in der kapitalistischen Gesellschaft. Es wird aussterben, wenn erst der Endzustand des Kommunismus, die klassenlose Gesellschaft, verwirklicht sein wird. In dem jetzigen Übergangsstadium muß der verbrecherische Klassenfeind unterdrückt und unschädlich gemacht werden. Dazu dient die Todesstrafe, die grundsätzlich als ein Instrument des imperialistischen Strafrechts gebrandmarkt wird, als „eine außergewöhnliche, nur vorübergehend vorgesehene Strafart". Wer dagegen aus den werktätigen Massen stammt und lediglich durch noch nicht abgelegte Gewohnheiten aus der Zeit des Kapitalismus oder durch klassenfremde Einflüsse zum Verbrechen getrieben worden ist, der soll und kann durch zwangserzieherische Maßnahmen resozialisiert werden, mag er auch schwere Verbrechen begangen haben. Lebenslange Freiheitsstrafen werden deshalb, jedenfalls in der Theorie, für überflüssig gehalten[25]. Wie die Rechtswirklichkeit aussieht, ist aus den verfügbaren Nachrichten nicht zu erkennen.

Für die Sowjetunion hatten schon die „Grundsätze der Strafgesetzgebung der UdSSR und der Unionsrepubliken" von 1924 als Höchstdauer der Freiheitsentziehung zehn Jahre festgesetzt. Diese Obergrenze wurde durch spätere Verordnungen vielfach durchbrochen. Bis zum Erlaß der „Grundsätze" von 1958 bildete sich eine Obergrenze von 25 Jahren heraus[26]. Als der Oberste Sowjet der UdSSR am 26. 5. 1947 die völlige Abschaffung der Todesstrafe in Friedenszeiten beschloß, setzte er gleichzeitig als Höchststrafe 25 Jahre Erziehungs- und Arbeitslager fest[27]. Doch schon ein Dekret vom 12. 1. 1950 führte die Todesstrafe für „Vaterlandsverräter, Spione und Diversanten" wieder ein[28]. Ihre Anwendung wurde 1954 auf die schweren Fälle vorsätzlicher Tötung erweitert, und in diesem Umfang übernahm sie das neue StGB von 1960. Bei dem Verzicht auf die lebenslange Freiheitsstrafe ist es geblieben. Die als Hauptstrafe vorgesehene Freiheitsentziehung dauert nach Art. 24 Abs. 1 des StGB höchstens 15 Jahre.

Bulgarien kennt nach Art. 22 Abs. 3 des StGB die Todesstrafe nur „für Straftaten schwerster Art, welche die Grundlagen der Volksrepublik bedrohen, sowie für andere besonders gefährliche Straftaten ... als zeitweilige und außerordentliche Maßnahme". Die Einheitsstrafe der Freiheitsentziehung dauert nach Art. 23 Abs. 1 des StGB von einem Tag bis zu 20 Jahren. Die Strafzeit wird durch Arbeit verkürzt. Lebenslange Freiheitsentziehung gibt es nicht.

In Jugoslawien enthielt das durch eine Novelle vom 2. 7. 1959 weitgehend geänderte StGB aus dem Jahre 1951 neben der Todesstrafe auch noch das lebens-

---

[25] Vgl. *Maurach,* Grundlagen des Räterussischen Strafrechts, Berlin 1933, S. 202.

[26] Christan F. *Schröder,* Die Grundsätze der Strafgesetzgebung der UdSSR, Herrenalb 1966, S. 76.

[27] Übersetzung bei *Düsing,* S. 273.

[28] *Schröder* a.a.O. S. 74.

lange strenge Gefängnis, allerdings nur als Ausnahmestrafe, die verhängt wurde, wenn wegen der Schwere der Tat auf Todesstrafe zu erkennen gewesen wäre, diese Strafe aber aus besonderen Gründen nicht gerechtfertigt schien, während andererseits eine zeitige Strafe der Schwere der Tat nicht entsprochen hätte[29]. Das Gesetz über den Vollzug der Strafsanktionen vom 21. 7. 1961 brachte mit einer Reform des Strafvollzugs auch die Beseitigung des lebenslangen strengen Gefängnisses[30]. Die Todesstrafe kann jetzt in strenges Gefängnis von 20 Jahren umgewandelt werden. Sonst wird strenges Gefängnis von einem bis zu 15 Jahren verhängt.

Das StGB der Tschechoslowakei vom 29. 11. 1961 kennt zwar, wenn auch wieder nur als Ausnahmestrafe, in Art. 29 die Todesstrafe, verzichtet aber gleichfalls auf eine lebenslange Freiheitsstrafe. Freiheitsentziehung wird auf höchstens 15 Jahre verhängt.

Das StGB Ungarns in der seit 1961 geltenden Fassung sieht in Art. 36 weiter die Todesstrafe vor. Die lebenslange Freiheitsstrafe ist abgeschafft. Nach Art. 37 dauert die bestimmt zu bemessende Freiheitsstrafe mindestens 30 Tage und höchstens 15 Jahre, beim Zusammentreffen mehrerer strafbarer Handlungen oder im Falle einer Gesamtstrafe bis zu 20 Jahren. Ferner bestimmt Art. 30 Abs. 4 Satz 11, daß die Todesstrafe in eine Freiheitsstrafe bis zu 20 Jahren umgewandelt werden kann.

Zu erwähnen ist endlich noch Polen. Noch kennt das polnische Strafrecht neben der Todesstrafe auch lebenslanges Gefängnis (Art. 39). Es liegt aber der Entwurf eines neuen StGB vor, das zwar die Todesstrafe beibehält, an die Stelle der lebenslangen Freiheitsentziehung aber eine Höchststrafe von 25 Jahren treten läßt[31].

---

[29] *Munda* in „Das ausl. Strafrecht der Gegenwart" Bd. 1 S. 394.

[30] *Separoviċ*, Der neue Jugoslawische Strafvollzug, ZfStrVO 13, 1964, 341.

[31] *Wasik* S. 178.

Erster Abschnitt[1]

Die Anwendung der lebenslangen Zuchthausstrafe

I. Der gesetzliche Anwendungsbereich

1. Die allgemeine Regelung

Das StGB unterscheidet mit Haft, Gefängnis, Einschließung und Zuchthaus vier Arten der Freiheitsstrafe, von denen die Zuchthausstrafe wegen des mit ihr verbundenen Arbeitszwanges, wegen der stärkeren Ehrwirkungen[2], vor allem aber wegen der zeitlichen Dauer der Haft die schwerste Strafe ist. Zuchthaus kann als einzige Strafe nicht nur zeitig, sondern auch lebenslang verhängt werden (§ 14 Abs. 1)[3]. Lebenslanges Zuchthaus[4] ist jedoch nach § 14 Abs. 3 nur dort zulässig, wo es im Strafgesetz ausdrücklich angedroht ist.

Der Höchstbetrag der zeitigen Zuchthausstrafe ist 15 Jahre, ihr Mindestbetrag ein Jahr (§ 14 Abs. 2). Auch Einschließung kann bis zur Dauer von 15 Jahren verhängt werden (§ 17 Abs. 1), Gefängnis dagegen nur bis zu fünf Jahren (§ 16 Abs. 1) und Haft bis zu sechs Wochen (§ 18 Abs. 1). Der Mindestbetrag dieser drei Strafarten ist ein Tag. Sind

---

[1] Die in diesem Abschnitt ohne nähere Bezeichnung zitierten §§ sind solche des StGB.

[2] Nach § 31 hat die Verurteilung zu Zuchthaus die dauernde Unfähigkeit zur Bekleidung öffentlicher Ämter zur Folge. Darüber hinaus kann das Gericht nach § 32 neben der Zuchthausstrafe stets auf den Verlust der bürgerlichen Ehrenrechte erkennen. Diese Nebenstrafe ist bei manchen Tatbeständen auch zwingend vorgeschrieben .Das ist aber nie zusammen mit lebenslangem Zuchthaus der Fall. Neben lebenslangem Zuchthaus kann nur auf Ehrenverlust von unbeschränkter Dauer erkannt werden (BGHSt 5, 207). Im übrigen ist die Zuchthausstrafe nicht eigentlich Ehrenstrafe, wenn sie auch tatsächlich als entehrend angesehen wird (vgl. Hellm. *Mayer*, AT, S. 369).

[3] Das 3. StrÄG 1953 hat die lebenslange Festungshaft nach § 17 a. F. beseitigt. Festungshaft scheint in der Gerichtspraxis nie auf Lebenszeit verhängt worden zu sein.

[4] Bis 1953 sprach das Gesetz anstatt von lebenslanger von lebenslänglicher Zuchthausstrafe. *Jagusch* (LK, § 14 Anm. I 1) hält die Wendung „lebenslänglich" für sprachwidrig. Schon *Aschrott* hatte 1910 (in *Aschrott-Liszt*, Reform, Bd. 1, S. 84) vorgeschlagen, an Stelle der sprachlich unschönen Wendung „lebenslängliches Zuchthaus" den Ausdruck „Zuchthaus auf Lebenszeit" zu gebrauchen. Zumindest die Gewohnheit berechtigt aber, von der „lebenslänglichen" Strafe zu sprechen. Als Adverb ist „lebenslänglich" geradezu unentbehrlich und auch in der substantivierten Form verdient die Rede von „den Lebenslänglichen" den Vorzug vor den „Lebenslangen".

wegen mehrerer Verbrechen oder Vergehen mehrere zeitige Freiheitsstrafen verwirkt, so dürfen diese Strafen weder aneinandergereiht noch zu einer lebenslangen Strafe zusammengezogen werden. Nach § 74 ist vielmehr auf eine Gesamtstrafe zu erkennen, die den Betrag der verwirkten Einzelstrafen nicht erreichen und 15jähriges Zuchthaus, zehnjähriges Gefängnis oder 15jährige Einschließung nicht übersteigen darf. Der Grund dafür, daß das Gesetz bei der Realkonkurrenz keine Kumulierung aller verwirkten Strafen zuläßt, liegt nicht nur darin, daß das Strafleiden mit der Dauer der aneinandergereihten Strafen progressiv und daher über das Maß der Schuld anwächst[5]. Es kommt entscheidend hinzu, daß die Vollstreckung längerer, aufeinander folgender, zeitiger Freiheitsstrafen den Charakter dieser Strafen ändern würde, weil sie in der Praxis gar zu oft eine lebenslange Strafe zum Ergebnis hätte[6].

Eine Vollstreckung von mehr als 15 Jahren Zuchthaus wird für zulässig gehalten, wenn gemäß § 29 Abs. 1 und 2 für die neben Zuchthaus erkannte Geldstrafe eine Ersatzfreiheitsstrafe in Zuchthaus bis zur Höchstdauer von einem Jahr bestimmt wird[7], ferner, wenn die Strafe in verschiedenen Urteilen erkannt ist, für die nach § 79 keine Gesamtstrafe gebildet werden darf[8].

Wie zu verfahren ist, wenn für mehrere selbständige Handlungen mehrfach lebenslanges Zuchthaus verwirkt ist oder wenn lebenslanges Zuchthaus mit zeitigen Freiheitsstrafen zusammentrifft, hat das Gesetz nicht geregelt. § 74 ordnet die Bildung einer Gesamtstrafe durch Verschärfung der schwersten Einzelstrafe ausdrücklich nur für den Fall an, daß mehrere zeitige Freiheitsstrafen zusammentreffen. Dieses Asperationsprinzip ließe sich ohnehin bei der lebenslangen Freiheitsstrafe nicht durchführen, da eine Verschärfung nicht mehr möglich ist[9]. Nach allgemeiner Meinung ist deshalb zu kumulieren mit der Folge, daß keine Gesamtstrafe gebildet werden kann, sondern alle verwirkten Einzelstrafen nebeneinander bestehen bleiben[10]. Fraglich ist nur, ob sämtliche Einzelstrafen ohne Rücksicht auf ihre Vollstreckbarkeit in den Ur-

---

[5] Vgl. RGSt 25, 307; OGHSt 2, 359; BayObLGSt 1951, 523.

[6] *von Buri*, Einheit und Mehrheit der Verbrechen, Stuttgart 1879, S. 79 f.; *Frank*, § 74 Anm. II; *Geerds*, Zur Lehre von der Konkurrenz im Strafrecht, Hamburg 1961, S. 340; *Jagusch*, LK, § 74 Anm. 1; *Schönke-Schröder*, § 74 Rn. 3; *Schweling*, Die Bemessung der Gesamtstrafe, GA 1955, 292.

[7] *Niethammer* in J. *von Olshausens* Kommentar zum StGB, 12. Aufl. 1942, § 14 Anm. 2.

[8] RGSt 4, 53; *Schönke-Schröder*, § 14 Rn. 6; *Schwarz-Dreher*, § 14 Anm. 2.

[9] Möglich wäre allerdings eine Verschärfung des Vollzugs, wie sie als Disziplinarmaßnahme angewandt und von einigen ausländischen Rechten für bestimmte Tage oder Monate des Jahres allgemein vorgesehen ist.

[10] RGSt 54, 290; *Baumann*, AT S. 583; *Frank*, § 74 Anm. II; *Jagusch*, LK, § 74 Anm. 2 b; *Maurach*, AT, S. 668; Hellm. *Mayer*, AT, S. 416 Fußn. 4; *Schönke-Schröder*, § 74 Rn. 8; *Schwarz-Dreher*, § 74 Anm. 1 B. Kumulation ist ohne Rücksicht auf die Vollstreckbarkeit der Einzelstrafen sinnvoll, weil auch nicht vollstreckbare Einzelstrafen im Wiederaufnahme- oder Gnadenverfahren Bedeutung gewinnen können; so *Baumann*, a.a.O. und R. *v. Hippel*, Strafrecht, Bd. 2, S. 529 Fußn. 4, 5. Eine Mindermeinung will bei Teilrechtskraft auch die vorzeitige Vollstreckung von Einzelstrafen zulassen; vgl. die Kommentarliteratur zu § 449 StPO, insbes. *Schäfer* in *Löwe-Rosenberg*, § 449 Anm. 6.

teilsspruch aufzunehmen sind, oder ob sie lediglich in den Gründen erscheinen. R. v. Hippel hat den Ausspruch unvollziehbarer Strafen in der Urteilsformel eine „juristische und für das Volk unverständliche Unbeholfenheit" genannt[11]. Mit ihm hält das Schrifttum überwiegend den Ausspruch nur einer lebenslangen Zuchthausstrafe im Interesse einer volkstümlichen Rechtspflege für wünschenswert und zulässig[12]. Das Reichsgericht dagegen sah in diesem Verfahren eine unzulässige inhaltliche Zusammenfassung der Einzelstrafen im Sinne einer Gesamtstrafe und verlangte die Aufnahme aller verwirkten Einzelstrafen in den Urteilsspruch[13]. Diese Entscheidung, der die Gerichtspraxis bis heute folgt, ist aber durch § 260 Abs. 4 StPO in seiner seit 1950 geltenden Fassung überholt[14]. Nach dieser Vorschrift werden Strafen und Maßregeln der Sicherung und Besserung, die neben anderen verwirkten Strafen und Maßregeln nicht vollstreckt werden können, nicht in den Urteilsspruch aufgenommen, sondern nur in den Gründen angeführt.

Lebenslanges Zuchthaus wird nur für schwerste Staatsverbrechen, Mord und Totschlag, Vorsatzverbrechen mit Todesfolge und verbrecherische Gefährdung von Menschenleben im Verkehr sowie durch Feuer, Wasser und Kernenergie angedroht. Dabei steht neben der Höchststrafe in der Regel zeitiges Zuchthaus von zehn bis 15 Jahren zur Wahl. Verschiedene Tatbestände kennen anstelle dieser alternativ-gleichberechtigten Strafandrohung auch die Figur des „besonders schweren Falles", in dem die als Regelstrafe vorgesehene zeitige Zuchthausstrafe durch lebenslanges Zuchthaus ersetzt werden kann oder muß[15]. Es ist eine Besonderheit der lebenslangen Zuchthausstrafe, daß sie als einzige Sanktion im StGB auch absolut, d. h. ohne die Möglichkeit ihrer Ersetzung durch eine andere Strafgröße, angedroht wird. Das gilt zwar nur für Mord (§ 211) und Völkermord (§ 220 a). Aber gerade der Mordtatbestand bildet den wichtigsten Anwendungsfall der lebenslangen Zuchthaus-

---

[11] Strafrecht, Bd. 2, S. 529, unter Hinweis auf *Carpzov*, Practica nova, pars III quaestio 132 Nr. 11. Hellm. *Mayer*, a.a.O., hält ihm entgegen, die frühere Übung, mehrfach verwirkte Todesstrafen mehrfach auszusprechen, sei „keineswegs so unverständlich für das Volk", wie man behaupte. In der Tat geht das in der Häufung von Einzelstrafen sich ausdrückende Werturteil in den Gründen jedenfalls für die Öffentlichkeit weitgehend verloren. Es ist in diesem Zusammenhang doch bemerkenswert, daß alle Zeitungen darüber berichteten, als im Frankfurter Auschwitz-Prozeß die Nebenkläger eine Verurteilung zu 37 000mal lebenslanges Zuchthaus forderten. Nach dem Echo in der Presse zu urteilen, hat dieser Antrag stark beeindruckt.

[12] *Baumann*, a.a.O.; *Mezger-Blei*, AT, S. 301; *Maurach*, a.a.O.; *Peters*, Strafprozeßordnung, S. 405; *Geier* in *Löwe-Rosenberg*, § 260 Anm. 6 b; *Schönke-Schröder*, a.a.O.; *Schwarz-Dreher*, a.a.O.; *Geerds*, a.a.O., S. 387, hält die h. M. für „rechtlich nicht unbedenklich".

[13] RGSt 54, 290.

[14] So *Geier* und *Schwarz-Dreher*, a.a.O. In der Vollzugspraxis werden indessen zeitige Freiheitsstrafen gar nicht als inkompatibel angesehen. Sie werden vielmehr vorab vollstreckt; vgl. *v. Lucadou*, ZfStrVO 14, 1965, 147. Das entspricht dem § 43 Abs. 2 der Strafvollstreckungsordnung, wonach Freiheitsstrafen gleicher Art in der Reihenfolge ihrer Dauer vollstreckt werden sollen, und zwar die kürzeren vor den längeren.

[15] Vgl. *Maurach*, AT, S. 686.

strafe. Auch bei absoluten Strafdrohungen gestatten indes die Strafänderungsvorschriften des allgemeinen Teils nicht selten dennoch eine Milderung der lebenslangen Zuchthausstrafe. Nach § 44 kann das versuchte Verbrechen milder bestraft werden als die vollendete Tat. Ist das vollendete Verbrechen mit lebenslangem Zuchthaus bedroht, so kann nach § 44 Abs. 2 auf Zuchthaus nicht unter drei Jahren erkannt werden. Die gleiche Strafmilderung ist nach § 49 für Beihilfe, nach den §§ 51 Abs. 2 und 55 Abs. 2 im Falle verminderter Zurechnungsfähigkeit und nach Richterrecht auch bei vermeidbarem Verbotsirrtum möglich[16]. Für die Bestrafung des Mordes wird künftig besonders § 50 Abs. 2 n. F. Bedeutung gewinnen, der für den Teilnehmer, dem besondere persönliche Merkmale fehlen, die in der Person des Täters die Strafbarkeit begründen, eine mildere Bestrafung vorschreibt. Auch das Jugendgerichtsgesetz hat eine Milderungsmöglichkeit geschaffen. Werden Heranwachsende im Alter von 18 bis 20 Jahren nach allgemeinem Strafrecht verurteilt, so kann der Richter nach § 106 Abs. 1 JGG anstelle von lebenslangem Zuchthaus eine Zuchthausstrafe von zehn bis 15 Jahren verhängen.

2. Die einzelnen Strafdrohungen

Das Staatsschutzstrafrecht ist erst kürzlich durch G. v. 25. 6. 1968 (BGBl I S. 741) reformiert worden. Ganz neu ist der Tatbestand des § 80, der die Vorbereitung eines Angriffskrieges mit lebenslangem Zuchthaus oder mit Zuchthaus nicht unter zehn Jahren bedroht. Für Verfassungs- und Bestandshochverrat gegen den Bund sieht § 81 Abs. 1 n. F. die gleiche Strafe vor. Lebenslanges Zuchthaus oder Zuchthaus nicht unter fünf Jahren kann ferner in besonders schweren Fällen von Landesverrat (§ 94 Abs. 2 n. F.), Verrat illegaler Geheimnisse (§ 97 n. F.) und landesverräterischer Friedensgefährdung (§ 100 Abs. 2 n. F.) verhängt werden[17].

Für Mord droht das Gesetz in § 211 als einzige, absolut bestimmte Strafe lebenslanges Zuchthaus an. Als Mörder ist zu bestrafen, „wer aus Mordlust, zur Befriedigung des Geschlechtstriebs, aus Habgier oder sonst aus niedrigen Beweggründen, heimtückisch oder grausam oder mit gemeingefährlichen Mitteln oder um eine andere Straftat zu ermöglichen oder zu verdecken, einen Menschen tötet“. Wer einen Menschen vorsätzlich tötet, ohne Mörder zu sein, wird nach § 212 als Totschläger bestraft, und zwar ist nach Abs. 2 dieser Vorschrift in besonders schweren Fällen wie bei Mord auf lebenslanges Zuchthaus zu erkennen. Mit

---

[16] BGHSt 2, 210.

[17] Ebenso war bisher nach § 89 Abs. 1 Satz 2 a. F. ein besonders schwerer Fall von Verfassungsverrat zu bestrafen.

dieser Strafe ist nach § 220 a auch der Völkermord zu bestrafen, der nicht nur ein Verbrechen gegen das Leben, sondern vor allem auch ein Verbrechen gegen die Menschlichkeit darstellt[18].

Von den Fällen vorsätzlicher Tötung abgesehen, hat die lebenslange Zuchthausstrafe vor allem noch für einige sogenannte erfolgsqualifizierte Delikte Bedeutung. Es handelt sich dabei um Vorsatzverbrechen, die eine besondere Qualifikation erfahren, wenn ihre Begehung einen bestimmten Erfolg verursacht, und zwar in den in Betracht kommenden Fällen entweder den Tod des Verletzten oder doch nach §§ 251, 252 eine schwere Körperverletzung[19]. Zu nennen sind hier folgende Vorschriften: Unzucht oder Notzucht mit Todesfolge, § 178; Vergiftung mit Todesfolge, § 229 Abs. 2; Raub mit Marterung, schwerer Körperverletzung oder Todesfolge, § 251; räuberischer Diebstahl und schwere Erpressung unter den gleichen Voraussetzungen, §§ 252, 255; schwere Brandstiftung mit Todesfolge, § 307 Nr. 1; vorsätzliche lebensgefährliche Überschwemmung mit Todesfolge, § 312; Brunnenvergiftung mit Todesfolge, § 324. Ferner ist nach § 1 Abs. 2 des Gesetzes betreffend die Bestrafung des Sklavenraubs und des Sklavenhandels vom 28. 7. 1895 (BGBl III 453—7) auf lebenslanges Zuchthaus zu erkennen gegen Veranstalter und Anführer eines zum Zwecke des Sklavenraubs unternommenen Streifzugs, wenn dadurch der Tod einer Person verursacht worden ist, gegen die der Streifzug gerichtet war. Diese Vorschrift darf zumindest noch theoretisches Interesse beanspruchen, weil es sich um den dritten Fall handelt, in dem das geltende Recht lebenslanges Zuchthaus absolut androht[20].

---

[18] Zum Völkermord vgl. den Artikel „Genocidium" von *Bauer* im Hdwb. Krim.[2], Bd. 1.

[19] Bis 1953 wurde der qualifizierende Erfolg dem Täter schon dann zugerechnet, wenn die Vorsatztat für diesen Erfolg nur kausal war. Während die Rechtsprechung die Kausalität nach der Bedingungstheorie feststellte, wollte das Schrifttum zum Teil die Adäquanztheorie anwenden oder verlangte Fahrlässigkeit hinsichtlich der eingetretenen schweren Folge (*Schönke-Schröder*, 6. Aufl. 1952, Vorbem. IV 4 vor § 1). Das 3. StÄG hat die Zurechnung jetzt davon abhängig gemacht, daß der qualifizierende Erfolg fahrlässig herbeigeführt worden ist. Praktisch hat diese Änderung aber kaum eine Einschränkung der Strafbarkeit bewirkt, denn in den einschlägigen Fällen kann Fahrlässigkeit fast immer festgestellt werden.

[20] In diese Reihe gehörte früher auch § 220 Abs. 2 der die Abtreibung ohne Wissen und Willen der Schwangeren mit der Folge ihres Todes betraf. Ebenso war früher in § 315 für vorsätzliche Eisenbahntransportgefährdung mit Todesfolge und in § 322 Abs. 2 für vorsätzliche Gefährdung der Schiffahrt mit Todesfolge neben zeitigem auch lebenslanges Zuchthaus angedroht. Beide Vorschriften gingen in dem durch G v. 28. 6. 1935 (RGBl I 839) neugefaßten und zu einem konkreten Gefährdungsdelikt umgestalteten § 315 auf, der nun für vorsätzliche gemeingefährliche Transportgefährdung in besonders schweren Fällen Zuchthaus nicht unter fünf Jahren oder auf Lebenszeit vorsah. Nach der erneuten Umgestaltung des § 315 durch G vom 26. 11. 1964 (BGBl I 921) ist die Strafe für Transportgefährdung zeitiges Zuchthaus.

§ 307 enthält neben der schon genannten Brandstiftung mit Todesfolge (Nr. 1) in Nr. 2 und 3 noch zwei Tatbestände, die nicht zu den erfolgsqualifizierten Delikten gehören. Es handelt sich um Fälle schwerer Brandstiftung, die entweder durch die Absicht, „unter Begünstigung" der Brandstiftung, Mord oder Raub zu begehen oder einen Aufruhr zu erregen oder durch das Entfernen oder Unbrauchbarmachen von Löschgerätschaften, um das Löschen des Feuers zu verhindern oder zu erschweren, qualifiziert sind[21]. Aus dem StGB ist schließlich § 316 a anzuführen, der mit Zuchthaus nicht unter fünf Jahren und in besonders schweren Fällen mit lebenslangem Zuchthaus den Täter bestraft, der zur Begehung von Raub oder räuberischer Erpressung einen Angriff auf Leib, Leben oder Entschlußfreiheit des Führers eines Kraftfahrzeuges oder eines Mitfahrers unter Ausnutzung der besonderen Verhältnisse des Straßenverkehrs unternimmt[22].

Neben zeitigem Zuchthaus von mindestens zehn Jahren ist lebenslanges Zuchthaus auch in den §§ 40 und 41 des Atomgesetzes[23] angedroht, und zwar in § 40 Abs. 3 für das Unternehmen der Herbeiführung einer

---

[21] Ob nach § 307 auch weiterhin lebenslanges Zuchthaus verhängt werden darf, ist zweifelhaft geworden, nachdem die §§ 5 bis 8 des SprengstoffG vom 9. 7. 1884 aufgehoben und die entsprechenden Tatbestände als §§ 311 bis 311 c in das StGB eingefügt worden sind. Bis dahin drohte § 5 des SprengstoffG für die Herbeiführung einer gemeingefährlichen Explosion mit Todesfolge als einzige Strafe lebenslanges Zuchthaus an. Jetzt sieht § 311 Abs. 2 als Höchststrafe 15 Jahre Zuchthaus vor. Der E 1962 (S. 502) geht davon aus, daß der Unrechtsgehalt einer Brandstiftung dem eines Sprengstoffanschlages entspricht. Das StrÄG vom 1. 7. 1964 (BGBl I 337) hat aus dem E 1962 nur die Regelung der Explosionsverbrechen vorausgenommen. Deshalb stimmen die Strafdrohungen der §§ 307 und 311 nicht mehr überein. Während Brandstiftung mit Zuchthaus nicht unter zehn Jahren oder auf Lebenszeit bestraft wird, wenn sie den Tod eines Menschen verursacht, sieht § 311 bei Explosionsverbrechen in besonders schweren Fällen einen Strafrahmen von fünf bis 15 Jahren vor. Ist durch die Tat der Tod eines Menschen verursacht worden, so liegt ein besonders schwerer Fall nur vor, wenn den Täter der Vorwurf der Leichtfertigkeit trifft. Und auch dann ist der Richter nur für den Regelfall gehalten, einen besonders schweren Fall anzunehmen, während eine besonders schwere Brandstiftung immer gegeben ist, wenn den Täter hinsichtlich der Todesfolge auch nur leichte Fahrlässigkeit trifft. Es kommt noch hinzu, daß in § 311 Strafschärfungsgründe fehlen, wie sie in § 307 Nr. 2 und 3 vorhanden sind. Deshalb hat *Cramer* vorgeschlagen, die Strafschärfung der Brandstiftung nach § 307 als Ermessensvorschrift auszulegen (NJW 1964, 1837). *Schröder* (in *Schönke-Schröder*, § 307 Rn. 11) billigt diesen Vorschlag als Analogie zu § 311. Für eine Analogie ist aber mangels einer Gesetzeslücke kein Raum. Aus der Gleichwertigkeit des Unrechtsgehalts von Brandstiftung und Sprengstoffverbrechen läßt sich auch nicht wie aus einer mathematischen Gleichung die Ungerechtigkeit ungleicher Strafdrohungen errechnen. Die zweifellos vorhandene Unstimmigkeit muß der Gesetzgeber selbst korrigieren.

[22] Die Bestimmung, die durch G. vom 19. 12. 1952 (BGBl I 832) in das StGB eingeführt worden ist, erneuert und erweitert das früher gegen das Stellen von Autofallen gerichtete G. vom 22. 7. 1938 (BGBl I 651), das durch das KRG Nr. 55 aufgehoben worden war.

[23] G. vom 23. 12. 1959 (BGBl I 814) i. d. F. d. G. vom 23. 4. 1963 (BGBl I 201).

gemeingefährlichen Explosion durch Kernenergie in besonders schweren Fällen, besonders wenn der Täter durch die Tat den Tod eines Menschen verursacht, und in 41 Abs. 3 für den Mißbrauch ionisierender Strahlen gegen eine Vielzahl von Menschen in besonders schweren Fällen, vor allem wiederum wenn die Tat den Tod eines Menschen zur Folge hat. Diese Tatbestände sind anders aufgebaut als die herkömmlichen erfolgsqualifizierten Delikte. Hier ist der unbestimmte Strafschärfungsgrund des „besonders schweren Falles" durch den Fall der Todesfolge als Regelbeispiel erläutert.

Künftig soll der Anwendungsbereich der lebenslangen Zuchthausstrafe eingeschränkt werden. Der E 1962 kennt sie außerhalb des inzwischen reformierten Staatsschutzstrafrechts bei Mord, Völkermord und bei den besonders schweren Fällen des Mißbrauchs der Kernenergie. Dagegen soll die im geltenden Recht enthaltene Androhung von lebenslangem Zuchthaus bei Unzucht und Notzucht mit Todesfolge, besonders schwerem Totschlag, besonders schwerem Raub, räuberischem Diebstahl oder räuberischer Erpressung sowie bei den gemeingefährlichen Delikten der §§ 307, 316 a, 324 entfallen. Diese erhebliche Einschränkung der lebenslangen Freiheitsstrafe bildet den Hauptgrund für die im Zuge der Strafrechtsreform beabsichtigte Anhebung des Höchstmaßes der zeitigen Freiheitsstrafe von 15 auf 20 Jahre[24].

II. Die praktische Anwendung

1. Die Anwendung neben der Todesstrafe

Solange auf Mord die Todesstrafe stand, hatte lebenslanges Zuchthaus als gesetzliche Strafe in der Gerichtspraxis vergleichsweise eine außerordentlich geringe Bedeutung. Es wurde in den 55 Jahren von 1882 bis 1936 — soweit reichen die vollständigen Angaben der Reichskriminalstatistik — nur gegen 520 Personen verhängt. Während derselben Zeit ergingen 3115 Todesurteile.

Wie die Tabelle zeigt, war 1883, 1897 und 1918 mit jeweils nur zwei Verurteilungen zu lebenslangem Zuchthaus der niedrigste Stand erreicht. Besonders zahlreich waren die Verurteilungen dagegen, ähnlich wie bei der Todesstrafe, in den Nachkriegsjahren von 1919 bis 1925. Der Höhepunkt wurde 1920 mit 27 Verurteilungen erreicht. Der Durchschnittswert aus den 55 Jahren beträgt 9,5 Verurteilungen zu lebenslangem Zuchthaus gegenüber 56,6 Todesurteilen. Die Verurteilungsziffer für lebens-

---

[24] § 44 E 1962; vgl. dazu Sonderausschuß Strafrechtsreform, 5. Wahlperiode, 45. Sitzung vom 19. 1. 1967, S. 845 ff. Neuerdings scheint man diese Absicht aber wieder aufgeben zu wollen; vgl. das Protokoll der 109. Sitzung vom 25. 9. 1968, S. 2134.

Tabelle 1

Lebenslange Zuchthausstrafen und Todesurteile in Deutschland von 1882 bis 1936

	Lebenslängl. Zuchthaus	Todes-urteile		Lebenslängl. Zuchthaus	Todes-urteile
1882	7	90	*1911*	8	39
1883	2	90	*1912*	8	40
1884	6	69	*1913*	9	47
1885	3	59	*1914*	8	41
1886	5	70	*1915*	5	19
1887	7	64	*1916*	8	23
1888	4	37	*1917*	3	28
1889	13	55	*1918*	2	30
1890	6	65	*1919*	16	89
1891	4	40	*1920*	27	113
1892	10	59	*1921*	19	149
1893	8	52	*1922*	21	124
1894	18	47	*1923*	13	77
1895	5	60	*1924*	24	112
1896	13	56	*1925*	16	95
1897	2	53	*1926*	10	89
1898	8	46	*1927*	10	64
1899	10	37	*1928*	6	46
1900	5	38	*1929*	12	39
1901	15	38	*1930*	5	43
1902	9	38	*1931*	8	49
1903	7	40	*1932*	8	52
1904	8	38	*1933*	19	78
1905	10	36	*1934*	14	102
1906	10	32	*1935*	14	98
1907	10	38	*1936*	7	76
1908	8	31			
1909	5	32			
1910	2	43			

langes Zuchthaus, berechnet auf eine Million Personen der strafmündigen Bevölkerung, schwankt zwischen 0,06 und 0,57 und bewegt sich im Mittel um 0,25. Das bedeutet, daß im Durchschnitt jährlich eine Verurteilung auf vier Millionen Personen der strafmündigen Bevölkerung entfällt.

Praktisch diente das lebenslange Zuchthaus unter der Herrschaft der Todesstrafe zur Bestrafung der schwersten Tötungsverbrechen mit Ausnahme des Mordes, nämlich zur Bestrafung der schwersten Fälle des Totschlags und der durch Todeserfolg qualifizierten Verbrechen. Der besonders schwere Raub nach § 251 hält mit 222 Verurteilungen die Spitze[25]. Zwar genügt es für die Erfüllung dieses Tatbestandes schon, wenn bei dem Raube ein Mensch gemartert wird oder die Gewaltanwendung eine schwere Körperverletzung zur Folge hat. Man geht aber wohl nicht fehl mit der Annahme, daß die Gerichte die Höchst-

[25] Darunter eine Verurteilung nach § 252.

strafe nur in solchen Fällen verhängt haben, in denen der Tod des Opfers eingetreten ist. Kaum weniger zahlreich war mit etwa 200 Verurteilungen[26] der Totschlag nach § 214 a. F. Es handelt sich dabei um den Totschlag bei Unternehmung einer strafbaren Handlung, der seit der Neufassung des § 211 im Jahre 1941[27] fast stets als Mord hätte beurteilt werden müssen. Wegen Notzucht oder Unzucht mit Todesfolge nach § 178 wurde 30mal lebenslanges Zuchthaus verhängt. Es folgen mit etwa 25 Verurteilungen der Aszendententotschlag nach § 215 a. F. und mit 16 Verurteilungen die besonders schwere Brandstiftung nach § 307. Sieben Verurteilungen zu lebenslangem Zuchthaus wegen Mordes lassen sich nur damit erklären, daß die Verurteilten ein auf lebenslanges Zuchthaus lautendes Urteil wegen Totschlags mit der Revision erfolgreich anfochten, daß das Schwurgericht nach der Zurückverweisung aber wegen Mordes verurteilte, wobei es wegen des Verbots der reformatio in peius keine Todesstrafe verhängen durfte. Angesichts der Tatsache, daß die Todesstrafe außer in Kriegszeiten für Staatsverbrechen nicht verhängt werden konnte, ist es bemerkenswert, daß wegen Hochverrats, Kriegsverrats und Verrats militärischer Geheimnisse nur je einmal auf lebenslanges Zuchthaus erkannt worden ist[28]. Die Todesurteile sind demgegenüber zu 99,38 % wegen vollendeten Mordes ergangen[29].

Nur der kleinere Teil derjenigen, die eine lebenslange Zuchthausstrafe antraten, wurde von den Gerichten zu dieser Strafe verurteilt. Die

---

[26] Die genaue Zahl kann nicht mitgeteilt werden, da die Kriminalstatistik bis zum Jahre 1901 nicht zwischen den §§ 212 bis 215 a. F. unterschied.

[27] Durch ReichsG vom 4. 9. 1941 (RGBl I 549). § 211 lautete bis dahin: „Wer vorsätzlich einen Menschen tötet, wird, wenn er die Tötung mit Überlegung ausgeführt hat, wegen Mordes mit dem Tode bestraft."

[28] Nach § 212 a. F. ist anscheinend nur zweimal lebenslanges Zuchthaus verhängt worden. Nur einmal ausgeschöpft wurden die Strafdrohungen des § 229 Abs. 2 (Vergiftung mit Todesfolge) und des inzwischen aufgehobenen — vgl. oben Fußn. 21 — § 5 SprengstoffG. Ferner wurden 1935/36 vier Personen wegen eines Unternehmens der Tötung usw. eines Richters usw. aus politischen Beweggründen oder wegen seiner amtlichen oder dienstlichen Tätigkeit nach § 1 Abs. 1 Nr. 1 des G. zur Gewährleistung des Rechtsfriedens i. d. F. des Art. VII lit. a des G. vom 24. 4. 1934 sowie zwei Personen wegen eines Unternehmens der Tötung usw. eines Schöffen und Geschworenen usw. nach § 1 Abs. 1 Nr. 2 desselben G. zu lebenslangem Zuchthaus verurteilt.

[29] Im Jahre 1884 ist außerdem in drei Fällen wegen Hochverrats auf Todesstrafe erkannt worden, 1915 sind eine Person wegen Landesverrates im Kriege durch dem Feind geleisteten Vorschub, 1919 eine Person wegen Hochverrates und zwei Personen wegen Verbrechen gegen das Sprengstoffgesetz, 1923 eine Person wegen Hochverrates, 1924 zwei Personen wegen Aufruhrs, 1925 drei Personen wegen Teilnahme an einer Vereinigung zur Tötung eines Regierungsmitgliedes und 1932 sieben Personen wegen Totschlags aus politischen Beweggründen oder an einem Polizeibeamten usw. (gemäß § 1 Nr. 1 der VO des Reichspräsidenten gegen politischen Terror vom 9. 8. 1932, RGBl I 403) zu Todesstrafe verurteilt worden („Die Entwicklung der Kriminalität im Deutschen Reich seit 1882", bearbeitet im Statistischen Reichsamt, Anlage II zum Entwurf eines Allgemeinen Deutschen StGB, Reichstagsdrucksache III 1924/27 Nr. 3390 S. 37).

Mehrzahl der Lebenslänglichen war zunächst wegen Mordes zum Tode verurteilt worden und wurde später zu lebenslangem Zuchthaus begnadigt. Eine Begnadigungsstatistik fehlt. Doch man kann mittelbar aus der Zahl der Hinrichtungen auf die Anzahl der zu lebenslangem Zuchthaus Begnadigten schließen, wenn man berücksichtigt, daß in allerdings seltenen Fällen das Todesurteil sogleich in eine zeitige Freiheitsstrafe umgewandelt worden ist und daß vereinzelt Verurteilte noch vor der Entscheidung der Gnadeninstanz Selbstmord verübt haben. Es handelt sich um zusammen allenfalls 10 % der nicht hingerichteten Mörder[30].

Über den Umfang der Hinrichtungen fehlen genaue Angaben lediglich aus den Jahren 1887 bis 1896. In diesem Zeitraum wurden 535 Todesurteile verkündet, die nach den aus einzelnen Ländern vorliegenden Nachrichten überwiegend vollstreckt worden sind. Von den übrigen 2326 Todesurteilen, die von 1882 bis 1932 verhängt wurden, sind hingegen nur 751 vollzogen worden[31]. So ist bis zum Jahre 1932 mit 1500 bis 1600 Todesurteilen zu rechnen, die in lebenslanges Zuchthaus umgewandelt wurden. Seit 1933 hat sich diese Zahl kaum mehr erhöht, denn von den 341 Mördern, die bis zum Jahre 1936 verurteilt wurden, entgingen weniger als 50 dem Scharfrichter.

Schon seit 1933 war die Kriminalstatistik mindestens hinsichtlich der Todesurteile nicht mehr zuverlässig. Seit 1937 wurde keine Kriminalstatistik mehr veröffentlicht. Dennoch sind einige Daten bekannt geworden[32]:

Tabelle 2

	Lebensländl. Zuchthaus	Todesstrafe
1937	44	86
1938	?	85
1939	34	173
1940	47	306
1941[a)]	64	533
1941[b)]	69	1146
1942[b)]	62	1592
1943[b)] (bis 30. 6.)	7	1119

a): Altes Reichsgebiet
b): Großdeutsches Reich

[30] Nach der „Mordstatistik für die Jahre 1931—1933" (Statistik des Deutschen Reiches, Bd. 507, S. 34 ff., 43) haben von 96 zum Tode verurteilten, aber nicht hingerichteten Mördern nur 83 eine lebenslange Zuchthausstrafe angetreten. Das entspricht einem Anteil von 86,3 %, während die übrigen 13,7 % der lebenslangen Freiheitsstrafe entgangen sind, darunter drei durch Selbstmord. Diese Werte sind, verglichen mit den Angaben, die für andere Jahre aus einzelnen Ländern vorliegen, zu hoch, als daß sie verallgemeinert werden könnten.

[31] Nach den Angaben *Roesners* in dem Artikel „Todesstrafe (Statistik)" im

Sie zeigen, wie die Zahl der Todesurteile, die sich schon seit 1933 im Vergleich zu den Vorjahren fast auf das Doppelte erhöht hatte, seit 1939 rapide anstieg und 1942 das Dreißigfache des langjährigen Durchschnitts erreichte. Dabei ist zu berücksichtigen, daß es sich hier nur um die Urteile der Strafgerichte und des Volksgerichtshofs handelt[33]. Auch die Verurteilungen zu lebenslangem Zuchthaus wurden, anscheinend schon seit 1937, zahlreicher. Sie konnten indes nur im alten Reichsgebiet, wo sie 1941 fast auf das Siebenfache des früheren Durchschnitts kamen, annähernd mit der Zahl der Todesurteile Schritt halten. Außerhalb des Reichsgebiets, seit 1943 auch im alten Reich und, wie man annehmen muß, von den Militär-, SS- und Polizeigerichten schon von Anfang an, wurde die im Sinne der Machthaber „unpraktikable" lebenslange Freiheitsstrafe von Sondergesetzen, Willkür und unter dem Druck der Kriegsverhältnisse zugunsten der Todesstrafe und der Liquidation im Konzentrationslager zurückgedrängt. Seit 1933 konnten die zum Tode Verurteilten keine Gnade mehr erwarten, sondern wurden fast ausnahmlos hingerichtet. Seit 1937 wies die Todesursachenstatistik stets mehr Hinrichtungen aus, als die Kriminalstatistik Todesurteile zählte.

Manche Zuchthäuser arbeiteten im Kriege als geheime Rüstungsbetriebe. Dort waren die Gefangenen vor weiterer Verfolgung verhältnismäßig sicher. Aber nach einer Vereinbarung zwischen dem Reichsjustizminister und dem Reichsführer SS sollten alle zu längerer Strafe als acht Jahre Zuchthaus Verurteilten der SS zur „Vernichtung durch Arbeit" ausgeliefert werden[34]. Wie weit diese Vereinbarung befolgt worden ist, ließ sich nicht überprüfen. Sie könnte jedenfalls den Umstand erklären, daß nur eine kleine Zahl von Lebenslänglichen das Dritte Reich im Zuchthaus überlebt hat. Aber vielleicht haben einige auch in den Wirren des Zusammenbruchs entweichen können. Anfang 1966 befanden sich nur noch drei Gefangene, die vor dem 8. Mai 1945 verurteilt worden waren, in den Vollzugsanstalten der Bundesrepublik Deutschland[35]. 1957 waren allein im Lande Niedersachsen noch drei gezählt worden[36]. In Baden-

---

HdwBKrim[1], Bd. 2, S. 811. *Roesner* hat seinerseits eine vom Statistischen Reichsamt angefangene Berechnung fortgeführt.

[32] Mitgeteilt von *Blau,* ZStW 64, 1952, 31.

[33] Um ein vollständiges Bild von der Arbeit des Henkers im Dritten Reich zu erhalten, müßte man die Anzahl der von den Militär-, SS- und Polizeigerichten ausgesprochenen Todesurteile kennen, über die keine amtlichen Angaben vorliegen. Es sei hier auf die Schätzungen *Düsings,* S. 208 ff., verwiesen; vgl. ferner *Blau,* a.a.O., S. 31 f.

[34] Der Prozeß gegen die Hauptkriegsverbrecher vor dem Internationalen Militärgerichtshof in Nürnberg, Nürnberg 1947, Bd. 26, S. 200 (Dokument 654 — PS).

[35] Sonderausschuß Strafrechtsreform, 5. Wahlperiode, 7. Sitzung vom 9. 2. 1966, Protokoll S. 62.

[36] Ministerialrat Dr. *Wilkerling* in Niederschriften, Bd. 5, S. 55.

Württemberg hatten die 1960 einsitzenden 93 Lebenslänglichen ihre Strafe mit einer Ausnahme alle erst nach 1945 angetreten[37].

Für die Nachkriegszeit fehlt es zunächst an einer einheitlichen Kriminalstatistik. Durch eine Fragebogenaktion konnte Ullrich in 13 von 18 in Betracht kommenden Strafanstalten 105 Lebenslängliche ermitteln, die vor dem 31. 12. 1946 verurteilt worden waren[38]. Von 1946 bis 1949 ergingen, wie Düsing zusammengestellt hat, vor deutschen Gerichten 128 Todesurteile, von denen 24 vollzogen wurden[39]. Danach kann man schätzen, daß am Ende des Jahres 1949, in dem die Todesstrafe durch das Grundgesetz abgeschafft wurde, 200 bis 250 Lebenslängliche eingesessen haben. Nicht berücksichtigt sind dabei die von den Gerichten der Alliierten verurteilten Lebenslänglichen. Ullrich zählte zum 31. Dezember 1946 von ihnen 37. Düsing erhielt die Auskunft, daß bis Ende 1950 allein von britischen Gerichten 587 Todesurteile ausgesprochen und davon 398 (67 %) auch vollstreckt worden seien[40]. Diese Urteile dürften jedoch, im Gegensatz zu den von den deutschen Gerichten verhängten Todesurteilen, die fast ausschließlich wegen Mordes[41] ergangen sind, überwiegend nationalsozialistische Straftaten betreffen. Auf diese Straftaten ist gleich noch besonders einzugehen.

2. Die Anwendung als Höchststrafe

1950 war das erste Jahr, in dem lebenslanges Zuchthaus die vom Grundgesetz beseitigte Todesstrafe ersetzen mußte. In diesem Jahr begann auch wieder eine bundeseinheitliche Kriminalstatistik zu erscheinen.

Die Kriminalstatistik zählt für die 17 Jahre von 1950 bis 1966 insgesamt 954 Verurteilungen zu lebenslangem Zuchthaus. Das entspricht einem jährlichen Durchschnitt von 56,1. Die Verurteilungen setzen 1950 mit der Höchstzahl von 83 ein. Sie bleiben seit 1956 stets hinter dem Durchschnitt zurück und erreichen 1957 ein Minimum von 36, das sich 1963 mit 37 Verurteilungen fast wiederholt. Erst 1964 springt die Zahl der Verurteilungen wieder auf 62, um dann 1965 auf 66 und 1966 auf 76 anzusteigen. So wird der Durchschnittswert von den verhältnismäßig vielen Verurteilungen bis 1953 und wieder seit 1964 angehoben. In den Zahlen für 1950 bis 1953 spiegelt sich noch die Gewaltkriminalität der Nachkriegszeit und die erste Welle der Verfolgung nationalsozialistischer

---

[37] Meldung der „Stuttgarter Nachrichten" vom 24. 1. 1961.

[38] MSchrKrim 48, 1965, 257 ff.

[39] S. 231.

[40] S. 230.

[41] Zu den Erscheinungsformen des Mordes in der Nachkriegszeit vgl. *Bader*, Soziologie S. 22 f.; Beobachtungen S. 10 ff.

Tabelle 3

Zu lebenslangem Zuchthaus wurden verurteilt:
(seit 1961 unter Einschluß des Saarlandes und West-Berlins)

	Insgesamt	Männer	Frauen	Heranwachsende	davon nach § 178	211	212	251/2	316 a
1950	83					82	1	1	
1951	63					61	1		
1952	79					76	3		
1953	69					68	1		
1954	47	40	7	3		46			1
1955	62	55	7	2		58			
1956	38	28	10	1	1	36	1	4	
1957	36	32	4	1		36			
1958	41	38	3	5		40	1		
1959	45	38	7	3	1	44			
1960	50	45	5	4		47		2	1
1961	52	50	2	2		52			
1962	48	43	5	5		47	1		
1963	37	31	5	1		37			
1964	62	60	2	3		59	2	1	
1965	66	61	5	5		65		1	
1966	76	75	1	2	1	70	3	2	
	954	596	63	37	3	924	14	11	2

Straftaten, während das erneute Ansteigen der Verurteilungsziffer seit 1964 allein auf die intensivierte Verfolgung der nationalsozialistischen Gewaltverbrechen zurückzuführen ist. Es entfällt durchschnittlich in jedem Jahr auf eine Million Personen der strafmündigen Bevölkerung eine Verurteilung auf Lebenszeit. Der Anteil der verurteilten Frauen liegt für die Jahre 1954 bis 1966 mit 10 % nur weniger niedriger als der Anteil der weiblichen Kriminalität im allgemeinen[42]. Dagegen bleibt

[42] Der Anteil der Frauen an der Mordkriminalität beträgt im Durchschnitt der Jahre 1882 bis 1962 15,2 % (Totschlag 16,2 %). Er ist jedoch im Laufe der Zeit nicht unerheblich zurückgegangen, nämlich von über 24 % im Jahre 1882 auf unter 10 % in den Jahren seit 1960. Von den wegen Mordes Verurteilten waren Frauen (in Klammern die Zahlen für Totschlag):

1882/89	22,4 %	(19,3 %)
1890/99	19,0 %	(19,1 %)
1900/09	14,7 %	(14,3 %)
1910/19	15,1 %	(17,4 %)
1920/29	13,6 %	(14,4 %)
1930/36	12,4 %	(11,3 %)
1950/59	12,6 %	(24,5 %)
1960/66	8,3 %	(16,0 %)

Bemerkenswert ist dabei, wie sich seit 1950, seit die Neufassung des § 211 der Anteil der auf Lebenszeit verurteilten Heranwachsenden weit hinter der Beteiligung dieser Altersgruppe an der allgemeinen Kriminalität und speziell der Mordkriminalität zurück. Er beträgt von 1954 bis 1966 5,6 %, während die Heranwachsenden in einzelnen Jahren bis zu 30 % aller Mörder stellen. Das ist ein Zeichen dafür, daß die Gerichte die lebenslange Zuchthausstrafe für einen Heranwachsenden oft als zu hart empfinden und deshalb weitgehend von den Milderungsmöglichkeiten des JGG Gebrauch machen.

Von 1950 bis 1966 wurde die lebenslange Zuchthausstrafe in 924 Fällen (96,8 %) wegen Mordes und nur noch in 30 Fällen (3,2 %) wegen anderer Verbrechen verhängt, davon allein 14mal wegen Totschlags. Auch die restlichen Verurteilungen betrafen fast nur mordähnliche Fälle, nämlich drei Fälle von Unzucht oder Notzucht mit Todesfolge (§ 178) und elf Fälle von besonders schwerem Raub (§§ 251, 252)[43]. Hinzu kommen noch zwei Verurteilungen nach § 316 a. Damit ist die lebenslange Zuchthausstrafe seit 1950 völlig zur Mordstrafe geworden, wie es vordem die Todesstrafe war. Diese Entwicklung war deshalb nicht ganz selbstverständlich, weil die lebenslange Zuchthausstrafe, als sie an die Stelle der Todesstrafe trat, dort, wo sie bisher schon angedroht war, nicht durch eine mildere Strafe ersetzt wurde. Die dadurch herbeigeführte Verzerrung der Strafdrohungen haben die Gerichte ausgeglichen, indem sie die lebenslange Zuchthausstrafe für andere Delikte als Mord in noch geringerem Umfang als vor 1936 eingesetzt haben. Lebenslanges Zuchthaus ist heute die typische Mordstrafe[44]. Aus dieser Funktion erhält die Lebenszeitstrafe eine besondere Qualität, die sie von allen anderen Strafen unterscheidet[45].

Besondere Aufmerksamkeit verdient die Bedeutung, welche die lebenslange Freiheitsstrafe in der Nachkriegszeit bei der Verfolgung der na-

---

sich auf die Statistik auswirkt, das Verhältnis von Mord und Totschlag verändert hat. Während die Zahlen bis dahin nahe beinander lagen, ist nun plötzlich die Beteiligung der Frauen an der Totschlagskriminalität doppelt so hoch wie beim Morde.

[43] 1960 zählte die Kriminalstatistik eine Verurteilung zu lebenslangem Zuchthaus nach „§ 310 a", 1966 eine Verurteilung nach „§ 243". Dabei muß es sich um Irrtümer handeln. Diese Verurteilungen werden deshalb hier unter § 316 a und §§ 251/2 angeführt.

[44] Über alle Grenzen hinweg scheint die Rechtsentwicklung dahin zu gehen, daß der Mord als einziges Kapitalverbrechen übrig bleibt; vgl. *Ancel*, Capital Punishment, S. 35. In der Gerichtspraxis ist auch im Ausland die Höchststrafe schon fast ausschließlich Mordstrafe. Die Zahl der mit der Höchststrafe bedrohten Delikte hat im Laufe der Zeit ständig abgenommen. Die „klassischen" Kapitalverbrechen sind qualifizierte Tötungsdelikte, die schwersten Staatsverbrechen und, besonders in den USA, schwere Formen von Raub und Notzucht (Übersicht über 66 Länder bei *Ancel*, S. 35 ff., 71). Reine Wirtschafts- und Vermögensdelikte werden heute — anders als noch in der Nachkriegszeit — nur in sozialistischen Ländern als Kapitalverbrechen bestraft.

[45] Vgl. *Gallas*, Niederschriften, Bd. 5, S. 55.

tionalsozialistischen Straftaten[46] gewonnen hat. Diese Straftaten fallen völlig aus dem Bereich der herkömmlichen Kriminalität heraus und erweisen sich dadurch als ein ganz besonderer Prüfstein für Sinn und Zweck der Strafe.

Schon der Internationale Militärgerichtshof in Nürnberg, vor dem sich 24 Personen wegen Verbrechen gegen den Frieden, Kriegsverbrechen oder Verbrechen gegen die Menschlichkeit zu verantworten hatten, hatte nicht nur zwölf Todesurteile verhängt, sondern auch drei der Angeklagten zu lebenslanger Freiheitsstrafe verurteilt, und zwar den Reichswirtschaftsminister Funk, den Stellvertreter des Führers Hess und den Großadmiral Raeder. Während Funk und Raeder gestorben sind, befindet sich Hess noch in Spandau[47]. Von den amerikanischen Besatzungsgerichten wurden Verfahren gegen 1941 Personen durchgeführt. Davon wurden 1517 verurteilt, und zwar 324 zum Tode, 247 zu lebenslanger Freiheitsstrafe und 946 zu zeitiger Freiheitsstrafe[48]. Britische Gerichte verhandelten gegen 1085 Angeklagte und sprachen 240 Todesurteile sowie eine unbekannte Zahl von lebenslangen Freiheitsstrafen aus[49]. Die Gerichte der französischen Besatzungsmacht verurteilten 2107 Angeklagte, darunter 104 zum Tode. Auch hier ist nicht bekannt, wie oft eine lebenslange Freiheitsstrafe verhängt wurde[50]. Von den Todesurteilen wurden mehr als die Hälfte vollstreckt. Im übrigen haben die westlichen Besatzungsmächte aber von ihrem Gnadenrecht in sehr weitem Umfang Gebrauch gemacht, und zwar ohne Rücksicht auf die Schwere der abgeurteilten Verbrechen und auf das Maß der persönlichen Schuld des einzelnen Verurteilten[51]. Als Ergebnis dieser Begnadigungspraxis wurden 1957 die letzten von britischen und französischen Besatzungsgerichten Verurteilten entlassen. Im Mai 1958 wurde auch der letzte von amerikanischen Gerichten verurteilte Kriegsverbrecher begnadigt[52].

Die Justizbehörden der sowjetischen Besatzungszone und des Sowjetsektors von Berlin haben von 1945 bis 1964 12 804 Personen wegen nationalsozialistischer Straftaten verurteilt und dabei in 118 Fällen die Todesstrafe und in 231 Fällen lebenslanges Zuchthaus verhängt[53].

Von den Gerichten der Bundesrepublik wurden bis Mitte 1964 6115 Personen verurteilt, davon zwölf zum Tode, 77 zu lebenslangem Zucht-

---

[46] Vgl. dazu allgemein R. *Henkys*, Die nationalsozialistischen Gewaltverbrechen, Berlin 1964; H. *Jäger*, Verbrechen unter totalitärer Herrschaft, Olten 1967; Fritz *Pries*, Zur strafrechtlichen Verfolgung nationalsozialistischer Gewaltverbrechen, SchlHA 1968, S. 25—32; Probleme der Verfolgung nationalsozialistischer Gewaltverbrechen in Verhandlungen des 46. DJT, Bd. II Teil C.

[47] Bericht über die Verfolgung nationalsozialistischer Straftaten, Bundestagsdrucksache IV/3124, S. 6 f.

[48] a.a.O., S. 9 f.

[49] a.a.O., S. 9 f.

[50] a.a.O., S. 10.

[51] Diese Praxis führte auch dazu, daß Ilse Koch, die Ehefrau des Kommandanten des KZ Buchenwald, 1947 im Alter von 40 Jahren von einem US-Gericht zu lebenslangem Gefängnis verurteilt, aber alsbald zu vier Jahren begnadigt und schon 1949 entlassen wurde. 1951 verurteilte sie das Schwurgericht in Augsburg erneut wegen Anstiftung zum Morde zu lebenslangem Zuchthaus.

[52] a.a.O., S. 11.

[53] a.a.O., S. 13.

haus, 5911 zu zeitigen Freiheitsstrafen, 114 zu Geldstrafen und einer nach Jugendrecht verwarnt[54]. So saßen schon 1964 fast 10 % der Lebenslänglichen wegen nationalsozialistischer Gewaltverbrechen. Dieser Anteil hat sich inzwischen erhöht, und er wird noch weiter steigen. Allein zwischen dem 1. 1. 1965 und dem 15. 9. 1966 hatten sich in 46 Schwurgerichtsverhandlungen 176 Angeklagte wegen NS-Verbrechen zu verantworten, von denen über die Hälfte zu Zuchthausstrafen von fünf und mehr Jahren und 26 auch lebenslänglich verurteilt wurden[55]. Noch stehen Verfahren gegen mehr als 20 000 Personen bevor[56].

III. Lebenslanges Zuchthaus und Strafzumessung

1. Die Strafgrößen im allgemeinen

Es genügt nicht, die Verurteilungen zu lebenslangem Zuchthaus zu zählen. Erst wenn man die Zahlen vor dem Hintergrund der Strafzumessungspraxis sieht, gewinnen sie an Profil und lassen erkennen, welchen Platz die Gerichte dieser Strafe bei der Handhabung des Gesetzes zugewiesen haben.

Man vergleicht die nach Art und Höhe abgestuften Strafen gern mit einer Skala, die unten mit der Geldstrafe beginnt und oben mit dem lebenslangen Zuchthaus endet, während die Zwischenstufen von der zeitigen Freiheitsstrafe mit ihren Differenzierungen nach Strafart und Dauer ausgefüllt werden. Man ist darüber hinaus versucht, dieses Bild der Strafenleiter quantitativ nach der Anzahl der auf jeder Stufe verhängten Strafen zur Pyramide auszumalen, deren breites Fundament von den Geldstrafen gebildet wird, auf dem nach oben sich verjüngend die Schichten der kurzen, mittleren und langen Freiheitsstrafen aufbauen und deren Schlußstein das lebenslange Zuchthaus abgibt. Es ist aber ganz ausgeschlossen, die Zahlen der Kriminalstatistik graphisch in der Form einer Pyramide darzustellen. Zwar findet sich tatsächlich ein breites Fundament von Geldstrafen. Auch die beiden folgenden Stufen mit kurzen und mittleren Freiheitsstrafen sind noch ausreichend besetzt. Schon bei den langen Freiheitsstrafen wird die Zahlenbasis dann aber so schmal, daß das Bild einer Pyramide völlig verlorengeht. Wollte man dennoch im Bilde bleiben, so müßte man sich die langen Freiheitsstrafen als einen überschlanken Turm denken. Nur als die Nadelspitze dieses Turmes hätte man sich die lebenslange Zuchthausstrafe vorzustellen.

---

[54] a.a.O., S. 17.

[55] *Rückerl*, Statistische Angaben über Verfahren betr. nationalsozialistische Gewaltverbrechen und Analysen von Strafzumessungsgründen in Verhandlungen des 46. DJT, Bd. II, S. C 33 f.

[56] Meldung in „Die Welt", Nr. 74 vom 30. 3. 1967.

Im Durchschnitt der Jahre seit 1952 sind etwa 445 000 Erwachsene wegen Verbrechen und Vergehen gegen die Strafgesetze verurteilt worden. Die verhängten Strafen verteilen sich sehr konstant auf die einzelnen Strafgrößen[57]. Der Löwenanteil entfällt mit durchschnittlich über 305 000 Verurteilung oder fast 70 % auf die Geldstrafen. Mit durchschnittlich 135 000 Verurteilungen oder etwa 30 % folgt die Gefängnisstrafe und läßt für die übrigen Strafmittel nur noch einen Rest von weniger als 1 %. In diesen Rest teilen sich Zuchthaus, Einschließung und Haft. Die letzteren beiden Strafmittel fallen kaum ins Gewicht und können hier unberücksichtigt bleiben. Die Zahl der verhängten Zuchthausstrafen schwankt zwischen 2730 im Jahre 1954 und 3228 im Jahre 1957. Sie hält konstant einen Anteil von 0,7 % der Gesamtbestrafungen. Zwei Drittel der Gefängnisstrafen dauern weniger als drei Monate, ein Viertel drei bis neun Monate und nur das restliche Zwölftel umfaßt Strafen von mehr als neun Monaten bis zu fünf Jahren. Von den Zuchthausstrafen dauert fast die Hälfte von einem bis zu zwei Jahren. Weitere zwei Fünftel entfallen auf die Spanne von zwei bis einschließlich fünf Jahren. Kaum mehr als ein Zehntel bleibt für Strafen von mehr als fünf Jahren. Die Kriminalstatistik untergliedert nicht weiter. Es läßt sich aber aus den Angaben der Strafvollzugsstatistik schließen, daß Zuchthaus von mehr als zehn Jahren seltener vorkommt als Zuchthaus auf Lebenszeit. Jede 90. Zuchthausstrafe wird auf Lebenszeit verhängt. Von je 10 000 Verurteilungen überhaupt lautet eine auf lebenslanges Zuchthaus.

In diesen Zahlen zeigt sich der große Abstand zwischen der zeitigen und der lebenslangen Freiheitsstrafe. Der Abstand ist in der Gerichtspraxis viel größer, als es nach dem Gesetz den Anschein hat. Das Bild von der Strafenleiter, auf der die Sanktionen gleichmäßig von der niedrigsten bis zur höchsten angeordnet sind, erweist sich in der Praxis der

[57] Dagegen war von 1882 bis 1933 eine stetige Verschiebung zugunsten leichterer Strafen zu verzeichnen. 1882 waren 75 % aller Strafen für Verbrechen und Vergehen Freiheitsstrafen und nur 25 % entfielen auf Geldstrafen. Bis zum ersten Weltkrieg vermehrte sich der Anteil der Geldstrafe von Jahr zu Jahr mit nur ganz kleinen Schwankungen und erreichte 1911 die 50 %-Grenze. Während des Krieges und der Nachkriegszeit war die Entwicklung zunächst rückläufig. Aber seit 1922 drang die Geldstrafe wieder vor und eroberte 1928 den Anteil von 70 %, den sie auch heute noch hält (vgl. *Exner*, Strafzumessungspraxis, S. 18). Ein ähnlicher Wandel zeigte sich bei der Anwendung der Zuchthausstrafe. Obwohl sich die Verurteilungszahl insgesamt stark erhöhte, ging die Zahl der Zuchthausstrafen von rund 13 000 im Jahre 1882 auf 4600 im Jahre 1931 zurück. Auch die relative Häufigkeit dieser Strafart sank von 4,1 % im Jahre 1882 fast stetig ab. 1890 bis 1903 waren es durchschnittlich 2,4 %, 1925 bis 1927 1,2 % und 1931 nur mehr 0,8 %. Weniger stark verschob sich das Verhältnis zugunsten der Strafen von mittlerer und kürzerer Dauer. Immerhin verminderte sich der Anteil der Strafen von mehr als fünf Jahren, der 1894 mit 1561 noch 12,9 % aller Zuchthausstrafen ausmachte, bis 1911 mit 695 auf 9,1 %. Vgl. neuerdings die vom BJM angefertigten Übersichten für den Unterausschuß „Strafrecht" des 4. Bundestages, Protokoll S. 149, und für den Sonderausschuß Strafrechtsreform des 5. Bundestages, Protokoll S. 507 ff.

Strafzumessung als falsch. Die Schwere einer Freiheitsstrafe wächst tasächlich mit ihrer Dauer nicht proportional, sondern so stark progressiv an, daß es über der breiten Grundlage der Geldstrafen und dem immer noch ansehnlichen Mittelbau der kurzen und mittleren Freiheitsstrafen an einer tragfähigen Zwischenstufe von langen zeitigen Freiheitsstrafen fehlt, die den Übergang zur Höchststrafe bilden könnten. Bei den zeitigen Freiheitsstrafen von zehn bis 15 Jahren gibt es praktisch ein Vakuum, das die lebenlange Zuchthausstrafe in ihrer Verbindungslosigkeit und in ihrer unvergleichlichen Sonderstellung zeigt und ahnen läßt, wie außerordentlich schwer diese Strafe anzusehen ist.

Die Proportionen verschieben sich natürlich sehr, wenn man nur die Delikte berücksichtigt, deren Strafrahmen lange Zuchthausstrafen zulassen. Von besonderem Interesse wäre eine Untersuchung des Strafmaßes, das für solche Verbrechen ausgeworfen wird, deren Strafrahmen zeitiges und lebenslanges Zuchthaus umfaßt. Die Kriminalstatistik weist die meisten dieser Delikte aber nur zusammen mit minder schwer bedrohten aus. Außer für Mord und Totschlag werden die Strafen nur für § 316 a und seit 1961 für § 100 a. F. besonders gezählt. Bei diesen beiden Tatbeständen liegen aber die Verurteilungsziffern zu niedrig, um aufschlußreich zu sein. Deshalb beschränkt sich die folgende Darstellung auf die Strafzumessungspraxis bei Mord und Totschlag.

Ebenso wie das gesamte Strafniveau ist auch das Strafniveau bei Mord und Totschlag jedenfalls seit 1952 außerordentlich konstant geblieben. In den 17 Jahren von 1950 bis 1966 wurden in der Bundesrepublik, und zwar seit 1962 unter Einschluß des Saarlands und Westberlins, 4799 Personen wegen Mordes und Totschlags nach den §§ 211 bis 213 verurteilt, 938 von ihnen zu lebenslangem Zuchthaus. Das entspricht einem Anteil von 19,5 %. Darin sind Jugendliche und Heranwachsende eingeschlossen. Im folgenden ist nur noch von den Erwachsenen die Rede, zu denen das Strafrecht bis zum Inkrafttreten des Jugendgerichtsgesetzes im Jahre 1953 auch die Altersgruppe von 18 bis 20 Jahren zählte. Auf diese Erwachsenen entfielen im gleichen Zeitraum 4120 Verurteilungen. Davon lauteten 901 (21,9 %) auf Lebenszeit.

Betrachtet man die 1838 Mordfälle für sich, so kommen darauf 887 (48,3 %) Lebenszeitverurteilungen. Man kann also sagen: etwa die Hälfte der Mordfälle oder ein Fünftel der vorsätzlichen Tötungsverbrechen (ohne Tötung auf Verlangen und Kindestötung) wird mit lebenslangem Zuchthaus bestraft. Welche Strafen erhält die andere Hälfte der Mörder? Zum größten Teil schwere Zuchthausstrafen zwischen fünf und 15 Jahren. In den Jahren 1950 bis 1966 kamen nur 20 Mörder mit Gefängnisstrafen und 27 mit Zuchthausstrafen bis zu zwei Jahren davon. 307 erhielten Zuchthausstrafen von zwei bis fünf Jahren und 602 solche von mehr als fünf Jahren.

Ganz anders sehen die Strafgrößen beim Totschlag aus. Die Regelstrafe der Praxis ist Gefängnis von mehr als einem bis zu fünf Jahren. 1007 von 2282 Totschlägern (44,1 %) wurden so bestraft. Weitere 310 Personen erhielten kürzere Gefängnisstrafen bis zu einem Jahr. Seit 1954 wurde die Strafe in 144 Fällen zur Bewährung ausgesetzt. Für sechs Täter reichte sogar eine Geldstrafe aus. Dem stand Zuchthausstrafe in 778 Fällen (34,1 %) gegenüber, so daß also nur ein Drittel der Totschläger mit Zuchthaus bestraft wurde. Darunter befand sich 14mal lebenslanges Zuchthaus (0,6 %). Die langen zeitigen Zuchthausstrafen erreichten mit 542 Verurteilungen einen Anteil von 23,8 %. Auch die restlichen Zuchthausstrafen dauerten überwiegend länger als zwei Jahre. Nur in 17 Fällen waren sie kürzer.

2. Strafzumessung beim Morde

Das Gesetz hat die Strafzumessung beim Morde dem richterlichen Ermessen entrückt, indem es dem Richter in § 211 nur die lebenslange Freiheitsstrafe an die Hand gegeben hat. Aber wo das Gesetz dem Richter die Individualisierung versagt, bricht sich das Gerechtigkeitsgefühl oft auf anderen Wegen Bahn, indem es nach einer Möglichkeit sucht, die Subsumtion der Tat unter die im konkreten Fall als ungerecht empfundene Strafdrohung zu umgehen[58]. Ob das auch für die lebenslange Zuchthausstrafe in § 211 gilt, könnte nur eine umfangreiche Aktenuntersuchung in Verbindung mit einer sorgfältigen Analyse der Rechtsprechung zur Auslegung des Mordtatbestandes und zu den für die Strafzumessung bedeutsamen Regeln des allgemeinen Strafrechts zufriedenstellend klären. Die Zahlen der Kriminalstatistik, die allein im Rahmen dieser Arbeit herangezogen werden können, sind wenig geeignet, diese Frage zu beantworten. Immerhin könnte man, ausgehend von der Annahme, daß unmittelbar nach der Abschaffung der Todesstrafe die Bedenken gegen die Verhängung von lebenslangem Zuchthaus am geringsten gewesen sein dürften, erwarten, daß diese Verurteilungen eine abnehmende Tendenz zeigten, wenn die Gerichte wirklich der absoluten Strafdrohung des § 211 auszuweichen versuchten. Deshalb soll hier jedenfalls der Versuch unternommen werden, der Haltung der Gerichte zur Mordstrafe an Hand der Kriminalstatistik nachzugehen.

Tatsächlich zeigt die Statistik, daß die Verurteilungen auf Lebenszeit seit 1950 absolut und verhältnismäßig zurückgegangen sind. Aber diese Entwicklung war schon im Jahre 1956 abgeschlossen.

Die absolute Zahl der Verurteilungen zu lebenslangem Zuchthaus setzt 1950 mit einem Maximum von 82 ein und sinkt dann nach einem Rück-

---

[58] *Maurach*, AT, S. 705.

Tabelle 4

Wegen Mordes verurteilte Erwachsene
1950 bis 1966

	Insgesamt	davon auf Lebenszeit	in %
1950	128	82	63,4
1951	106	61	57,8
1952	133	76	57,1
1953	132	68	51,5
1954	80	43	53,8
1955	96	56	58,3
1956	77	35	45,5
1957	75	35	46,7
1958	82	35	42,7
1959	89	41	46,1
1960	97	43	44,4
1961	102	50	49,0
1962	105	42	40,0
1963	109	36	33,0
1964	129	56	41,1
1965	146	60	41,1
1966	152	68	44,7

schlag im Jahre 1955 ein Jahr später auf ein Minimum von 35, das drei Jahre gehalten wird. Auch in der Folgezeit werden die hohen Verurteilungszahlen der ersten vier Jahre seit 1950 nicht wieder erreicht. Betrachtet man die in diesem Zusammenhang wichtigeren Verhältniszahlen, so zeigt sich gleichfalls von 1950 bis 1956 eine deutlich Abnahme der Lebenszeitverurteilungen von 63,4 % auf 45,5 %. Seither bewegt sich deren Anteil jedoch recht gleichmäßig um einen Durchschnitt von 43 % der gesamten Verurteilungen wegen Mordes. Diese Werte lassen sich nur noch geringfügig bereinigen, wenn man, ausgehend von der Annahme, daß bei versuchtem Mord die Höchststrafe praktisch nie verhängt wird[59], den Anteil der Lebenszeitstrafen an den Verurteilungen wegen vollendeten Mordes (Beihilfe und verminderte Zurechnungsfähigkeit eingeschlossen) berechnet. Die notwendigen Angaben der Kriminalstatistik sind allerdings erst seit 1956 vorhanden. Sie ergeben folgende Werte:

---

[59] Vgl. *Blühm*, S. 95. Über die einzige Ausnahme, die mir bekannt geworden ist, berichtete vor kurzem die Zeitung: Am 19. 12. 1966 verurteilte ein Hamburger Schwurgericht den 31jährigen Installateur F. wegen versuchten Mordes in Tateinheit mit besonders schwerem Raub und gefährlicher Körperverletzung zu lebenslangem Zuchthaus, weil er den Silberschmied I. in dessen Hamburger Wohnung hinterrücks mit einer Flasche niedergeschlagen und ihm 8000,— DM geraubt hatte, so daß das Opfer seit dem Überfall durch schwere Verletzungen teilweise gelähmt und sprachgestört war (Kieler Nachrichten, Nr. 296 v. 20. 12. 1966).

Tabelle 5

Wegen vollendeten Mordes verurteilte Erwachsene 1956 bis 1966

	Insgesamt	davon auf Lebenszeit	in %
1956	47	35	74,4
1957	49	35	71,4
1958	53	35	66,0
1959	60	41	68,3
1960	56	43	76,8
1961	68	50	73,5
1962	66	42	63,6
1963	76	36	47,4
1964	88	56	63,7
1965	91	60	63,7
1966	106	68	64,2

Nach diesen Zahlen ist der Anteil der auf die Höchststrafe lautenden Urteile seit 1956 immerhin noch um weitere 10 % zurückgegangen.

Wege, der absolut angedrohten Lebenszeitstrafe auszuweichen, eröffnen sich schon auf der Ebene der Tatsachenfeststellung. Die radikalste Lösung wäre der Freispruch. Wo als Mordstrafe das Todesurteil obligatorisch ist, kommt es in der Tat vor, daß ein Gericht aus Abscheu gegen die Todesstrafe lieber zu Unrecht freispricht, als daß es sich entschlösse, den Mörder auf das Schaffott zu schicken[60]. Eine etwa vorhandene Abneigung gegen die lebenslange Freiheitsstrafe wird aber kaum einen Grad erreichen, der zu einem so starken Mittel greifen läßt. In der Bundesrepublik waren von 1950 bis 1966 1995 Erwachsene des Mordes angeklagt. Von ihnen wurden 254 = 12,7 % freigesprochen. Dagegen endeten von 2704 Totschlagsanklagen 263 = 9,7 % mit Freispruch. Eine gegenläufige Tendenz ist nicht zu erkennen. Es wäre verfehlt, aus der geringfügig höheren Freispruchquote beim Morde zu schließen, daß die absolute Strafdrohung des § 211 die Gerichte veranlaßt haben könnte, bereitwilliger freizusprechen. Diese Quote ist allein aus größeren Beweisschwierigkeiten zu erklären. Unter § 211 fällt die Mehrzahl der geplanten, vorbereiteten und heimlichen Verbrechen, die wesentlich schwerer aufzuklären sind als viele Fälle von offen und ohne Überlegung begangenem Totschlag.

Um die obligatorische Mordstrafe zu vermeiden, gibt es schon bei der Tatsachenfeststellung feinere Mittel als den Freispruch. Die Feststellung des subjektiven Tatbestandes, insbesondere der den Mord kennzeichnen-

[60] *Maurach* in Todesstrafe?, Heft 24 der Schriftenreihe „Kirche im Volk", Stuttgart 1960, S. 38.

den Gesinnungsmerkmale und des Tötungsvorsatzes läßt dem Gericht praktisch oft einen gewissen Spielraum. Es kann dann auf andere Delikte ausweichen, die geringere Strafen androhen, auf Totschlag oder Körperverletzung, oder kann ein Vorsatzverbrechen mit fahrlässig herbeigeführter Todesfolge annehmen. Statistisch läßt sich allerdings nur überprüfen, ob die Gerichte ihren Beurteilungsspielraum zunehmend dazu benutzen, um auf Totschlag zu erkennen. Die folgenden Zahlen zeigen jedoch, daß die Mordverurteilungen eher zugenommen haben:

Tabelle 6

Verurteilte Erwachsene

	Nach den §§ 211—213	davon nach § 211	in %
1950	301	128	42,1
1951	241	106	44,0
1952	305	133	43,6
1953	292	132	45,2
1954	202	80	39,6
1955	222	96	43,3
1956	189	77	40,8
1957	214	75	35,5
1958	203	82	40,4
1959	197	89	45,2
1960	188	97	51,6
1961	231	102	44,1
1962	253	105	41,1
1963	234	109	46,6
1964	265	129	48,1
1965	283	146	51,6
1966	300	152	50,7

Auch die Entscheidung über die Zurechnungsfähigkeit erfordert letztlich ein Werturteil, das bewußt oder unbewußt von Erwägungen zur Straffrage geleitet werden könnte. Die Zahl der als vermindert zurechnungsfähig behandelten Mörder weist in der Tat seit 1954 eine Steigerung fast um das Dreifache auf. Die Ursache kann aber in einer von Jahr zu Jahr verfeinerten psychiatrischen Diagnose zu suchen sein.

Die Abgrenzung von Versuch und Vollendung läßt sich bei Tötungsverbrechen praktisch nicht manipulieren. Dagegen eignet sich die Teilnahmelehre durchaus auch als Instrument der Strafzumessung. Nicht ohne Grund entzündet sich die Diskussion immer wieder gerade an Mordfällen. Wie das Reichsgericht in dem berühmten „Badewannenfall" seine Zuflucht zur subjektiven Teilnahmelehre nahm, um die Angeklagte vor der Todesstrafe zu retten, hat Hartung, der an dieser Entscheidung selbst mitwirkte, eindrucksvoll geschildert[61]. In der Nachkriegszeit sind

[61] Vgl. RGSt 74, 84 und dazu *Hartung*, JZ 1954, 430.

Tabelle 7

Wegen Mordes verurteilte Erwachsene

	Insgesamt	davon vermindert zurechnungsfähig	in %
1954	80	5	6,3
1955	96	6	6,2
1956	77	8	10,4
1957	75	6	8,0
1958	82	7	8,5
1959	89	14	15,8
1960	97	15	15,5
1961	102	16	15,7
1962	105	19	18,1
1963	109	21	19,3
1964	129	22	17,1
1965	146	25	17,1
1966	152	26	17,0

es die staatlich organisierten Verbrechen und unter ihnen besonders die nationalsozialistischen Gewaltverbrechen, bei denen die Teilnahme dem Bedürfnis nach einer gesetzlich nicht vorgesehenen Reduzierung des Strafmaßes Rechnung tragen muß[62]. Die „Beihilferechtsprechung" mancher Schwurgerichte in den Einsatzgruppenprozessen läßt deutlich das Bestreben erkennen, die Angeklagten vor dem lebenslangen Zuchthaus zu wahren[63]. Das Staschinsky-Urteil[64] erweckt den Eindruck, daß sich dort auch der Bundesgerichtshof von Erwägungen zur Straffrage leiten ließ, als er den im Auftrage und unter dem Druck eines kommunistischen Geheimdienstes handelnden Täter als Mordgehilfen verurteilte.

Die Kriminalstatistik unterscheidet erst sei 1960 zwischen Täterschaft, Beihilfe und Anstiftung. Sie gibt auch jetzt nicht zu erkennen, in welchen Fällen Beihilfe mit den anderen ausgewiesenen Milderungsgründen,

---

[62] Zur rechtlichen Problematik vgl. *Baumann*, Beihilfe bei eigenhändiger voller Tatbestandserfüllung, NJW 1963, 561; *Hanack*, Zur Problematik der gerechten Bestrafung nationalsozialistischer Gewaltverbrecher, JZ 1967, 297, 329; *Korn*, Täterschaft oder Teilnahme bei staatlich organisierten Verbrechen, NJW 1965, 1206; *Roxin*, Straftaten im Rahmen organisatorischer Machtapparate, GA 1963, 193.

[63] Ein besonders krasser Fall war die wiederholte Verurteilung des Borkumer Badearztes Dr. Scheu und seines Mitangeklagten Struve wegen Beihilfe zum Mord, obwohl der BGH das erste Urteil mit der Begründung aufgehoben hatte, es sei Täterschaft gegeben. Auf die erneute Revision der Staatsanwaltschaft gegen dieses offenbar von den Geschworenen erzwungene Urteil hat der BGH dann selbst auf lebenslanges Zuchthaus erkannt. Vgl. dazu den Bericht von Hans *Schueler*, „Die Welt", Nr. 202 v. 1. 9. 1965; *Friesenhahn*, Verhandlungen des 46. DJT, Bd. II, S. C 21.

[64] BGHSt 18, 88.

Versuch und verminderter Zurechnungsfähigkeit, zusammentrifft. Wegen Beihilfe zum Mord wurden verurteilt

1960	6
1961	7
1962	16
1963	22
1964	20
1965	16
1966	27

Erwachsene. Hier zeigt sich zwar ein Anstieg. Die Zahlen sind wegen der Kürze der Beobachtungszeit jedoch noch wenig beweiskräftig. Es ist bekannt, daß von deutschen Gerichten zwischen dem 8. 5. 1945 und dem 1. 1. 1964 von insgesamt 172 Personen, die wegen nationalsozialistischer Gewaltverbrechen rechtskräftig als Mörder verurteilt worden sind, nur 88, also etwa die Hälfte von ihnen, die Todesstrafe oder Zuchthaus auf Lebenszeit erhielten[65]. Da andere Milderungsgründe kaum in Betracht kommen, ist anzunehmen, daß die übrigen als Mordgehilfen bestraft worden sind. Berücksichtigt man nun einerseits, daß 51 der 88 auf Höchststrafe lautenden Urteile gegen NS-Verbrechen schon bis 1951 ergangen waren, und andererseits, daß gerade in den letzten Jahren die Verfolgung der NS-Verbrechen besonders intensiviert worden ist, so ist es eigentlich erstaunlich, wenn der Anteil der Lebenszeitverurteilungen bei der Bestrafung des Mordes jedenfalls seit 1956 verhältnismäßig nicht weiter abgesunken ist. Der Schluß liegt nahe, daß die Gerichte bei der Beurteilung der herkömmlichen Mordkriminalität keinesfalls milder geworden sein können und sich nicht scheuen, lebenslanges Zuchthaus zu verhängen. Darüber hinaus läßt sich aber nur feststellen, daß die Mordstatistik und besonders ihre Angaben über die Strafzumessung durch die Verfolgung der nationalsozialistischen Gewaltverbrechen weitgehend „verfälscht“ wird.

[65] Bundesjustizministerium, Die Verfolgung nationalsozialistischer Straftaten, S. 44, 78 ff.

Zweiter Abschnitt

Die Begnadigung Lebenslänglicher

I. Der rechtliche Rahmen der Gnadenpraxis

Die Entlassung Lebenslänglicher aus der Haft ist in Deutschland seit jeher nur im Gnadenwege möglich. Gesetzliche Amnestien, die auch Lebenslängliche einbezogen, hat es unter der langen Herrschaft des StGB von 1871 zweimal gegeben. Sie kamen nur solchen Verurteilten zugute, deren Straftaten politischen Charakter trugen. Der „Aufruf des Rates der Volksbeauftragten an das deutsche Volk" vom 12. 11. 1918[1] stellte alle politischen Straftaten von Strafe frei. Auf Grund dieser Amnestie wurde in Hessen ein Lebenslänglicher nach vier Jahren entlassen[2]. Die Reichsamnestie vom 14. 7. 1928[3] gewährte Straferlaß für alle bis zu ihrem Inkrafttreten erkannten und noch nicht verbüßten Strafen für Taten, die aus politischen Beweggründen begangen waren. Bei Verbrechen gegen das Leben wurden die Strafen nur gemildert. Lebenslanges Zuchthaus wurde in Gefängnis von sieben Jahren und sechs Monaten verwandelt. Dieses Gesetz verhalf in Hamburg einem Lebenslänglichen zur Freiheit, der sich 1919 aktiv an einem Aufruhr beteiligt und einen Einwohnerwehrmann erschossen hatte[4].

Die Begnadigung Lebenslänglicher ist praktisch ausschließlich Ländersache, denn das Gnadenrecht folgt der Justizhoheit (§ 452 StPO). Der Bund ist nur zuständig, soweit der Bundesgerichtshof in erster Instanz entschieden hat[5]. In allen anderen Sachen steht das Gnadenrecht den Ländern zu. Für die Länder sind es die Ministerpräsidenten oder die Senate der Stadtstaaten, die das Gnadenrecht ausüben, während es im Bund dem Bundespräsidenten zusteht. Sowohl im Bund als auch in den Ländern ist die Ausübung des Gnadenrechts weitgehend an die Justiz-

---

[1] RGBl 1303.

[2] *Krämer*, MSchrKrim 23, 1932.

[3] RGBl I 195.

[4] *Lang*, MSchrKrim 21, 19, 145. Es ließ sich nicht feststellen, ob diese beiden Amnestien auch in anderen Ländern Lebenslänglichen zugute kamen.

[5] Vgl. § 134 des Gerichtsverfassungsgesetzes. Als erstinstanzliches Gericht kann der BGH nach den §§ 80, 81, 94, 97a, 100, 220a StGB (früher nach den §§ 80, 89, 100 a. F.) lebenslanges Zuchthaus verhängen. Er hat von dieser Möglichkeit aber bisher anscheinend — die Kriminalstatistik zählt die Staatsschutzdelikte nicht — noch keinen Gebrauch gemacht.

minister und an die Vollstreckungsbehörden delegiert worden. Nur die Begnadigung der Lebenslänglichen hat sich überall das Staatsoberhaupt selbst vorbehalten. Bund und Länder haben Verwaltungsvorschriften erlassen, die das Gnadenverfahren regeln und im übrigen erläuternde Anhaltspunkte bieten[6]. Die Gnadenordnungen enthalten über die Begnadigung der Lebenslänglichen keine besonderen Vorschriften.

In aller Regel werden Lebenslängliche im Falle ihrer Begnadigung zunächst nur vorläufig entlassen, und erst, wenn sie sich in der Freiheit bewährt haben, wird ihnen die Reststrafe geschenkt[7]. Anders verfuhr man bis 1933 vor allem in Hamburg, indem man nach längerer Strafverbüßung die lebenslange Zuchthausstrafe zunächst in einer Strafe von 25 bis 35 Jahren umwandelte und erst nach Ablauf weiterer Jahre in einem zweiten Gnadenakt die bedingte Entlassung verfügte[8]. Dieses Verfahren wird heute besonders in Bayern wieder angewandt.

---

[6] Der Bundespräsident hat am 5. 10. 1965 eine neue Anordnung über die Ausübung des Begnadigungsrechts erlassen (BGBl I 1573). In den Ländern galt zunächst die Gnadenordnung vom 6. 2. 1935 fort. Inzwischen haben sich alle Länder eigene Gnadenordnungen gegeben.

[7] Die Möglichkeit einer bedingten Entlassung im Gnadenwege, die in allen Gnadenordnungen vorgesehen ist, besteht heute unabhängig von der gesetzlichen Regelung der bedingten Entlassung in § 26 jedenfalls dann, wenn die entsprechende Möglichkeit im Justizwege fehlt oder nicht ausgeschöpft ist; so *Geerds*, Gnade, S. 39; *Maurach*, AT, S. 795; *Kohlrausch-Lange*, Vorbem. I 2 vor §§ 23—26; ohne diese Einschränkung *Schönke-Schröder*, § 26 Rn. 5; *Egner*, Strafaussetzung zur Bewährung und Gnadenrecht, NJW 1953, 1859.

[8] Vgl. *Lang*, MSchrKrim 21, 1930, 135, und unten IV 1. a). Seit die bedingte Entlassung für zeitige Freiheitsstrafen gesetzlich geregelt und den Gerichten übertragen worden ist, liegt es nahe, § 26 StGB auch auf solche zeitigen Strafen anzuwenden, die durch gnadenweise Ermäßigung lebenslanger Strafen entstanden sind. Dann wäre der Gnadeninstanz die Entscheidung darüber genommen, ob der zu zeitiger Strafe Begnadigte noch vor Ablauf der vollen Strafzeit bedingt entlassen werden soll. Die Anwendung des § 26 StGB auf solche Gnadenstrafen wird allerdings im Schrifttum (*Dalcke-Fuhrmann-Schäfer*, § 26 Anm. 1; *Jagusch* in LK, § 26 Anm. 2; *Schönke-Schröder*, § 26 Rn. 6; *Mittelbach*, Die bedingte Entlassung, JR 1956, 165; H. W. *Schmidt*, Grundsätze der bedingten Entlassung, SchlHA 1961, 154) und von der Rechtsprechung (OLG Oldenburg, NJW 1957, 920; OLG Hamm, NJW 1957, 920; OLG Hamburg, NJW 1960, 1535) zu Recht einhellig abgelehnt, da nach dem Wortlaut des § 26 StGB die bedingte Entlassung nur den zu zeitiger Freiheitsstrafe „Verurteilten" eröffnet werden sollte. Dennoch erscheint das früher in Hamburg geübte Verfahren rechtlich nicht unbedenklich. Es wirft nämlich die Frage auf, ob die Gnadeninstanz an die gesetzliche Höchststrafe von 15 Jahren gebunden ist. Selbstverständlich kann ein Lebenslänglicher auch dann noch entlassen werden, wenn er schon mehr als 15 Jahre seiner Strafe verbüßt hat. Darin liegt nur die Befreiung von der Reststrafe. Kann aber auch für die Zukunft eine Strafe von bestimmter längerer Dauer als 15 Jahre festgesetzt werden? Wenn ein Lebenslänglicher, der zu einer Strafe von 25 Jahren begnadigt ist, nach Ablauf von 15 Jahren seine Entlassung verlangte, so müßte die Vollstreckungsbehörde gemäß § 458 StPO eine gerichtliche Entscheidung einholen, die das Gericht nicht verweigern könnte, wie es die Verwaltungsgerichte bisher stets getan haben, wenn die Ablehnung eines Gnadengesuchs angefochten wurde. Die Entscheidung hinge dann davon ab, welche Bedeutung der für die

Die Bewährungsfrist wird auf fünf bis zehn Jahre bemessen. Neben der allgemeinen Bedingung der guten Führung werden im Einzelfall besondere Auflagen festgesetzt. Hier kommen insbesondere Weisungen in Betracht, die sich auf den Aufenthaltsort und die Arbeit beziehen. Bis zur Jahrhundertwende wurde den Gefangenen sehr häufig aufgegeben, nach dem außereuropäischen Ausland, zumeist nach Amerika, auszuwandern. In der Mehrzahl der Fälle wurde dem Verurteilten auch untersagt, an den Ort der Tat zurückzukehren[9].

Das Problem der Rechtsbindung der Gnade soll in anderem Zusammenhang noch erörtert werden[10]. An dieser Stelle erhebt sich nur die Frage, ob der Gnadeninstanz bei der Auswahl der Auflagen Grenzen gezogen sind, insbesondere, ob hier verfassungsrechtliche Schranken bestehen.

Diese Frage hat schon 1925 im Falle Hau zu einer Diskussion geführt, die ihre Aktualität bis heute nicht verloren hat. Karl Hau, der 1907 in einem aufsehenerregenden Indizienprozeß wegen Mordes zum Tode verurteilt und später begnadigt worden war, wurde 1919 vom Badischen Staatsministerium erneut auf den 15. 4. 1925 endgültig begnadigt[11]. Die Reststrafe wurde 1924 noch einmal zur Bewährung ausgesetzt unter der ausdrücklichen Bedingung, „daß er alle ehrenkränkenden Angriffe gegen die von ihm Ermordete und ihre Angehörigen, auch jeden Mißbrauch seiner Straftat, seiner Verurteilung oder Strafverbüßung zu Angriffen gegen die beteiligten Behörden oder zu Filmdarstellungen oder zu sensationellen schriftlichen Darlegungen unterlassen solle“[12]. Hau berichtete jedoch seit September 1925 in einer Artikelserie in der „BZ am Mittag“ über seine Zuchthauserlebnisse und die Geschichte seines Prozesses und ließ die Berichte später auch in Buchform erscheinen[13]. Er verkaufte das Verfilmungsrecht an seinen Büchern an zwei Filmgesellschaften und beteiligte sich selbst an der Ausarbeitung der Drehbücher. Deshalb wurde schließlich die Strafaussetzung widerrufen[14]. Die Zeitungen griffen diesen Fall auf und rügten die Hau erteilten Auflagen als einen Verstoß gegen das in Art. 118 Abs. 1 der Weimarer Reichsverfassung verbürgte Grundrecht der freien Meinungsäußerung[15]. Es gehört nur wenig Phantasie dazu, sich heute

---

zeitige Zuchthausstrafe festgesetzten Obergrenze zukommt. Liegt ihre Bedeutung darin, daß sich jenseits der 15-Jahresgrenze erhebliche neue Strafwirkungen einstellen, die die Resozialisierung erschweren oder verhindern können, so daß mit der Quantität auch die Qualität der Strafe umschlägt, so könnte man zu dem Schluß kommen, daß diese Wirkungen verhindert werden müssen, wenn einmal grundsätzlich die Entscheidung für die Resozialisierung des Verurteilten gefallen ist, und daß sich darüber auch die Gnadeninstanz nicht hinwegsetzen darf.

[9] *Schickert*, MSchrKrim 21, 1930, 171; *Krämer*, MSchrKrim 23, 1932, 141.

[10] Im 5. Abschnitt unter IV.

[11] Badischer Staatsanzeiger (Karlsruher Zeitung) vom 28. 11. 1925.

[12] Amtliche Erklärung im Badischen Staatsanzeiger vom 14. 11. 1925.

[13] „Lebenslänglich. Erlebtes und Erlittenes“ und „Das Todesurteil. Die Geschichte meines Prozesses“, Berlin 1925.

[14] Amtliche Erklärung, a.a.O.

[15] Nachweise bei *Hoffmann*, GA 70, 1926, 293; vgl. auch *v. Lilienthal*, DJZ 1925, Sp. 1861; *Stree*, S. 139.

eine Wiederholung dieses Falles vorzustellen, zumal ein Mörder, der seine Memoiren veröffentlichen wollte, dazu nicht einmal mehr eine literarische Begabung brauchte, wie sie Hau nachgesagt worden ist.

Die Frage nach der verfassungsmäßigen Zulässigkeit grundrechtseinschränkender Auflagen läßt sich nicht damit abtun, daß man auf die stets vorhandene Einwilligung der Gefangenen verweist. Man kann sich kaum eine Auflage vorstellen, die ein Lebenslänglicher nicht in Kauf nehmen würde, wenn davon seine Freiheit abhinge. Dieser mittelbare Druck genügt, die Auflagen als Zwangsmaßnahmen und damit ggfs. als Eingriffe in die Grundrechtssphäre zu kennzeichnen[16]. Solche Eingriffe sind aber nur zulässig, wenn sie auf Grund eines Gesetzes vorgenommen werden oder wenn sie sich im Rahmen eines besonderen Gewaltverhältnisses halten[17]. Die Gnadenordnungen sehen zwar sämtlich vor, daß eine bedingte Begnadigung mit Auflagen versehen wird. Sie bilden indes bloße Verwaltungsanordnungen und besitzen keine Gesetzesqualität, so daß sie nicht geeignet sind, als Ermächtigung für die Einschränkung von Grundrechten zu dienen. Aber die Gnadeninstanz kann sich, jedenfalls bei der Begnadigung Lebenslänglicher, für den Erlaß grundrechtseinschränkender Auflagen auf das besondere Gewaltverhältnis der Strafgefangenschaft berufen; denn anders als bei zeitigen Strafen kann durch die Aussetzung der lebenslangen Strafe das Strafende nicht mehr hinausgeschoben und deshalb das Strafübel nur gemildert werden.

Das besondere Gewaltverhältnis der lebenslangen Strafe wird durch die bedingte Entlassung zwar gelockert, es besteht aber grundsätzlich fort, denn es erschöpft sich nicht in der tatsächlichen Gefangenhaltung. Nur ein Teil der Grundrechtsbeschränkungen in der Strafhaft ist für die technische Durchführung der Freiheitsentziehung notwendig. Das besondere Gewaltverhältnis der Strafgefangenschaft dient in viel um-

---

[16] *Stree*, S. 138; *König*, S. 138; a. A. OLG Bremen, GA 1957, 415.

[17] Die Frage der Grundrechtsbindung ist für die strafrichterlichen Bewährungsauflagen in jüngster Zeit wiederholt erörtert worden (vgl. die eingehende Darstellung bei *Stree*, S. 137 ff.). Dabei werden zwei Hauptmeinungen vertreten. Die eine Ansicht geht davon aus, daß bei der Strafaussetzung zur Bewährung und bei der bedingten Entlassung das besondere Gewaltverhältnis des Strafvollzugs nur gelockert werde, und will deshalb die Grenzen, innerhalb derer Bewährungsauflagen in Grundrechte eingreifen dürfen, nach den Beschränkungen bestimmen, die für die Ausübung der Grundrechte im Strafvollzug gelten (*Dalcke-Schaefer*, § 24 Anm. 1; *Heinitz*, ZStW 70, 1958, 13; OLG Braunschweig, NJW 1957, 760). Die Gegenmeinung sieht in der Strafaussetzung zur Bewährung eine Modifikation der Strafe, die das besondere Gewaltverhältnis der Strafgefangenschaft gar nicht erst entstehen läßt oder es mit der Entlassung beendet. Nach dieser Ansicht sollen grundrechtseinschränkende Auflagen nur zulässig sein, soweit sie ausdrücklich in § 24 genannt sind und das eingeschränkte Grundrecht unter einem Gesetzesvorbehalt steht (*Schönke-Schröder*, § 24 Rn. 11; *Bruns*, Über strafrechtliche Auflagen, GA 1959, 206 ff.; *Stree*, S. 140 ff.; Karl *Peters*, Urteilsanmerkung, JZ 1957, 65; OLG Hamburg, NJW 1964, 1814).

fassenderer Weise dazu, die Gesamtheit der Strafzwecke zu realisieren[18]. Dieses umfassendere Ziel bleibt auch nach der bedingten Entlassung bestehen. Die Strafe als solche dauert fort und mit ihr das durch die Bestrafung begründete besondere Gewaltverhältnis[19]. Nur die technischen Erfordernisse des Anstaltsbetriebes entfallen. Deshalb darf die Gnadeninstanz durch Auflagen all den Zwecken Rechnung tragen, denen die Strafe dienen soll und denen eine Fortdauer der Strafhaft in einem für den Gefangenen viel einschneidenderem Maße gedient hätte. Im Vordergrund steht dabei der Sicherungszweck der Strafe. Die Resozialisierung ist nur dessen Kehrseite. Damit können alle grundrechtseinschränkenden Auflagen gerechtfertigt werden, die der Vorbeugung neuer Straftaten des Entlassenen und seiner Resozialisierung dienen sollen, wenn sie die Wesensgehaltsschranke des Art. 19 Abs. 2 GG nicht überschreiten und die Menschenwürde nicht antasten. Neben der Sicherungsaufgabe darf und muß die Gnadenbehörde aber auch der Genugtuungs- und Befriedigungsfunktion der Strafe Rechnung tragen. Diese Funktionen haben gerade bei der lebenslangen Freiheitsstrafe besonderes Gewicht, die jedenfalls so, wie sie allgemein verstanden wird, durch den endgültigen Ausschluß des Verbrechers aus der freien Gesellschaft den Rechtsfrieden wieder herstellen soll. Es darf der Gnadenbehörde daher nicht verwehrt werden, wenn sie zu diesem Zweck dem Entlassenen untersagt, an den Ort der Tat zurückzukehren oder, wie im Falle Hau, sich an die Öffentlichkeit zu wenden.

Während der Probezeit kann jeder Verstoß gegen die mit der Begnadigung verbundenen Auflagen zum Widerruf der Entlassung führen[20].

---

[18] Deshalb ist die Auffassung von *Stree*, S. 141 und Fußn. 16 auf S. 142, daß Grundrechtseinschränkungen im Strafvollzug nur zulässig sind, wenn sie der Funktionsfähigkeit des besonderen Verhältnisses zwischen den Organen der Strafrechtspflege und dem Verurteilten dienen, zu eng. Diese Auffassung dürfte auch im Gefängnis und im Zuchthaus nur einen „Hotelvollzug" zulassen, wie ihn *Baumann*, MSchrKrim 47, 1964, 59, für die Sicherungsverwahrung gefordert hat. Gegen *Stree* auch *König*, S. 143.

[19] So auch *König*, S. 141. *König* spricht dann allerdings von einem besonderen „Gnadengewaltverhältnis". Dieser Begriff verdeckt die Tatsache, daß das Gewaltverhältnis mit dem durch die Bestrafung begründeten identisch ist und durch den Eingriff der Gnadeninstanz nur gelockert wird. Andererseits sind aber auch die Begriffe des „Strafgefangenschaftsverhältnisses" oder des „besonderen Gewaltverhältnisses des Strafvollzugs", die an den von Otto *Mayer* (Deutsches Verwaltungsrecht, 3. Aufl. 1924, Bd. 2, S. 268) geprägten Anstaltsbegriff anknüpfen, zu eng. Das Institut des besonderen Gewaltverhältnisses ist nicht an die Rechtsform der Anstalt als eines „Bestandes von Mitteln, sächlichen wie persönlichen, welche in der Hand eines Trägers öffentlicher Verwaltung einem besonderen öffentlichen Zweck dauernd zu dienen bestimmt sind", gebunden (*Obermaier*, S. 34). Deshalb sollte man genauer mit *Peters* (Die kriminalpolitische Stellung des Strafrichters, S. 201) von dem „Gewaltverhältnis der staatlichen Strafgewalt" sprechen, obwohl diese Formulierung sprachlich zu wünschen übrig läßt.

[20] Es ist ungenau, wenn man von der „bedingten Entlassung" im Gnadenwege spricht. Nicht die Entlassung ist (auflösend) bedingt, sondern die Begna-

Andererseits gibt es für die Gnadeninstanz keine obligatorischen Widerrufsgründe. Selbst wenn der Entlassene in der Bewährungszeit erneut straffällig wird und die Straftat nach § 25 Abs. 2 Nr. 2 StGB zwingend zum Widerruf der vom Gericht gewährten bedingten Entlassung führen müßte, kann die Gnadeninstanz auf einen Widerruf verzichten. Das ist von großer praktischer Bedeutung, weil die Folgen des Widerrufs bei der bedingten Entlassung Lebenslänglicher oft in keinem Verhältnis zu der neuen Straftat stehen[21].

II. Gründe und Voraussetzungen der Begnadigung

Die echte Gnade, wie sie historisch gewachsen ist, bildet ein Zeichen für die Fragwürdigkeit aller irdischen Gerechtigkeit. Ihre Gründe sind Großmut, Barmherzigkeit und Mitleid[22]. An die Stelle der echten, ursprünglichen Gnade ist jedoch immer mehr die gnadenweise Strafänderung getreten, durch welche die Gnadeninstanz eine Korrektur des Rechts und damit eine vollkommenere Gerechtigkeit zu verwirklichen trachtet[23]. Es liegt in der Natur der Sache, daß gerade bei den schwersten Strafen die echte Gnade noch am ehesten ein Wirkungsfeld findet. Das zeigt das Beispiel der Todesstrafe, die in weit höherem Maße zu Begnadigungen geführt hat als jede andere Strafart. Dem trug sogar das Gesetz Rechnung, indem es in § 453 StPO bestimmte, daß alle Todesurteile der Bestätigung durch die Gnadeninstanz bedurften. Zwar hatten auch bei der Begnadigung zum Tode Verurteilter rationale Gründe den Vorrang. So ließ sich die Gnadeninstanz vor allem dann zum Eingreifen bestimmen, wenn letzte Zweifel an der Überführung des Verurteilten nicht auszuräumen waren oder wenn Milderungsgründe vorlagen, die

---

digung hängt von der (aufschiebenden) Bedingung ab, daß während der Bewährungszeit die Resozialisierung gelingt. Ein „Widerruf" hat daher keine konstitutive Bedeutung, sondern stellt nur deklaratorisch fest, daß es bei der Bestrafung bleibt, weil die Bedingung, von der die Begnadigung abhängen soll, ausgefallen ist.

[21] Schon mit der bedingten Begnadigung schafft die Gnadeninstanz eine neue Rechtslage, in der sie gebunden ist. Deshalb muß sie sich eine gerichtliche Nachprüfung der Widerrufsentscheidung gefallen lassen (so auch *König*, S. 147). Das geeignete Verfahren bietet § 458 StPO.

[22] Hellm. *Mayer*, AT, S. 401; *Geerds*, S. 15, 23.

[23] Auch die „korrigierende Gnade", wie *Geerds*, a.a.O., S. 23, sie treffend genannt hat, besitzt einen geschichtlichen Hintergrund. Neben dem Begnadigungsrecht entwickelte sich seit dem 16. Jahrhundert mit der Entfaltung des polizeistaatlichen Absolutismus auch das sogenannte Bestätigungsrecht, das dem Landesherrn gestattete, Strafurteile entweder zu sanktionieren oder durch Milderung oder Schärfung seinen Intentionen anzupassen (vgl. dazu Eb. *Schmidt*, Einführung, S. 179). Mit dem Untergang des Absolutismus verschwand auch dieses Bestätigungsrecht. Es blieb indessen faktisch erhalten, soweit es zugunsten des Verurteilten ausgeübt werden konnte und lebt insoweit als korrigierende Gnade fort.

das Gericht nach dem Gesetz nicht hatte berücksichtigen dürfen. Schließlich wurde die Gnade, ähnlich wie in Belgien und Luxemburg, auch in einigen deutschen Ländern zeitweise als Waffe im Kampf gegen die Todesstrafe eingesetzt[24]. Aber selbst dort, wo rationale Erwägungen im Vordergrund standen, schimmerte doch noch die echte Gnade hindurch. Die Todesstrafe vermochte das Mitleid eher zu wecken als jede andere Strafart, denn ihre ganze Härte trat in dem Augenblick der Hinrichtung auf eine unvergleichliche Weise eindringlich und sinnfällig zu Tage. Vor dem Geheimnis des Todes konnte sich auch die Gnadeninstanz der Fragwürdigkeit aller irdischen Gerechtigkeit nicht verschließen.

Die lebenslange Freiheitsstrafe ist immer noch von außerordentlicher Härte. Manche halten sie sogar für schwerer als die Todesstrafe. Doch seit jeher gilt lebenslange Haft als die rationale Alternative zur irrationalen Todesstrafe. Man kann deshalb für die lebenslange Freiheitsstrafe auch nur rational begründete Gnadenentscheidungen erwarten. Jedenfalls steht die echte Gnade ganz im Hintergrund und wird durch die im Einzelfall stets vorhandenen sachlichen Gnadengründe überdeckt. Trotzdem lassen sich allgemeine Grundsätze für die Begnadigung Lebenslänglicher kaum herausstellen.

Das Bundesjustizministerium hat in einem für den Sonderausschuß Strafrechtsreform des Bundestages bestimmten Kurzvermerk zur lebenslangen Freiheitsstrafe[25] vier Fallgruppen unterschieden, die für eine Begnadigung besonders in Betracht kommen:

1. Täter, die vor dem Inkrafttreten des JGG von 1953 zu lebenslangem Zuchthaus verurteilt wurden und nach dem heute geltenden Recht als Heranwachsende wahrscheinlich milder bestraft worden wären,
2. Täter, deren Verurteilung rechtlichen Zweifeln begegnet,
3. Täter, die zu ihrer Tat durch die außergewöhnlichen Umstände vor und nach dem Zusammenbruch von 1945 verleitet worden waren,
4. Täter, die aus sonstigen Gründen, wie lange Haftdauer, hohes Alter oder Krankheit, begnadigt worden sind[26].

---

[24] In der Sitzung von 29. 9. 1927 beschloß der Hessische Landtag, daß alle in Hessen ausgesprochenen Todesurteile in Freiheitsstrafe umgewandelt werden sollten (*Angersbach*, DJZ 1928, 378). Im Juli 1928 regte das Reichsjustizministerium an, daß die Länder grundsätzlich mittels Begnadigung auf die Vollstreckung der Todesstrafe bis zur Durchführung der Strafrechtsreform verzichten sollten (Rob. *v. Hippel*, Lehrbuch, Bd. 1, S. 414).

[25] 7. Sitzung vom 9. 2. 1966, Anlage 5, Protokoll S. 61 f.

[26] Auf Grund einer vom BJM veranstalteten Umfrage, deren Ergebnis bisher noch nicht vollständig bekannt geworden ist, hatte Bayern mitgeteilt, daß innerhalb von 20 Jahren (8. 5. 1945 bis 8. 5. 1965) insgesamt 41 bedingte Entlassungen im Gnadenwege ausgesprochen seien. Davon fielen unter die oben genannten Gründe

1. (Heranwachsende) 16

In dieser Aufstellung fehlt ein Gnadengrund, der unter der Herrschaft der Todesstrafe vielleicht der wichtigste war: die Begnadigung wegen Zweifels an der Überführung des Verurteilten. Das ist bezeichnend, denn gerade darin findet man ja den Vorzug der lebenslangen Haft vor den irreparablen Todesstrafen, daß sie stets die Möglichkeit offen läßt, den unschuldig Verurteilten von Rechts wegen zu rehabilitieren. Wegen dieser Möglichkeit sieht die Gnadeninstanz sich der Notwendigkeit enthoben, das Urteil auf etwaige Lücken in der Beweisführung zu überprüfen und überläßt es ganz dem Verurteilten, seine Unschuld mit einem Wiederaufnahmantrag geltend zu machen. Diese Selbstbeschränkung ist grundsätzlich zu billigen. Zutreffend hat Geerds ausgeführt, daß eine Begnadigung bei zweifelhafter Beweislage nicht nur strafprozessual fragwürdig sei, weil sie das Institut der Wiederaufnahme zumindest praktisch entwerten könne, sondern auch dem weiteren kriminalpolitischen Bedenken begegne, daß ohne Wiederaufnahme die Zweifel an der Überführung des Täters bestehen blieben und der Gnadenerweis so gerade das in seiner Objektivität nicht zu unterschätzende Indizienurteil in Mißkredit bringen würde[27]. Es geht allerdings zu weit, bei der lebenslangen Strafe eine mit Zweifeln an der Beweisführung begründete Begnadigung schlechthin für unzulässig zu erklären, denn diese Strafe ist so außerordentlich schwer, daß angesichts der Beschränkung der Wiederaufnahmegründe im Einzelfall doch einmal das Bedürfnis vorliegen kann, Gnade vor Recht ergehen zu lassen.

„Rechtliche Zweifel" an der Verurteilung könnten etwa im Hinblick auf die Abgrenzung von Mord und Totschlag oder von Täterschaft und Beihilfe auftauchen. Hier bleibt für Gnadenerweise besonders dann ein Raum, wenn im Einzelfall ein Urteil nicht dem Gesetz oder seiner

---

2. (rechtliche Zweifel) 6
3. (Einfluß der Kriegs- und Nachkriegsverhältnisse) 12
4. (sonstige) .... 7.

[27] *Geerds*, S. 38. Um so schwerer wiegt danach der Vorwurf, die Gnadeninstanz greife erst dann ein, wenn es gelte, der Peinlichkeit eines erfolgversprechenden Wiederaufnahmeverfahrens zuvorzukommen. Dieser Vorwurf wurde von der Gerichtsberichterstatterin Hildegard *Damrow* am 9. 1. 1966 in der „Welt am Sonntag" unter der Überschrift „Vier Lebenslängliche hoffen" erhoben, vgl. auch *Damrow*, „Sie hoffen auf Freispruch ...", Welt am Sonntag vom 7. 1. 1968. Es ist jedoch zu bedenken, daß ein Gnadenerweis die Durchführung des Wiederaufnahmeverfahrens nicht ausschließt; vgl. für die h. M. Eb. *Schmidt*, StPO Bd. 2 § 361 Anm. 1; *Kohlhaas* in *Löwe-Rosenberg*, Anm. 5 vor § 359. Vgl. in diesem Zusammenhang auch *Winters*, S. 5 f.: „Ist Piotr Misterek unschuldig?" Es ist allerdings schon seit jeher ein Lieblingsthema der Unterhaltungspresse, Mordfälle aufzugreifen und die Überführung des Täters in Zweifel zu ziehen, nachdem dieser schon zehn oder 20 Jahre verbüßt hat. Man hat dann das beruhigende Gefühl, daß der Täter, sollte er doch schuldig sein, die verdiente Strafe bereits erlitten hat.

Auslegung durch die Rechtspraxis entspricht und mit Rechtsmitteln nicht mehr angefochten werden kann. Das gilt besonders dann, wenn von mehreren Verurteilten einer erfolgreich ein Rechtsmittel eingelegt hat, das sich zwar sachlich, nicht aber formell auch auf den anderen erstreckt. Es ist jedoch nicht die Sache der Gnadeninstanz, insoweit eine eigene, von der herrschenden Lehre und Rechtsprechung abweichende Rechtsauffassung zur Geltung zu bringen[28].

Als ein echtes Anliegen der Gnade ist es anzusehen, wenn diejenigen Mörder, die bei einer späteren Verurteilung nach dem JGG von der lebenslangen Strafe verschont geblieben wären, nach angemessener Zeit entlassen und damit die durch den Fortschritt der Gesetzgebung überholten Urteile korrigiert werden[29]. Dieser Gnadengrund hat zwar im Prinzip allgemeinere Bedeutung, betrifft praktisch aber stets nur eine eng begrenzte Anzahl von Fällen, wie es dem Wesen der Gnade entspricht. Schon jetzt, nachdem das JGG über 15 Jahre in Kraft ist, müßten eigentlich alle Heranwachsenden, denen dieses Gesetz hätte zugute kommen können und die danach höchstens mit 15 Jahren Zuchthaus bestraft worden wären, entlassen sein. Das gilt entsprechend auch für die Begnadigung derjenigen Lebenslänglichen, deren Tat wegen der besonderen Kriegs- und Nachkriegsverhältnisse in rechtlich nicht relevanter Weise gemildert erscheint[30]. Ein besonders dringendes Problem geben zur Zeit die Täter auf, die in den Jahren 1949 bis 1952 wegen nationalsozialistischer Gewaltverbrechen zu lebenslangem Zuchthaus verurteilt worden sind und die nach heutiger Praxis der Schwurgerichte und des Bundesgerichtshofs als Gehilfen nur zu einer verhältnismäßig niedrigen zeitigen Strafe verurteilt worden wären[31]. Es ist die menschliche Pflicht der Gnadeninstanz, in solchen Fällen helfend einzugreifen[32].

Während die ersten drei der oben genannten Gnadengründe ähnlich bei allen Strafen bedeutsam werden können, verbirgt sich hinter den „sonstigen Gründen, wie lange Haftdauer, hohes Alter oder Krankheit" ein besonderes Begnadigungsbedürfnis, das in dieser Art und Stärke nur bei der lebenslangen Freiheitsstrafe auftritt. Vollzugsuntauglichkeit im Rechtssinne, die zur Unterbrechung der Strafvollstreckung führen könnte, gibt es bei lebenslangem Zuchthaus nicht. Nur bei zeitigen Freiheitsstrafen darf die Vollzugsbehörde nach § 45 der Strafvollstrek-

[28] *Geerds*, S. 39.

[29] *Geerds*, S. 38.

[30] Auch die Täter, die in den Nachkriegsnotjahren im Alter von 21 bis 24 Jahren wegen Raubmordes zu lebenslangem Zuchthaus verurteilt worden sind, sind in vielen Ländern nach Verbüßung von 15 bis etwa 20 Jahren entlassen worden; vgl. Sonderausschuß Strafrechtsreform, Sitzung vom 13. 3. 1968, Protokoll S. 2020.

[31] Sonderausschuß Strafrechtsreform, a.a.O.

[32] *Geerds*, S. 40 f.

kungsordnung[33] die Vollstreckung unterbrechen, wenn der Verurteilte körperlich oder geistig erkrankt und auf Grund eines Arztgutachtens anzunehmen ist, er werde überhaupt oder doch auf absehbare Zeit nicht wieder vollzugstauglich werden[34]. Tatsächlich werden aber gerade Lebenslängliche in großer Zahl früher oder später „vollzugsuntauglich", wenn die Strafe nach längerer Dauer im Verein mit dem fortschreitenden Alter einen seelischen und körperlichen Verfall herbeiführt oder Krankheit sich einstellt. Daraus ergeben sich im Vollzug dieser Strafe menschlich schwer erträgliche Zustände, denen nur die Gnadeninstanz abhelfen kann. Es kommt hinzu, daß gerade die Hoffnung auf eine spätere Begnadigung für den Vollzug die größte Hilfe ist, um die Lebenslänglichen zu guter Führung anzuhalten und sie vor einem vorzeitigen seelischen Zusammenbruch zu bewahren. Wenn diese Hoffnung nicht zerstört werden soll, darf die Gnadeninstanz nicht kategorisch jede Begnadigung ablehnen, sondern muß durch gelegentliche Gnadenerweise die Hoffnung der Gefangenen nähren und damit dem Strafvollzug seine schwere Aufgabe erleichtern. Wegen des grausamen Zerstörungswerks, das diese Strafe auf die Dauer anrichtet, und wegen der Hoffnungslosigkeit, die sie verbreitet, ruft die lebenslange Strafe nach der Gnade. Dieser Gnadengrund, der bis 1933 unausgesprochen hinter den meisten Begnadigungen stand, hat zwar in der jüngsten Vergangenheit noch nicht seine frühere Bedeutung zurückgewonnen, weil die Zuchthäuser sich erst langsam wieder mit Lebenslänglichen gefüllt haben. Er wird sich aber in den nächsten Jahren unweigerlich in den Vordergrund schieben und die Gnadenbehörde zum Handeln zwingen.

In den Landesjustizverwaltungen ist diese Problematik bekannt, und man wünscht sich dort eine Regelung, die den Lebenslänglichen die Hoffnung auf eine Entlassung eröffnet. Ausschließlich aus politischen Gründen, nämlich weil man glaubt, man könne es der Öffentlichkeit eine verhältnismäßig so kurze Zeit nach der Abschaffung der Todesstrafe noch nicht zumuten, sozusagen von Gesetzes wegen zu dekretieren, daß lebenslänglich eben doch nicht lebenslänglich sei, wehrt man sich bisher noch dagegen, die Frage im Strafgesetzbuch zu lösen[35]. Aus dem gleichen Grunde haben sich die Länder bisher aber auch ganz bewußt geweigert, ein bestimmtes Verfahren und bestimmte Voraussetzungen

---

[33] Die Strafvollstreckungsordnung ist eine für den Bund und die Länder gleichlautend erlassene Verwaltungsanordnung.

[34] Damit ist bei Lebenslänglichen eine „Ärzteamnestie" ausgeschlossen, wie sie in den letzten Jahren wiederholt bei NS-Mördern, die zu zeitigen Zuchthausstrafen verurteilt worden waren oder sich noch in Untersuchungshaft befanden, vorgekommen zu sein scheint; vgl. „Amnestie durch die Hintertür" in „Die Zeit" Nr. 44 vom 28. 10. 1966 und „Haftfähig" in „Die Welt" Nr. 74 vom 30. 3. 1967.

[35] Sonderausschuß Strafrechtsreform, 102. Sitzung vom 13. 3. 1968, Protokoll S. 2019.

für die Begnadigung Lebenslänglicher festzusetzen, obwohl es an Anregungen dazu nicht gefehlt hat[36]. Sie haben vielmehr auf einer ganz individuellen Handhabung des Gnadenrechts bestanden und betont, daß nach dem Fortfall der Todesstrafe an dem Ernst des Vollzuges der lebenslangen Haft festgehalten werden müsse[37].

Anscheinend wird in allen Fällen besonderes Gewicht auf die Frage gelegt, ob die Schuld des Täters durch die Länge der Verbüßung als gesühnt angesehen werden kann. Typisch dafür ist folgende Stellungnahme des Justizministers zum Gnadengesuch einer Mörderin, die 1947 den aus der Kriegsgefangenschaft zurückgekehrten Ehemann getötet hatte, weil er einem Liebesverhältnis im Wege war[38]: Das Gnadengesuch könne nicht befürwortet werden, denn obwohl im Falle der Begnadigung straffreies Verhalten zu erwarten sei und obwohl sich die Gefangene in der Haft stets gut geführt und echte Reue gezeigt habe, sei die Tat durch die bisher verbüßten 18 Jahre nicht voll gesühnt. Die Gesuchstellerin sei erst 50 Jahre als. Sie habe die Tat roh und grausam ausgeführt und aus Egoismus gehandelt. Auch im Lichte der Nachkriegszeit erscheine die Tat nicht gemildert. Zwei Jahre nach dem Kriege habe das Leben wieder etwas gegolten.

Wie gerade dieser Fall zeigt, können auch sogenannte Konfliktmörder nicht auf Begnadigung rechnen, mag auch ihre Tat allgemein milder beurteilt werden als ein Raub- oder Sexualmord. Anders liegt es nur bei den Gefangenen, die im Strafvollzug körperlich oder geistig schwer erkrankt oder alt und pflegebedürftig geworden sind. Es werden indessen bei der vorbereitenden Bearbeitung durch die Justizbehörden alle Gnadengesuche sehr sorgfältig geprüft, mögen sie am Ende in aller Regel auch verworfen werden. Dabei wird die Entscheidung nicht zuletzt von der Eigengesetzlichkeit des Gnadenverfahrens beeinflußt.

Das Gnadengesuch gelangt zunächst, versehen mit einer Stellungnahme der Strafanstalt, zur Staatsanwaltschaft[39]. Diese holt die Stellungnahme des Gerichts ein, das den Täter verurteilt hat und äußert sich auch selbst zu dem Gnadengesuch[40]. Aber während das Votum der Straf-

---

[36] Ministerialrat Dr. *Wilkerling*, Niederschriften Bd. 5 S. 55. Diese Haltung haben auch Vollzugs- und Ministerialbeamte dem Verfasser gesprächsweise bestätigt. Bei den Justizministerien der Länder wird die Frage als Verschlußsache behandelt.

[37] Sonderausschuß Strafrechtsreform, 7. Sitzung vom 9. 2. 1966, Protokollanlage 5, S. 62; 102. Sitzung vom 13. 3. 1968, Protokoll S. 2020 f.

[38] Nach Mitteilung eines mit der Bearbeitung der Sache befaßten Beamten an den Verfasser.

[39] Das Verfahren ist in allen Gnadenordnungen ähnlich geregelt.

[40] *Liepmann*, S. 194: „Ohne Befürwortung der Staatsanwaltschaft hat kein Lebenslänglicher je zu hoffen, einmal wieder in Freiheit gesetzt zu werden." Ein weiteres Hemmnis war die früher übliche Anfrage der Staatsanwaltschaft

anstalt von der Haltung und Entwicklung des Täters im Strafvollzug ausgeht und von daher nicht selten die Begnadigung befürwortet, stehen die anderen Instanzen bei ihrer Stellungnahme viel stärker unter dem Eindruck der Tat, die aus den Akten wieder lebendig wird. Dieser Eindruck spricht eher gegen eine Begnadigung[41]. Schließlich reicht der Justizminister das Gnadengesuch mit einem zusammenfassenden Bericht dem Ministerpräsidenten weiter. Dieser trifft seine Entscheidung, ohne sie zu begründen. Er wird darin aber selten von dem Vorschlag des Justizressorts abweichen. Auf der Regierungsebene wird die Kriminalpolitik zu einem echten Politikum. Der Ministerpräsident und sein Justizminister sind Politiker, denen die öffentliche Meinung nicht gleichgültig sein kann. Sie können nicht übersehen, wie das Publikum jedesmal empört nach der Todesstrafe ruft, wenn die Zeitungen von Kindes- oder Taximorden berichten. Wenn sich darüber hinaus in jüngster Zeit die Fälle wiederholen, daß eine erregte Menschenmenge den Täter, zumal wenn er wegen seiner Jugend oder wegen Zurechnungsunfähigkeit nicht bestraft werden kann, beschimpft und bedroht, so scheint das ein Zeichen dafür, daß die Öffentlichkeit für die Begnadigung von Mördern kein Verständnis aufbringt. Aus der Sicht des Politikers wird deshalb die Genugtuungs- und Befriedungsfunktion der Strafe zu einem bedeutsamen Strafzweck, der großzügige Begnadigung verbietet[42].

Von den Gründen, die für die Begnadigung allgemein oder im Einzelfall maßgebend sind, müssen die Voraussetzungen unterschieden werden, von denen die Gnadenbehörde die Begnadigung Lebenslänglicher in jedem Fall abhängig macht. Die erste Voraussetzung besteht darin, daß eine gewisse Mindestzeit verbüßt ist. Vor Ablauf des 15. Haftjahres sind alle Gnadengesuche von vornherein aussichtslos. Eine weitere unabdingbare Voraussetzung ist eine günstige Prognose[43]. Nur wer die Gewähr bietet, daß er nach der Entlassung ein gesetzmäßiges Leben führt, hat eine Chance. Allerdings fehlt es bislang an einer gesicherten prognostischen Methode. Die Prognose wird rein intuitiv gestellt. Die Grundlage bietet die Beurteilung des Gefangenen durch die Strafanstalt. Der wichtigste Anhaltspunkt ist die Führung des Gefangenen im Strafvollzug. Die gute Führung im Strafvollzug wird darüber hinaus geradezu als selbständige Voraussetzung der Begnadigung angesehen. Dabei spielt

---

bei der Polizeibehörde des Entlassungsortes, ob der Wohnsitznahme des betreffenden Gefangenen Bedenken entgegenstünden, auf die sich diese Behörde häufig gegen eine Begnadigung aussprach. Vgl. auch *Loduchowski*, S. 87.

[41] *Liepmann*, a.a.O.; *Rüdin*, S. 129.

[42] Ähnlich *Winters*, S. 5.

[43] Einen Überblick über den Stand der Prognoseforschung geben im Handbuch der Psychologie Bd. 11 (Forensische Psychologie), 1967, für das Ausland H. J. *Schneider* (S. 397—510) und für Deutschland, die Schweiz und Österreich H. G. *Mey* (S. 511—564).

wohl der Gedanke mit, daß der Gefangene sich die Gnade durch seine gute Führung „verdient". Von negativer Bedeutung sind zahlreiche Vorstrafen und der Umstand, daß es sich bei der Tat um einen Raub- oder Sexualmord gehandelt hat. Multiple und rückfällige Mörder haben keine Aussicht auf Begnadigung. Endlich ist die Begnadigung auch davon abhängig, daß die wirtschaftliche Existenz, insbesondere Wohnung und Arbeit, gesichert erscheinen[44]. Diese Voraussetzung ist wegen des hohen Alters der Lebenslänglichen oft noch schwerer zu erfüllen als bei Zeitgefangenen. Nicht selten wechselt deshalb ein Lebenslänglicher nach der Begnadigung von einer Anstalt in die andere, vom Zuchthaus in die Arbeiterkolonie oder in ein Alters- und Pflegeheim.

III. Wie lange dauert Lebenslänglich?

Eine Verurteilung zu lebenslangem Zuchthaus wird vielfach nicht ernst genommen. Unter Laien wie unter Juristen ist die Meinung weit verbreitet, daß alle Lebenslänglichen früher oder später begnadigt würden. In der Praxis, so schreibt z. B. Süsterhenn, sei die Verhängung einer lebenslangen Zuchthausstrafe regelmäßig nur eine Zuchthausstrafe auf Zeit, weil nach einer Reihe von Jahren im Wege der Begnadigung, der Amnestie oder auch infolge eines politischen Umsturzes der größte Teil der zu lebenslangem Zuchthaus verurteilten Verbrecher wieder in den Genuß der Freiheit gelange[45]. Und ein „Knastsprichwort" heißt optimistisch: „Lebenslänglich ist auch vergänglich[46]." Versucht man aber, sich ein Bild zu machen, wie diese Praxis wirklich aussieht, so stößt man allenthalben auf Schweigen, Nichtwissen oder vage Vermutungen. Selbst die Mitglieder der großen Strafrechtskommission hatten nur sehr verschwommene Vorstellungen über die Begnadigungspraxis bei Lebenslänglichen[47]. Es besteht deshalb auch keine Aussicht, daß es mir an dieser Stelle gelingt, aus den hier und da vorhandenen Nachrichten über die Begnadigung von Lebenslänglichen ein in allen Einzelheiten zutreffendes Bild zusammenzusetzen. Dennoch hoffe ich, die Frage nach der Dauer der lebenslangen Zuchthausstrafe jedenfalls soweit beantworten zu können, wie es für den Zweck der vorliegenden Arbeit notwendig erscheint.

Wer die Frage stellt, wie lange lebenslänglich dauert, setzt meistens stillschweigend voraus, daß die Begnadigung die Regel und die Erfüllung

[44] Vgl. *Krämer*, MSchrKrim 23, 1932, 141; *Schickert*, MSchrKrim 21, 1930, 171.

[45] Die Frage der Todesstrafe, S. 127.

[46] Ruth *Herrmann*, „Lebenslänglich ist auch vergänglich" in „Die Zeit" Nr. 39 vom 23. 9. 1966.

[47] Vgl. die Beratungen der 54. Sitzung am 28. 10. 1957, Niederschriften Bd. 5 S. 54 f.; genauer aber *Schwalm*, Sitzung des Sonderausschusses Strafrecht am 8. 10. 1964, Protokoll S. 459.

der Strafe die Ausnahme ist, und möchte deshalb nur wissen, wie lange Lebenslängliche auf ihre Begnadigung warten müssen. Bevor man sich der Begnadigungspraxis zuwendet, sollte man aber doch fragen, wie lange lebenslänglich „theoretisch" dauern könnte und müßte, wenn die Strafe buchstabengetreu vollstreckt würde. Lebenslänglich ist so lang, wie die Lebenserwartung zur Zeit der Verurteilung. Die Lebenserwartung ist individuell verschieden und läßt sich nicht in einer einzigen Zahl ausdrücken. Dennoch kann man über sie verhältnismäßig einfach und vollständig Auskunft geben.

Die Lebenserwartung hängt vom Alter ab. Das Alter zur Zeit der Verurteilung deckt sich annähernd mit dem Alter zur Zeit der Tat, wie es die Kriminalstatistik ausweist. Nur bei den nationalsozialistischen Gewaltverbrechen liegt zwischen Tat und Verurteilung ein Abstand, der schon jetzt über 25 Jahre betragen kann. Diese Täter fallen aber zahlenmäßig nicht ins Gewicht, wenn man zur Ermittlung des Alters die Lebenslangen mit der Gesamtheit der verurteilten Mörder gleichsetzt. Mit Hilfe der Kriminalstatistik sind heute mehr als 6000 Fälle zu überblicken, so daß sich, zumal bei der außerordentlichen Konstanz der Mordkriminalität. durchaus allgemeingültige Durchschnittswerte angeben lassen. Sie sind in der folgenden Tabelle zusammengefaßt:

Tabelle 8

Das Alter der Mörder bei der Tat

	Insgesamt (100 %)	bis 17 %	18-20 %	21-24 %	25-29 %	30-39 %	40-49 %	50-59 %	60 und älter %
1882/89	1046	7,0	10,7	17,5	18,2	25,6	11,6	5,5	1,9
1890/99	1096	9,5	12,6	14,4	19,4	23,1	11,9	5,5	3,3
1900/09	898	16,3	12,1	19,2	19,2	20,5	8,1	3,6	1,9
1910/15	540	14,8	13,1	22,4	18,1	16,1	8,7	4,6	2,0
1928/36	1248	4,3	14,1	23,3	23,7	22,1	8,7	2,0	1,0
1950/54	624	5,3	11,5	21,0	19,9	23,1	12,5	5,2	1,3
1955/62	959	7,3	17,5	23,1	17,8	17,9	9,8	5,1	1,5
insgesamt:	6411	8,7	13,0	20,0	20,0	21,7	10,2	4,5	1,7

Die mit etwa 5 % je Jahrgang am stärksten an der Mordkriminalität beteiligte Altersklasse bilden die sogenannten Jungerwachsenen (21 bis 24 Jahre)[48]. Die Heranwachsenden und die 25 bis 29jährigen stehen ihnen kaum nach, so daß zwölf Jahrgänge 50 bis 60 % aller Verurteilungen auf sich vereinigen. In den beiden angrenzenden Altersgruppen, bei den

[48] Zu dem gleichen Ergebnis kam das Statistische Reichsamt, Kriminalstatistik 1931 S. 32; 1934 S. 34.

Jugendlichen und den Dreißigern, trägt jeder Jahrgang mit 2 % nur noch halb soviel zur Mordkriminalität bei. Immerhin entfällt auf sie ein weiteres Viertel der Verurteilungen. In den höheren Altersklassen nimmt die Mordkriminalität dann weiter alle zehn Jahre um die Hälfte ab. Blickt man nur auf die Erwachsenen, die von der absoluten Strafdrohung des Mordparagraphen betroffen sind, so stehen drei Viertel der Verurteilten im Alter zwischen 21 und 40. Bei den Frauen liegt das Alter zur Zeit der Tat allgemein einige Jahre höher als bei den Männern[49].

Über die Lebenserwartung sind dem Statistischen Jahrbuch für die Bundesrepublik Deutschland 1966[50] folgende Angaben zu entnehmen:

Tabelle 9

Lebenserwartung in Jahren

Vollendetes	1901/1910		1963/1964	
Altersjahr	m	w	m	w
20	42,56	48,09	50,34	55,51
25	38,59	43,92	45,76	50,66
30	34,55	39,76	41,10	45,84
35	30,53	35,56	36,45	41,06
40	26,64	31,37	31,85	36,35
45	22,94	27,20	27,38	31,75
50	19,43	23,12	23,05	27,27
55	16,16	19,20	19,02	22,91
60	13,14	15,51	15,40	18,75
65	10,40	12,17	12,28	14,86
70	7,99	9,27	9,58	11,36
75	5,97	6,30	7,23	8,37

Die Übertragung dieser nach dem Schicksal der Gesamtbevölkerung berechneten Werte auf die Lebenslänglichen ist mit einem kleinen Unsicherheitsfaktor verbunden. Er ergibt sich aus der Frage, ob die lebenslange Haft die Lebenserwartung beeinflußt, insbesondere, ob sie sich lebensverkürzend auswirkt. Es ist nämlich wiederholt darauf aufmerksam gemacht worden, daß die Lebenslänglichen auffallend früh altern[51]. Genauere Angaben über das Sterbealter im Zuchthaus waren jedoch nicht zu finden. Solche Angaben könnte man auch nur mit Vorsicht verwenden, da viele Gefangene entlassen werden, bevor sie die Grenze der normalen Lebenserwartung erreicht haben, so daß die im Zuchthaus Gestorbenen eine Auswahl von Kurzlebigen bilden. Andererseits wurde

[49] *Winckelmann*, Veröffentlichungen S. 46, gibt das Durchschnittsalter von 50 Mörderinnen zur Zeit der Tat mit 34 Jahren vier Monaten an.

[50] S. 62.

[51] *Fechenbach* S. 115; *Rüdin* S. 118; *Viernstein*, Zeitschrift für Medizinalbeamte 27, 1914, 52.

schon vor dem Ersten Weltkrieg von Lebenslänglichen berichtet, die 30, 40 und 50 Jahre im Zuchthaus verbracht hatten und dort 70 oder 80 Jahre alt geworden waren[52]. 1968 starb im Zuchthaus Celle der angeblich älteste Lebenslängliche der Bundesrepublik, der von seinen 82 Jahren 62 im Zuchthaus verbracht hatte[53]. Hier handelt es sich aber wohl um Einzelfälle, die nicht ohne weiteres verallgemeinert werden dürfen. So muß offen bleiben, ob die Lebensdauer im Zuchthaus kürzer oder vielleicht sogar länger ist als in Freiheit. Dieser Unsicherheitsfaktor scheint indes nicht so groß zu sein, als daß nicht die allgemeine Lebenserwartung zugrunde gelegt werden könnte.

Lebenslänglich dauert danach

für $^1/_4$ der Verurteilten über 45 Jahre,
für $^1/_2$ der Verurteilten über 40 Jahre,
für $^3/_4$ der Verurteilten über 30 Jahre und
für $^7/_8$ der Verurteilten über 25 Jahre.

Erst für diejenigen, die nach dem 60. Lebensjahr verurteilt werden, ist lebenslang wahrscheinlich nicht länger als die zeitige Höchststrafe von 15 Jahren. Bei einer Verurteilung vor dem 40. Lebensjahr muß man damit rechnen, daß die Strafe im Durchschnitt bei Männern bis zum 70. und bei Frauen bis zum 75. Lebensjahr vollstreckt werden kann. Bei einer Verurteilung in höherem Alter schiebt sich das wahrscheinliche Sterbejahr noch weiter hinaus. Aufs Ganze gesehen würde man mit einer zeitigen Strafe von 50 Jahren schon annähernd die gleichen Wirkungen erreichen wie mit einer Verurteilung zu lebenslangem Zuchthaus. Im Einzelfall könnte lebenslänglich allerdings auch einmal 60 oder 70 Jahre dauern. Würde die Höchtsstrafe auf 30 Jahre festgesetzt, wie in Brasilien, so hätten immer noch etwa 75 % der zu dieser Strafe Verurteilten Aussicht, die Freiheit wiederzugewinnen. Eine Höchststrafe von 24 Jahren, wie sie in Portugal besteht, könnten sogar 90 % aller erwachsenen Mörder überleben.

Im Hinblick auf die Begnadigungspraxis ist bei der Frage nach der Dauer der lebenslangen Strafe zwischen dem „Ob" und dem „Wenn" der Begnadigung zu unterscheiden. Zunächst ist zu fragen, wie oft für die

---

[52] *Liepmann* S. 183, bes. Fußn. 5; *Lumpp*, BlfGefK 47, 1913, 133.

[53] Es handelt sich um Wilhelm (oder Adolf?) Bergeest, der als 19jähriger zu 15 Jahren Zuchthaus verurteilt wurde, weil er eine 25jährige Frau erschossen hatte. 1920 entlassen, ermordete er im selben Jahr eine 23jährige Frau, die ihn nicht hatte heiraten wollen. Er wurde zum Tode verurteilt und zu lebenslangem Zuchthaus begnadigt. Vgl. „Im Namen des Königs" in „Der Spiegel" Nr. 15 vom 8. 4. 1968 S. 104; „Dreiviertel seines Lebens hinter Zuchthausmauern" in „Kieler Nachrichten" Nr. 169 vom 23. 7. 1968 S. 13. Nunmehr 50 Jahre verbüßt der im Zuchthaus Werl einsitzende Josef Ritter eine lebenslange Zuchthausstrafe. Er wurde 1919 im Alter von 19 Jahren wegen sechsfachen Mordes zum Tode verurteilt und begnadigt.

Lebenslänglichen das Urteil zum Schicksal wird, wieviele von ihnen im Zuchthaus sterben, oder umgekehrt, wieviele wieder entlassen werden. Erst die zweite Frage lautet dann: Wie lange dauert es, bis die Strafe durch Tod oder Entlassung endet?

Sobald man diese Fragen für eine Vielzahl von Fällen beantworten kann, versucht man unweigerlich, das Ergebnis zu verallgemeinern. Man sucht vor allem nach einem Wert, der es gestattet, die lebenslange Freiheitsstrafe mit der zeitigen zu vergleichen, indem man etwa sagt, die lebenslange Zuchthausstrafe entspreche in ihren praktischen Wirkungen einer zeitigen Strafe von 20, 30 oder 40 Jahren. Ein solcher Vergleich muß jedoch immer sehr ungenau bleiben.

Gewöhnlich begnügt man sich damit, aus den verbüßten Strafzeiten das arithmetische Mittel zu errechnen, das angibt, wie lange ein zu lebenslangem Zuchthaus Verurteilter bis zu seinem Tode oder bis zur Begnadigung in Gefangenschaft verbringt. Dieser Durchschnitt ist aber ein rein theoretischer Wert, der den extremen Fällen zuviel Gewicht gibt und das Mittel auf einen Punkt legt, wo nur wenige oder gar keine echten Werte vorhanden sind. Er kann nicht als normale Strafdauererwartung für den zu lebenslanger Strafe Verurteilten angesehen werden[54]. Mehrfach wird für mittlere Strafdauer bei Lebenslänglichen auch die sogenannte Meistzahl (Median) angegeben[55]. Aber auch dieser Wert besitzt nur geringe Aussagekraft, wenn, wie in Deutschland, die Strafdauer sehr unregelmäßig ist. Die beste Vorstellung darüber, wie lange Lebenslängliche im Zuchthaus verbüßen, vermittelt eine Berechnung der kumulativen Häufigkeit der Entlassung nach dem Verfahren, wie es Westling für die Untersuchung der Begnadigungspraxis bei Lebenslänglichen in Finnland ausgearbeitet hat[56]. Dazu werden, etwa so, als ob alle Gefangenen gleichzeitig verurteilt worden wären, alle bis zu einem bestimmten Jahr nach Strafantritt erfolgten Entlassungen kumuliert und in Beziehung gesetzt zu der Anzahl der Gefangenen, die dieses Haftjahr noch erlebt haben. Es werden dabei von Jahr zu Jahr alle Gefangenen ausgeschieden, die verstorben sind. Dagegen rechnet man auch solche Fälle mit, bei denen die Haft im Beobachtungszeitpunkt noch fortdauert. Die Kurve der kumulativen Häufigkeit zeigt dann in Prozenten den Anteil der Gefangenen an, die entlassen worden sind, wenn sie ein bestimmtes Jahr nach dem Strafantritt erlebt haben. Sie kann aber auch dazu dienen, den Prozentsatz der Gefangenen zu berechnen, die binnen einer bestimmten Anzahl von Jahren nach Strafantritt gestorben sind oder die, eine gleichbleibende Begnadigungspraxis vorausgesetzt, entlassen werden, wenn ein bestimmtes Haftjahr erreicht ist.

---

[54] BJM, Sonderausschuß Strafrechtsreform, Protokolle S. 62.

[55] Insbesondere die RCCP, aber auch *Schwalm* a.a.O.

[56] *Anttila* und *Westling* S. 20 ff.

Indessen setzt jede statistische Auswertung, wenn sie sinnvoll sein soll, ein verhältnismäßig lückenloses Zahlenmaterial und gewisse Gesetzmäßigkeiten in der Begnadigungpraxis voraus. An beiden Voraussetzungen fehlt es in Deutschland.

IV. Die Begnadigungspraxis

1. Deutsches Reich

a) Baden

Von 1888 bis 1912 hat Lumpp[57] im Männerzuchthaus Bruchsal 50 Lebenslängliche beobachtet, die zwischen 1863 und 1910 dort eingeliefert worden waren. Von ihnen wurden 15 begnadigt, 13 starben in der Anstalt, davon zwei durch Selbstmord, und 17 standen 1912 noch im Strafvollzug[58]. Lumpp berichtet, es habe die Regel gegolten, daß die Lebenslänglichen nach Ablauf von 15 Jahren ihrer Strafe eine Begnadigungsbitte hätten einreichen dürfen[59].

Vollständige Zahlen aus Baden für die Jahre von 1851 bis 1929 hat Schickert[60] berichtet. Seine Zahlen umfassen auch die von Lumpp angegebenen.

In den 78 Jahren von 1851 bis 1929 ergingen in Baden 136 Todesurteile. 39 Todesurteile wurden vollstreckt. Die Verteilung auf die Jahrzehnte zeigt folgende Aufstellung[61]:

Tabelle 10

	Todesurteile	Hinrichtungen	Begnadigungen
1851—1861	23	11	12
1862—1870	18	—	18
1871—1880	30	—	30
1881—1890	12	5	7
1891—1900	15	8	7
1901—1910	16	8	8
1911—1920	14	4 (vor 1913)	10
1921—1929	12	3	9
	136	39 (28,7 %)	97 (71,3 %)

[57] BlfGefK 47, 1913, 107.

[58] a.a.O. S. 135. Die restlichen fünf waren unheilbar geisteskrank. Über ihr Schicksal gibt *Lumpp* keine weitere Auskunft.

[59] a.a.O. S. 119.

[60] MSchrKrim 21, 1930, 161.

[61] Nach *Schickert* a.a.O. S. 169. Die zu zeitiger Zuchthausstrafe begnadigten zehn Mörder sind in sechs Fällen zu 20 Jahren, in einem Fall zu 18 Jahren und in drei Fällen zu 15 Jahren begnadigt worden. In vier Fällen handelt es sich

Von den übrigen 97 zum Tode Verurteilten sind 87 zu lebenslangem und zehn zu zeitigem Zuchthaus begnadigt worden.

Von den 87 zu lebenslangem Zuchthaus begnadigten Mördern waren 15 1929 noch im Zuchthaus. 33 von ihnen sind nach Ablauf von mindestens zehn und höchstens 32 Jahren erneut begnadigt worden, und zwar

1	Gefangener nach	10 Jahren
2	Gefangene nach	12 Jahren
2	Gefangene nach	13 Jahren
2	Gefangene nach	15 Jahren
1	Gefangener nach	16 Jahren
3	Gefangene nach	17 Jahren
2	Gefangene nach	22 Jahren
1	Gefangener nach	24 Jahren
7	Gefangene nach	25 Jahren
5	Gefangene nach	26 Jahren
5	Gefangene nach	27 Jahren
1	Gefangener nach	30 Jahren
1	Gefangener nach	32 Jahren
33		

38 der 87 Lebenslänglichen starben im Zuchthaus, und zwar

1	Gefangener	nach 43	Jahren
2	Gefangene	nach 30—40	Jahren
5	Gefangene	nach 20—30	Jahren
10	Gefangene	nach 10—20	Jahren
7	Gefangene	nach 1—10	Jahren und
13	Gefangene	nach unbestimmter Zeit.	

Das Schicksal eines Gefangenen ist ungeklärt.

Von den 33 erneut begnadigten Lebenslänglichen sind allein 17 zwischen dem 25. und 27. Jahr ihrer Strafe entlassen worden. Von den im Zuchthaus gestorbenen 38 Gefangenen haben sicher 17 und wahrscheinlich sogar über 30 das 25. Haftjahr nicht mehr erlebt. Die 1929 noch einsitzenden Mörder waren wohl alle erst nach 1913 verurteilt worden. Man kann deshalb sagen, daß in Baden seinerzeit etwa 90 % der Lebenslänglichen damit rechnen durften, entlassen zu werden, wenn sie es länger als 25 Jahre im Zuchthaus aushielten[62].

Nur ein auf Wohlverhalten Beurlaubter, und zwar der erst nach 32 Jahren Beurlaubte, ist acht Jahre nach seiner Entlassung wieder straffällig geworden. Er erhielt wegen Hehlerei drei Monate Gefängnis. Von einem Widerruf des Gnadenerweises und von einem Vollzug der Rest-

---

um die Ermordung eines nur wenige Tage alten Kindes durch die Kindesmutter, in zwei Fällen um die Begnadigung 18jähriger Mörder; zweimal um einen Geliebtenmord, zu dem der Täter durch herz- und treuloses Verhalten des Opfers mitbestimmt wurde, und zweimal um Mordtaten, bei denen zweifelhaft erschien, ob das Schwurgericht nicht besser auf Totschlag hätte erkennen sollen. Diese zeitigen Zuchthausstrafen haben nur vier Verurteilte voll verbüßt. Sechs sind mit Strafresten von zwei bis zwölf Jahren auf Wohlverhalten beurlaubt worden.

[62] Der frühere Generalbundesanwalt Dr. *Güde* erklärte am 12. 12. 1963 vor dem Sonderausschuß Strafrecht (Protokoll S. 188): Zwischen 1920 und 1933 habe sich in Baden und, soweit er wisse, auch in anderen Ländern die seltsame Praxis entwickelt, zu lebenslangem Zuchthaus Verurteilte nach 22 Jahren zu begnadigen.

strafe wurde jedoch abgesehen. In einem weiteren Falle wurde die Strafaussetzung widerrufen, da die mit ihr verbundenen Bedingungen nicht eingehalten wurden. Zu einer Fortsetzung des Strafvollzuges ist es aber nicht mehr gekommen, da der Bestrafte Selbstmord beging[63].

b) Hamburg

Einige Daten über die Gnadenpraxis in Hamburg enthält der Bericht des Generalstaatsanwalts Dr. Lang über „Mord und Todesstrafe in Hamburg“[64]. Für das Verständnis der mitgeteilten Zahlen ist von Bedeutung, daß von 1822 bis 1856 in Hamburg kein Todesurteil mehr vollstreckt worden war. In diesen 34 Jahren waren zwar 16 Personen wegen Mordes verurteilt worden und gegen zwölf von ihnen hatte das Niedergericht auch auf Todesstrafe erkannt. Das Obergericht hob jedoch alle Todesurteile auf und ersetzte sie durch Freiheitsstrafen von fünf bis 25 Jahren. Erst 1856 wurde wieder ein Todesurteil vollstreckt an einem Drechslergesellen, der einen besonders aufsehenerregenden Doppelraubmord begangen hatte[65].

Von 1856 bis 1929 wurden in Hamburg 50 Erwachsene wegen vollendeten Mordes zum Tode verurteilt. 18 Urteile wurden vollstreckt, 32 der Verurteilten begnadigt. An die Stelle der Todesstrafe trat grundsätzlich lebenslanges Zuchthaus. Nur in drei der 32 Fälle wurde die Todesstrafe sofort in eine zeitige Zuchthausstrafe umgewandelt. Von den Lebenslänglichen starben zwei im Zuchthaus, beide begingen im dritten Strafjahr Selbstmord. Sechs wurden später ein zweites Mal zu zeitigen Zuchthausstrafen von 25 bis 35 Jahren begnadigt und vor Ablauf dieser Zeit bedingt entlassen, ein siebenter wurde amnestiert.

Ein Dienstknecht, der 1873 im Alter von 20 Jahren ein von ihm geschwängertes Mädchen mit der Axt erschlagen hatte, wurde 1889 entlassen[66].

Ein Schlossergeselle, der 1882 im Alter von 24 Jahren sein uneheliches Kind ertränkt hatte, weil er keine Mittel für die Alimente besaß, wurde 1893 entlassen[67].

Ein siebenmal vorbestrafter Hafenarbeiter, der 1898 im Alter von 31 Jahren aus Rache oder Eifersucht seine Frau erschossen hatte, wurde 1920 entlassen[68].

Ein achtmal vorbestrafter Schiffsheizer, der 1901 im Alter von 36 Jahren aus unbegründeter Eifersucht seine Frau erschossen hatte, wurde 1919 entlassen. Er beging zwei Jahre später nach einer neuen Straftat Selbstmord[69].

---

[63] *Schickert* a.a.O. S. 170.
[64] *Lang*, MSchrKrim 21, 1930, 129—148.
[65] a.a.O. S. 130.
[66] a.a.O. S. 137 Nr. 4.
[67] a.a.O. S. 138 Nr. 10.
[68] a.a.O. S. 139 Nr. 16.
[69] a.a.O. S. 140 Nr. 17.

Ein wegen Diebstahls und Bettelns mehrfach vorbestrafter Lumpenhändler, der 1903 mit 22 Jahren einen anderen Händler zunächst verletzt und dann aus Habgier und aus Angst vor der Entdeckung des ersten Tötungsversuchs ermordet hatte, wurde 1929 entlassen unter der Bedingung, daß er sich einer Schutzaufsicht unterstellte und in eine Heimatkolonie eintrat[70].

Bei einem fünfmal mit Gefängnis und Zuchthaus vorbestraften Korbmacher, der 1910 mit 43 Jahren die Frau, mit der er in wilder Ehe lebte, aus Haß und Rache erstochen hatte, weil diese ihn angezeigt hatte, daß er sich an ihrer 13jährigen Tochter vergangen habe, wurde die lebenslange Zuchthausstrafe 1928 auf 25 Jahre Zuchthaus herabgesetzt[71].

Ein siebenmal mit Gefängnis und Zuchthaus vorbestrafter Hafenarbeiter, der sich 1919 aktiv an einem Aufruhr beteiligte und einen Einwohnerwehrmann erschossen hatte, wurde aufgrund der Reichsamnestie vom 14. 7. 1928 entlassen[72].

20 Mörder verbüßten 1929 im Hamburgischen Zuchthaus noch ihre Strafen, einer seit 1910, einer seit 1915, die übrigen weniger als zehn Jahre.

Diese Hamburger Zahlen sind so klein, daß sie keine Verallgemeinerungen zulassen. Bemerkenswert ist aber doch, daß in der Berichtszeit kein Lebenslänglicher im Zuchthaus eines natürlichen Todes gestorben ist, ferner, daß von den 1929 noch einsitzenden Gefangenen keiner mehr als 19 Jahre verbüßt hatte.

c) *Hessen*

Auch über die Verhältnisse in Hessen in den Jahren 1817 bis 1929 liegt ein ausführlicher Bericht von Karl Krämer[73] aus dem Jahre 1932 vor. Insgesamt sind in diesen 113 Jahren in Hessen 121 Todesurteile gefällt worden[74], ausnahmlos wegen Mordes. 1849 bis 1851 war die Todesstrafe in Hessen gesetzlich abgeschafft. In dieser Zeit wurden zwei Mörder zu lebenslangem Zuchthaus verurteilt[75]. 45 Todesurteile wurden vollstreckt, 76 Verurteilte wurden begnadigt. Die Hinrichtungen und Begnadigungen verteilen sich folgendermaßen[76]:

In allen 76 Fällen ist die Todesstrafe in lebenslanges Zuchthaus umgewandelt worden. Nur in einem Fall von Kindesmord wurde schon bei dieser Begnadigung eine spätere Entlassung in Aussicht gestellt. Bei insgesamt 18 der Begnadigten war über die Strafverbüßung und ihre Be-

---

[70] a.a.O. S. 141 Nr. 21.

[71] a.a.O. S. 141 Nr. 23.

[72] a.a.O. S. 145 Nr. 36.

[73] MSchrKrim 23, 1932, 129.

[74] a.a.O. S. 146.

[75] a.a.O. S. 142 Anm. 3.

[76] a.a.O. S. 172.

Tabelle 11

	Todesurteile	Hinrichtungen	Begnadigungen
1817—1842	27	15	12
1843—1851	11	—	11
1852—1859	12	4	8
1860—1879	30	—	30
1880—1924	40	26	14
1925—1929	1	—	1
	121	45	76

endigung nichts Näheres festzustellen. Von den verbleibenden 58 sind 24 im Zuchthaus gestorben, und zwar

1 Gefangener nach 54 Jahren
2 Gefangene nach 40—50 Jahren
4 Gefangene nach 30—40 Jahren
4 Gefangene nach 20—30 Jahren
6 Gefangene nach 10—20 Jahren
7 Gefangene nach 1—10 Jahren

In der Strafanstalt befanden sich 1929 noch sieben begnadigte Mörder. Von den übrigen 27 sind zwischen dem vierten und 51. Haftjahr 15 auf Wohlverhalten und zwölf unter der Bedingung der Auswanderung entlassen worden. Die Einzelheiten zeigt folgende Aufstellung:

Es wurden entlassen

1 Gefangener nach 4 Jahren[a)]	1 Gefangener nach 18 Jahren
1 Gefangener nach 8 Jahren	1 Gefangener nach 19 Jahren
3 Gefangene nach 10 Jahren	1 Gefangener nach 20 Jahren
2 Gefangene nach 11 Jahren	2 Gefangene nach 23 Jahren
1 Gefangener nach 12 Jahren	1 Gefangener nach 28 Jahren
2 Gefangene nach 13 Jahren	1 Gefangener nach 29 Jahren
2 Gefangene nach 14 Jahren	1 Gefangener nach 30 Jahren
2 Gefangene nach 15 Jahren	1 Gefangener nach 50 Jahren
3 Gefangene nach 17 Jahren	1 Gefangener nach 51 Jahren

a) Diesem Gefangenen kam die Amnestie von 1919 zugute; vgl. oben I.

Die Begnadigung wurde in zwei Fällen widerrufen. In dem einen Fall handelte es sich um einen Gewinnmörder, der bereits im Zuchthaus einen Diebstahl begangen hatte, dennoch aber nach 17jähriger Strafzeit auf Wohlverhalten entlassen worden war. Nachdem er acht Jahre später wegen Blutschande erneut bestraft und wieder eingezogen werden mußte, wurde er nach zweijähriger Verbüßung noch einmal begnadigt. In dem anderen Falle wurde ein Konfliktmörder nach 18 Jahren unter der Bedingung der Auswanderung nach Amerika aus dem Zuchthaus entlassen. Er erfüllte diese Bedingung, kehrte jedoch schon nach einem Jahr, angeblich von Heimweh und Sehnsucht nach seiner Mutter getrieben, zurück. Er war der einzige Sohn einer Lehrerswitwe und hatte im Alter von 28 Jahren den Ehemann seiner Geliebten ermordet. Nach seiner

Rückkehr nach Deutschland wurde er wieder ergriffen und in die Strafanstalt zurückgebracht, um nach zweijähriger Strafdauer erneut und unter der gleichen Bedingung entlassen zu werden[77].

d) Sachsen

Plischke hat über die 75 Lebenslänglichen berichtet, die zwischen 1899 und 1927 in die Gefangenenanstalt I Waldheim eingeliefert wurden[78]. Davon waren 67 Männer und fünf Frauen. Von den 67 Männern starben 13 in der Strafanstalt, zwei durch Selbstmord im dritten und 13. Strafjahr und zwei weitere in der Heilanstalt. Nur fünf wurden im Laufe der Zeit bedingt begnadigt. Ein sechster Gefangener wurde als strafvollzugsunfähig aus der Heilanstalt in Familienpflege entlassen. Von den weiblichen Gefangenen starb eine in der Anstalt, während eine entlassen wurde. Über diese macht Plischke keine näheren Angaben.

Ein Gefangener, der 1899 wegen schweren Raubes in Verbindung mit Totschlag zu lebenslangem Zuchthaus verurteilt worden war, wurde nach 24 Jahren mit fünfjähriger Bewährungsfrist entlassen. Er war zwischendurch wiederholt als strafvollzugsunfähig in die Heilanstalt eingewiesen worden. Nach seiner Entlassung begab er sich zu einem Schwager, der ihm Arbeit als Schlosser verschafft hatte. Er hielt dort nur elf Wochen aus und trieb sich danach wohnungs- und arbeitslos umher. Er wurde in verschiedenen Gegenden Deutschlands wegen Betrugs, Landstreichens und Bettelns bestraft. Er erklärte dabei dem Gericht, daß ihm nichts anderes übrig bleibe, als zu betteln und zu mausen. Von einem Widerruf der Strafe wurde abgesehen[79].

Der zweite, ein Raubmörder, wurde nach 21 Strafjahren entlassen. Er hatte davon elf Jahre in der Heilanstalt verbracht. Er wurde bei seiner Entlassung unter Schutzaufsicht gestellt und bewährte sich in der Freiheit gut. Er wurde ein tüchtiger und williger Arbeiter. Drei Jahre nach seiner Entlassung heiratete er ein Kriegerwitwe, die ein siebenjähriges Mädchen hatte. Er lebte mit seiner Frau sehr gut zusammen und erwies sich seiner Stieftochter gegenüber als sehr freundlich[80].

Der dritte, er hatte sein uneheliches Kind vergiftet, wurde nach 17 Jahren beurlaubt, nachdem bereits vier Jahre vorher wegen Vollzugsuntauglichkeit der Strafvollzug unterbrochen worden war. Der Gefangene hatte in der Haft an schweren nervösen, vorwiegend hysterischen Erscheinungen gelitten. Er war derart gelähmt gewesen, daß er selbst mit Krücken sich nur unter großer Schwierigkeit einige Schritte hatte fortbewegen können. Er war, als der Strafvollzug unterbrochen wurde, bereits zweieinhalb Jahre bettlägerig. In der Freiheit verminderten sich allmählich die Störungen. Bereits nach acht Wochen lief er, wenn auch an Krücken, in den Straßen umher. Ein Jahr nach der Beurlaubung wurde er wegen schwerer Urkundenfälschung zu zwei Monaten Ge-

---

[77] a.a.O. S. 167.

[78] ZStW 50, 1930, 146—166.

[79] a.a.O. S. 149.

[80] a.a.O. S. 150.

fängnis verurteilt. Von der Wiedereinziehung wurde Abstand genommen. Der Mann schloß sich danach dem Fürsorgeverein für Strafentlassene und dem Blauen Kreuz an und zeigte sich arbeitsam. Er heiratete auch, trennte sich aber bald von der Frau und ließ sich scheiden. Nach einem Jahr ging er eine neue, wohl glücklichere Ehe ein. Er lebte dann in geordneten Verhältnissen[81].

Der vierte ist nach Verbüßung von 19 Jahren entlassen worden, nachdem er in der Strafhaft völlig erblindet war. Er weigerte sich hartnäckig, ein Blindenheim aufzusuchen, mit der Begründung, daß er vom Anstaltsleben genug habe. Er hielt sich in verschiedenen Großstädten auf und schlug sich in Begleitung einer Frau als Hausierer durchs Leben[82].

Der fünfte Gefangene wurde nach Verbüßung von zehn Jahren begnadigt. Er hatte sich vorübergehend ein Jahr lang zur Beobachtung in der Heilanstalt befunden. Er war durch Indizienbeweis wegen Giftmordes an Frau und Kind verurteilt worden. Die Beurlaubung erfolgte, da die Beweisfrage nicht ganz zweifelsfrei war und der Gefangene „in psychischer Hinsicht zunehmende geistige Schwäche" zeigte. Er führte sich in den acht Beobachtungsjahren völlig einwandfrei[83].

Bei dem Bericht Plischkes fällt besonders auf, daß die Zahl der Gefangenen, die im Zuchthaus gestorben sind, mehr als doppelt so hoch liegt wie die Zahl der entlassenen Gefangenen. Auffällig ist ferner, daß bei allen Entlassenen in der Strafhaft psychische Störungen aufgetreten waren, die offenbar einen wichtigen Grund dafür bildeten, daß die Gefangenen entlassen wurden.

e) Übrige Länder und Zusammenfassung

Über die Begnadigungspraxis der übrigen Länder waren nur allgemein gehaltene Angaben zu finden.

Für Bayern wurde in den Beratungen der Großen Strafrechtskommission die Verbüßungszeit der zu lebenslangem Zuchthaus verurteilten Männer im Durchschnitt der letzten Jahrzehnte mit 29 Jahren angegeben. Bei den weiblichen Gefangenen sei die Zeit etwas kürzer gewesen[84].

Liepmann wurde seinerzeit von einer deutschen Anstalt auf den seit 1905 in Württemberg üblichen Modus hingewiesen, alle Lebenslänglichen bei guter Führung nach 15 bis 18 Jahren zu 20- bis 25jähriger Zuchthausstrafe zu begnadigen und sie dann nach Ablauf von $^3/_4$ dieser Zeit vorläufig zu entlassen[85]. Wiederholt und sehr eindringlich dagegen — so schreibt Liepmann[86] — sei die Klage über die in der preußischen

---

[81] a.a.O. S. 151.
[82] a.a.O. S. 152.
[83] a.a.O. S. 152.
[84] Ministerdirigent Dr. *Rösch*, Niederschriften Bd. 5 S. 55.
[85] S. 193.
[86] a.a.O.

Justizverwaltung herrschende Übung, auch die von den Strafanstalten aufs wärmste befürworteten Gnadengesuche abzulehnen. Eine auch von Liepmann zitierte Stelle aus dem Textteil der preußischen Strafvollzugsstatistik[87] scheint diese Klagen zu bestätigen:

„Im Anschluß an einen jener nicht seltenen Fälle, in denen Mörder, die zu lebenslänglichem Zuchthaus begnadigt wurden, während der Haft zu einer echten sittlichen Läuterung gelangen, aber nach Ablehnung von Begnadigungsgesuchen geistig zusammenbrechen ... wiederholt ein Anstaltsarzt den Wunsch, daß solchen Personen die vorläufige Entlassung nach 20 Jahren Strafe ermöglicht werden möchte."

Nach dem Weltkrieg ist man jedoch auch in Preußen milder geworden. Die Zahl derer, die tatsächlich mehr als 15 Jahre im Zuchthaus verbrachten, war nur klein. Die preußische Justizverwaltung zählte im April 1922 in ihren Anstalten 335 Lebenslängliche, von denen insgesamt 38 über zehn Jahre, zwölf über 15 Jahre und elf schon über 20 Jahre einsaßen. Im Januar 1927 waren es 585 Gefangene die lebenslanges Zuchthaus zu verbüßen hatten, davon 479 kraft Umwandlung der Todesstrafe und 106, die von vornherein zu lebenslangem Zuchthaus verurteilt waren. Von diesen saßen 560 noch nicht zehn Jahre, 25 länger als zehn Jahre, sieben länger als 15 Jahre und zwei länger als 20 Jahre. Bei letzteren beiden soll es sich um Gefangene gehandelt haben, bei denen wegen ihres hohen Alters oder ihres körperlichen und geistigen Zustands eine Entlassung in die Freiheit nicht angezeigt erschien[88].

Aus den Protokollen des Strafrechtsausschusses des 4. Deutschen Bundestages erfährt man ergänzend folgendes: Von 1919 bis 1932 seien nach den im Bundesjustizministerium vorhandenen unvollständigen Aufzeichnungen 20 zu lebenslangem Zuchthaus Verurteilte entlassen worden. Bei diesen habe die damals verbüßte Mindestzeit sieben Jahre und die verbüßte Höchstzeit 31 Jahre betragen; die sogenannte Meistzahl habe bei 16 Jahren gelegen. In der Zeit von 1933 bis zum Kriegsende 1945 seien 17 Entlassungen aus lebenslangem Zuchthaus bekannt geworden. Bei ihnen habe die verbüßte Mindestzeit drei, die Höchstzeit 42 und die Meistzahl 19 Jahre betragen[89].

Faßt man zunächst die Zahlen aus Baden, Hamburg, Hessen und Sachsen zusammen, so überwiegt die Anzahl der Todesfälle im Zuchthaus mit 80 leicht die Zahl der Entlassungen von 73. Die durchschnittliche Strafdauer für 70 begnadigte Lebenslängliche betrug 20,5 Jahre. Von einer annähernd festen Begnadigungspraxis kann aber nur für Baden und

---

[87] Statistik der zum Ressort des Königlich-Preußischen Ministeriums des Innern gehörenden Strafanstalten und Gefängnisse 1910, S. CXIV.

[88] 32. Ausschuß (Reichsstrafgesetzbuch), 25. Sitzung am 4. 11. 1927, Protokoll S. 3.

[89] Sonderausschuß Strafrecht, 25. Sitzung am 8. 10. 1964, Protokoll S. 459.

Hamburg der Rede sein. Hamburg, das außer zwei Selbstmorden keine Todesfälle im Zuchthaus zu verzeichnen hatte und die Gefangenen schon um das 20. Haftjahr entließ, war am mildesten. In Baden konnten die Gefangenen erst nach 25 Haftjahren auf Entlassung hoffen. Für Hessen läßt sich ein Schwerpunkt der Entlassungen nicht feststellen. In Sachsen, wo über die höchste Sterberate im Zuchthaus berichtet wird, waren alle Begnadigten „vollzugsuntauglich".

Aufs ganze gesehen kommt man zu dem Schluß, daß die Lebenslänglichen vor 1933 zwischen dem 20. und dem 30. Haftjahr auf Begnadigung hoffen durften, keineswegs aber darauf rechnen konnten. „Daß bei einer solchen grausam-vorsichtigen Handhabung des Begnadigungsrechts die Begnadigten im allgemeinen weder rückfällig werden noch auch nur Bedenken in ihre Lebensführung erwecken, ist nicht weiter verwunderlich[90]." So faßte Liepmann sein Urteil über die Begnadigungspraxis zusammen. Dieses Urteil ist durch die Berichte von Schickert, Lang, Krämer und Plischke voll bestätigt worden.

2. Die Bundesrepublik

Durch eine Fragebogenaktion im Jahre 1961 hat Ullrich versucht, das Schicksal der Lebenslänglichen, die vor dem 31. Dezember 1946 verurteilt worden sind, zu klären[91]. Ullrich erhielt von 13 der 18 Strafanstalten, in denen Lebenslängliche verwahrt werden, Auskunft über 142 Gefangene. 105 waren von deutschen, 37 von alliierten Gerichten verurteilt worden. Davon waren am 31. Dezember 1961

36 noch im Strafvollzug,
13 eines natürlichen Todes gestorben,
5 in eine Heil- und Pflegeanstalt überstellt,
65 begnadigt,
22 ins Ausland abgeschoben und
1 entwichen.

Aus diesen Angaben folgert Ullrich, daß in Deutschland zwei Drittel der zu lebenslangem Zuchthaus verurteilten Mörder hoffen könnten, binnen 15 Jahren in die freie Gesellschaft zurückzukehren. Seine Schlußfolgerung enthält jedoch eine unzulässige Verallgemeinerung und ist geeignet, falsche Vorstellungen über die Begnadigungspraxis in der Bundesrepublik zu erwecken.

Zunächst ist zu beanstanden, daß Ullrich die Abgeschobenen und die Begnadigten zusammengerechnet hat. Das dürfte allenfalls geschehen, wenn man genauere Angaben über die Gründe der Abschiebung und das

[90] *Liepmann* S. 194.
[91] MSchrKrim 48, 1965, 257 ff., 267.

weitere Schicksal der Abgeschobenen hätte. So muß man allein aus der Tatsache der Abschiebung vermuten, daß es sich um Sonderfälle handelt, die nicht verallgemeinert werden können. Zudem rechnet Ullrich, um auf eine Entlassungshäufigkeit von zwei Drittel zu kommen, die Abgeschobenen zum Teil doppelt, indem er zusätzlich einen gewissen Prozentsatz von ihren berücksichtigt, der ohne die Abschiebung wahrscheinlich begnadigt worden wäre. Auch die Zahl von 65 Begnadigungen (45 %) läßt keine Verallgemeinerung zu. Ullrich unterstellt einfach, daß es sich bei sämtlichen Gefangenen um Mörder handelt, die erst nach dem 8. 5. 1945 verurteilt worden sind. Nach dem Grund der Verurteilung war aber gar nicht gefragt, und die zeitliche Beschränkung auf die Nachkriegszeit ergibt sich aus dem Fragebogen keineswegs[92]. Es fehlt auch die Feststellung, ob die Verurteilungen ursprünglich auf lebenslanges Zuchthaus lauten oder ob es sich um umgewandelte Todesurteile handelt. So muß man in Rechnung stellen, daß auch Gefangene mitgezählt worden sind, die vor und nach Kriegsende wegen anderer Delikte als wegen Mordes verurteilt und deren Strafen nach der Abschaffung der Todesstrafe, als lebenslanges Zuchthaus praktisch nur noch für vollendeten Mord verhängt wurde, im Gnadenwege der neuen Rechtslage und Strafzumessungspraxis angepaßt worden sind[93]. Insbesondere die 37 von alliierten Gerichten verurteilten Personen dürften sich fast sämtlich unter den Begnadigten befinden. Im übrigen haben die besonderen Nachkriegsverhältnisse dazu geführt, daß auch Mörder vorzeitig begnadigt worden sind.

Kaum bessere Auskunft über die Begnadigungspraxis in der Bundesrepublik gibt die Antwort des Bundesjustizministers Dr. Bucher auf eine Anfrage des Bundestagsabgeordneten Pohlenz (SPD) aus dem Jahre 1964. Sie soll jedoch, um einen Eindruck von der Tonart zu vermitteln, in der man diese Fragen auf der politischen Ebene behandelt, hier wörtlich wiedergegeben werden[94]:

„Dr. Pohlenz: Trifft es zu, daß zu lebenslänglich Zuchthaus verurteilte Kindes- und Taximörder und andere zur gleichen Strafe verurteilte Gewaltverbrecher vorzeitig, also noch zu Lebzeiten, im Wege der Begnadigung aus der Haft entlassen werden? In welchem Maße ist — bei Bejahung der ersten Frage — dies seit 1949 im Gebiet der Bundesrepublik erfolgt?

Dr. Bucher: Die Frage läuft darauf hinaus, ob lebenslänglich wirklich lebenslänglich ist. Ich bin Ihnen sehr dankbar, Herr Kollege Pohlenz, daß Sie diese

---

[92] *Ullrich* hat seinen Fragebogen dem Verfasser freundlicherweise zur Verfügung gestellt.

[93] Dem BJM sind aus der Zeit vom Kriegsschluß 1945 bis zur Abschaffung der Todesstrafe 1949 21 Begnadigungen bekannt geworden, die frühestens nach drei und spätestens nach 25 Jahren ausgesprochen worden waren. Die Meistzahl lag bei 20 Jahren (Sonderausschuß Strafrecht, Protokolle S. 459).

[94] Das Parlament Nr. 46/1964 S. 10.

Frage gestellt haben, weil das Gelegenheit gibt, einen weit verbreiteten Irrtum zu berichtigen, einen Irrtum, dem auch ich teilweise unterlegen bin, in dem ich glaubte, daß solche vorzeitigen Entlassungen in viel größerem Umfange stattfänden.

Ich darf Ihnen zunächst eine absolute Zahl geben. Am 31. März 1963 befanden sich in den Strafanstalten der Bundesrepublik insgesamt 902 zu lebenslänglicher Freiheitsstrafe Verurteilte. Für diese Verurteilten haben die Länder, denen das Begnadigungsrecht zusteht, dieses Recht nur in ganz wenigen Ausnahmefällen ausgeübt und nur bei Vorliegen besonderer Umstände, namentlich: erstens Rücksicht auf die besonderen Kriegs- und Nachkriegsverhältnisse und zweitens Rücksicht auf das Inkrafttreten des Jugendgerichtsgesetzes, nach dem zu lebenslänglicher Strafe Verurteilte möglicherweise nicht lebenslänglich verurteilt worden wären. Die Länder haben berichtet, daß bis zum Mai 1963 von den seit dem Inkrafttreten des Grundgesetzes, also Mai 1949, zu lebenslangem Zuchthaus Verurteilten nur insgesamt 11 gnadenweise entlassen worden sind. Soweit den Mitteilungen zu entnehmen ist, befinden sich unter diesen 11 Fällen keine Morde an Kindern und Taxifahrern.

Dr. Pohlenz: Herr Minister, kann ich Ihre Antwort dahingehend auslegen, daß bislang eine Begnadigung von Mördern ganz allgemein als Ausnahme anzusehen ist, also nicht die Regel ist, und daß das Motiv der Tat und ihre Ausführung bei einer eventuellen Begnadigung eine Rolle spielen?

Dr. Bucher: Jawohl, davon können Sie durchaus ausgehen.

Dr. Pohlenz: Herr Minister, wäre es nicht angebracht, das, was Sie uns hier vorgetragen haben, der Öffentlichkeit besser als bisher mitzuteilen, damit die weitverbreitete Meinung, die dahin geht, daß Gewaltverbrecher der genannten Art nach einigen Jahren der Strafverbüßung wieder auf die Menschheit losgelassen werden, revidiert wird, womit auch der Diskussion um die Wiedereinführung der Todesstrafe ein wesentliches Argument entzogen wird.

Dr. Bucher: Ich habe schon erklärt, Herr Kollege, daß ich Ihre Frage begrüße. Ich bin sehr froh darüber, daß ich Gelegenheit hatte, sie zu beantworten, weil dieses Forum ja wohl das Geeignetste ist, das Problem der Öffentlichkeit bekanntzumachen.

Dr. Pohlenz: Ist die Bundesregierung angesichts der Diskussion um die Wiedereinführung der Todesstrafe und der Kritik in der breiten Öffentlichkeit wegen der Begnadigung solcher bezeichneten Gewaltverbrecher bereit, Vorsorge darüber zu treiben, daß eine Begnadigung von verurteilten kaltblütigen Mördern künftig ausgeschlossen wird?

Dr. Bucher: Aus der Beantwortung von Frage 2 ergibt sich, daß es schon aus tatsächlichen Gründen nicht erforderlich ist, besondere Maßnahmen zu treffen, um etwa das Begnadigungsrecht einzuschränken. Eine solche Einschränkung wäre darüber hinaus auch verfassungsrechtlich höchst bedenklich, ja eigentlich gar nicht möglich. Das Begnadigungsrecht steht den Ländern zu. Es wird in Fällen von Mord von den Ministerpräsidenten bzw. Justizministern, in einigen Ländern sogar von der Regierung selbst ausgeübt, so daß gewährleistet ist, daß nicht etwa untergeordnete Stellen hier Mißgriffe vornehmen.

Dr. Pohlenz: Stimmt die Bundesregierung, Herr Minister, meiner Freunde und meiner eigenen Auffassung zu, daß an der im Grundgesetz festgelegten Abschaffung der Todesstrafe nicht gerüttelt werden sollte, andererseits aber auch die Bevölkerung ein Recht darauf besitzt, daß verurteilte Verbrecher der genannten Art nicht vorzeitig begnadigt werden?

Dr. Bucher: Den ersten Teil Ihrer Frage kann ich für die Bundesregierung nicht beantworten. Sie hat darüber noch nicht beraten. Für meine Person kann ich Ihre Frage dahin beantworten, daß es bei der Abschaffung der Todesstrafe bleiben sollte. Den zweiten Teil Ihrer Frage kann ich auch namens der Bundesregierung bejahen."

Diese Auskunft des Bundesjustizministers läßt viele Fragen offen. Zu deutlich erkennt man das Bemühen, die Rufe nach der Todesstrafe abzuwehren, die nach einer Serie von Kindes- und Taximorden wieder laut geworden waren. Wenn der Minister für die Bundesregierung erklärt, daß die Bevölkerung einen Anspruch darauf besitze, daß „kaltblütige Mörder" auch künftig nicht begnadigt würden, so ist diese Erklärung, wie der Minister selbst hervorgehoben hat, völlig unverbindlich, da ja die Begnadigung nicht Bundes-, sondern Ländersache ist. Geradezu irreführend ist es, wenn der Gesamtzahl von 902 Lebenslänglichen, die auch diejenigen Gefangenen einschließt, die schon vor dem Inkrafttreten des GG verurteilt waren und die in erster Linie für eine Begnadigung in Betracht kommen, weil sie (1963) über 14 Jahre verbüßt haben, den elf Begnadigungen gegenübergestellt werden, die nur solche Gefangenen betreffen, die erst nach dem Inkrafttreten des GG verurteilt wurden. Von den letzteren dürften nach den Erfahrungen der Vorkriegszeit bisher nur solche begnadigt worden sein, bei denen ganz außergewöhnliche Umstände vorgelegen haben. Vor 1933 wurden die meisten Begnadigungen erst nach 20 bis 25 Haftjahren ausgesprochen und auch heute[95] gilt noch die schon von Lumpp[96] erwähnte Regel, nach welcher Lebenslängliche ein Gnadengesuch frühestens nach 15 Jahren einreichen, wenn es überhaupt Aussicht auf Erfolg haben soll.

Die vom Bundesjustizminister Dr. Bucher vor dem Bundestag genannte Zahl ist inzwischen überholt. Allerdings hat es auch seit 1963 nur wenige Begnadigungen gegeben.

Einige Einzelfälle, wie sie mir, mehr oder weniger unvollständig und zufällig, zur Hauptsache aus der Tagespresse, bekannt geworden sind, seien hier mitgeteilt:

In Bayern wurden 1965 zwei Lebenslängliche begnadigt. Der eine wurde nach 16 einhalb Jahren Freiheitsentzug entlassen, unter anderem deshalb, weil bei diesem vorzeitig gealterten, körperlich verbrauchten und schwerkranken Mann wegen seines Gesundheitszustandes stets, wenn auch nicht mit Sicherheit vorhersehbar, die Möglichkeit eines raschen Zusammenbruchs bestand. Bei dem anderen wurde die lebenslange Strafe in zwanzig Jahre Zuchthaus umgewandelt und darauf die erlittene Untersuchungshaft angerechnet. Dabei konnte die Gnadeninstanz, trotz der Tatsache, daß E. zwei Menschen getötet hat, u. a. berücksichtigen, daß er, der seine Strafe seit 1953 verbüßt und sich bereits seit 1951 in Untersuchungshaft befand, „ungewöhnlich schwer unter seiner Schuld leidet und sich auch dementsprechend verhalten hat, indem er

[95] *Ohm*, Persönlichkeitswandlung S. 94.

[96] BlfGefK 47, 1913, 119.

seine Ehe, sein Familienleben und seine sichere Existenz aufgab, um sich dem Strafrichter zu stellen"[97]. In Baden-Württemberg begnadigte der damalige Ministerpräsident Kiesinger zu Weihnachten 1965 drei Lebenslängliche. Es handelte sich um zwei Männer und eine Frau. Einer von ihnen wurde 1947, 23 Jahre alt, verurteilt, weil er seine schwangere Braut, die als freizügiges Mädchen galt, mit einem Hammer erschlagen hatte. Er ließ sich im Zuchthaus zum Buchbinder ausbilden und legte eine Gesellenprüfung ab. Im Gutachten des Arztes heißt es: „Er ist anständig und sühnebereit. Trotz langjähriger Zuchthausstrafe bestens erhaltenes Urteilsvermögen, gut entwickeltes Kritikvermögen (zur Tatzeit noch unreif)... Durch Strafhaft Nachreifung, durch Leiderlebnis geläutert. Weiterer Strafvollzug erscheint weder gerechtfertigt aus Gründen einer weiteren Besserung noch zum Schutz der Bevölkerung[98]." Die Strafe der 1949 wegen Giftmordes verurteilten Apothekerwitwe Margarethe Wolsiffer verwandelte der Rheinland-pfälzische Ministerpräsident Altmeier im Juli 1967 in 25 Jahre Zuchthaus. Ende 1967 wurde die Gefangene, die weiterhin ein Wiederaufnahmeverfahren betreibt, bedingt entlassen[98a]. Im Mai 1968 entließ man die 66jährige Hilde Göpel aus dem Frauengefängnis Frankfurt-Preungesheim. Seit dem 19. 7. 1946 war sie wegen Giftmordes an ihrem Ehemann in Haft gewesen[98b]. Zu der Gruppe der in mehreren Ländern inzwischen entlassenen Lebenslänglichen, die in den Nachkriegsnotjahren im Alter von 21 bis 24 Jahren wegen Raubmordes verurteilt worden waren, gehören anscheinend Grünewald Flickinger (40) und Oswald Lehmann (42) aus Neumühle bei Kaiserslautern, die Ende 1968 aus dem Zuchthaus Zweibrücken kamen[98c]. Ministerpräsident Lemke begnadigte im Januar 1969 wegen ihres schlechten Gesundheitszustandes Ruth Blaue, die am 18. 11. 1955 vom Schwurgericht Itzehoe wegen Gattenmordes verurteilt worden war[98d]. Um die gleiche Zeit wurde aus dem Zuchthaus Freiendiez nach 19 Haftjahren der Arbeiter Arthur Meinberg entlassen, der 1949 einen Arbeitskollegen nach einer Zechtour ermordet haben sollte.Anscheinend hatten sich erhebliche Zweifel an seiner Täterschaft herausgestellt[98e].

Man wird davon ausgehen müssen, daß der frühere Bundesjustizminister Bucher die Begnadigungschancen der Lebenslänglichen allzu schwarz gemalt hat. Erst in jüngster Zeit mehrt sich die Zahl der Mörder, die von einer lebenslangen Zuchthausstrafe 15 bis 20 Jahre verbüßt haben und damit die wichtigste Voraussetzung für die Begnadigung erfüllen. In Zukunft werden sich die Länder deshalb häufiger mit den Gnadengesuchen Lebenslänglicher befassen müssen.

Bis 1945 setzten sich die Lebenslänglichen fast ausschließlich aus Mördern zusammen, bei denen die Todesstrafe in lebenslanges Zuchthaus umgewandelt worden war. In den Beratungen der Großen Strafrechtskommission wurde deshalb geäußert, aus der vor 1945 geübten Gnadenpraxis ließe sich heute nichts mehr herleiten, denn damals hätten die zu

[97] Mitgeteilt vom BayVGH, NJW 1966, 445.
[98] *Winters* S. 4.
[98a] *Damrow*, Welt am Sonntag vom 7. 1. 1968.
[98b] Kieler Nachrichten vom 15. 5. 1968.
[98c] Vgl. oben Fußn. 30.
[98d] Kieler Nachrichten vom 31. 1. 1969.
[98e] Kieler Nachrichten vom 1. 2. 1969.

lebenslanger Zuchthausstrafe Begnadigten eine Auswahl relativ leichterer Fälle gebildet[99]. Diese Annahme trifft aber nur in sehr beschränktem Umfang zu. Die Schwere der Tat war bei der Umwandlung von Todesurteilen zwar stets ein wichtiges, aber keineswegs das alleinige Auswahlprinzip. Auch schwankte der Anteil der Begnadigungen von Jahr zu Jahr und von Land zu Land so sehr, daß dieses Auswahlprinzip sich nur in engen Grenzen auswirken konnte. Die Problematik der Begnadigung Lebenslänglicher lag damals nicht so viel anders, als daß nicht die Übung jener Zeit heute fortgeführt werden könnte. Zwar lassen sich die Bundesländer von der Erwägung leiten, daß lebenslanges Zuchthaus nach der Abschaffung der Todesstrafe strenger vollzogen werden müsse als früher. Dennoch scheinen sie mit ihrer Begnadigungspraxis an die Tradition aus der Zeit vor 1933 anzuknüpfen. Das bedeutet, daß im „Normal"-fall vor Ablauf des 15. Strafjahres, der Höchstgrenze der zeitigen Zuchthausstrafe, Begnadigungen grundsätzlich nicht ausgesprochen werden und daß Begnadigungen in größerer Zahl auch vor dem 20. Haftjahr nicht zu erwarten sind. Auch danach wird nicht schematisch begnadigt werden, schon damit keine Regelmäßigkeit aufkommt, aus der die Gefangenen alsbald Ansprüche herleiten würden. Dabei ist nicht ausgeschlossen, daß sich die Begnadigungspraxis von Land zu Land verschieden entwickelt. Schon jetzt bestehen auffällige Unterschiede. Allein in Bayern wurden innerhalb der 20 Jahre vom 8. 5. 1945 bis 8. 5. 1965 insgesamt 41 Gefangene im Gnadenwege bedingt entlassen, die teils vor und teils nach dem Inkrafttreten des GG zu lebenslangem Zuchthaus verurteilt oder begnadigt worden waren. In der gleichen Zeit haben in Bayern fast 300 Gefangene eine lebenslange Strafe angetreten. Dagegen hat Rheinland-Pfalz von insgesamt 59 nach dem 8. 5. 1945 zu lebenslangem Zuchthaus Verurteilten oder Begnadigten bis 1965 nur drei begnadigt (vier sind in der Haft verstorben, einer mußte in die Nervenklinik überführt werden, einer wegen Vollzugsuntauglichkeit — Altersschwäche — entlassen werden). In Hessen wurde bis 1965 niemand begnadigt, der nach dem Inkrafttreten des GG verurteilt worden ist[100]. Es besteht indessen kein Grund zu der Annahme, daß die Länder die Begnadigung Lebenslänglicher überhaupt ablehnen, wie es nach der Erklärung des Bundesjustizministers vor dem Bundestag den Anschein haben könnte[101]. Freilich wird man frühestens in zehn Jahren genauer wissen, wie die Länder das Gnadenrecht hand-

---

[99] Ministerialrat Dr. *Wilkerling*, Niederschriften Bd. 5 S. 55; vgl. auch BJM, Anlage 5 zum Protokoll der Sitzung des Sonderausschusses Strafrechtsreform am 9. 2. 1966 S. 62.

[100] BJM a.a.O.

[101] Kürzlich antwortete der Bundesjustizminister Dr. Dr. *Heinemann* einer Illustrierten auf die Frage: „Wie lange ist ‚lebenslänglich'?", ohne aber neue Zahlen zu nennen; vgl. „Der Stern" Nr. 26 v. 25. 6. 1967 S. 48.

haben. Vorerst kann nur die Begnadigungspraxis des Auslandes einen Anhaltspunkt geben, wohin die Entwicklung eines Tages gehen könnte.

V. Begnadigung und bedingte Entlassung Lebenslänglicher im Ausland

Nur noch in wenigen Staaten sind die Lebenslänglichen wie in Deutschland allein auf Gnade angewiesen, und zwar, soweit ersichtlich, in Dänemark, Schweden, Finnland, Holland und in vier Einzelstaaten der USA. Die Mehrzahl der Länder hat die Rechtseinrichtung der bedingten Entlassung aus einer zeitigen Freiheitsstrafe auch auf lebenslange Strafen ausgedehnt[102]. Durch die Reform des Strafprozeßrechts im Jahre 1958 hat nun auch Frankreich in Art. 729 des Code procédure pénale die Möglichkeit der bedingten Entlassung aus der Strafe der travaux forcés à perpétuité eröffnet. Als bisher letztes Land hat Italien durch ein Gesetz vom 25. 11. 1962 die bedingte Entlassung aus der Dauerzuchthausstrafe (ergastolo)eingeführt[103].

Welche praktische Bedeutung der bedingten Entlassung für Lebenslängliche zukommt, hängt in erster Linie davon ab, wann die Entlassung frühestens gestattet ist. Die bedingte Entlassung aus zeitigen Freiheitsstrafen setzt überwiegend die Verbüßung von zwei Dritteln der Strafe voraus. Eine entsprechende Regelung für die bedingte Entlassung Lebenslänglicher müßte die lebenslange Strafe einer bestimmten zeitigen Strafe gleichsetzen. Mit einer solchen Fiktion behalf sich aber nur das türkische StGB. In Art. 13 sagte es zunächst: Die lebenslange Strafe dauert bis zum Tode des Verurteilten. Art. 13 C Abs. 3 bestimmte dann aber: Die lebenslange Zuchthausstrafe, gerechnet für 36 Jahre, wird nach denselben Bedingungen verbüßt wie zeitiges Zuchthaus. Diese Vorschrift erlaubte es, die Art. 16, 17 des StGB, nach welchen Zuchthausgefangene nach Verbüßung von drei Viertel ihrer Strafe bedingte Entlassung beantragen konnten, auch auf die lebenslange Zuchthausstrafe anzuwenden[104]. Jetzt können nach § 19 des neuen Strafvollzugsgesetzes vom 13. 7. 1965 die zu lebenslangem Zuchthaus Verurteilten bei guter Führung nach Verbüßung von 24 Jahren entlassen werden[105]. Beachtung verdient in diesem Zusammenhang auch die Gnadenpraxis der

---

[102] Rechtsvergleichend zur bedingten Entlassung im allgemeinen und hinsichtlich der lebenslangen Freiheitsstrafe im besonderen vgl. *Goldschmidt*, Vergleichende Darstellung AT IV, S. 361; *Ancel* in United Nations, Capital Punishment S. 32; *Jauch, M*aterialien, 2. Bd. S. 138 ff.

[103] Dazu *Vasalli*, Studies in Penology S. 220, 225. Früher ging die Gnadenpraxis dahin, nach 30jähriger Verbüßung oder bei einem Lebensalter von über 70 Jahren zu entlassen.

[104] Das scheint indessen nicht unbestritten zu sein; vgl. *Önder* bei *Mezger-Schönke-Jescheck* Bd. 4 S. 509.

[105] *Önder*, ZStW 78, 1966, 322.

Commonwealth-Länder Victoria und New South Wales. Dort setzt man, um Lebenslängliche wie zu zeitigen Strafen Verurteilte bedingt entlassen zu können, die Dauer der Lebenszeitstrafe der Lebenserwartung gleich und entläßt nach drei Viertel dieser Zeit[106]. Mit Ausnahme von England, wo es nach dem Prison Act von 1952 dem Home Secretary frei steht, jeden Lebenslänglichen jederzeit zu entlassen, ist jedoch sonst für die bedingte Entlassung Lebenslänglicher stets eine absolut bestimmte Mindeststrafzeit vorgeschrieben. Diese bewegt sich in den USA zwischen sieben und 15 Jahren und in Europa zwischen zehn Jahren — bei Rückfälligen allerdings 14 Jahren — in Belgien und 28 Jahren in Italien. In Norwegen beträgt die Mindeststrafzeit zwölf Jahre, in Frankreich und in der Schweiz 15 Jahre und in Österreich sowie in Griechenland 20 Jahre.

Die übrigen sachlichen Voraussetzungen der bedingten Entlassung Lebenslänglicher unterscheiden sich, bei aller Verschiedenheit der rechtstechnischen Ausgestaltung im einzelnen, insbesondere was die zur Entscheidung berufene Stelle betrifft, nur dem Grade nach. Stets ist die Entlassung von einer guten Resozialisierungsprognose und meistens auch von guter Führung in der Haft abhängig. Sie wird mit einer Probezeit sowie mit Auflagen verbunden und kann während der Probezeit bei Verstoß gegen die Auflagen oder erneuter Straffälligkeit widerrufen werden. Die Probezeit ist nie kürzer als fünf Jahre, in Belgien sogar unbegrenzt. Vor allem aber ist die bedingte Entlassung Lebenslänglicher nirgends obligatorisch, sondern stets mehr oder weniger fakultativ. Das hat zur Folge, daß die praktischen Unterschiede zwischen der Begnadigung und der bedingten Entlassung auf gesetzlicher Grundlage überraschend gering sind. Ein Unterschied besteht weniger hinsichtlich des „Ob" der Entlassung und hinsichtlich der durchschnittlich verbüßten Zeit als vielmehr im Hinblick darauf, daß die gesetzliche Regelung eine Konzentration der Entlassungen auf die ersten Jahre nach Verbüßung des Strafminimums bewirkt, während die Begnadigungen zeitlich weiter gestreut sind.

Der hier unternommene Versuch, einen Überblick über die Entlassungspraxis des Auslandes zu geben, begegnet erheblichen praktischen und metho-

---

[106] RCCP S. 492. Für die Lebenserwartung werden folgende Werte angenommen:

Alter bei der Verurteilung	Lebenserwartung Männer	Lebenserwartung Frauen
20	44,737	47,521
30	36,520	39,327
40	28,557	31,473
50	21,163	23,688
59	14,992	16,902

dischen Schwierigkeiten. Praktisch liegt die Schwierigkeit darin, überhaupt Material über die Entlassung Lebenslänglicher im Ausland aufzufinden. Die meisten Angaben liefert der Report der RCCP 1949—1953. Viel Material liegt insbesondere auch aus Skandinavien vor[107]. Die wertvollste Einzeluntersuchung stammt aus Finnland[108]. Methodisch ist große Vorsicht geboten, wenn man Zahlen und Daten aus verschiedenen Ländern vergleicht. Abgesehen davon, daß das zugrundeliegende Material sehr uneinheitlich und von unterschiedlicher Qualität ist, muß man bedenken, daß die Lebenslänglichen schon wegen der Unterschiede in Gesetzgebung und Rechtsprechung keine einheitliche Gruppe bilden. So entspricht beispielsweise einer Verurteilung auf Lebenszeit in einem Land, das Mord mit der Todesstrafe bedroht, hinsichtlich der Schwere des Delikts in einem Abolitionsstaat oft eine Verurteilung zu zeitiger Freiheitsstrafe. Hinzu kommen kriminologische Besonderheiten, die von Land zu Land sehr erheblich sein können. Zum Beispiel verhängten in einem Zeitraum von 26 Jahren, währenddessen in Dänemark 25 Personen zu lebenslangem Gefängnis verurteilt wurden, die Gerichte in Finnland etwa 20mal so viele Lebenszeitstrafen[109]. Dabei ist die Bevölkerung Dänemarks mit 4,59 Millionen Einwohnern sogar noch geringfügig größer als die Bevölkerung Finnlands, das 4,45 Millionen Einwohner zählt. Der große Unterschied der Verurteilungsziffern dürfte in erster Linie auf die im internationalen Vergleich ungewöhnlich starke finnische Mordkriminalität zurückzuführen sein[110]. Von kaum geringerer Bedeutung ist dabei aber der Umstand, daß die Lebenszeitstrafe für Mord in Finnland obligatorisch, in Dänemark dagegen nur fakultativ ist. Die Gnadenpraxis wiederum wird nicht zuletzt dadurch beeinflußt, in welchen Fällen und wie häufig die Lebenszeitstrafe verhängt wird. Umgekehrt wirkt schließlich auch die Art, in der die vorzeitige Entlassung gehandhabt wird, auf die Haltung der Gerichte zur Lebenszeitstrafe zurück und veranlaßt sie, diese Strafe je nachdem ohne Zögern oder nur widerstrebend zu verhängen.

Diese Zusammenhänge darf man nicht aus den Augen verlieren, wenn man die Angaben richtig würdigen will, die in den nachfolgenden Berichten über die Entlassungspraxis in verschiedenen Ländern zusammengefaßt sind.

1. Dänemark

In Dänemark ist die Todesstrafe 1930 abgeschafft worden. Unter dem Strafgesetz von 1866 hatte es nur vier Hinrichtungen gegeben, die letzte 1892. Das Gesetz Nr. 227 vom 7. Juni 1952 läßt die Todesstrafe wieder für Verbrechen im Krieg oder unter feindlicher Besetzung zu[111]. Die bedingte Entlassung nach § 38 f. Dän. StGB gilt nur für zeitige Freiheitsstrafen. Lebenslängliche können nur gnadenweise entlassen werden. Die Begnadigung geschieht unter bestimm-

---

107 *Hye-Knudsen,* Livstidstraffen, NTfK 1962, 143; ders., Om løsladelse af drabsforbrydere, NTfK 1954, 115; ders. und *Hindse-Nielsen,* Faengsel pa livstid, NTfK 1958, 201; Nordisk Kriminalistik Årsbok 1962 S. 140 ff.

108 *Anttila* und *Westling,* The Pardoning of, and Recidivism among Criminals sentenced to life imprisonment, Scandinavian Studies in Criminology, Bd. 1 S. 13.

109 *Anttila* und *Westling* S. 23 Fußn. 9.

110 *Verkko,* Verbrechen wider das Leben S. 122; ders., Homicides and Suicides. S. 41 ff.

111 *Hye-Knudsen,* NTfK 1962, 143.

ten Bedingungen mit einer Probezeit von fünf Jahren. Der Antrag kann jederzeit während der Verbüßung gestellt werden, doch nicht von dem Verurteilten selbst. Über die Begnadigung entscheidet der König auf Vorschlag des Justizministers. Zu jedem Vorschlag werden Stellungnahmen der Strafanstalt, des Anstaltspsychiaters, der Staatsanwaltschaft und des Gerichtes eingeholt[112].

Von 1900 bis 1932 mußten 30 Personen, alles Männer, eine lebenslange Freiheitsstrafe antreten, darunter zum Tode Verurteilte, die begnadigt waren. Fünf starben in der Strafanstalt, vier nach weniger als fünf Jahren, einer nach zwölf Jahren. Einer wurde nach 16 Jahren Gefängnis in die Sicherungsverwahrung überführt und starb dort nach weiteren zwölf Jahren. Ein weiterer kam nach vier Jahren Gefängnis in die Sicherungsverwahrung und wurde nach weiteren 30 Jahren begnadigt. Ein dritter wurde nach 21 Jahren Gefängnis in die Sicherungsverwahrung gebracht und nach noch einmal 13 Jahren begnadigt. Die restlichen 22 wurden begnadigt durchschnittlich nach Ablauf von 16 Jahren und zehn Monaten[113].

Von dem Inkrafttreten des Strafgesetzbuchs vom 15. April 1930 vom 1. Januar 1933 an bis zum 1. Juli 1961 sind 52 Männer und zwei Frauen zu lebenslangem Gefängnis verurteilt worden. Einer starb im Gefängnis bald nach dem Urteil. 19 wurden entlassen, im Schnitt nach 13 Jahren. 34 waren 1962 noch im Vollzug. Von diesen 34 hatten 1962 verbüßt 10 weniger als drei Jahre, fünf zwischen drei und sechs Jahren, zwei zwischen sechs und neun Jahren, zehn zwischen neun und zwölf Jahren, fünf zwischen zwölf und 15 Jahren, einer 18 Jahre und einer 27 Jahre. Letzterer befindet sich in der Heilanstalt. Von 1945 bis zum 30. Juni 1961 wurden Lebenslängliche durchschnittlich nach 16 Jahren und zwei Monaten entlassen[114].

In Dänemark hat es einen Fall gegeben, in dem sich ein Lebenslänglicher nach der Entlassung eines neuen Mordes schuldig gemacht hat. Es handelt sich um einen Mann, der 1906 wegen Notzucht und Tötung einer 19jährigen zu lebenslangem Gefängnis verurteilt und 1920 begnadigt worden war. 1931 wurde er in Kanada wegen Mordes zum Tode verurteilt und hingerichtet[115]. Von drei anderen Lebenslänglichen wird berichtet, daß sie schon früher einmal zeitige Strafen wegen eines vorsätzlichen Tötungsverbrechens verbüßt hatten[116]. Ein weiterer Gefangener, und zwar handelt es sich um denjenigen, der 1962 seit 27 Jahren einsaß, war 1933 wegen Mordes an einem Postbeamten zu lebenslangem Gefängnis verurteilt worden. 1934 erhielt er zusätzlich acht Jahre Gefängnis für Mordversuch an einem Gefängnisbeamten[117]. Von den 18 Lebenslänglichen, die seit 1942 entlassen worden sind, sind zwei wieder straffällig geworden. Einer wurde 15 Jahre nach der Entlassung wegen Diebstahls bestraft. Der andere erhielt nach 14 Jahren in Freiheit für Unzucht mit Kindern acht Monate Gefängnis und kam später wegen neuer Sittlichkeitsdelikte in das Psychopathengefängnis[118].

---

[112] a.a.O. S. 152.

[113] a.a.O. S. 143 f.

[114] a.a.O. S. 144; vgl. auch RCCP S. 490, 496.

[115] *Hye-Knudsen*, NTfK 1962, 156.

[116] *Hye-Knudsen*, NTfK 1954, 155 ff.; 1962, 158.

[117] RCCP S. 490.

[118] *Hye-Knudsen*, NTfK 1962, 156 f.

2. Norwegen

In Norwegen ist 1875 das letzte Todesurteil vollstreckt und die Todesstrafe für das allgemeine Strafrecht 1902 beseitigt worden[119].

Die Lebenszeitstrafe wird in Norwegen sehr selten angewandt. Seit 1900 sind insgesamt nur 22 Urteile auf lebenslanges Gefängnis ergangen. Vom 1. 1. 1952 bis zum 31. 6. 1961 waren es zwei, beide im Jahre 1958[120].

Nach § 37 des Gefängnisgesetzes vom 12. 12. 1958 dürfen Lebenslängliche schon nach zwölf Jahren, die Untersuchungshaft eingerechnet, probeweise entlassen werden. Die Probezeit beträgt zehn Jahre. Das frühere Gefängnisgesetz hatte die Entlassung erst nach 20 Jahren gestattet. In der Praxis wurden aber alle Verurteilten schon vor Ablauf der 20-Jahresfrist begnadigt[121]. In diesem Jahrhundert war keiner länger als 16 Jahre im Gefängnis[122]. Die mittlere Strafzeit sank bald auf elf bis zwölf Jahre[123].

Von den seit 1900 verurteilten 22 Lebenslänglichen starb einer im Gefängnis. Drei waren 1962 noch im Vollzug, 18 wurden probeweise entlassen. 14 sind sicher nicht wieder straffähig geworden. Darunter befinden sich auch die acht seit dem 1. 1. 1942 Entlassenen, von denen einer die Entlassung nur um ein Jahr überlebt hat. Für zehn von ihnen war die Probezeit 1962 abgelaufen[124]. Von den vor 1942 Entlassenen wurden vier während der Probezeit wegen Diebstahls verurteilt[125]. Einer von ihnen entging der Wiedereinsperrung, die übrigen (entlassen 1933, 1937 und 1939) mußten die Verbüßung der Lebenszeitstrafe fortsetzen. Einer wurde 1954 wieder entlassen, nachdem er insgesamt 21 einhalb Jahre verbüßt hatte, die beiden anderen wurden nach einer Gesamtstrafzeit von 19 bzw. 15 Jahren 1946 entlassen. So gab es 1961 in Norwegen vier entlassene Lebenslängliche, deren Probezeit noch lief[126].

3. Schweden

Schweden hat die Todesstrafe 1921 abgeschafft, nachdem 1910 die letzte Hinrichtung stattgefunden hatte[127]. Das StGB vom 21. 12. 1962 sieht als Mordstrafe Gefängnis von zehn Jahren oder auf Lebenszeit vor.

1921 bis 1930 wurden 28 Personen,
1931 bis 1940 wurden 10 Personen,
1941 bis 1950 wurden 12 Personen,
1951 bis 1960 wurden 19 Personen,
1961 bis 1965 wurden 11 Personen

zu Strafarbeit auf Lebenszeit verurteilt[128].

---

[119] *Andenaes* bei *Mezger-Schönke-Jeschek* Bd. 4 S. 413; *Hye-Knudsen*, NTfK 1962, 143.

[120] *Hye-Knudsen* a.a.O. S. 144.

[121] a.a.O.

[122] RCCP S. 496.

[123] *Andenaes* a.a.O. S. 414.

[124] *Hye-Knudsen* a.a.O. S. 157.

[125] *Hye-Knudsen* a.a.O.; RCCP S. 490.

[126] *Hye-Knudsen* a.a.O.

[127] *Hye-Knudsen*, NTfK 1962, 143.

[128] a.a.O. S. 145; Kriminalvarden 1965, Stockholm 1966, S. 27.

Lebenslängliche können, auch nach dem neuen StGB, nur im Gnadenwege entlassen werden. Durch einen Gnadenerweis des Königs wird die Strafe im allgemeinen zunächst in eine zeitige Strafe umgewandelt, regelmäßig in eine Strafe von 15 Jahren. Dann finden die Bestimmungen über die bedingte Entlassung bei zeitigen Strafen Anwendung. Danach ist die Entlassung nach 2/3 der Strafe möglich, nach 5/6 obligatorisch. Die Probezeit entspricht dem Strafrest[129].

Es wurden entlassen:

Tabelle 12

von	Gefangene	nach mindestens n.... Jahren	im Durchschnitt n.... Jahren	spätestens n.... Jahren
1918—39	35 wegen Mordes Verurteilte	10—11	17—18	25—26 a)
1918—39	25 wegen and. Verbr. als Mord Verurteilte	2— 3	16—17	25—26 a)
1945—49	5 wegen Mordes Verurteilte	9—10	14—15	28—29 a)
1945—49	2 wegen and. Verbr. als Mord Verurteilte	5— 6	14—15	16—17 a)
1940—61	insges. 19	7	11	17 b)

a) RCCP, S. 496.
b) *Hye-Knudsen*, NTfK 1962, 145.

Zwischen 1940 und 1961 kamen vier Gefangene nach durchschnittlich elf Jahren Gefängnis in die Heilanstalt, drei starben bis zum fünften Haftjahr, einer entfloh im 15. Jahr[130].

Von den 60 Lebenslänglichen (55 Männer und fünf Frauen), die in Schweden von 1918 bis 1939 entlassen wurden, wurde nur ein Mann erneut zu einer Freiheitsstrafe verurteilt, und zwar wegen Diebstahls[131]. Von den 19, die in der Periode von 1940 bis 1961 entlassen wurden, war bis 1962 niemand in das Gefängnis zurückgekehrt[132].

4. Finnland

Die letzte Hinrichtung war 1889. 1918 wurde die Todesstrafe für Friedenszeiten gesetzlich abgeschafft. Die Höchststrafe ist seither lebenslanges Zuchthaus. Diese Strafe ist für Mord, der als überlegte Tötung definiert wird, obligatorisch. Fakultativ ist sie für gewisse Staatsverbrechen, Totschlag und gefährliche Körperverletzung mit Todesfolge angedroht. Während bis 1931 der

---

[129] a.a.O. S. 153.

[130] *Hye-Knudsen* a.a.O. S. 145.

[131] RCCP S. 491; *Hye-Knudsen* a.a.O. S. 157.

[132] *Hye-Knudsen* a.a.O.

Justizminister die Lebenslänglichen bedingt entlassen konnte, bedarf es seither zu ihrer Entlassung der Begnadigung durch den Präsidenten der Republik.

Eine bisher einzigartige Untersuchung über die Gnadenpraxis bei Lebenslänglichen und ihre Rückfälligkeit haben aus Finnland Anttila und Westling vorgelegt[133]. Anhand der Vollzugsakten haben sie alle Lebenslänglichen erfaßt, die zwischen dem 1. 1. 1929 und dem 31. 12. 1958 eine Lebenszeitstrafe verbüßten. Es handelt sich insgesamt um 542 Verurteilte. 448 Gefangene waren wegen Mordes im weiteren Sinne (M. i. w. S.) verurteilt worden. Davon entfielen[134]

auf	Männer	Frauen	Insgesamt
Mord	158	42	200
Raubmord	178	4	182
Totschlag	65	1	66

Von den 401 wegen M. i. w. S. verurteilten Männern waren nach 13,2 Jahren 50 % entlassen. Die Entlassungen häuften sich vom 13. bis zum 15. Haftjahr. 57,3 % der Gefangenen, die diese Jahre erlebten, wurden entlassen. Am Ende des 20. Haftjahres waren weniger als 2 % derjenigen, die noch am Leben waren, weiter im Vollzug. Bis zu diesem Zeitpunkt waren 9 % aller Gefangenen in der Haft gestorben. Bei der Verurteilung waren die Gefangenen durchschnittlich 27 Jahre alt gewesen. Das mittlere Alter bei der Entlassung lag um 40.

Für den Zeitpunkt der Entlassung erwies sich zunächst die Art des Verbrechens als bedeutsam. Schon nach 10,5 Jahren waren 50 % der Totschläger entlassen. Keiner verbüßte mehr als 18 Jahre. Bei Mord i. e. S. war die 50 %-Marke nach 13,1 Jahren, bei Raubmördern erst nach 13,6 Jahren erreicht. Frauen wurden regelmäßig früher begnadigt als Männer. Die Hälfte der Mörderinnen war nach neun Jahren entlassen und keine Frau brauchte mehr als 13 Jahre zu verbüßen. Das Lebensalter zeigte keinen Einfluß auf den Zeitpunkt der Entlassung. Dagegen wurden Vorbestrafte geringfügig später entlassen. Die 50 %-Marke der Entlassungen war bei ihnen etwa ein Jahr später erreicht als bei den Unvorbestraften. Ob die lebenslange Zuchthausstrafe für eines oder für mehrere Mordverbrechen verhängt worden war, machte keinen Unterschied[135].

Während der Verbüßung ihrer Lebenszeitstrafe wurden von den 542 Probanden elf erneut wegen eines Tötungsverbrechens verurteilt, das sie im Gefängnis oder in Zusammenhang mit einem Ausbruch begangen hatten. In neun Fällen lag vollendeter Mord vor, davon ein Doppelmord, in zwei Fällen Mordversuch. Von den sechs Verbrechen, die im Zuchthaus begangen wurden, richteten sich fünf gegen Mitgefangene und eines gegen einen Aufseher. Von den fünf, die in Verbindung mit einem Ausbruch begangen wurden, richteten sich vier gegen Außenstehende und eines gegen einen Aufsichtsbeamten. Alle Täter waren Männer. Zehn gehörten in die Gruppe der M. i. w. S. Das sind 2,5 % der

---

133 Die 1962 zunächst in finnischer Sprache erschienene Arbeit ist 1965 in englischer Übersetzung veröffentlicht worden in den Scandiavian Studies in Criminology Bd. 1 S. 13 ff.

134 a.a.O. S. 14.

135 a.a.O. S. 20 ff.

401 männlichen Mörder. Diese Gruppe verbüßte zusammen 4368 Jahre Zuchthaus, so daß auf 100 Jahre Zuchthaus 0,23 Morde oder Mordversuche entfielen[136].

Fast die Hälfte der Männer in der Gruppe der Raubmörder und Totschläger, dagegen nur ein Drittel der Mörder i. e. S. war mit Freiheitsstrafen vorbestraft. Unter den Frauen war der Anteil der Vorbestraften bemerkenswert niedriger. Der Anteil der wegen Gewaltverbrechen Vorbestraften erreichte eine signifikante Höhe bei den Totschlägern. Das könnte, so meinen die Verfasser, entweder darauf zurückzuführen sein, daß die Totschläger besonders gewalttätig veranlagt seien, könne seinen Grund aber auch darin haben, daß die Gerichte statt auf eine zeitige auf eine Lebenszeitstrafe erkennen, wenn der des Totschlags Angeklagte wegen Gewaltverbrechen vorbestraft sei. Der erste Grund sei wahrscheinlicher, da die Totschläger auch nach ihrer Entlassung am häufigsten Gewaltverbrechen begingen.

20 Probanden waren wegen Tötungsverbrechen zu zeitigen Freiheitsstrafen verurteilt worden, bevor sie die Tat begingen, die die Lebenszeitstrafe nach sich zog. Es handelte sich dabei um sechs Fälle von Totschlag, eine Kindestötung und im übrigen um Mordversuche und fahrlässige Tötungen. Bemerkenswerte Parallelen zwischen den ersten und zweiten Tötungsverbrechen waren nicht zu finden[137].

Die ausführlichen Untersuchungen über die erneute Straffälligkeit der Lebenslänglichen nach ihrer Entlassung beziehen sich gleichfalls nur auf die 401 männlichen Probanden, die wegen Mordes i. w. S. verurteilt worden waren. Von ihnen waren in der Beobachtungszeit 288 entlassen worden. Sie hatten zusammen 4382 Jahre in Freiheit verbracht. Es wurden nur solche Straftaten berücksichtigt, die eine Freiheitsstrafe nach sich zogen. Am Ende des zehnten Jahres waren fast 25 % wieder straffällig geworden. Die 30 %-Grenze wurde jedoch bis zum 20. Jahr nach der Entlassung nicht erreicht. Auffallend ist die höhere Straffälligkeit der entlassenen Totschläger (38 %) im Vergleich zu Mördern i. e. S. und Raubmördern.

Von den 288 entlassenen Mördern wurden zehn wegen eines neuen Mordes verurteilt, acht innerhalb der ersten fünf Jahre nach der Entlassung. Das entspricht einem Satz von drei v. H., die in diesem ersten Fünfjahres-Abschnitt nach der Entlassung einen neuen Mord begingen gegenüber 0,35 % während der folgenden 15 Jahre. Damit weist die Rückfallquote der lebenslänglich verurteilten Mörder während der Strafverbüßung und nach der Entlassung jeweils die gleiche Höhe auf, nämlich 0,23 Morde auf je 100 im Gefängnis oder nach der Entlassung in Freiheit verbrachte Jahre[138].

Die Rezidivität schien bemerkenswert gering unter den Unvorbestraften und besonders hoch unter denen, die mit zwei oder mehr Freiheitsstrafen vorbestraft waren. Eine Beziehung zu der Art der Vortat war nicht zu erkennen. Ebenso wenig ergab sich eine Beziehung zwischen der Rezidivität und dem Alter bei der Entlassung. Es ergab sich ferner, daß die Rezidivität mit der Dauer der verbüßten Strafe zunahm. Von den bis zum zehnten Haftjahr Entlassenen wurden 22,2 % straffällig, von den nach elf bis 13 Jahren Entlassenen waren es 25,7 % und von den nach dem 14. Haftjahr Entlassenen 45 %. Die Zunahme der Rezidivität mit der Dauer der verbüßten Strafe könne — so

---

136 a.a.O. S. 18 ff.

137 a.a.O. S. 17.

138 a.a.O. S. 26 ff.

meinen Anttila und Westling — darauf beruhen, daß die Anpassung um so schwerer falle, je später die Gefangenen entlassen würden. Es sei aber eher anzunehmen, daß diese Erscheinung auf den Versuch zurückzuführen sei, die Gefangenen mit der schlechteren Prognose länger festzuhalten. Die Vollzugsbehörden hätten zwar die Prognose der allgemeinen Rezidivität weitgehend zutreffend gestellt. Nicht so erfolgreich seien sie jedoch bei der Prognose des Rückfallmordes gewesen. Von den zehn Rückfallmördern hätten nur drei länger als 14 Jahre eingesessen.

5. Holland

Die Todesstrafe ist durch Gesetz vom 17. 9. 1870 abgeschafft worden. Das Wetboek van Strafrecht sieht als schwerste Strafe lebenslanges Gefängnis vor. Es wird nur fakultativ neben zeitigem Gefängnis von einem Tag bis zu 20 Jahren angedroht, und zwar für Verbrechen gegen die Sicherheit des Staates (Art. 92 ff.), gegen ein Mitglied des Königshauses (Art. 108), bei einem gemeingefährlichen Verbrechen mit Todesfolge in besonderen Fällen (Art. 157 f.) sowie bei Mord und besonders schwerem Totschlag (Art. 288 f.).

Die lebenslange Gefängnisstrafe wird in der Praxis selten gebraucht[139]. Von 1889 bis 1955 wurden 46 Personen verurteilt, von 1946 bis 1954 waren es zehn, 1955 drei und 1956 keiner[140].

Die bedingte Entlassung ist nach dem Wetboek van Strafrecht nur für zeitige Gefängnisstrafen zulässig. Lebenslängliche werden aber fast ausnahmslos begnadigt[141]. Wenn sie 14 bis 15 Jahre verbüßt haben, wird ihre Strafe im Gnadenweg auf 25 Jahre, in der Nachkriegszeit etwas kürzer auf 23 Jahre herabgesetzt. Die probeweise Entlassung erfolgt dann nach durchschnittlich 16 einhalb Jahren[142].

Bis 1951 wurde in den Niederlanden kein Fall bekannt, in dem ein begnadigter Mörder erneut einen Mord begangen hätte. Im übrigen hatten sich nach einer Auskunft der Regierung an die RCCP aus einer Gruppe von 15 Lebenslänglichen nach der Entlassung elf einwandfrei geführt[143].

Es ist für uns von besonderem Interesse, daß gerade in Holland die lebenslange Freiheitsstrafe sehr kritisch betrachtet wird[144]. Mehrere Wissenschaftler fordern ihre gänzliche Abschaffung. Bianchi[145] beruft sich auf das Grundsatzgesetz über das Gefängniswesen aus dem Jahre 1950, welches ohne Ausnahme den Resozialisierungsvollzug vorschreibt, ganz ähnlich wie in Deutschland die DVollzO. Baan[146] und Pompe[147] stellen vor allem auf die schädlichen Wirkungen der langen Freiheitsstrafen ab. Pompe gibt aber der völligen Abschaffung der lebenslangen Gefängnisstrafe zur Zeit noch wenig Chancen und fordert

[139] Für die frühere Zeit vgl. *van der Aa*, MSchrKrim 20, 1929, 387.

[140] Nach *Cirpka* S. 25 ff.

[141] *van der Aa*, a.a.O.; *Muller*, zitiert bei *Cirpka* S. 25; RCCP S. 496.

[142] *Hye-Knudsen*, NTfK 1962, 145; RCCP S. 496.

[143] RCCP S. 496.

[144] Darüber *Cirpka* S. 26.

[145] Themis 1958, 209 f., hier zitiert nach *Cirpka* a.a.O. Vgl. neuerdings auch *Bianchi*, Ethik des Strafens S. 105 f.

[146] De lange gevangenisstraf S. 75.

[147] De lange gevangenisstraf S. 94.

deshalb die bedingte Entlassung nach zehn Jahren. Muller[148] stellt fest, daß von den 46 in den Jahren 1889 bis 1955 zu lebenslänglicher Gefängnisstrafe Verurteilten alle begnadigt seien. Darin erblickt er einen Mißbrauch des Begnadigungsrechts und verlangt deshalb gleichfalls, daß eine bedingte Entlassung gesetzlich ermöglicht werde.

6. Belgien

Der Code pènal Belge kennt weiterhin die Todesstrafe (Art. 7). Sie ist für Mord obligatorisch, wird aber seit 1867 nicht mehr vollstreckt, sondern gnadenweise in lebenslängliche Zwangsarbeit umgewandelt[149].

Lebenslängliche dürfen bedingt entlassen werden, frühestens nach zehn Jahren, und wenn es sich um Rückfällige handelt, nach 14 Jahren. Die Probezeit ist unbegrenzt[150]. Nach den Angaben der RCCP wurden in Lebenszeitstrafen umgewandelte Todesurteile durchschnittlich 18 Jahre, ursprüngliche Lebenszeitstrafen 14 Jahre verbüßt. Als längste Strafzeit werden 47 Jahre angegeben[151].

Der Anteil der Lebenslänglichen, die nach ihrer Entlassung erneut schwere Straftaten begehen, wird auf weniger als 3 % geschätzt. Es wird indessen von drei Fällen berichtet, in denen Lebenslängliche nach ihrer Entlassung wiederum einen Mord begangen haben[152]:

1. W. wurde 1909 für einen Doppelraubmord zu lebenslanger Zwangsarbeit verurteilt. 1931 wurde er bedingt entlassen, aber 1935 wegen Brandstiftung, Raub und Mord zum Tode verurteilt. Die Geschichte seiner Familie wird als eine Geschichte von Alkoholismus, Tuberkulose und moralischer Verkommenheit geschildert.
2. B. wurde 1903 im Alter von 23 Jahren zu lebenslanger Zwangsarbeit verurteilt. 1921 beging er zwei Monate nach seiner Entlassung erneut einen Raubmord und wurde zum Tode verurteilt.
3. Ein Mädchen, das für die Ermordung ihres Geliebten zu lebenslanger Zwangsarbeit verurteilt worden war, wurde bald als gebessert angesehen und entlassen, ermordete aber wenige Monate darauf einen zweiten Liebhaber.

7. Österreich

Österreich hatte die Todesstrafe für das ordentliche Verfahren 1919 abgeschafft, war aber von 1933—1950 zu ihr zurückgekehrt. An die Stelle der Todesstrafe ist lebenslanger Kerker getreten. Diese Strafe ist in § 136 StG als Regelstrafe für den Mord vorgesehen. Jedoch hatte schon das Strafgesetz von 1803 bei lebenslanger Freiheitsstrafe ein amtswegiges Gnadenverfahren vorgesehen. Seit 1873 gibt die StPO auch den Gerichten die Möglichkeit, im Wege

---

[148] V. I. van levenslang, Maandblad voor Berechting en Reclassering 1957, S. 129 ff.; zustimmend *Wiersma*, ebenda, 1959, 177 ff., beide hier zitiert nach *Cirpka* a.a.O.

[149] Vgl. *Hye-Knudsen*, NTfK 1962, 154; RCCP S. 496.

[150] G. v. 31. 5. 1888 über bedingte Haftentlassung und Verurteilung.

[151] RCCP S. 496.

[152] RCCP S. 489 f.

der außerordentlichen Strafmilderung eine zeitige Freiheitsstrafe bis herunter zu einem Jahr zu verhängen.

Zahlenmäßig hat die lebenslange Kerkerstrafe in Österreich keine große Bedeutung. Im Zehnjahresabschnitt von 1955—1964 wurde sie nach den Angaben der Kriminalstatistik 65mal verhängt. In der gleichen Zeit wurden 168 Personen nach den §§ 134—136 StG als Täter eines vollendeten Mordes verurteilt. Berücksichtigt man, daß sich unter den Verurteilungen zu lebenslangem Kerker einzelne Fälle von räuberischem Totschlag und Notzucht befinden, so erhielt gerade ein Drittel der Mörder diese Strafe.

Seit 1874 sehen die österreichischen Entwürfe die bedingte Entlassung aus einer lebenslangen Freiheitsstrafe vor. Das Gesetz über die bedingte Verurteilung aus dem Jahre 1920 (1949) verwirklichte den Vorschlag des Entwurfs 1912. Danach konnte ein zu lebenslangem schweren Kerker Verurteilter nach einer Strafdauer von 15 Jahren entlassen werden, vorausgesetzt, daß künftiges Wohlverhalten anzunehmen war. In der Folge führte eine Reihe aufsehenerregender Morde in zufälligem zeitlichen Zusammentreffen mit der bedingten Entlassung wegen Mordes Verurteilter zu der Forderung nach einer Verschärfung der strafrechtlichen Reaktion gegen schwerste Bluttaten[153].

Insbesondere wandte man sich gegen die damalige schematisch vorgehende Praxis der bedingten Entlassung aus einer lebenslangen Freiheitsstrafe. Mit dem Strafrechtsänderungsgesetz 1960 hat der Gesetzgeber diesem Drängen nachgegeben, indem er die Voraussetzungen der bedingten Entlassung aus einer lebenslangen Freiheitsstrafe verschärfte. Nunmehr kann die Entlassung erst nach 20 Jahren erfolgen. Voraussetzung ist ferner, daß volle Gewähr für künftiges Wohlverhalten geboten ist. Die Probezeit wurde von sieben auf 15 Jahre heraufgesetzt. Demgegenüber will der Entwurf 1964 die bedingte Entlassung davon abhängig machen, „daß die Vollstreckung trotz der Schwere der Tat ohne Nachteil für die Rechtsordnung unterbleiben kann und aus besonderen Gründen Gewähr für sein Wohlverhalten gegeben ist"[154].

Über die praktische Handhabung der bedingten Entlassung und ihre Erfolge ist bisher anscheinend nichts veröffentlicht worden[155]. Deshalb kann hier nur noch auf die große Arbeit von Höpler über „Mordkriminalität und Todesstrafe in Österreich in den Jahren 1874 bis 1927" hingewiesen werden, die erkennen läßt, daß Österreich bei der Begnadigung von Mördern stets außerordentlich großzügig verfahren ist[156]. Zwischen 1874 und 1918 wurde nur an 30 von 590 Mördern die Todesstrafe vollstreckt. 161 wurden zu lebenslangem Kerker begnadigt, die übrigen zu zeitigen Freiheitsstrafen von drei bis 20 Jahren. Auch zwischen 1919 und 1927 wurde nur in 46 von 238 Mordfällen auf lebenslangen Kerker erkannt.

---

[153] Vgl. *Graßberger*, Juristische Blätter 1958, 429 ff., 432.

[154] § 52 des Entwurfs. Vgl. dazu die Erläuterungen S. 83 f. Gegen die bedingte Entlassung Lebenslänglicher wendet sich *Roeder* in seiner Kritik an dem Allgemeinen Teil des Österreichischen Strafgesetzentwurfs S. 74.

[155] Auch *Seiler*, Probleme der Todesstrafe S. 126, zitiert zu dieser Frage nur ausländische Erfahrungen. Das BJM (Sonderausschuß Strafrechtsreform, Sitzung am 9. 2. 1966, Protokoll S. 62) beruft sich auf einen Bericht des österr. Justizministeriums, nach welchem 1963 fünf zu lebenslangem Kerker Verurteilte nach einer Strafzeit zwischen 15 und 18 Jahren entlassen wurden.

[156] MSchrKrim 20, 1929, 449 ff.

8. Die Schweiz

Die Todesstrafe wurde in der Schweiz 1937 durch das StGB abgeschafft. Seither ist nach Art. 112 StGB die obligatorische Mordstrafe lebenslanges Zuchthaus[157]. Fakultativ ist diese Strafe auch für schwerste Fälle von Raub und Hochverrat angedroht. Die längste zeitige Zuchthausstrafe dauert 20 Jahre. Die schweizerische Kriminalstatistik weist Lebenszeitstrafen nicht besonders aus. Wie niedrig die Verurteilungsziffern liegen, läßt sich daraus ersehen, daß von 1961 bis 1964 durchschnittlich nur acht Personen jährlich wegen Mordes verurteilt wurden[158].

Nach Art. 38 StGB können Lebenslängliche nach Verbüßung von 15 Jahren mit einer Probezeit von fünf Jahren bedingt entlassen werden. Über die Entlassungspraxis ist wenig bekannt geworden. Keinesfalls werden alle Mörder zum frühestmöglichen Zeitpunkt entlassen wie es gelegentlich behauptet worden ist[159]. Es kommen vielmehr Strafzeiten von mehr als 30 oder 40 Jahren vor[160].

Schon 1893 hatte der damalige Direktor der Strafanstalt Lenzburg, Hürbin, über gute Erfahrungen mit der Entlassung von sieben begnadigten Mördern berichtet[161]. Einer seiner Nachfolger hat diese Erfahrungen bestätigt: 1920 bis 1949 wurden in Lenzburg acht Mörder begnadigt oder bedingt entlassen, von denen nur einer wegen Diebstahls erneut bestraft wurde. In keinem Fall brauchte die Entlassung widerrufen zu werden[162].

Obwohl also in der Schweiz jedenfalls keine negativen Erfahrungen mit der Entlassung Lebenslänglicher vorliegen und die Frage auch zahlenmäßig nur geringe Bedeutung hat, sind doch Bestrebungen vorhanden, die legale Entlassungsmöglichkeit wieder zu beseitigen. Sie führten 1951 zu einem Vorstoß im Bundesrat. Auch die Neue Züricher Zeitung trat in einem großen Artikel gegen die Entlassung Lebenslänglicher ein. Die lebenslange Zuchthausstrafe müsse nach Gesetz und Praxis wieder zu dem werden, was sie nach ihrem Sinn, ihrem Namen und dem Rechtsempfinden des Volkes sein solle. Das Prinzip der Humanität sei im modernen Strafvollzug wohl bis an die Grenzen des Tragbaren durchgeführt[163]. Darauf erwiderte Pfenniger in der gleichen Zeitung. Die lebenslange Zuchthausstrafe gebe dem Staate die Möglichkeit, unverbesserliche Schwerverbrecher bis an ihr Lebensende zu verwahren. Sie zwinge ihn aber nicht, die Unverbesserlichkeit von vornherein zu präsumieren. Man

---

[157] Das peinliche Gesetzbuch der helvetischen Republik aus dem Jahre 1799 war eine rohe Übersetzung des Code pénal v. 25. 9. 1791 und kannte ebenso wie dieser nur zeitige Freiheitsstrafen (vgl. dazu unten im 4. Abschnitt II a. E.). Diesem Gesetz war zwar nur eine kurze Lebensdauer beschieden. Doch auch nach der Aufhebung des Einheitsstaates im Jahre 1803 blieb es jedenfalls in einzelnen Kantonen bei der Abschaffung der Lebenszeitstrafe. In Waadt wurde sie erst 1875 als Ersatz für die Todesstrafe wieder eingeführt, ebenso in Aargau 1876. In Oberwalden gab es sie nur als Gnadenstrafe (vgl. *Stooß*, Die Grundzüge des Schweizerischen Strafrechts, Basel und Genf 1892, S. 306).

[158] Einen Einblick in den Strafvollzug vermitteln die Haftmoiren von Maria *Popescu* (Von Mittwoch zu Mittwoch), die als Mörderin verurteilt worden war, aber vorzeitig begnadigt wurde, weil Zweifel an ihrer Schuld bestanden.

[159] NZZ v. 7. 3. 1953, Morgenausgabe Nr. 523.

[160] *Pfenninger*, NZZ v. 31. 3. 1953, Abendausgabe Nr. 749.

[161] SchwZStr 6, 1893, 439.

[162] RCCP S. 491.

[163] NZZ vom 7. 3. 1953, Morgenausgabe Nr. 523.

folge vielmehr bester Schweizer Tradition, wenn man mit Heinrich Pestalozzi dafür sorge, daß, auch gegenüber den Lebenslänglichen, „die Hoffnung der Erlösung bei allen Gefangenen die Grundtriebe der Ehre, der Selbstliebe und der Menschenliebe wieder entwickeln soll, die sie bei ihrem lasterhaften Leben geschwächt oder verloren haben“[164].

9. England

England hat die Todesstrafe 1957 erheblich eingeschränkt und sie 1965 abgeschafft. Bei einem Vergleich mit den übrigen Ländern Westeuropas ist jedoch zu bedenken, daß außer in Frankreich nur noch in England bis in die Gegenwart hinein Todesurteile in größerer Zahl vollstreckt worden sind.

Das englische Strafrecht droht lebenslanges Gefängnis für eine sehr große Zahl von Verbrechen an[165]. Dennoch lauteten in der Fünfjahresperiode von 1958 bis 1962 nur 208 Urteile auf life-imprisonment, durchschnittlich also 42 im Jahr. Davon ergingen 155 Urteile wegen Mordes und 46 wegen Totschlags[166].

Nach dem Prison Act von 1952 steht es dem Home Secretary frei, jeden Lebenslänglichen jederzeit zu entlassen[167]. Der Entlassungszeitpunkt wird ganz nach den Umständen des Einzelfalles festgesetzt, doch wird jeder Fall mindestens alle vier Jahre überprüft[168].

Im Laufe der letzten 100 Jahre sind die tatsächlich verbüßten Strafzeiten immer kürzer geworden. 1866 wurde die Mindestzeit auf 20 Jahre festgesetzt. Zu Beginn unseres Jahrhunderts galten 20 Jahre aber schon als Maximum. Jetzt ging man dazu über, Lebenszeitverurteilungen wie zeitige Strafen von 20 Jahren zu behandeln mit der Folge, daß Lebenslängliche nach 3/4 dieser Zeit, also nach 15 Jahren bedingt entlassen wurden, wenn nicht besondere Gründe für eine frühere Entlassung vorlagen. Zwischen den beiden Weltkriegen ging die übliche Strafzeit noch weiter zurück. 1939 wurden Lebenslängliche nach zehn bis 15 Jahren aus der Haft entlassen. Während des Zweiten Weltkrieges führte der Mangel an Arbeitskräften, die Kürzung des Gefängnisetats und die außerordentlich günstige Gelegenheit für einen Neubeginn in Freiheit dazu, daß die Mehrheit der Gefangenen schon nach sechs bis zehn Jahren begnadigt wurde, je nach der Schwere der Tat. Nach dem Kriege wuchs die Strafzeit der Lebenslänglichen aber wieder an, wohl nicht zuletzt als eine Folge der Zunahme von Gewaltverbrechen. Aber auch dann waren es seltene Ausnahmefälle, wenn jemand länger als 15 Jahre im Strafvollzug blieb[169].

Eine Entlassung in den ersten Jahren nach dem Antritt der Strafe ist nicht ungewöhnlich. Es handelt sich dann allerdings etwa um Fälle von Euthanasie oder mißglücktem Doppelselbstmord, in denen nach kontinentaler Praxis ohnehin nur zeitige Strafen von mäßiger Dauer verhängt werden.

---

[164] NZZ vom 31. 3. 1953, Abendausgabe Nr. 749.

[165] *Walker* S. 151.

[166] Nach *Rubin*, Psychiatry and Crim. Law S. 188.

[167] *Fitzgerald* S. 239. 1964 ergingen noch 12 Todesurteile, von denen zwei vollzogen wurden, die übrigen 10 wurden zu lebenslänglichem Gefängnis begnadigt. Ferner ergingen 49 Verurteilungen zu Gefängnis auf Lebenszeit, davon 46 wegen Mordes (Criminal Statistics England and Wales 1964 S. XXXV, 184).

[168] RCCP S. 228.

[169] RCCP S. 226 f.

Unter Einschluß dieser Fälle, die den Durchschnittswert nicht unerheblich herabdrücken, betrug die mittlere Strafzeit für Lebenslängliche in den vergangenen Jahren etwa neun Jahre[170]. Von 1950 bis 1960 wurden 94 Lebenslängliche begnadigt, darunter 90 Mörder. Es hatten verbüßt[171]:

1 Jahr oder weniger	2
2 Jahre	1
3 Jahre	1
4 Jahre	3
5 Jahre	3
7 Jahre	9
8 Jahre	19
9 Jahre	37
10 Jahre	11
11 Jahre	5
15 Jahre	2
20 Jahre	1

Die Auswirkungen des Homicide Act von 1957 lassen sich noch nicht übersehen. Dieses Gesetz hatte nicht nur die Anwendung der Todesstrafe weitgehend eingeschränkt, sondern gestattet auch, in Fällen verminderter Zurechnungsfähigkeit anstelle der lebenslangen zeitige Freiheitsstrafen zu verhängen. Dadurch könnte der durchschnittliche Entlassungszeitpunkt für Lebenslängliche erheblich hinausgeschoben werden. Das gilt um so mehr für die völlige Abschaffung der Todesstrafe im Jahre 1965.

Praktisch ist es heute in England so, daß die lebenslange Freiheitsstrafe zum „indeterminate sentence", zur unbestimmten Verurteilung, geworden ist[172]. Aus dieser Tatsache haben die Gerichte inzwischen bemerkenswerte Konsequenzen gezogen. Während das Maximum der zeitigen Freiheitsstrafe bis dahin praktisch bei 14 Jahren gelegen hatte[173], wurden 1961 die Spione Lonsdale und Blake zu Strafen von 25 und 42 Jahren verurteilt. Auch gegen die Posträuber wurden Strafen von 25 und 30 Jahren festgesetzt. Diese Strafen sind nach dem Buchstaben des Gesetzes als sog. consecutive sentences oder deshalb zulässig, weil jede zeitige Strafe milder angesehen wird als lebenslanges Gefängnis. Solche ungewöhnlichen Urteile können aber nur den Sinn haben, eine längere Strafzeit zu gewährleisten, als es mit einem life-sentence in England möglich ist[174]. Das wollte auch der Richter erreichen, der am 12. 12. 1966 im Londoner „Polizistenmörder-Prozeß" die drei Angeklagten zu lebenslangem Gefängnis verurteilte und dabei, anscheinend einem Vorschlag des Lordoberrichters Parker in der Oberhausdebatte über die Abschaffung der Todesstrafe

---

[170] Home Office, The Regime of Long-Term Prisoner S. 6; *Hye-Knudsen*, NTfK 1962, 154; *Klare* S. 14.

[171] Nach *Walker* S. 151. Die Criminal Statistics England and Wales weisen die begnadigten Lebenslänglichen zwar aus, geben aber die Strafzeit nicht an. 1964 wurden 14 ursprünglich zum Tode begnadigte Mörder und vier weitere Lebenslängliche begnadigt und die Begnadigung in zwei Fällen noch im gleichen Jahr widerrufen (S. 226).

[172] *Walker* S. 151.

[173] 1958—1962 wurden in 263 Fällen Strafen von mehr als zehn Jahren verhängt (nach *Rubin* a.a.O.); vgl. ferner *Walker* S. 155.

[174] Lord *Devlin*, The Observer v. 13. 12. 1964.

folgend[175], die Empfehlung aussprach, daß die Verurteilten 30 Jahre ihrer Strafe auch tatsächlich abbüßen sollten[176].

Über den Erfolg der Entlassungspraxis hat die RCCP berichtet[177]. Von der Entlassenenfürsorge in England und Schottland sind zwischen 1931 und 1949 185 entlassene Lebenslängliche betreut worden. 18 haben sich nach der Entlassung erneut strafbar gemacht. Einer von ihnen ist zum zweiten Mal wegen Mordes verurteilt und auch hingerichtet worden. Er soll aber nach Meinung vieler unschuldig gewesen sein[178]. Sonst wurden neue Gewaltverbrechen nicht bekannt[179]. Die RCCP kommt zu dem Schluß, daß allenfalls geisteskranke Mörder nach ihrer Entlassung eine Gefahr für die Gesellschaft bedeuten könnten[180]. In die Kriminalgeschichte eingegangen ist der Fall des Dr. Neill Cream. Er erhielt 1881 wegen Giftmordes lebenslanges Zuchthaus, wurde 1891 auf Wohlverhalten entlassen, übersiedelte nach London und begann dort eine lange Serie von Giftmorden. An 15. 11. 1892 wurde er in Newgate hingerichtet[181]. Zu erwähnen ist auch der Fall des 1910 geborenen Christopher Simcox, der 1948 wegen Ermordnung seiner Ehefrau zum Tode verurteilt und begnadigt wurde. 1958 entlassen, tötete Simcox 1964 eine Schwägerin und verletzte eine andere Verwandte seiner dritten Ehefrau[182].

In den Ländern des Commonwealth werden Lebenslängliche im allgemeinen später entlassen als in England, obgleich auch hier die Tendenz zu bemerken ist, die Strafzeit zu verkürzen[183]. Indien und Pakistan behandeln Lebenszeitverurteilungen als Verurteilungen zu einer 20jährigen Strafe und gewähren nach entsprechender Zeit bedingte Entlassung[184]. In Ceylon wird eine lebenslängliche Strafe fast immer bei erster Überprüfung des Falles nach vier Jahren in eine zeitige Strafe umgewandelt, so daß dann die bedingte Entlassung zulässig ist[185]. Die Commonwealth-Länder haben der RCCP übereinstimmend berichtet, Mörder verhielten sich nach ihrer Entlassung im allgemeinen gut. Sie bildeten keineswegs eine Klasse von Rezidivisten. Canada schätzt, daß 3 % wieder straffällig werden. Ein Mordversuch wurde in Queensland bekannt[186].

10. USA

1960 nahmen die amerikanischen Gefängnisse (ohne New Jersey und Alaska) 2567 Gefangene auf, die auf Lebenszeit verurteilt worden waren, die Hälfte

[175] Vgl. Roland *Hill*, Wie lang ist lebenslang? — (Die Entscheidung des britischen Unterhauses gegen die Todesstrafe), Frankfurter Allgemeine Nr. 216 v. 17. 9. 1965 S. 2.

[176] Kieler Nachrichten Nr. 390 v. 13. 12. 1966.

[177] Report S. 228, 486 f.

[178] *Koestler* S. 97; weitere Nachweise bei *Hibbert*, The Roots of Evil, Toronto/Boston 1963, S. 381.

[179] Report S. 229.

[180] a.a.O.

[181] *von Hentig*, ZStW 74, 1962, 563 Fußn. 11.

[182] *Bloom-Cooper*, Preventible Homicide, The Howard Journal XI, 1965, 297 ff., 304.

[183] Report S. 227. Auf die Praxis von Victoria und New South Wales ist bei Fußn. 106 schon hingewiesen worden.

[184] Report S. 492.

[185] Report S. 492. Weitere Einzelheiten über die Entlassungspraxis der Commonwealthländer Report S. 494.

[186] Report S. 487 f.

von ihnen jünger als 30 Jahre. Am 31. 12. 1960 gab es in den USA 16 784 Lebenslängliche. Die Masse der Verurteilungen entfällt auf Kalifornien. 1960 waren es 1583[187]. Kein anderer Staat erreichte sonst 100 Verurteilungen. In Florida waren es 70, in Georgia 74, in Ohio 69 und in Texas 67[188]. In diesen Zahlen spiegelt sich die unterschiedliche Rechtslage. In Kalifornien werden 25 verschiedene Verbrechen mit lebenslanger Haft bedroht, in anderen Staaten sind es meist nicht mehr als sechs. Alle Gesetze, die für Mord nicht die Todesstrafe vorsehen, drohen lebenslanges Zuchthaus an. Diese Strafe gilt überwiegend auch für Mord zweiten Grades[189]. In der Mehrzahl der Staaten wird auch Notzucht mit lebenslangem Zuchthaus bestraft. Dazu kommt eine kleinere Anzahl von Verurteilungen wegen Raubes, widernatürlicher Unzucht und neuerdings auch wegen einiger Rauschgiftdelikte. Schließlich kennen 25 Bundesstaaten die lebenslange Freiheitsstrafe als Sicherungsmittel gegen Rückfalltäter. In diesen Staaten ist bei der dritten, vierten oder fünften felony-Verurteilung life-imprisonment fakultativ oder obligatorisch als Strafe vorgesehen. Diese Rückfallgesetzgebung wird allerdings auf mannigfache Weise umgangen, vornehmlich durch das Verfahren des pleading of lesser charge, und als wenig wirksam beurteilt[190].

Alle Staaten kennen das parole-system, die bedingte Entlassung durch eine außergerichtliche Instanz[191]. Auch Lebenslängliche können nach sieben bis 15 Jahren, ausgenommen in vier Staaten, darunter Massachusetts, entlassen werden. Nur für umgewandelte Todesurteile bedarf es in der Regel eines besonderen Gnadenerweises, um die parole-eligibility herzustellen[192].

Über die Dauer der lebenslangen Freiheitsstrafe in acht Bundesstaaten der USA stellte 1939 Alfred Harries eine größere Untersuchung an[193]. Er ermittelte, wie lange diejenigen Mörder im Gefängnis verbrachten, die von 1926 bis 1937 durch Tod oder Entlassung aus dem Vollzug ausschieden. Von 1043 wegen Mordes im ersten Grad Verurteilten wurden 302 (28,9 %) hingerichtet. 211 Gefangene (20,2 %) starben im Zuchthaus, nachdem sie im Durchschnitt fast acht Jahre verbüßt hatten[194]. Der mittlere Entlassungszeitpunkt schwankte von 9,4 Jahren in Kansas bis zu 25,5 Jahren in Massachusetts. Insgesamt ergab sich ein Durchschnittswert von 12,67 Jahren. Dabei verteilen sich die Entlas-

---

[187] Dabei sind allerdings wohl alle Verurteilungen mitgezählt, bei denen überhaupt eine Lebenszeitstrafe zulässig wäre. In Kalifornien werden seit 1944 im Gerichtsurteil keine Strafen mehr festgesetzt. Die Strafzumessung erfolgt erst nachträglich durch die California Adult Authority, die innerhalb des gesetzlichen Strafrahmens allein nach spezialpräventiven Gesichtspunkten entscheidet. Vgl. dazu *Pfersich,* Die Strafzumessung im Lichte der modernen amerikanischen Schule, Bonn 1956, S. 154 ff.

[188] Nach *Rubin* S. 182.

[189] Einzelheiten bei RCCP S. 436, 439 ff.

[190] Es handelt sich um sog. Baumes laws. Vgl. L. *Schmidt* S. 78 ff., 87; *Rubin* S. 172 ff. Ausgehend von dieser Gesetzgebung nimmt *Rubin* S. 182 ff. gegen die lebenslange Freiheitsstrafe überhaupt Stellung. Sie sei zur Abschreckung und Sicherung nicht notwendig und bringe im Strafvollzug vor allem geriatrische Probleme mit sich.

[191] Vgl. dazu allgemein *Pfersich* a.a.O. Fußn. 187 S. 79 ff.

[192] Einzelheiten bei *Giardini* und *Farrow,* Annals 284, 1952, 85; *Wood,* Annals 284, 1952, 65.

[193] „How long is a life sentence for murder?“, Proceedings of the American Prison Association 1939, 513 ff.

[194] S. 515.

sungen verhältnismäßig gleichmäßig über die Zeit vom 10. bis zum 20. Strafjahr[195]. Bei Mord zweiten Grades liegt die im Durchschnitt bis zur Entlassung verbüßte Strafzeit mit 7,03 Jahren zwar merklich niedriger. Die Werte streuen aber von Staat zu Staat und auch innerhalb einzelner Staaten außerordentlich stark[196].

Harries hat mit seiner Untersuchung damals Nachrichten ausräumen wollen, daß Mörder gewöhnlich nach dreieinhalb Jahren entlassen würden. Sogar der Direktor des FBI, J. Edgar Hoover, hatte seinerzeit behauptet, so etwas wie Lebenslängliche gäbe es in Wahrheit gar nicht. Im allgemeinen verbringe ein Mörder nur 61 Monate hinter Gittern, und wenn er auf Lebenszeit verurteilt sei, sogar nur zwei Jahre[197]. Hier lag ein Mißverständnis vor. Diese Zahlen betrafen nämlich die Durchschnittsstrafzeiten bei Tötungsverbrechen aller Art, fahrlässige Tötung eingeschlossen[198]. Aber auch von Hentig greift noch zu niedrig, wenn er schreibt, im Jahre 1937 habe die Haft der Lebenslänglichen in den Vereinigten Staaten im Durchschnitt nur 78 Monate gedauert[199]. Die RCCP hat wesentlich höhere Werte ermittelt. Läßt man alle Zahlen außer Betracht, die sich erkennbar nicht auf Mord ersten Grades beziehen, so ergeben sich Durchschnittswerte zwischen zwölf und 28 Jahren mit einem Schwerpunkt bei 14 bis 16 Jahren[200]. Das entspricht weitgehend den Ergebnissen von Harries. In Kalifornien, wo die amtliche Strafvollzugsstatistik die Begnadigung von Gefangenen, die wegen Mordes im ersten Grad verurteilt sind, besonders ausweist, betrug die mittlere Strafzeit dieser Gefangenengruppe 1945 bis 1949 14 Jahre und 1952 bis 1953 zwölf Jahre. 1957 wurden 26 Gefangene entlassen, die im Mittel nur noch zehn Jahre verbüßt hatten[201].

Das Material, das aus den Vereinigten Staaten über die Bewährung entlassener Mörder vorliegt, ist einerseits verhältnismäßig umfangreich, andererseits aber auch recht uneinheitlich, so daß hier wegen der Einzelheiten auf das in der Anmerkung genannte Schrifttum verwiesen werden muß[202]. Allgemein wird festgestellt, daß der Widerruf der bedingten Entlassung bei Mördern viel seltener notwendig wird als bei anderen Kriminellen. Der Anteil derjenigen, die die Bewährungsauflagen nicht eingehalten oder sich erneut straffällig gemacht haben, wird beispielsweise 1956 für 342 Probanden, die zwischen 1945 und 1954 in Kalifornien entlassen worden waren, mit 10,8 % angegeben[203]. Andererseits sollen in Pennsylvanien aber zwischen 1945 und 1956 fünf von 46 Lebenslänglichen während der Probezeit erneut wegen eines Tötungsverbrechens verurteilt worden sein[204].

---

195 S. 517.

196 S. 521.

197 S. 513.

198 *Sellin* S. 72.

199 Die Strafe Bd. 2 S. 118.

200 RCCP S. 495.

201 Nach *Sellin* S. 72.

202 *Bedau* S. 395—405 mit zahlreichen Hinweisen, *Giardini* und *Farrow*, Annals 284, 1952, 90 ff.; RCCP S. 488; *Rubin* S. 183 ff.; *Sellin* S. 74 ff.; *Wood*, Annals 184, 1952, 69 ff.; Capital Punishment, hrsg. von Thorsten *Sellin*, New York 1967, S. 185 f.

203 *Rubin* S. 183; *Sellin* S. 77; *Giardini* und *Farrow* a.a.O. S. 90 kommen für 197 Probanden aus 22 Staaten auf 11,7 %.

204 Nach *Bedau* S. 397. Nach dem Uniform Crime Report (S. 30) wurden 1964 in den USA zwölf Mörder, die auf Bewährung entlassen waren, wieder wegen

Dritter Abschnitt

Der Vollzug der lebenslangen Zuchthausstrafe und seine Wirkung auf die Gefangenen

I. Die lebenslange Zuchthausstrafe als Strafübel

1. Sinn und Zweck des Strafvollzugs

Über den Vollzug der Zuchthausstrafe sagt das StGB in § 15 lediglich, daß die Gefangenen in der Strafanstalt zu den eingeführten Arbeiten anzuhalten sind und daß sie auch zu Arbeiten außerhalb der Anstalt verwendet werden dürfen, wenn sie dabei von freien Arbeitern getrennt gehalten werden. Ferner gestattet § 22, die Strafe in der Weise in Einzelhaft zu vollziehen, daß der Gefange unausgesetzt von anderen Gefangenen gesondert gehalten wird. Die Einzelhaft darf ohne Zustimmung des Gefangenen die Dauer von drei Jahren nicht übersteigen. Diese gesetzliche Regelung des Strafvollzugs ist ganz unzulänglich. Aber alle Bemühungen um ein Strafvollzugsgesetz sind bisher gescheitert. Deshalb bestimmt sich die Rechtsstellung des Strafgefangenen nach den Regeln des Verfassungs- und Verwaltungsrechts über das besondere Gewaltverhältnis[1]. Seine nähere Ausgestaltung hat das Vollzugsverhältnis in Verwaltungsvorschriften der Länder gefunden, die auf Grund von Ländervereinbarungen bundeseinheitlich erlassen worden sind. Heute gilt die Dienst- und Vollzugsordnung (DVollzO) vom 1. Dezember 1961 in der mit Wirkung vom 1. 1. 1966 vereinbarten Fassung. Die Lebenslänglichen werden darin nicht besonders erwähnt. Für sie gelten die gleichen Bestimmungen wie für die Zeitgefangenen. Die Rechtsstellung des Gewaltunterworfenen im besonderen Gewaltverhältnis richtet sich nach dem Anstaltszweck. Zweck und Ziel des Strafvollzugs beschreibt Nr. 57 DVollzO so:

„Der Vollzug der Freiheitsstrafe soll dazu dienen, die Allgemeinheit zu schützen, dem Gefangenen zu der Einsicht zu verhelfen, daß er für begangenes

---

Mordes angeklagt. Einzelne Mordfälle entlassener Lebenslänglicher werden auch noch aus anderen Staaten berichtet; vgl. *Bedau* S. 396; *v. Hentig*, ZStW 74, 1962, 563 Fußn. 10.

[1] Näher zur Rechtsstellung des Strafgefangenen: *Depenbrock*, Erwachsenenstrafvollzug, Bonn 1960; *Tiedemann*, Die Rechtsstellung des Strafgefangenen nach französischem und deutschem Verfassungsrecht; *Baumann*, Die Dienst- und Vollzugsordnung vom 1. 12. 1961, MSchrKrim 47, 1964, 57.

Unrecht einzustehen hat und ihn wieder in die Gemeinschaft einzugliedern. Der Vollzug soll den Willen und die Fähigkeit des Gefangenen wecken und stärken, künftig ein gesetzmäßiges und geordnetes Leben zu führen."

Der alles überragende Zweck des Straf*vollzugs* ist danach die Resozialisierung, die Vorbereitung auf die Rückkehr in die Freiheit. Damit ist sowohl den mit dem Strafvollzug befaßten Beamten als auch den Gefangenen ein Ziel gesetzt, das anzustreben den Einsatz der besten Kräfte lohnt. Den Lebenslänglichen ist dieses Ziel jedoch von Rechts wegen verschlossen. Darüber kann sich auch die DVollzO als bloße Verwaltungsanordnung nicht hinwegsetzen, indem sie ausnahmslos einen Resozialisierungsvollzug befiehlt. Zwar wird von Peters die Ansicht vertreten, jeder Vollzug, auch der lebenslange, sei auf ein Leben in Freiheit ausgerichtet[2]. Auch Bemmann fordert für Lebenslängliche einen Resozialisierungsvollzug, weil man diesen Gefangenen für den Fall der Begnadigung das notwendige Rüstzeug nicht vorenthalten dürfe[3]. Aber diese Ansicht nimmt entweder die lebenslange Strafe nicht ernst oder sie macht eine Illusion zur Grundlage des Strafvollzugs. Bei dem Ernst, mit dem die lebenslange Strafe in der Bundesrepublik bis heute angesehen wird, muß die Resozialisierung als Ziel und Zweck des Strafvollzugs ausscheiden[4]. Als Vollzugszweck bleiben übrig nur die Sicherung der Allgemeinheit und das Einstehen für begangenes Unrecht.

Die Sicherung ist fraglos ein legitimer Straf- und Vollzugszweck. Man darf nur nicht erwarten, daß die Gefangenen imstande sind, die Notwendigkeit der Sicherung für die eigene Person einzusehen, sich ihr willig zu fügen und darin für ihr Dasein auch noch einen Sinn zu finden. Die Sicherung bleibt immer ein bloßes Übel, das die Gefangenen zum Objekt nimmt und ihnen angetan wird.

Hinter dem „Einstehen für begangenes Unrecht" verbirgt sich objektiv die Vergeltungsidee und subjektiv, d. h. als Forderung an die Gefangenen, der Gedanke der Sühne. Für den Strafvollzug darf man im Sühnegedanken nicht nur ein sittliches Postulat erblicken, sondern muß grundsätzlich auch die Sühne als eine seelische Reaktion auf die Strafe für möglich halten. Es erhebt sich aber die Frage, ob die grundsätzlich im Menschen vorhandene Möglichkeit, das Strafleiden als einen gerechten Ausgleich für begangenes Unrecht auf sich zu nehmen, allein ausreicht, um den Vollzug der lebenslangen Haft mit Sinn zu füllen, das Gefangenendasein sinnvoll zu gestalten. Kann der Mensch sühnen ohne Aussicht auf Versöhnung? Es soll versucht werden, mit der folgenden Dar-

---

[2] Kriminalpädagogik S. 203.

[3] GA 1967, 133 f.

[4] Vgl. die Äußerungen von *Güde* vor dem Sonderausschuß Strafrechtsreform, Protokolle vom 27. 11. 1963 S. 35, vom 12. 12. 1963 S. 185 und vom 20. 1. 1966 S. 30.

stellung des Vollzugs der lebenslangen Strafe und ihrer Wirkungen auf diese Frage eine Antwort zu geben.

2. Das Strafleiden der Gefangenschaft

Die Zuchthausstrafe besteht in einer weitgehenden Freiheitsbeschränkung, die mit Arbeitszwang und Zwangskollektivierung verbunden ist. Zum Verständnis ihrer sozialen und psychischen Wirkungen muß der Begriff des Freiheitsentzuges mit konkretem Inhalt gefüllt werden. Dazu darf weder ein rein äußerlicher oder innerlicher noch der rechtliche Freiheitsbegriff zugrunde gelegt werden. Brauchbar ist nur ein empirischer Freiheitsbegriff, der von der Freiheit ausgeht, in der sich die Persönlichkeit des Menschen entfaltet. Das ist die Freiheit, zu erleben und sinnvoll zu handeln, eine Freiheit, der auch außerhalb des Zuchthauses von der Person und der Umwelt her Schranken gesetzt sind und die dadurch annähernd faßbar wird[5]. In diese Freiheit greift die Strafe ein, indem sie die Bewegungsfreiheit, die Möglichkeit zur Kommunikation mit selbstgewählten Partnern und die Inanspruchnahme der natürlichen und künstlichen materiellen Lebensgüter beschränkt.

Es ist heute ein von der Wissenschaft allgemein anerkannter Grundsatz, daß die Strafe ihren Übelcharakter allein aus dem Freiheitsentzug erhalten soll[6]. Auch der Arbeitszwang soll kein zusätzliches Strafleiden bewirken. Das war bis in das 19. Jahrhundert hinein anders. Heute ist die Gefangenenarbeit eher eine Erleichterung als eine Erschwerung der Strafe. Die Arbeit bietet den Gefangenen die beste Hilfe, um ihre Situation zu ertragen. Deshalb ist der Entzug der Arbeit verbunden mit Isolierhaft sogar eine wirksame Disziplinarstrafe. Vor allem aber stellt die Arbeit bei der Durchführung des Freiheitsentzuges ein unentbehrliches Ordnungs- und Erziehungsmittel dar und muß zugleich jedenfalls einen Teil der Kosten des Strafvollzugs einbringen.

Der Grundsatz der Beschränkung des Strafübels auf die Freiheitsentziehung verbietet es, den Vergeltungscharakter oder der abschrecken-

---

[5] Vgl. *Kornhuber* S. 646. In diesem Sinne ist die Freiheit ja auch Forschungsobjekt der Soziologie. Die Definition Wilhelm von Humboldts, Freiheit sei gleichsam nur die Möglichkeit einer unbestimmt mannigfaltigen Betätigung, auf die *Sieverts* (Wirkungen der Freiheitsstrafe S. 22) sich stützt, faßt den Freiheitsbegriff für unseren Zweck zu formell und zu weit.

[6] Nr. 57 der vom 1. Kongreß der Vereinten Nationen zur Verbrechensvorbeugung und Behandlung der Rechtsbrecher angenommenen Mindestregeln für die Behandlung der Gefangenenen, ZfStrVO 8, 1958, 141 ff.; Hellm. *Mayer*, AT S. 367; *Peters*, Kriminalpädagogik S. 202; *Tiedemann* S. 106 f. mit Nachweisen aus Frankreich; für England vgl. die Äußerung des Home Office bei *Gowers* S. 125. Der frühere britische Prison Comissioner Sir Alexander *Paterson* (1884/1947) prägte den Satz: "Men come to prison as a punishment, not for punishment" (hier zitiert nach *Krebs* S. 30).

den Wirkung der Strafe Nachdruck zu verleihen, etwa durch Arbeitsschärfungen, durch Unterbringung in ungesunden Räumen oder durch unzureichende und ungepflegte Nahrung[7]. Das schließt nicht aus, daß die zur Durchführung des Freiheitsentzuges ergriffenen Maßnahmen dadurch eine Verschärfung erfahren, daß sie nicht auf den einzelnen Gefangenen abgestimmt sind, sondern sich an der Notwendigkeit ausrichten, eine größere Anzahl von Gefangenen zu verwahren. Die sich aus dieser Einheitstendenz ergebenden Härten lassen sich durch die vielberufene Klassifizierung der Gefangenen nur unzureichend mildern. Sonst beherzigt aber auch die Vollzugspraxis heute weitgehend den Grundsatz der Beschränkung des Strafübels auf den Freiheitsentzug[8].

Die Leiden der Gefangenschaft („the pains of imprisonment")[9] treten heute weniger zutage als zu der Zeit, da der squalor carceris und die Art der Behandlung der Gefangenschaft fast den Charakter einer Leibesstrafe gaben. Die Gefangenschaft trifft heute jedenfalls unmittelbar nicht mehr den Körper, sondern die sozialen und psychischen Bedürfnisse der mit ihr Bestraften. Sie trifft die Gefangenen darum kaum weniger empfindlich. Denn seit mit dem Fortschritt der Zivilisation der Kampf um die Erhaltung der physischen Existenz, der Kampf um Leben, Nahrung und Gesundheit, ganz in den Hintergrund getreten ist, haben diese Bedürfnisse eine völlig andere Bedeutung erlangt. Über die Härte einer längeren Zuchthausstrafe macht man sich nur zu leicht falsche Vorstellungen, weil man die Freiheit, solange man sie besitzt, als etwas Selbstverständliches genießt und all ihre Möglichkeiten erst dann als Güter empfindet, wenn man sie verloren hat[10]. Aber die mit dem Freiheitsentzug verbundenen Entbehrungen erschöpfen das Strafübel nicht. Ihre Wirkung wird verdoppelt durch den Umstand, daß die Strafe die Folge eines Unwerturteils ist, durch das die Gesellschaft den Verbrecher ausgestoßen hat. Die Mauern, die ihn von der Freiheit trennen, erinnern ihn täglich daran, daß man ihn als Menschen zweiter Klasse betrachtet, den man von anständigen Leuten fernhalten muß[11].

---

[7] Hellm. *Mayer* a.a.O.; *Peters* a.a.O.

[8] Darin sind Wissenschaft und Vollzugspraxis doch recht viel moderner als die „fortschrittlichen" Kritiker des Strafvollzugs. Das wird besonders deutlich in dem Buch des Journalisten *Horbach*, das an sich sehr verdienstvoll ist, weil gerade die Mordstrafe in der öffentlichen Meinung eine ganz besondere Rolle spielt, so daß eine die Öffentlichkeit ansprechende Unterrichtung über die besondere Problematik der Lebenszeitstrafe geradezu Voraussetzung ist für alle gesetzgeberischen Maßnahmen. Um so befremdender wirkt es, wenn *Horbach* immer wieder von einem modernen Strafvollzug mit Sonderanstalten und Behandlung redet und dann plötzlich findet, die „Bestie" Pommerenke werde viel zu milde behandelt, und fortfährt, für solche Mörder müßte es, „wenn sie wirklich normal sind, schwersten Vollzug geben. Schweren Kerker, wie man ihn in Österreich kennt" (S. 46 f.).

[9] *Sykes* S. 63.

[10] Hellm. *Mayer* a.a.O.

[11] *Sykes* S. 66.

Von den Angriffspunkten der Zuchthausstrafe fällt die Beschränkung der räumlichen Bewegungsfreiheit am stärksten ins Auge. Die äußerste Grenze zieht die Mauer um das Anstaltgelände. Die Anstalt selbst ist noch immer eine der steinernen Zwingburgen, die das vergangene Jahrhundert im Zeichen eines strengen Einzelhaftsystems errichtete. Den größten Teil des Tages ist der Gefangene in seine Zelle eingesperrt, die durch ein Gitter vor dem kleinen hohen Fenster und durch eine schwere Tür gesichert ist. Wenn sich die Zellentür geschlossen hat, muß der Gefangene ständig gewärtig sein, durch den Spion beobachtet zu werden. Manche empfinden das als die ärgste Pein des Gefangenendaseins[12]. Aus der Zelle führt nur der Weg über häßliche Gefängnisflure zu den Arbeits- und Gemeinschaftsräumen, ständig unter den Blicken eines Beamten. Während in England schon 1950 die Mehrzahl der zu lebenslangem Gefängnis begnadigten Mörder früher oder später in offene Anstalten verlegt wurden[13], werden Lebenslängliche in der Bundesrepublik nicht einmal zu Außenarbeiten zugelassen.

Die Einsperrung trennt den Gefangenen von dem Lebenskreis, der ihn in Freiheit umgab, von der Familie, vom Arbeitsplatz, von Freunden und Nachbarn und von der anonymen Masse. Die Verbindung ist auf seltene Besuche im Zuchthaus und auf die in engen zeitlichen und inhaltlichen Grenzen zulässigen Briefe beschränkt[14]. Doch auch diese spärlichen Verbindungsmöglichkeiten helfen nur, solange sich außerhalb des Zuchthauses noch jemand findet, der mit dem Gefangenen verkehren will. Meistens sind es nur die Eltern, so daß spätestens mit ihrem Tode für den Lebenslänglichen alle Verbindungen zur Außenwelt abreißen. Bei guter Führung, anhaltendem Fleiß und sorgfältiger Arbeit kann dem Gefangenen als besondere Vergünstigung der Bezug einer Zeitung und die Teilnahme am gemeinsamen Rundfunk- oder Fernsehempfang erlaubt werden, so daß er jedenfalls das Zeitgeschehen verfolgen kann. Die Trennung vom anderen Geschlecht ist vollständig.

Mindestens die ersten sechs Monate verbringt der Lebenslängliche in strenger Einzelhaft[15]. Er begegnet allein den Vollzugsbeamten und sieht seine Mithäftlinge nur von ferne. Er lebt und arbeitet in der Zelle. Die Einzelhaft wird später zur Zellenhaft gemildert. Nun wird der Gefangene wenigstens bei der Bewegung im Freien, beim Gottesdienst und beim Unterricht mit anderen Gefangenen zusammengebracht. Ist die Zeit der Einzelhaft vorüber, so trifft der Gefangene bei der Arbeit, beim Spazier-

---

[12] *van Ratingen* bei *Baan,* De lange Gevangnisstraf S. 67.

[13] RCCP S. 220.

[14] Seit 1961 darf der Zuchthausgefangene höchstens alle sechs Wochen Besuch empfangen und alle zwei Wochen einen Brief oder eine Karte schreiben (Nr. 211 DVollzO). Früher betrugen die Fristen drei bzw. zwei Monate.

[15] Nr. 208 DVollzO.

gang und in Gemeinschaftsveranstaltungen mit anderen Anstaltsinsassen zusammen. Soweit die räumlichen Voraussetzungen gegeben sind, bleibt er aber im übrigen während der Freizeit in einer Einzelzelle.

Die dingliche Umwelt ändert sich ebenso wie die persönliche. Die individuelle Kleidung ist durch Anstaltskleidung ersetzt. Alle persönliche Habe außer dem Ehering und einem Familienbild wird dem Gefangenen genommen. Er ist auf das spärliche Inventar seiner Zelle angewiesen, das er im Laufe eines langen Zuchthauslebens in begrenztem Umfange mit persönlichen Dingen auffüllen darf.

Der Tageslauf im Zuchthaus ist bis in alle Einzelheiten hinein reglementiert. Dienst- und Vollzugsvorschriften und die Hausordnung bestimmen die Zeit der Nachtruhe, die Mahlzeiten und den Speisezettel. Sie regeln Dauer, Art und Ausgestaltung der Arbeit ebenso wie der Freizeit, den täglichen Spaziergang und das wöchentliche Bad. Und wo eine Vorschrift fehlt, greift die Anordnung eines Beamten ein. Vorschriften und Befehle verlangen Gehorsam, der mit Hausstrafen und notfalls mit Gewalt durchgesetzt wird. Über Jahre hindurch wiederholt sich der gleiche Tageslauf in derselben Anstalt und in derselben oder einer ähnlichen Zelle. Gelegentlich nur wechseln die Gesichter der Beamten und Mitgefangenen.

Einsperrung, Ablösung aus dem bisherigen Sozialfeld, Trennung vom anderen Geschlecht, lückenlose Reglementierung, Zwang, Eintönigkeit, Deklassierung, das sind die wichtigsten Angriffsmittel der Zuchthausstrafe.

II. Die Lebenslänglichen im Strafvollzug[16]

1. Die Sonderstellung der Lebenslänglichen im Zuchthaus

Die Menschen, von denen hier die Rede ist, sind sämtlich als Mörder verurteilt. Aber mehr als die gemeinsame Tat ist es die gemeinsame Si-

[16] Während man in Deutschland die Wirkungen der Strafhaft überwiegend aus psychiatrischer und individualpsychologischer Sicht betrachtet und sich dabei zum Teil auch besonders der lebenslangen Haft angenommen hat, hat sich die Kriminologie in den USA und in England immer mehr dem soziologischen Aspekt der Haftwirkungen zugewandt. Sie bemüht sich darum, den process of prisonisation in der society of captives qualitativ und quantitativ zu beschreiben und auf seine Abhängigkeit von den verschiedensten Faktoren wie der Persönlichkeit des Gefangenen, seiner Straftat und der Länge der Strafe zu untersuchen. Abgesehen von einer Arbeit M. E. *Wolfgangs* (JCrimLaw a. Criminology 51, 1961, 607), die zunächst mehr methodische als sachliche Ergebnisse gebracht hat, fehlt es allerdings bisher an einer speziellen Untersuchung des soziologischen Aspekts der lebenslangen Haft. Hier soll versucht werden, die zahlreichen, aus den unterschiedlichsten Quellen zusammengetragenen Beobachtungen über die Wirkungen der lebenslangen Haft unter dem soziologischen, dem individualpsychologischen und dem psychiatrischen

tuation der lebenslangen Strafe, die sie bestimmt und formt. Man kann zwar kaum mit größerer Berechtigung von einem Typ des Lebenslänglichen als vom Typ des Mörders sprechen[17]. Aber soweit sich überhaupt gemeinsame Züge aufdecken lassen, sind sie nicht so sehr für die Mörder als vielmehr für die Lebenslänglichen charakteristisch. Plischke meinte, bei den Lebenslänglichen zumindest eine recht einheitliche Grundstimmung feststellen zu können. Er beschrieb sie als ein verschlossenes Bedrücktsein, eine gewisse stumme Überängstlichkeit, begleitet von einer stillen Unruhe, zu Zeiten von einem scheuen Anlehnungsbedürfnis und dann wieder von einer völlig willenlosen Hoffnungslosigkeit[18]. Auch Brückner spricht von der traurigen, gedrückten Grundstimmung, die man bei vielen Mördern beobachtet[19]. Aus dem Kreise der anderen Gefangenen kommt der Wunsch, von den Mördern getrennt zu werden. Sie fühlen sich durch das Zusammensein mit diesen diffamiert und bedroht. Sie empfinden es als eine Belastung, daß sie mit Menschen zusammenarbeiten müssen, an deren Händen Blut klebt, vielleicht von ihnen das Brot entgegennehmen müssen. Die Mörder selber werden durch die Länge der Strafe und die besondere Schwere der Tat einander näher gerückt[20]. Man gewinnt aus der Literatur jedoch den Eindruck, daß auch die Lebenslänglichen untereinander sich eher zurückhaltend begegnen[21]. Zwischen Zellengenossen oder am gemeinsamen Arbeitsplatz kommt es allenfalls zum kameradschaftlichen Nebeneinander. Bjerre hat niemals auch nur den geringsten Anflug einer Freundschaft gefunden[22]. Ohm schreibt von einer Mörderin, sie sei mit einer Zellennachbarin eine etwas engere Freundschaft eingegangen[23], und hat auch homosexuell getönte Verbindungen beobachtet[24]. Kennzeichnend für dieses Einzelgängertum ist der von Lebenslänglichen oft geäußerte Wunsch nach einer Einzelzelle[25]. Das gilt vornehmlich für die Gefangenen mit differenzierterem Seelenleben. Den Grund findet man in der durch

---

Aspekt zu sichten und zu ordnen und sie dadurch zu einem Gesamtbild zusammenzufügen. Von diesem Verfahren ist für den Zweck der vorliegenden Arbeit ein besseres Ergebnis zu erwarten, als aus persönlicher Beobachtung und Erfahrung, die immer nur einen kleinen Ausschnitt der Wirklichkeit erfassen könnte.

[17] *Liepmann* S. 180 *Ohm*, Haltungsstile S. 16 f.; *Többen*, MSchrKrim 9, 1913, 469; *Lehmann*, BlfGefK 68, 1937, 35; *Kraschutzki* S. 137.

[18] ZStW 50, 1930, 160 f.

[19] S. 95; ebenso schon *Sieverts*, Wirkungen der Freiheitsstrafe S. 153.

[20] *Gallmeier* S. 197; *Kraschutzki* S. 140.

[21] Vgl. etwa *Ohm*, Haltungsstile S. 45, 49, 146; *Herbertz*, SchweizZStr 44, 1930, 41; *Plischke*, ZStW 50, 1930, 161.

[22] S. 138.

[23] a.a.O. S. 134.

[24] a.a.O. S. 148.

[25] *Plischke*, ZStW 50, 1930, 161.

den Strafvollzug bewirkten fortschreitenden „Hysterisierung" der Gefangenen. Sie werden immer mißtrauischer, gereizter, wittern von anderen Intrigen und dünken sich selbst besser als die Mitgefangenen[26].

Die Lebenslänglichen überdauern in den Anstalten Generationen von Zeitgefangenen und Vollzugsbeamten. Als das kollektive Gedächtnis des Zuchthauses registrieren sie sämtliche Vorgänge und behalten sie über Jahre hinaus in Erinnerung[27].

So verschieden die Lebenslänglichen untereinander nach Persönlichkeit und Tat auch sein mögen: Im Zuchthaus bilden sie eine Sondergruppe, die nicht in den normalen Resozialisierungsvollzug hineinpaßt und sich deutlich aus der Masse der übrigen Gefangenen heraushebt. Darin sind sie am ehesten noch der Gruppe der Sicherungsverwahrten zu vergleichen, deren „Strafe" nach den §§ 42 e, 42 f StGB ja grundsätzlich ebenfalls lebenslänglich dauert, wenn nicht vorher der Zweck der Unterbringung entfällt.

2. Die Führung in der Haft

1893 berichtete der Direktor des Zuchthauses Lenzburg im Kanton Aargau über die dort einsitzenden Lebenslänglichen, die sämtlich zum Tode verurteilt gewesen waren, und schilderte ihr Verhalten als überwiegend „gut"[28]. Liepmann, der zu seinem Gutachten über die Todesstrafe für den 31. DJT 1912 in Wien eine Enquête über die Lebenslänglichen anstellte, erfuhr von dem Direktor einer großen österreichischen Strafanstalt, die Lebenslänglichen seien im allgemeinen „die besten Elemente im Strafvollzug"[29]. Von einer deutschen Strafanstalt hieß es, bis auf ganz wenige Ausnahmen sei die Führung der Lebenslänglichen tadellos, sie bildeten zum großen Teil Stützen der Verwaltung[30]. Aus Belgien erhielt Liepmann Angaben über die Führung von 307 Lebenslänglichen. Bei 114 wurde die Führung als gut oder sehr gut bezeichnet, bei 89 als mittelmäßig und bei 104 als schlecht. Von den 104 schlecht beurteilten Gefangenen waren 63 endgültig oder vorübergehend mit Geistesstörungen in der Irrenanstalt untergebracht. Daraus und aus anderen deutschen Berichten schloß Liepmann, daß mehr als die Hälfte der Fälle schlechten Verhaltens in der Anstalt auf geistige Störungen zurückzuführen sei. Darüber hinaus seien viele Widersetzlichkeiten und Disziplinverstöße aus der komplizierten, krisenreichen Seelenstimmung der Lebenslänglichen zu erklären. Von einem Direktor erhielt Liepmann aber auch die Auskunft, „die unbequemen lebenslänglichen Kostgänger" seien „hartnäckige Zerstörer von Beamtennerven"[31]. Konkrete Angaben über schlechte Führung fehlten zu diesem Urteil. Ähnlich äußerte sich 1913 der Gefängnisarzt Lumpp über 50 Lebenslängliche

---

26 *Herbertz*, SchweizZStr 44, 1930, 41; *Lumpp*, BlfGefK 47, 1913, 115.

27 *Henckels*, ZfStrVo 14, 1965, 261.

28 SchweizZStrR 6, 1893, 433 ff.

29 S. 186; ebenso *Deetjen*, ZStW 34, 1913, 701.

30 *Liepmann* a.a.O.

31 S. 188.

in Bruchsal: Die Lebenslänglichen seien eine Sorte Gefangener für sich, die jeder Beamte als Leute kenne, die mit wenig Ausnahmen schwer zu behandeln seien, die Schmerzenskinder des Strafvollzugs[32]. Doch auch dieses Urteil ist nicht mit Einzelheiten über die Führung der Gefangenen belegt. 1913 berichtete der Psychiater Toebben über 70 Lebenslängliche[33]. Er fand, daß sich 48 (68,7 %) gut, zehn (14,2 %) leidlich und zwölf (17,1 %) schlecht geführt hätten. 1927 untersuchte Toebben erneut 56 Lebenslängliche. Die Führung war gut bei 45 (79 %), mäßig bei zehn (19 %) und ausgesprochen schlecht nur bei einem. Dieser war noch im Alter eines Heranwachsenden. Toebben beschrieb ihn als einen Unvorbestraften, ehrlichen, aber wenig anpassungsfähigen Menschen, dem es sehr schwer gefallen sei, sich dem Regime des Strafhauses einzufügen. Auch unter den zehn Probanden mit mäßiger Führung waren noch sieben im Alter bis zu 22 Jahren[34]. Das deutet darauf hin, daß höhereres Alter die Anpassung im Zuchthaus erleichtert, eine Deutung, die Wolfgang 1961 bestätigt hat[35]. Von den 25 Vorbestraften unter Toebbens Probanden führten sich 23 gut und nur zwei mäßig. Die sich daraus aufdrängende Vermutung, daß frühere Straferfahrung die Anpassung begünstigt, hat Wolfgang gleichfalls belegen können[36]. Michel berichtete 1924, daß sich von zwölf Lebenslänglichen, die er beobachtet hatte, zehn gut oder sehr gut geführt hätten. Einer hatte nach fünf, ein anderer nach zehn Haftjahren noch keine Disziplinarstrafe, der mit 22 Jahren längstens Internierte hatte deren zehn[37]. 1930 schrieb Plischke über 67 Männer und acht Frauen, die von 1899 bis 1927 zur Verbüßung einer Lebenszeitstrafe in das Zuchthaus Waldheim eingeliefert worden waren[38]. Fälle, in denen ein Lebenslänglicher sich renitent benähme, oder, wie so viele Gewohnheitsverbrecher, seinen Tag damit zubringe, im Strafvollzug Schwierigkeiten zu bereiten, seien die Ausnahme. Es sei charakteristisch, daß die Lebenslänglichen sich kaum mit Bitten, Anträgen, Vorstellungen oder Beschwerden bemerkbar machten[39]. Ihre Personalakten seien nach jahrelangem Anstaltsaufenthalt noch verhältnismäßig sehr dünn. Die äußere Führung sei fast ausnahmslos unauffällig. Nur selten müßten Hausstrafen gebraucht werden. Bei einer Häufung von Ordnungswidrigkeiten sei meistens die Annahme begründet, daß eine geistige Störung im Spiele sei. Der Anstaltspfarrer von Waldheim, Lehmann, urteilte sieben Jahre später ganz ähnlich[40]. Im Zuchthaus Waldheim, das außer ausgesprochen Langstrafigen nur noch schwer vorbestrafte Gefangene berge, fügten sich die Lebenslänglichen am reibungslosesten und unauffälligsten in den Strafvollzug und höben sich am vorteilhaftesten von allen anderen Gefangenen ab. Viele Mörder führten sich tadellos, gehörten der Oberstufe an und seien in Ordnung und Disziplin die

---

[32] BlfGefK 47, 1913, 107.

[33] MSchrKrim 9, 1913, 449.

[34] Neuere Beobachtungen S. 14 f., ganz ähnliche Zahlen Beobachtungsergebnisse S. 50.

[35] JCrimLaw a. Criminology 51, 1961, 614.

[36] a.a.O. S. 616. Dagegen hatte *Toebben* hervorgehoben, daß sich von denen, die größere Vorstrafen erlitten hatten, 38,9 % im Zuchthaus „schlecht führten und unsozial waren" (MSchrKrim 9, 1913, 460).

[37] MSchrKrim 15, 1924, 70.

[38] ZStW 50, 1930, 146 ff.

[39] a.a.O. S. 162. Diese Beobachtungen machte auch *Brückner* (S. 94).

[40] BlfGefK 68, 1937, 35 f.; *Winckelmann* beobachtete bis 1934 in Jauer 50 Mörderinnen, von denen sich 41 in den Strafvollzug im allgemeinen eingeordnet hatten (vgl. S. 47).

besten Helfer der Aufsichtsbeamten. Sie seien bequeme Gefangene, die keine Arbeit machten, wenn man sich nicht mit ihnen selbst beschäftige. Düsing erfuhr 1949/50 bei einer Umfrage von den Anstaltsvorständen in Münster, Zweibrücken und Ziegenhain, Lebenslängliche führten sich im allgemeinen einwandfrei und hausordnungsmäßig[41]. Brückner fand 1961 bei 76 Mördern in Bruchsal, daß sie sich im allgemeinen formal in den Betrieb der Strafanstalt einordneten, obwohl ihr Verhalten nicht immer gleichmäßig war. 47 Gefangene hatten kleinere oder größere Hausstrafen erhalten. Lediglich zehn Raubmörder und zwei Sexualmörder führten sich ausgesprochen schlecht und renitent[42]. Wurmser nennt es erstaunlich, wie gut sich auch die schlimmsten und aggressivsten Raubmörder in der Haft verhalten[43].

1950 antworteten auf eine Umfrage der International Penal and Penitentiary Commission Österreich, Belgien, Dänemark, England und Wales, Finnland, Norwegen, Schweden und die Schweiz, es gäbe keine Anzeichen, daß Kapitalverbrecher sich als Gefangene schlechter betrügen als andere. Dabei hatten die Abolitionsstaaten keine größeren Disziplinschwierigkeiten als die Länder mit Todesstrafe. In Irland und Schottland bezeichnete man die Führung begnadigter Mörder sogar als überdurchschnittlich gut. In Finnland bemerkte man, daß Mörder in der Anfangszeit zwar schwierig zu behandeln seien, sich später aber besser einfügten, weil sie damit rechneten, daß ihr Verhalten bei einer Begnadigung in Betracht gezogen werde[44]. Auch in den USA werden Lebenslängliche zu den sich am besten betragenden Gefangenen gerechnet: "Murderers, prison officials concede, are ideal prisoners. They are assumed to be least criminal and are often safely employed as chauffeurs household servants and even barbers by prison wardens. Although they may have been convicted of a particularly brutal murder."[45]

Die Allgemeinurteile über die Führung der Lebenslänglichen lauten also sehr positiv[46]. Man kann wohl davon ausgehen, daß Lebenslängliche sich besser führen als Zeitgefangene, selbst wenn man berücksichtigt, daß fast alle diese Urteile von Gegnern der Todesstrafe stammen und deshalb vielleicht einen gewissen Zweckoptimismus einschließen.

3. Angriffe gegen Beamte und Mitgefangene

Zugunsten der Todesstrafe führt man an, Lebenslängliche bildeten eine dauernde Gefahr für Beamte und Mitgefangene, zumal sie nach der Abschaffung der Todesstrafe ungestraft einen neuen Mord begehen könnten[47]. Was über Gewalttätigkeiten Lebenslänglicher bekannt geworden ist, soll deshalb kurz berichtet werden.

---

[41] Abschaffung der Todesstrafe S. 290 ff.

[42] S. 94.

[43] S. 287.

[44] Nach *Sellin*, Death Penalty S. 70 ff.

[45] *Jayewardene*, Off Duty (Ceylon) 1, 1963, 16.

[46] Vgl. noch *Grünhut*, Penal Reform S. 176; *Bloch* und *Geis*, Man, Crime and Society, New York 1962, S. 540; *Kraschutzki* S. 140.

[47] Vgl. *Liepmann* S. 189; *Exner*, MSchrKrim 20, 1929, 17; *Sellin*, Death Penalty S. 70; *Jayewardene* a.a.O.

Auf die Fragen Liepmanns nannte ein Direktor den lebenslänglich Verurteilten geradezu „eine Gefahr für Leib und Leben des Aufsichtspersonals, weil er meistens sich nicht scheuen wird, über die Leiche des Beamten hinweg die Freiheit zu erlangen", und berichtete dazu, von den acht Lebenslänglichen seiner Anstalt hätte einer „schon wiederholt Miene" gemacht, gegen das Aufsichtspersonal tätlich zu werden. Alle anderen Urteile lauten aber ganz im Gegenteil sehr günstig. Liepmann verfügte über Nachrichten von 2300 Lebenslänglichen in Deutschland, Österreich, Belgien, Holland, Italien und der Schweiz, die zum Teil 20 bis 30 Jahre beobachtet worden waren. Ihm wurde von 64 tätlichen Angriffen berichtet. Nur einmal sei ein schwerer Angriff gegen einen Aufseher vorgefallen. Sonst habe es sich fast immer nur um Disziplinschwierigkeiten gehandelt, die die Beamten nicht ernsthaft gefährdet hätten. Es seien überwiegend Ausbrüche der Erregung über wirkliche oder vermeintliche schlechte Behandlung, die zu einem Drittel und in Deutschland sogar zur Hälfte auf geistige Störungen zurückgeführt würden. In dem großen Material fand sich auch nur ein Fall, in dem ein Aufseher ermordet wurde. Der Täter kam unmittelbar danach in die Irrenanstalt[48]. Vielleicht handelt es sich sogar um denselben Fall, von dem Exner berichtet: 1890 und 1893 wurden in Sachsen bei einem Fluchtversuch Gefängnisbeamte ermordet, in einem Fall war der Täter wegen Raubmordes in Haft[49].

Unter den 70 Lebenslänglichen, die Toebben 1913 untersuchte, waren Tätlichkeiten gegen das Aufsichtspersonal nicht vorgekommen[50]. 1923 überfiel im Zuchthaus Waldheim ein bis dahin unauffälliger Lebenslänglicher einen Aufseher, um ihm den Schlüssel zu entreißen. Gegen einen anderen Lebenslänglichen, der bis dahin den besten Eindruck gemacht hatte, bestand der Verdacht, daß er an der Sache beteiligt gewesen sei und nur nicht rechtzeitig habe eingreifen können. Die folgenden sieben Jahre ließen sich beide Gefangene nicht mehr das Geringste zuschulden kommen, der eine errang sogar eine Vertrauensstelle als Wärter[51]. Aus Belgien erhielt die International Penal and Penitentiary Commission 1950 die Antwort, in der Beobachtungsperiode seit 1933 seien tätliche Angriffe der Lebenslänglichen so selten gewesen, daß man annehmen müsse, sie kämen nur als Folge geistiger Störungen vor[52]. Während von den 32 Lebenslänglichen in Schweden keiner tätlich geworden war, hatte einer der 21 Lebenslänglichen Dänemarks zweimal einen Beamten angegriffen[53]. In Californien wurden zwischen 1930 und 1960 fünf Lebenslängliche hingerichtet, weil sie Beamte mit tödlichen Waffen angegriffen hatten. Andererseits fand Jayewardene bei einer Untersuchung, die sich auf sieben amerikanische Zuchthäuser und den Beobachtungszeitraum von 1949—1958 erstreckte, keinen Anhaltspunkt dafür, daß Mörder an tätlichen Angriffen stärker be-

---

[48] S. 190.

[49] MSchrKrim 20, 1929, 17. Aus Deutschland war nur noch ein Bericht über einen ähnlichen Fall zu finden. Der Täter war 1947 wegen Raubmordes zum Tode verurteilt worden. Auf dem Transport von Ziegenhain nach Wurzbach stach er einen ihn begleitenden Polizisten mit einer Schusterahle nieder und floh. Er wurde 1963 wieder gefaßt (Jahresbericht des Hess. Landeskriminalamtes Wiesbaden 1964 S. 14). Dieser Fall darf aber nicht ohne weiteres auf die Situation des lebenslangen Zuchthauses bezogen werden.

[50] MSchrKrim 9, 1913, 461.

[51] *Plischke*, ZStW 50, 1930, 162 f.

[52] Von einem Raubmörder, der einen Wärter mit dem Messer verletzte und bis ins Hohe Alter als gefährlich galt, erfuhr die RCCP (S. 489).

[53] *Sellin*, Death penalty S. 70.

teiligt waren als andere Gefangene[54]. Akmann stellte fest, daß in Kanada 1964/65 Mörder sich Tätlichkeiten gegen Gefängnisbeamte und Insassen nicht hätten zuschulden kommen lassen[55]. In England wurden 1920—1965 drei Vollzugsbeamte ermordet, doch keiner von einem Lebenslänglichen, sondern alle von Insassen einer Borstal Anstalt[56]. Dagegen mußten in Finnland von 542 Lebenslänglichen elf wegen eines im Gefängnis oder bei einem Ausbruch begangenen Tötungsverbrechens verurteilt werden, neun wegen Mordes, davon einer wegen Doppelmordes, und zwei wegen Mordversuchs. Aber von den sechs Fällen, die sich im Gefängnis ereigneten, war das Opfer nur in einem Falle ein Beamter, fünfmal dagegen waren es Mitgefangene. Ähnlich war bei den Ausbrüchen nur einmal ein Wärter das Opfer, viermal dagegen ein Außenstehender. Die Täter waren in sechs Fällen Raubmörder[57].

Sicher sind in dieser Zusammenstellung nicht alle einschlägigen Fälle erfaßt. Man darf aber wohl annehmen, daß jedenfalls die Mehrzahl von ihnen publiziert worden ist, so daß dieser Bericht ausreicht, um die Vorstellung von der besonderen Gefährlichkeit der Lebenslänglichen zu erschüttern.

4. Flucht und Fluchtversuche

Die ernsteren Angriffe stehen in der Regel im Zusammenhang mit einem Ausbruch oder einem Fluchtversuch. Deshalb ist für die Abschätzung der von den Lebenslänglichen ausgehenden Gefahren die Fluchtneigung von großer Bedeutung.

Liepmann fand unter 2300 Lebenslänglichen nur einen, dem die Flucht zunächst gelungen war, der aber bald wieder ergriffen wurde, und sieben Fluchtversuche[58]. Diese extrem niedrigen Zahlen geben sicher kein richtiges Bild. Toebben erfuhr 1913 bei 70 Lebenslänglichen von einem vorübergehend gelungenen Ausbruch und drei mißglückten Ausbruchsversuchen[59], 1927 bei 56 Probanden sogar von drei Fällen, in denen der Ausbruch zunächst gelang, und einem Ausbruchsversuch. Einer der Ausbrecher, der wegen Notzucht mit Todesfolge in Tateinheit mit Totschlag zu lebenslangem Zuchthaus verurteilt worden war, überfiel eine Frau und verletzte sie durch Messerstiche schwer[60]. Ohm erwähnt bei 46 männlichen Gefangenen vier Ausbruchsversuche[61]. 1943 bis 1950 kamen in zwölf Anstalten im Gebiet der Bundesrepublik unter 236 Gefangenen, die aber nicht gleichzeitig einsaßen, ein Ausbruch und acht Ausbruchsversuche vor[62]. Diekmann zählte bei einer jährlichen Durchschnittsbelegung von 40 Lebenslänglichen innerhalb von neun Jahren einen Entwei-

---

[54] Off Duty (Ceylon) 1, 1963, 16 ff.

[55] Homicides and Assaults in Canadian Penitentiaries, The Howard Journal XII, 1968, 102 ff., 109.

[56] Exc. Crim. 5, 1965, 748 Nr. 1806.

[57] *Antilla* und *Westling* S. 18 ff.

[58] S. 190 Fußn. 383.

[59] MSchrKrim 9, 1913, 460.

[60] Neuere Beobachtungen S. 10, 27, 43, 94.

[61] Haltungsstile S. 45, 82, 83, 87.

[62] *Düsing* S. 290 ff.

chungsfall[63]. Dieser Wert entspricht mit 0,28 % etwa der durchschnittlichen jährlichen Entweichungsfrequenz bei männlichen Gefangenen, die Diekmann für den Landgerichtsbezirk Bonn unter Einschluß der Entweichungsversuche mit 0,35 % und für Nordrhein-Westfalen mit 0,20 % berechnet[64].

Viel höher liegen wiederum die finnischen Zahlen. Anttila und Westling fanden 32 Männer (6,6 % von 482) und eine Frau (2 % von 60), die einen Ausbruch entweder ausgeführt, versucht oder geplant hatten, die meisten aus der Gruppe der Raubmörder. Zwei konnten sich endgültig der Strafe entziehen. Über die Hälfte der Entweichungen ereignete sich im zweiten bis vierten Haftjahr. Neun Personen wurden verurteilt, weil sie im Zusammenhang mit dem Ausbruch ein Verbrechen begingen, fünf von ihnen wegen vollendeten oder versuchten Mordes. Diese Zahlen lassen Anttila und Westling vermuten, daß Lebenslängliche gefährlich sind, wenn sie ausbrechen[65]. Die finnischen Zahlen scheinen indessen auf deutsche Verhältnisse nicht übertragbar.

Trotz der Lückenhaftigkeit der vorhandenen Angaben ist der Schluß berechtigt, daß in Deutschland und wohl in ganz Mitteleuropa die Entweichungen bei Lebenslänglichen kein größeres Problem darstellen, als bei Zeitgefangenen. In Amerika könnte es mit Rücksicht auf das organisierte Berufsverbrechertum anders sein. Die geringe Fluchtneigung der Lebenslänglichen ist überraschend, denn man sollte eigentlich annehmen, daß die Entweichungstendenz mit der Länge der Strafe wächst und bei Lebenslänglichen am stärksten ist. Tatsächlich wird die Fluchtwahrscheinlichkeit aber nicht so sehr durch die Schwere der Tat und durch die Länge der Strafe, sondern durch die kriminologisch-charakterliche Persönlichkeitsartung bestimmt. Deshalb kann die Mehrzahl der Mörder eher ohne Sicherung verwahrt werden als etwa „harmlose" Landstreicher[66]. Ausbruchsversuche geschehen oft ohne Überlegung der Möglichkeiten, Hindernisse und Folgen als Kurzschlußhandlung oder hysterischer Bewegungssturm. Sie entspringen dem Wunsch, jedenfalls die Art der Qualen zu ändern. Solche Fluchtversuche kommen vor allem in der Untersuchungshaft und in den ersten Strafjahren vor[67]. Mit klarer Ziel-

---

[63] S. 96 Fußn. 148.

[64] S. 25. — Von drei Lebenslänglichen, denen die Flucht zunächst gelungen war, konnte man in der Zeitung lesen: Wenige Stunden nach seinem Ausbruch aus der Berliner Strafanstalt Tegel im Januar 1966 wurde der wegen Mordes verurteilte 21jährige Harald Wagner in seiner Spandauer Wohnung gefaßt. Anfang Januar 1969 entwich mit Hilfe einer selbstgebastelten Leiter aus dem Hamburger Zuchthaus Fuhlsbüttel der als gefährlich geltende 40jährige Heinz Nowak, der 1963/64 in Hamburg und Schleswig-Holstein acht Banken überfallen und der zusammen mit einem Komplizen einen Gastwirt umgebracht hatte, zu dessen Frau er ein Verhältnis unterhielt. Nowak stellte sich nach wenigen Tagen selbst der Polizei, weil er nirgends Unterkunft und Hilfe fand. Auch der Mörder Karl Klein, der Ende Januar 1969 in einer Mülltonne aus der Strafanstalt Saarbrücken hatte fliehen können, wurde schon nach zwei Tagen in Frankfurt wieder festgenommen, nachdem er sich dort auf der Redaktion einer Zeitung gemeldet hatte (vgl. die Tageszeitungen vom 22. 1. 1966, 8. 1. und 3. 2. 1969).

[65] S. 20.

[66] *Seelig-Bellavicz* S. 359; vgl. auch *Giger* S. 187.

[67] Vgl. die Fälle bei *Ohm*, Haltungsstile S. 45, 61, 82.

vorstellung vorbereitete Fluchtversuche bilden die seltene Ausnahme. Sie sind auch kaum zu erwarten, denn sie sind ein Zeichen nicht nur von großem Freiheitsdrang, sondern auch von innerer Unabhängigkeit der Strafe gegenüber und von starker Willenskraft, Zeichen, die mehr dem politischen Verbrecher oder Berufsverbrecher eigen sind als dem Mörder[68]. Die Lebenslänglichen erhoffen sich die Freiheit nicht von einer Flucht, sondern durch Begnadigung, die nur bei guter Führung zu erwarten ist. Während vorbestrafte Gefangene mit längerer zeitiger Strafe infolge der strengen Handhabung des § 26 StGB ohnehin nicht mit einer vorzeitigen Entlassung rechnen dürfen und deshalb bei einem Fluchtversuch nichts zu verlieren haben, glaubt der Lebenslängliche, sich mit einem Fluchtversuch alle Begnadigungshoffnungen zu zerschlagen[69]. Dennoch gelten in der deutschen Zuchthauspraxis „Mörder und Gewaltverbrecher" als besonders ausbruchsgefährdet und werden in der höchsten Sicherheitsstufe verwahrt[70].

5. Selbstmord Lebenslänglicher in der Haft

Weit verbreitet ist die Vorstellung, viele Mörder endeten durch Selbstmord. Besonders die Einzelhaft soll den Selbstmord fördern[71]. Es gehört in diesen Zusammenhang aber nur der Selbstmord während der Strafhaft, der genau zu unterscheiden ist von einem Selbstmord, der zum Tatplan gehört (erweiterter Selbstmord), von dem Selbstmord aus Bestürzung und Verzweiflung über das eigene Verbrechen und von dem Suizid als Folge des Verhaftungsschocks oder während der Spannungssituation der Untersuchungshaft. Die Suizidfälle zwischen Tat und Strafantritt liegen sehr verschieden. Der Selbstmord während der Strafzeit kann eher als eine einheitliche Erscheinung angesprochen werden. Wenn Selbstmord unter Lebenslänglichen häufiger ist als unter Zeitgefangenen oder in der Freiheit, so ist der Grund entweder in besonderen persönlichen Eigenschaften der Mörder, in dem Druck der Strafe oder im Zusammenwirken beider Faktoren zu suchen.

Die veröffentlichten Zahlen sind spärlich. Von 1864 bis 1893 nahm die Strafanstalt Lenzburg 28 Lebenslängliche auf, von denen in der Berichtszeit elf in der Anstalt starben, davon einer im ersten Haftjahr durch Selbstmord[72]. Von 50 Lebenslänglichen, die zwischen 1863 und 1910 ihre Strafe in Bruchsal angetreten hatten, waren bis 1912 13 in der Haft gestorben, zwei von ihnen durch

---

[68] Zum Ganzen *Sieverts*, HdWBKrim[1] Bd. 1 S. 636, Art. „Haftpsychologie".

[69] *Diekmann* S. 96; *Waldmann*, Zielkonflikte in einer Strafanstalt, Beiträge zur Strafvollzugswissenschaft Heft 2, Stuttgart 1968, S. 20.

[70] Vgl. *Gallmeier* S. 197, 202.

[71] *Lumpp*, BlfGefK 47, 1913, 115: „... sonst hätten wir nicht die vielen Fälle von Selbstmord und Selbstmordversuch"; ferner *Mittermaier*, Gefängniskunde S. 138; *Seiler* S. 123.

[72] *Hürbin*, SchweizZStr 6, 1893, 440.

Selbstmord. Zwei andere begingen wenige Jahre nach ihrer Entlassung in Freiheit Selbstmord[73]. Von 75 Lebenslänglichen, die von 1899 bis 1927 in das Zuchthaus Waldheim eingeliefert wurden, starben bis 1930 13 im Zuchthaus, darunter gleichfalls zwei durch Selbstmord[74]. Addiert man diese Zahlen, so entfallen auf 153 Gefangene fünf Fälle von Selbstmord. Das entspricht einem Anteil von 3,3 %. Unter den 37 Todesfällen in der Strafanstalt beträgt der Anteil der Selbstmorde sogar 13,5 %. Dieser Prozentsatz wird nicht ganz erreicht, wenn Toebben mitteilt, daß von 70 Gefangenen einer Selbstmord begangen habe[75]. Der Grund wird aber in einer kürzeren Beobachtungszeit zu suchen sein. Die Zahlen, die aus dem Ausland gemeldet werden, zeigen keine großen Abweichungen. England und Wales zählten drei Selbstmorde unter 202 begnadigten Mördern. Sie liegen damit etwas unter dem Durchschnitt, was auf die guten Begnadigungsaussichten in England zurückzuführen sein dürfte. Dänemark berichtet von einem Selbstmord unter 21, Schweden gleichfalls von einem unter 32 Gefangenen[76].

Ein rechnerischer Vergleich mit den Selbstmordziffern unter der freien Bevölkerung oder unter Zeitgefangenen ist kaum möglich, weil hier viele unbekannte Faktoren, vor allem die Beobachtungszeit, berücksichtigt werden müssen. Aber schon bei einem Schätzvergleich liegt die Selbstmordhäufigkeit bei Lebenslänglichen außerordentlich hoch, insbesondere wenn man die Häufigkeit des Selbstmordes als Todesursache betrachtet. Die aus einem kleinen Material gewonnenen Zahlen dürfen allerdings nur mit größter Zurückhaltung verallgemeinert werden. Es ist vor allem zu berücksichtigen, daß sich die Vollzugsverhältnisse geändert haben und daß besonders die Selbstmordprophylaxe Fortschritte gemacht hat. Es fällt immerhin auf, daß in neuerer Zeit Ohm nur nebenher einen Gefangenenselbstmord erwähnt, der sich möglicherweise schon in der Untersuchungshaft ereignet hat[77]. Kern hält Selbstmorde von Lebenslänglichen sogar für „äußerst selten, jedenfalls kaum häufiger als von Gefangenen mit zeitlich begrenzten Strafen", gibt aber keine Nachweise[78].

Es lassen sich zwei Selbstmordtypen unterscheiden, einmal der Selbstmord in einem Zustand der Depression während der Anfangszeit und zum anderen der Selbstmord nach langer Haft, wenn die Begnadigung ausbleibt.

Zum ersten Typ gehört der Fall eines Mörders, von dem Plischke berichtet. Er beging schon im ersten Haftjahr einen ernsten Selbstmordversuch, angeblich aus Verzweiflung über die lange Strafe, und erstach sich ein Jahr später in seiner Zelle[79]. Schon zum zweiten Typ scheint ein Fall von Doppelselbstmord

---

[73] *Lumpp*, BlfGefK 47, 1913, 135.

[74] *Plischke*, ZStW 50, 1930, 153 f.

[75] MSchrKrim 9, 1913, 440.

[76] Nach *Sellin*, Death Penalty S. 71.

[77] Haltungsstile S. 107.

[78] Seelenleben S. 298.

[79] ZStW 50, 1930, 154; ein ähnlicher Fall bei *Lumpp*, BlfGefK 47, 1913, 116. *Fechenbach* schreibt, er glaube nicht, daß es einen Lebenslänglichen gebe, der

zu gehören, der sich 1912 in einem englischen Zuchthaus ereignete. Beide Selbstmörder begründeten ihre Tat in Abschiedsbriefen damit, daß ihnen nicht die leiseste Hoffnung auf Begnadigung gelassen worden sei. Von Hentig schreibt zu diesem Fall: „In einem normal-psychologischen Wutanfall ähnlich dem, der an einer unheilbaren Krankheit leidet, ziehen sie eine ganz natürliche Konsequenz aus ihrer deutlich erkannten Situation und verlassen, die Tür hinter sich zuschlagend mit einem Fluch, das Dasein[80]." Ganz deutlich zum zweiten Typ gehört der Fall, von dem Toebben berichtet: „Der 1847 geborene L. wurde 1877 wegen Raubmordes zum Tode verurteilt und zu lebenslänglicher Zuchthausstrafe begnadigt. Während seiner Strafverbüßung war er stets fleißig und führte sich jedenfalls seit 1899 tadellos. 1904 und 1907 wurden zwei Gnadengesuche abgelehnt. Ein drittes Gesuch stellte er 1909. Es wurde von der Strafanstalt befürwortet, von der Justizverwaltung aber abgelehnt. Als L. von der Ablehnung erfuhr, machte er seinem Leben durch Erhängen ein Ende[81]." Auch Lumpp weiß von einem Gefangenen zu berichten, der sich im 18. Haftjahr erhängte, nachdem ein Gnadengesuch abgeschlagen worden war[82]. Dagegen kann man den folgenden Fall auch als die Nachholung eines zunächst mißlungenen erweiterten Selbstmordes deuten: Der 1882 geborene C. hatte 1910 seine beiden Kinder erhängt, die Tochter seiner Hauswirtin, die ihn offenbar überraschte, und die zurückkehrende Hauswirtin erschlagen, das Haus angezündet und sich selbst zu erhängen versucht. Im Strafvollzug bereitete er keine Schwierigkeiten. Nachdem er 1923 nach langem Drängen durchgesetzt hatte, daß er nachts allein in einer Zelle schlief, erhängte er sich ein Jahr später, nachdem er seine Zelle in Brand gesetzt und versucht hatte, sich die Pulsadern zu durchschneiden[83].

Es wird etwa über doppelt so viele Selbstmordversuche berichtet wie über vollendete Selbstmorde[84]. Das entspricht dem in Freiheit anzutreffenden Verhältnis. Viel häufiger noch kommt es vor, daß Lebenslängliche Selbstmordabsichten äußern. Das geschieht meistens demonstrativ, sei es um die Schwierigkeit der eigenen Lage zu betonen, sei es um jedenfalls irgendeine Veränderung des gegenwärtigen, unerträglich gewordenen Zustandes herbeizuführen, sei es auch nur aus Geltungsbedürfnis. Selbstmordversuche werden als ein verläßlicher Indikator für Verzweiflung und subjektive Ausweglosigkeit angesehen[85]. In immer stärkerem Maße beginnt man aber heute, auch bloße Selbstmorddrohungen ernst zu nehmen.

---

sich nicht in der ersten Zeit mit Ausbruchs- und Selbstmordgedanken getragen habe (S. 113).

[80] ArchKrim 52, 1913, 72 f. *Rudolph* (bei *Stotz* S. 224) spricht von den Jahren des Selbstmords und verzweifelter Ausbruchsversuche.

[81] MSchrKrim 9, 1913, 463.

[82] *Lumpp*, BlfGefK 47, 1913, 118.

[83] *Plischke*, ZStW 50, 1930, 153 f.

[84] *Toeben*, MSchrKrim 9, 1913, 460 und Neuere Beobachtungen S. 12, 43, 56, 72, 119, 129; *Ohm*, Haltungsstile S. 41, 45, 46, 49, 61, 63, 83; *Plischke*, ZStW 50, 1930, 157.

[85] *Bochnik* S. 34.

6. Die Arbeit im Strafvollzug

Alle arbeitsfähigen Mörder werden in der Strafanstalt beschäftigt. Die Masse der Arbeit besteht auch heute noch im Tütenkleben, Matten- oder Korbmacherei oder in ähnlichen einförmigen manuellen Arbeiten. Das hat seinen Grund einfach darin, daß die Gefangenen während der Anfangszeit der Einzelhaft in der Zelle arbeiten müssen, wohin sich solche Arbeiten, die kaum Werkzeug erfordern, am leichtesten verlegen lassen. Bei guter Führung haben aber alle Lebenslänglichen grundsätzlich Gelegenheit, einen der in der Anstalt eingeführten Lehr- oder Anlernberufe zu ergreifen. Allerdings ist die Auswahl an modernen Industrieberufen sehr beschränkt, weil fast in allen deutschen Zuchthäusern noch besondere Gebäude für die Gefangenenarbeit fehlen, so daß sich nur solche Arbeiten einführen lassen, die im Keller der Anstalt oder in Anbauten auf dem Hof untergebracht werden können. So hatten fünf der Probanden Brückners eine Gesellenprüfung abgelegt. Sieben weitere befanden sich in der Lehre[86]. Im Ausland scheinen die Verhältnisse besser zu sein. Wurmser erwähnt, daß seine 22 Probanden (davon vier Räuber) alle eine Lehre durchmachen konnten und sich in ihrer neuen Arbeit bewährten. Er weist darauf hin, daß gerade für die Gefangenen, in deren Leben die Möglichkeit gefehlt habe, einen Wunschberuf zu ergreifen, die Gelegenheit, jetzt in einem ihnen zusagenden Beruf zu arbeiten, lebensentscheidend sein könne[87].

Der Arbeitseifer ist bei fast allen Lebenslänglichen sehr stark, selbst bei Gefangenen, die in Freiheit nie regelmäßig gearbeitet haben[88]. Manche erreichen bis zum Dreifachen des Solls. Dazu veranlaßt sicher auch das Bestreben, Mittel für zusätzliche Einkäufe zu gewinnen und günstige Voraussetzungen für ein späteres Gnadengesuch zu schaffen. Aber der entscheidende Grund liegt doch wohl in dem Versuch, durch diese einzigmögliche Form der Aktivität mit der träge dahinfließenden Zeit fertig zu werden[89].

Fast alle Autoren erwähnen auch, daß Lebenslängliche häufig Vertrauensstellungen in der Anstalt erwerben[90]. Das allein besagt nicht viel, denn es ist nur natürlich, daß sie während der langen Dauer ihrer Strafe bevorzugt in solche Stellen aufrücken.

---

[86] S. 94.

[87] S. 287.

[88] Es ist bemerkenswert, daß viele Mörder auch vor ihrer Tat sehr tüchtige und fleißige Arbeiter waren; vgl. *Wurmser* S. 275.

[89] *Ohm*, Haltungsstile S. 105 (für Männer), S. 156 (für Frauen); *Bjerre* S. 32; *Toebben*, Neuere Beobachtungen S. 43.

[90] z. B. *Brückner* S. 94; *Lehmann*, BlfGefK 68, 1937, 36, 41; *Plischke*, ZStW 50, 1930, 1963.

7. Freizeitgestaltung

Brückner berichtet, daß in Bruchsal drei Viertel der Mörder an Freizeitveranstaltungen teilnehmen. Ein genaueres Bild sei nicht zu vermitteln, denn gerade die Teilnahme an Freizeitveranstaltungen spiegele sehr deutlich die wechselnden Stimmungen der Häftlinge wider. Die meisten Mörder besuchten die religiösen Aussprachen und den Unterricht, mehrere beteiligten sich am Chor, dem Hausorchester, der Harmonika- oder Blockflötengruppe[91]. In der Zelle wird die Freizeit mit Lesen, Lernen, Zeichnen und Basteln ausgefüllt. Dazu schreibt der Leiter des Zuchthauses Bruchsal, in dem auch Brückner seine Untersuchungen anstellte: „Zwischen dem siebenten und zehnten Jahr aber schleichen sich immer mehr Verdrängungs- und Ermüdungsfaktoren ein. Derjenige, der einem Beruf zugeführt wird — und dies ist nur ein kleiner Teil — erreicht das Lernziel. Er glaubt, alles was der Schul- und Berufsunterricht ihm bieten konnte, gewonnen zu haben, und so zieht er sich davon zurück. Dieselben Erscheinungen sind bei der religiösen Aussprache festzustellen. Weisen die Jahrgänge zwischen dem siebenten und neunten Strafjahr mit 50 % der Betroffenen die höchste Teilnahmeziffer am religiösen Unterricht auf, so sinkt diese zwischen dem 10. und 15. Strafjahr auf annähernd ein Drittel der Jahrgänge ab. In der Allgemein- und in der Berufsschule fallen die Beteiligungsziffern noch stärker. Diese Erscheinungen sind verständlich, denn das heutige System der Freizeitgestaltung ist in erster Linie darauf abgestellt, Gefangene mit kürzeren und mittleren Strafen zu erfassen. Für denjenigen, der viele Jahre in der Anstalt ist, müssen sich die Gedankengänge und Ausführungen der wenigen Erziehungskräfte wiederholen. ... Wir müssen uns damit trösten, daß bei den Besserungswilligeren sich das Interesse an Freizeitveranstaltungen immer mehr auf Chor, Musik und Basteln verlegt[92]."

8. Die Verbindung mit der Außenwelt durch Briefe und Besuche

Auffällig ist die Beobachtung, daß die meisten Lebenslänglichen eine gewisse Anhänglichkeit und Zuneigung zu ihren Angehörigen zeigen[93]. Durch regelmäßige Briefe versuchen sie, die Beziehungen zu ihnen zu pflegen. Während die Ehefrau des Mörders sich häufig scheiden läßt, halten besonders die Eltern ebenso oft zu ihm, schreiben und besuchen ihn. Gelegentlich lassen auch Geschwister, ein Onkel oder eine Tante die Verbindung nicht abreißen. Vereinzelt werden Fälle berichtet, in denen die Ehefrau oder Verlobte zusammen mit dem Mann auf Begnadigung

---

[91] S. 138.

[92] Bei *Stotz* S. 223 f.

[93] *Brückner* S. 94 f.

hofft, ja es werden sogar vom Zuchthaus aus neue Verbindungen geknüpft. Nicht ganz selten scheinen auch die Fälle zu sein, in denen Gefangene Ehefrau oder Kinder von ihrem Arbeitsverdienst unterstützen oder Weihnachten vor allem den Kindern ein Paket schicken. Die Möglichkeiten dazu sind im Hinblick auf die geringe Höhe der Arbeitsbelohnung natürlich sehr beschränkt.

Diese Verbindungen zur Außenwelt haben einen sehr günstigen Einfluß. Das Gefühl, daß außerhalb des Zuchthauses Menschen sind, die dem Gefangenen die Treue halten, stützen Selbstvertrauen und Achtung. Es liegt aber in der Natur der Sache, daß sich die Verbindungen nach außen, insbesondere zur Familie, im Laufe der Zeit immer mehr lockern. Die Besuche werden seltener, der Schriftwechsel wird nichtssagend[94]. Kontaktschwierigkeiten stellen sich ein und wachsen schnell. Sie werden gefördert durch eine Erscheinung, die von Hentig „sprachliche Einrostung" nennt[95]. Man findet nicht mehr das richtige Wort und wird sich fremd[96]. Dazu ist der bedeutsamsten Verbindung, der zu den Eltern, durch den Altersunterschied eine natürliche Grenze gesetzt. Wo die Kontakte zu Verwandten fehlen oder im Laufe der Zeit abgerissen sind, kann nur in seltenen Fällen noch die Vermittlung eines Briefpartners durch die Anstaltsleitung Abhilfe schaffen.

9. Die Gesundheit der Lebenslänglichen

Ohm fand unter 100 Probanden, die bis zu 13 Jahren verbüßt hatten, 24 ohne körperliche Beschwerden. Dagegen klagten 34 über das Nachlassen der Sehkraft, und auch der Arzt bestätigte häufige Augenschäden. Sie seien nicht aus mangelhafter Beleuchtung zu erklären[97]. Von Hentig spricht vom „Zuchthausauge", das nur auf nächste Entfernungen eingestellt sei, verweist aber im Gegensatz zu Ohm auch auf die bei Tag und Nacht nicht allzu gute Beleuchtung[98]. Fast ein Viertel der Probanden klagt über Zahnausfall. Abgesehen davon, daß eine bereits vorhandene Paradontoseneigung leichter aktualisiert wird, läßt sich aber nicht beweisen, ob für diese Erscheinung der Anstaltsaufenthalt ursächlich ist[99].

Krankheiten als unmittelbare Folge der Strafhaft sind zu einer Ausnahmeerscheinung geworden, seit man gelernt hat, die früher wegen des engen Zusammenlebens im Zuchthaus so gefürchteten Infektions-

---

94 *Rudolph* bei *Stotz* S. 224.

95 Die Strafe Bd. 2 S. 261.

96 *Ohm*, Persönlichkeitswandlung S. 83.

97 Persönlichkeitswandlung S. 92.

98 Die Strafe Bd. 2 S. 231 f.

99 *Ohm* a.a.O.

krankheiten durch Hygiene und Medikamente zu beherrschen. Auch die Tuberkulose, die noch im Anfang dieses Jahrhunderts als typische Gefängniskrankheit galt, ist soweit eingedämmt, daß sie nicht häufiger auftritt als unter der freien Bevölkerung und nur durch die sich aus der Haftsituation ergebenden schwierigen therapeutischen Bedingungen problematisch bleibt. Lediglich grippeartige Erkrankungen finden, sobald sie eingeschleppt werden, im Zuchthaus jedesmal eine weite Verbreitung. Ganz allgemein ist durch die regelmäßige Lebensweise, verbunden mit einer gründlichen ärztlichen Betreuung, die physische Gesundheit der Gefangenen besser gewährleistet als das in Freiheit der Fall wäre[100].

Mittelbar scheint die länger dauernde Gefangenschaft dennoch einen ungünstigen Einfluß auf die Gesundheit auszuüben. Ohm hat beobachtet, daß der Kräftezustand, die Spannkraft, hinter dem allgemeinen Ernährungs- und Gesundheitszustand zurückbleibt[101]. Schon früher wurde wiederholt darauf hingewiesen, daß die Lebenslänglichen auffallend früh altern[102]. Viernstein fand, daß bei allen Rüstigkeit und Arbeitsleistung nachließen und bemerkte in einzelnen Fällen Nervosität, Arteriosklerose und fortschreitendes Siechtum[103].

III. Die psychischen Wirkungen der lebenslangen Haft

1. Die Sinn- und Hoffnungslosigkeit des Gefangenendaseins

Das Zuchthaus unterwirft alle Gefangenen den gleichen unnatürlichen Lebensbedingungen[104]. Deshalb sind typische psychische Reaktionen zu erwarten. Aber ebenso sehr können die ungewöhnlichen Belastungen des Zuchthauslebens individuelle Unterschiede der Reaktionsweise aufdecken und verdeutlichen, die unter der konformierenden Macht der Normen und Selbstverständlichkeiten des Alltags verborgen geblieben wären[105]. Es ist indessen keineswegs so, daß erst unter den Belastungen der Gefangenschaft die wahre Gestalt des Menschen hervortritt, die sonst hinter der Maske des Alltags versteckt wird. Im Alltag zeigen die wenigsten Men-

---

[100] *Ohm* a.a.O.; *Winckelmann*, Veröffentlichungen aus dem Gebiet der Medizinalverwaltung XLII, 1934, 57; *Pickering*, Problems of Long-Term Prisoners, London Medico — Legal Journal 1966, 159 ff., 162; Home Office, The Regime for Long-Term Prisoners S. 57.

[101] Persönlichkeitswandlung S. 92; ebenso *Johannes*, Der Tuberkulöse im Strafvollzug, Stuttgart 1964, S. 83.

[102] *Fechenbach* S. 115; *Rüdin* S. 118; *Viernstein*, ZfMedizinalbeamte 27, 1914, 52.

[103] a.a.O.

[104] *Birnbaum*, Kriminalpsychopathologie S. 237; *Baan*, De lange Gevangenisstraf S. 64.

[105] *Kornhuber* S. 638; *Sieverts*, Wirkungen der Freiheitsstrafe S. 23.

schen ihr wahres Gesicht. Aber das Zuchthaus verleiht den Gefangenen erst recht eine Maske. Was nach der Auflösung der bisherigen Lebensformen übrigbleibt, ist weniger das Individuum in seiner Eigenart als vielmehr die allgemeine Natur des Menschen als eines nicht festgelegten Wesens, das oft entscheidend vom Zufall geprägt wird[106]. Schließlich begünstigt das Zuchthaus, wie andere Belastungssituationen auch, nur die Verwirklichung eines Teils der im Menschen liegenden Möglichkeiten, und zwar nicht gerade nur die besten, während es andere unterdrückt. Es bringt deshalb oft nicht die „wahre", sondern eine defekte Gestalt des Menschen zum Vorschein[107].

Auf die Eintönigkeit und Reizarmut des Zuchthauslebens, die in der Anfangszeit der Einzelhaft am stärksten sind, reagiert der Gefangene gewöhnlich, indem er seine Aufmerksamkeit auf die Beobachtung seines Innenlebens lenkt. Von dieser Wirkung der Einzelhaft erwartete man einst die Besserung des Verhaltens nach dem Motto: „Selbsterkenntnis ist der erste Schritt zur Besserung". Aber Selbstbeobachtung bringt nur selten Selbsterkenntnis. Erkenntnis setzt voraus, daß der Beobachter einen objektiven Standpunkt einzunehmen vermag. Die Haft zwingt den Gefangenen aber im Gegenteil einen ichbezogenen Standpunkt auf und verschüttet den richtigen Maßstab für das eigene Schicksal[108].

Die fehlenden Sinneseindrücke werden durch Erinnerungen, Assoziationen, Grübeleien und Phantasie ersetzt. Damit öffnet sich ein Raum für die Flucht aus der Wirklichkeit in eine schönere Gedankenwelt. Die Grenze zwischen normaler Fluchtreaktion und krankhafter Wahnbildung zerfließt. Die Steigerung des frei assoziativen Denkens kann fortschreiten bis zur ideenflüchtigen Konzentrationsunfähigkeit[109]. Auf diese Erscheinung sind die Klagen der Gefangenen über Gedächtnisschwäche und Störungen der Merk- und Konzentrationsfähigkeit zurückzuführen, die schon Leppmann hervorhob[110], und die auch Ohm von fast einem Viertel der Probanden hörte und anschaulich geschildert hat[111]: „Man muß sich Notizen machen, die Gedanken verschwimmen, man kann nur halbe Sätze sprechen, macht Fehler in der Orthographie, wird ‚wuschig', findet nichts in der ‚Fünf-Zimmer-Wohnung' der Zelle. Man kann kein Buch lesen. Der Versuch, eine Fremdsprache zu erlernen, muß aufgegeben werden. Nach einer halben Stunde geht's nicht weiter. Zahlen sitzen erst beim achten Mal; das Gelesene ist

---

106 *Kornhuber* S. 639.

107 In Anlehnung an *Kornhuber* a.a.O.

108 *Kornhuber* S. 644; *Radbruch*, ZStW 32, 1911, 349.

109 *Radbruch* a.a.O. S. 345; *Sieverts*, Wirkungen der Freiheitsstrafe S. 91 ff., 95.

110 Der Gefängnisarzt S. 59, hier zitiert nach *Ohm*.

111 Persönlichkeitswandlung S. 92.

gleich wieder verschwunden, selbst der Kauf der begehrten Zigarettenspitze wurde vergessen. Man verliert den Faden bei der Unterhaltung, verkapselt sich; vergißt, was man mitnehmen wollte. Kurzum, der ‚Kopf ist wie ein Sieb'." Aber Ohm berichtet auch, und damit bestätigt er gleichfalls ältere Erfahrungen[112], von einigen jüngeren Gefangenen, die im Gegenteil das Gefühl haben, daß alle geistigen Kräfte in der Haft gewachsen seien[113].

Die Innenwendung der Gedanken, die die Umwelteinschränkung im Zuchthaus mit sich bringt, hat keineswegs immer oder auch nur regelmäßig eine anhaltende Vertiefung und Bereicherung des Innenlebens zur Folge, wie es Haftmemoiren oft darstellen. Die Mehrzahl der Gefangenen, die ein niedrigeres Niveau mitbringen als die Haftmemoirenschreiber, macht die gegenteilige Entwicklung durch[114]. Die Gedanken kreisen ständig um die eigene Person und um ihre hoffnungslose Situation. Daraus erwachsen in der Anfangszeit schwere Verstimmungen, haltlose Zerknirschung, Lebens- und Zukunftsangst mit plötzlichen seelischen Zusammenbrüchen und Selbstmordgedanken. Auf die Dauer aber — das kann man als Selbstschutzreflex deuten — wird aus Introversion Abschaltung. Allmählich verkümmert das Gefühls- und Gemütsleben. Der Gefangene verliert den inneren Kontakt mit der Umwelt[115].

Die Reizarmut des Zuchthauslebens, verbunden mit dem vielgestaltigen Druck und Zwang der Haft, schafft eine gesteigerte Empfindsamkeit, die kleinste Reize überstarke positive und negative Affekte auslösen läßt.

Die geringsten Natureindrücke, ein Sonnenstrahl, eine Wolkenbildung, eine Pflanze oder ein Tier, werden gierig aufgesogen. Ein Blumentopf oder ein Kanarienvogel, als besondere Vergünstigung gewährt, können die Einsamkeit der Zelle sehr erleichtern, zumal sie auch Gelegenheit zu sinnvoller Betätigung bieten. Eine auffallend enge Verbindung des Gehörs mit der Affektsphäre zeigt sich auch darin, daß das musikalische Empfinden der Gefangenen äußerst sensibel wird. Deshalb kann die Musik auch für solche Gefangenen zur Freizeitgestaltung dienen, die sich in Freiheit nie um Musik gekümmert hätten. Große Bedeutung für die Stimmung der Gefangenen hat schließlich „die leidige Essensfrage"[116].

---

[112] *Sieverts*, Wirkungen der Freiheitsstrafe S. 91.

[113] Persönlichkeitswandlung S. 92.

[114] *Sieverts* a.a.O. S. 54, 152.

[115] *Birnbaum*, Kriminalpsychopathologie S. 238; *Herbertz*, SchweizZStr 44, 1930, 44.

[116] *von Hentig*, Die Strafe Bd. 2 S. 239. „Das Essen in der Anstalt ist nicht so schlecht." Es „ist eigentlich bloß für die lebenslänglichen Zuchthausgefangenen ein Problem, für die es auf die Dauer trotz seiner Abwechslung doch zu eintönig ist" (*Henckels*, ZfStrVo 14, 1965, 260).

Die Monotonie, Leere und Häßlichkeit des Zuchthauses kann nicht annähernd durch sinnvolle Aktivität ausgeglichen werden. Das Kernstück der Freiheitsbeschränkung liegt in der Einschränkung der Handlungsfreiheit. Das Zuchthaus hindert die meisten Tätigkeiten, mit denen man sonst sein Leben zu verbessern und ihm einen Sinn zu geben trachtet. Handlungsfreiheit erhält ihre psychologische Bedeutung dadurch, daß nur Selbstverwirklichung durch sinnvoll motiviertes Handeln dem Menschen Befriedigung und Selbstachtung gibt. Dem Gefangenen wird das Dasein sinnlos, wenn es nicht gelingt, ihm einen neuen tätigen Sinn zu geben[117]. Das erfordert den Aufbau einer neuen Motivation, die es gestattet, den verbleibenden Freiheitsrest sinnvoll zu gebrauchen. Mißlingt der Aufbau einer neuen, der Strafsituation angepaßten, produktiven Motivation, so hat das die Herabsetzung der sinnerfüllten Geschlossenheit der Persönlichkeit zur Folge. Daraus kann neben dem Verlust der Willenskraft und Aktivität ein Verlust an innerer Freiheit, Selbstachtung und moralischer Energie erwachsen. Das Leben ohne Ziele wird planlos und lahm. Es wächst die Abhängigkeit von äußeren und inneren, normalerweise untergeordneten Antrieben, von Führung, Suggestion und Gruppenstimmung, von eigenen Stimmungen und Verstimmungen, von nichtigen Zufällen und Nahzielen wie dem Bedürfnis nach Nahrung, Tabak oder sexueller Befriedigung[118]. Noch schwieriger als für den einzelnen stellt sich für die Gesamtheit der Gefangenen die Aufgabe, sinnvolle Gruppenziele zu finden, die Voraussetzung für eine echte Gemeinschaft sind. Es gibt für das Zwangskollektiv, das im Zuchthaus zusammengesperrt ist, von einer gewissen Solidarität gegenüber den Bewachern abgesehen, praktisch keine sinnvolle Gemeinschaftsaufgabe.

Bei zeitigen Freiheitsstrafen kann die Motivation über die Strafe hinausgreifen, ja, sie kann sich auf den Versuch beschränken, die Strafzeit zu überbrücken. So können auch Strafen von mittlerer Dauer (etwa bis zu fünf Jahren) noch sinnvoll erlebt werden, wenn sie ihren Schwerpunkt in beruflicher Ausbildung und schulischer Unterweisung haben und damit ganz der Vorbereitung auf die Freiheit dienen[119]. Dem Lebenslänglichen ist dieses Ausweichen in die Zukunft versagt. Er steht vor der Aufgabe, dem Leben im Zuchthaus selbst einen Sinn abzugewinnen.

Eine nicht ganz kleine Gruppe weigert sich, diese Aufgabe anzunehmen. Sie setzt alle Kräfte im Kampf um die Freiheit ein, die sie sich von einer Wiederaufnahme des Verfahrens und gelegentlich auch von der Flucht erhofft. Dieser Kampf nimmt oft querulatorische Formen an[120].

---

[117] *Kornhuber* S. 637, 647.
[118] Vgl. *Kornhuber* S. 646.
[119] *Gallmeier* S. 203.
[120] *Winckelmann* S. 25.

Die Mehrzahl der Gefangenen ergibt sich zwar nicht widerstandslos ihrem Schicksal, aber der Freiheitsraum, den das Zuchthaus seinen Gefangenen übrig läßt, ist zu klein, um auf die Dauer allein in ihm ein sinnvolles Leben zu gestalten. Auch in gut eingerichteten und nach modernen Gesichtspunkten geleiteten Anstalten sind die Gefangenen der Möglichkeit zu eigener Initiative und Aktivität so weitgehend beraubt, daß sie nicht mehr ihr eigenes Leben leben, sondern zu einem großen Teil gelebt werden[121]. Dieser Zustand führt, je länger er dauert, um so mehr zu einer Schwächung des Willens, zu Passivität und Sichtreibenlassen. „Wer jahrelang nur zu wollen braucht, was die Strafanstaltsordnung oder der Befehl des Strafanstaltsbeamten für ihn will, muß das Wollen verlernen[122].“ Er wird zur Maschine, die das tägliche Arbeitssoll liefert, der aber jeder eigene, schöpferische Antrieb fehlt[123]. Die Arbeit wird zum bloßen Betäubungsmittel. Sie muß im Verein mit mancherlei Freizeitbeschäftigung echte neue Lebensziele ersetzen. Lese- und Lerneifer, kleine Liebhabereien und Basteleien, das alles ist weitgehend ein Scheinbetrieb. Charakteristisch sind die mußelose Fanatik, die rasche Sättigung und der häufige Wechsel, mit dem solche Aktivitäten betrieben werden. Sie üben immerhin die Kräfte und können einen lockeren Gemeinschaftszusammenhalt schaffen[124].

Echte Verinnerlichung und Religiosität könnten auch in einer Situation sehr beschränkter Handlungsfreiheit einen neuen Lebensinhalt geben. Manche versuchen ganz bewußt, diesen Schritt zu tun. Aber der Versuch bleibt entweder auf halbem Wege stecken oder er führt gleichfalls nur zu einer Scheinlösung. Den wenigsten gelingt eine dauerhafte Hinwendung zum Glauben. Andere eignen sich zwar im Laufe der vielen Jahre eine erstaunliche Belesenheit an und zimmern sich eine eigene Lebensphilosophie zurecht. Indessen macht sich gerade unter den Lebenslänglichen viel Halbbildung und geistreiche Oberflächlichkeit breit[125]. Es geht offenbar über die Kräfte des Durchschnittsmenschen, lebenslange Gefangenschaft durch Verinnerlichung zu bewältigen.

Schon eine zeitige Strafe, die über fünf Jahre dauert, nimmt den Charakter des Unbefristeten an. Sie kann nur noch ausgefüllt werden, indem man ihr eine zeitliche Gliederung gibt. Sonst macht sich Resignation breit, und die Haft wird auf einer Stufe niedriger Anpassung zur dauernden Lebensform ausgebildet. Das Gegenwartsbewußtsein verfällt. Die gelebte Zeit verliert alle Strukturen. Die Lebenslänglichen kann auch

---

[121] *Baan,* De lange Gevangnisstraf S. 66.

[122] *Radbruch,* ZStW 32, 1911, 348; vgl. ferner *Herbertz,* SchweizZStr 44, 1930, 46.

[123] *Ohm,* Persönlichkeitswandlung S. 84.

[124] Vgl. *Kornhuber* S. 651.

[125] *Lehmann,* BlfGefK 68, 1937, 41.

die ungewisse Hoffnung auf Begnadigung vor dieser Entwicklung nicht mehr bewahren. Sinnlose Gegenwart und hoffnungslose Zukunft, das sind die stärksten Wirkungsfaktoren der lebenslangen Haft. Sie bringen jene apathische, dumpf gedrückte Grundstimmung hervor, die als typisch für die Lebenslänglichen gelten kann[126].

2. Die Reaktionen auf Tat, Strafverfahren und Urteil

Die Wirkungen der Haft überlagern sich mit Reaktionen auf die Straftat selbst, auf die Strafverfolgung und das Urteil, welche, zumal wenn sie krankhafte Formen annehmen, das Bild des Gefangenen beherrschen können.

Beim Morde kann bereits die eigene Tat tiefe Spuren in der Seele des Täters zurücklassen und sogar die Bedeutung eines mehr oder weniger nachwirkenden psychischen Traumas erlangen[127]. Zwar sind die affektiven Reaktionen zunächst zeitlich eng an das Tatgeschehen gebunden und bis zum Strafantritt längst abgeklungen. Sie wirken aber mittelbar fort, weil sie die Auseinandersetzung mit der Schuld, die ihrerseits wieder die Haftreaktionen bedingt, in eine bestimmte Richtung lenken. Meistens bleibt auch während der Strafverbüßung noch Jahre hindurch eine relativ konstante affektive Einstellung zur Tat bestehen. Während der eine sich nur mit Scham- und Schuldgefühlen daran erinnert, kann der andere ohne jede affektive Reaktion von seiner Tat erzählen[128]. Die gefühlsmäßige Verurteilung der Tat im Sinne der Reue und die Verwerfung des eigenen Ichs im Sinne eines Schuldgefühls, der Scham und der Gewissensbisse, möglicherweise begleitet von selbstmordgerichteter Zerknirschung[129], kennzeichnen oft den Täter in seiner charakterlichen Eigenart und können bei entsprechender Echtheit und Nachhaltigkeit auch Ansatzpunkte für eine Wesensänderung im Sinne einer inneren Wandlung abgeben[130]. Als negatives Vorzeichen für die Auseinandersetzung mit der Schuld muß es gewertet werden, wenn es der Täter sowohl unmitelbar nach der Tat als auch im späteren Verlauf an jeder

---

[126] Vgl. oben in diesem Abschnitt II 1.

[127] *Baan*, De lange Gevangenisstraf S. 62; *Birnbaum*, Kriminalpsychopathologie S. 234.

[128] *Ohm*, Haltungsstile S. 148.

[129] Deshalb ist es für die Besserungsaussichten und die Straffrage nicht ohne Bedeutung, ob tatsächlich, wie Gast (S. 63) einer preußischen Statistik von 1926 entnahm, die zum Selbstmord treibende Verzweiflung ein typischer Zug des Mörders ist, der ausdrückt, daß im tiefsten Grunde auch der Mörder ein Gefühl für das Ungeheuerliche seiner Tat besitzt. Wahrscheinlich ist der größere Teil der Selbstmordfälle aber auf Verzweiflung über die eigene aussichtslose Lage zurückzuführen; vgl. auch oben in diesem Abschnitt II 5.

[130] *Birnbaum* a.a.O.

Gefühlsreaktion fehlen läßt, so daß der Beobachter den Eindruck unverständlicher Gefühlskälte gewinnt. Allerdings können Trotz und Auflehnungsreaktionen einen gefühlsmäßigen Defekt auch vortäuschen. Schon auf der Ebene der Affekte können Abwehr- und Selbstschutzreaktionen von solcher Stärke einsetzen, daß Ausfälle in der erinnerungsmäßigen Repräsentation des Tatgeschehens im Bewußtsein eintreten[131].

Sind die mit der Tat verbundenen Affekte abgeklungen, so droht dem Mörder die Strafverfolgung und damit die Vernichtung seiner bürgerlichen Existenz. Die Zeit bis zur Verhaftung ist angefüllt mit Furcht und Spannung. Abwehr der Verfolgung und Existenzangst setzen viele Entlastungsmechanismen in Gang[132]. Eine Mörderin empfindet diese Zeit als „Hölle". Um ihr zu entfliehen, würde sie sich der Polizei gestellt haben, wenn nicht der Komplize sie gehindert hätte. Ein Mörder dagegen schützt sich vor dem zwei Jahre andauernden Druck der Strafverfolgung, indem er die Tat „vergißt"[133]. Die Verhaftung löst bei fast allen, ob haftgewohnt oder nicht, einen Schock mit Anzeichen von Panik und Angst aus. Es folgt regelmäßig ein Depressionszustand, der sich bis zu Suizidneigungen steigern kann, der aber nicht durch Reue, sondern durch das aufkommende Bewußtsein ausgelöst wird, daß die Tat die eigene soziale Position völlig zerstört hat[134]. Wenn nicht der psychische Schock eine Erinnerung überhaupt ausschließt, bleiben die ersten Stunden der Gefangenschaft tief eingeprägt. Sie formen das Bild eigener Ohnmacht gegenüber dem Gefängnis und seinen Beamten und sind die Ursache für manche später im Strafvollzug auftretende Fehlentwicklung[135].

Viele Mörder fühlen sich zu Unrecht mit „gemeinen Verbrechern" gleichgesetzt, wenn sie „erkennungsdienstlich behandelt" und körperlich durchsucht werden. Der Transport im Gefängniswagen, fotografiert zu werden und ständige Bewachung sind eine zusätzliche Demütigung. So bildet schon das Strafverfahren mit der Untersuchungshaft, den Verhören und allen seinen Begleiterscheinungen und nicht zuletzt auch die Untersuchung des Geisteszustandes eine fühlbaren Teil des Strafübels[136]. Das setzt sich fort in der mit Spannung erwarteten Hauptverhandlung, die über das Schicksal des Täters entscheiden soll, mag der Ausgang auch

---

[131] *Birnbaum* a.a.O. S. 235; *Winckelmann* S. 51.

[132] *Bochnik* S. 26.

[133] *Ohm,* Persönlichkeitswandlung S. 19 f.

[134] *Baan* a.a.O. S. 59; *Ohm* a.a.O. S. 21 ff., 24, 35; *Sieverts,* Wirkungen der Freiheitsstrafe S. 28 f., 31 ff., 35.

[135] *Baan* a.a.O. S. 63 f.

[136] Vgl. *Herren,* Kriminalistik 19, 1965, 345; *Lehmann,* BlfGefK 68, 1937, 37. Zu dem dogmatischen Gesichtspunkt, der sich ergibt, wenn man schon das Verfahren als einen Teil des Strafübels anspricht, vgl. *Naucke,* Betrug S. 45 ff., bes. S. 47 Fußn. 40.

oft kaum zweifelhaft sein. Dort sieht sich der Angeklagte nicht nur dem Gericht, sondern auch dem Publikum gegenübergestellt. Schmerzhaft ist die Begegnung mit Zeugen aus dem Kreis der Verwandten und Bekannten und nicht weniger mit den Angehörigen des Opfers. Mit Hilfe des Staatsanwalts, des Sachverständigen und der Zeugen zerrt das Gericht den ganzen Intimbereich an das Licht der Öffentlichkeit. Dabei fallen viele abfällige Äußerungen über den Persönlichkeitswert, die bleibende Verletzungen erzeugen[137].

Wegen der absoluten Strafdrohung lohnt beim Mord der Kampf um das Strafmaß wenig. Der Vernehmungsdruck ist stark. Die Alternativen Schuld oder Unschuld rücken in den Vordergrund[138]. So betrachtet ist die Geständnisneigung beim Morde groß. Das Geständnis befreit von äußeren und innerem Druck. Nur eine kleine, aber feste Gruppe lehnt sich aktiv gegen die Strafverfolgung auf, leugnet die Tat und kämpft aggressiv und querulatorisch gegen die Verurteilung. Sie empfindet diesen Kampf als eine Fortsetzung des Verbrechens mit anderen Mitteln[139]. Die Mehrzahl der Gefangenen erkennt gefühlsmäßig oder intellektuell die Berechtigung einer Strafe an. Indes unterwerfen sich nur die wenigsten ganz bewußt der Strafverfolgung und nehmen die Strafe als gerechte Vergeltung ihrer Tat auf sich. Der große Rest bewegt sich zwischen diesen beiden Extremen und reagiert mit schwächlichem Unterliegen im Sinne seelischer Gebrochenheit oder versucht durch Ausweichen und Abwehr dem Gericht und dem eigenen Gewissen die Überzeugung zu vermitteln, daß er unschuldig oder jedenfalls zu schwer bestraft werde.

Von den Straftheorien spiegelt sich in der Meinung der Betroffenen nur die primitive Vorstufe der Vergeltungsidee, die Vorstellung von Rache und Talion. General- und spezialpräventiven Gedanken scheinen die Gefangenen völlig unzugänglich[140].

Der Tenor der Stellungnahme zur Höhe der Strafe lautet, die lebenslange Strafe sei zu hart, acht, neun, zehn, elf oder zwölf Jahre wären genug. Die Lebenslänglichen sehen ihre Strafe als eine Art unbestimmte Verurteilung an. Die Unbestimmtheit bereitet ihnen ganz besondere Qual, weil sie kein festes Ziel vor Augen haben. „Es ist mir nicht so wichtig, ob ich zwölf, 15 oder 18 Jahre hierbleiben muß. Das Wertvollste für mich ist, daß ich weiß, wie alt ich sein werde, wenn ich in die Freiheit zurückkehre, daß ich mit der Zeit genau rechnen kann, daß ich mit meinem Leben eine Vorstellung von der Zeit verknüpfen kann", so lautet

---

[137] *Ohm* a.a.O. S. 44 f., 81.

[138] *Ohm* a.a.O. S. 14, 29.

[139] *Birnbaum* a.a.O. S. 236; analog für die Kriegsgefangenschaft *Kornhuber* S. 648.

[140] *Herbertz*, SchweizZStr 44, 1930.

die von Plischke als typisch wiedergegebene Äußerung eines Lebenslänglichen[141]. Um der Endgültigkeit der Strafe zu entgehen, setzen sich manche selbst einen Termin und begrenzen ihre Strafe in Gedanken auf 15 oder 18 Jahre. Das klingt immer noch leichter als 20 Jahre oder lebenslänglich[142]. Ältere Lebenslängliche empfinden es als besonders schmerzlich, einmal in der Anstalt sterben zu müssen. „Wenn sie mich nur noch einmal herausließen, wenn es mit mir zu Ende geht. Nur nicht in die Anatomie, nur nicht auf den Anstaltsfriedhof[143].“ Indessen haben sich die zum Tode Verurteilten früher oder später alle für die Begnadigung dankbar gezeigt. Wenn dennoch Lebenslängliche gelegentlich den Wunsch äußern, hingerichtet zu werden, so handelt es sich dabei, ähnlich wie bei einem Selbstmord- oder Fluchtversuch, um einen Ausbruch der Verzweiflung oder um eine Demonstration, wie schwer die eigene Lage empfunden wird.

Was aus dem Strafverfahren nachbleibt, ist in der Regel das Bewußtsein sozialer Degradierung, verbunden mit einer Erschütterung des Selbstwertgefühls und einer Animosität gegen die Justiz, den Staat und die Gesellschaft, und nur selten statt dessen echte und tiefe Schuldgefühle. So ist die Strafverfolgung „zweifellos nicht geeignet, die Stimme des Gewissens und eine persönliche Auseinandersetzung mit der Schuld zu begünstigen“. Meistens kommt es bei Tötungsdelikten erst ein bis zwei Jahre nach der rechtskräftigen Verurteilung überhaupt zu einer Auseinandersetzung mit der Schuldfrage[144].

3. Die Auseinandersetzung mit der Schuld

Auch im späteren Verlauf des Strafvollzugs bleibt die Einsicht in das Unrecht der Tat und in die eigene Schuld sowie ihre vorbehaltlose innerliche Verurteilung eine seltene Ausnahme[145]. Ohm berichtet von zwei unter 46 männlichen und einer unter elf weiblichen Gefangenen, die jedenfalls den Versuch einer derart begründeten Stellungnahme zur Tat unternommen haben[146]. Indes kann es kaum anders erwartet werden. Wenn nicht überhaupt die charakterlichen und geistig-seelischen Voraussetzungen für eine tiefere Auseinandersetzung mit der Schuldfrage fehlen[147], so ist doch der Mord, wie jede andere überlegte Tat, wohl

---

[141] ZStW 50, 1930, 164; ganz ähnlich *Lehmann*, BlfGefK 68, 1937, 38.

[142] *Ohm*, Persönlichkeitswandlung S. 87, 89.

[143] *Lehmann* a.a.O.

[144] *Bochnik* S. 26 f.

[145] *Birnbaum*, Kriminalpsychopathologie S. 235; *Ohm*, Haltungsstile S. 18; etwas positiver *Brückner* S. 95; *Kraschutzki* S. 139 f.

[146] a.a.O. S. 18, 126.

[147] Beispiele bei *Gallmeier* S. 202.

nie ein bewußter Verstoß gegen das Tabu des Tötungsverbots, sondern er wird von vornherein in der Überlegung entschuldigt. Auch die Mörder teilen die allgemein üblichen moralischen Grundvorstellungen. Nur finden sie für den eigenen Fall eine Ausnahme. So werden die allermeisten Taten gerechtfertigt und entschuldigt, noch bevor sie begangen sind. Reue ist dann später kaum möglich. Wenn dennoch Schuldgefühle aufkommen, so fehlt die Aussicht, daß die Strafe ein Ende nehmen und die Schuld getilgt werden könnte. Da es aber eine psychische Notwendigkeit ist, daß Schuldgefühle schließlich überwunden werden, übersteigt es die Möglichkeiten des Menschen, auf die Dauer im Bewußtsein seiner Schuld zu leben und in diesem Bewußtsein die Strafe als gerechte Vergeltung auf sich zu nehmen. Zwangsläufig müssen psychische Entlastungsmechanismen einsetzen, die die Schuld verkleinern oder gar auslöschen.

Die typische Reaktion des Mörders besteht darin, daß er seine Tat zwar als ein Verbrechen anerkennt, sich aber auf die verschiedenste Weise über die Größe seines Verbrechens hinwegtäuscht. Hier beginnt der Selbstbetrug, in dem Bjerre das Kennzeichen des lebenslänglich inhaftierten Mörders gefunden hat[148]. Zum Selbstbetrug dient die Relativierung des Sachverhalts. Es wird die Tat beschönigt, verharmlost, die Werturteile werden verfälscht, die zu Grunde liegende Gesinnung und das Motiv verkleinert, alles aus der Tendenz zur Schuldentlastung. Eine juristische Umwertung der Tat braucht damit nicht einherzugehen, findet sich aber nicht selten. Aus Mord wird dann Totschlag, aus Angriff Notwehr. Es gibt wohl keinen Mörder, der nicht jedenfalls mildernde Umstände für seine Tat fände[149].

Nicht zu überhören sind die Anklänge an Dostojewskis Raskolnikow, wenn Ohm einen Mörder schildert, der bei seiner Tat viel Entschuldbares findet. In seinen Augen war das Opfer ein moralisch minderwertiger Mensch, eine Großschieberin, der er das für Hamsterkäufe bestimmte Geld abnehmen wollte, befreite er damit doch nur die Gesellschaft von einem fragwürdigen Mitglied[150]. Ein Doppelmörder hat „ein gutes Gewissen", da er in keinem Fall die Tat planmäßig vorbereitet habe, die vielmehr von den Opfern nahezu erzwungen wurde[151]. Ähnlich schiebt ein anderer Raubmörder einen Teil der

---

[148] *Bjerre* S. 24 ff.; *Birnbaum* a.a.O. S. 235; *Brückner* S. 95; *Herbertz*, SchweizZStr 44, 1930, 42 u. 45; *Lehmann*, BlfGefK 68, 1937, 37; *Ohm* a.a.O. S. 58 ff.

[149] Gerne benutzen die Lebenslänglichen die Gelegenheit, einem anstaltsfremden Besucher von ihren Taten zu berichten. Diese Mitteilung wird zu einer willkommenen Hilfe bei der zunächst noch nicht ganz klaren Überzeugung von der geringeren eigenen Schuld oder sogar Unschuld. Die Anstaltsleitungen haben Bedenken, daß solche Gespräche ohne vorangegangene oder nachfolgende pädagogische Bemühungen zu erheblichen Störungen führen könnten (*Horn*, ZfStrVo 9, 1960, 367; *Herbertz*, SchweizZStr 44, 1930, 39).

[150] *Ohm*, Haltungsstile S. 59.

[151] a.a.O. S. 66; derselbe Fall ausführlicher in Neue Polizei 19, 1965, 134.

Schuld seinem Opfer zu, das, anstatt sich ruhig zu verhalten, ihn stellte, sich gar anschickte, um Hilfe zu schreien und ihn damit fast zum Handeln zwang[152]. Der Gattenmörder bezichtigt seine Ehefrau, ihn in törichter Weise zur Notwehr getrieben und damit ihr Schicksal selbst verschuldet zu haben[153]. Andere schieben die Schuld auf den Mittäter[154]. Ganz ausnahmsweise kommt auch der umgekehrte Fall vor: der Täter fühlt sich schuldig, gegenüber der Mittäterin, weil er sie überredet hat, ihre Wohnung zur Verfügung zu stellen und sie auf diese Weise mitschuldig gemacht hat. Sonst begnügt er sich aber mit der Feststellung, daß „er sich selbst nicht begreife" und will die Tat als etwas für ihn Rätselhaftes beiseite schieben[155]. Die Richtung, in der die Entlastung gesucht wird, braucht nicht konstant zu bleiben: Ein Raubmörder erscheint sich bald selber als ein Rätsel, bald schiebt er die Verantwortung auf sein Opfer, das ihn durch abfällige Äußerungen über seine Frau schwer erregt habe, einmal sucht er die Schuld lediglich bei den Angehörigen seiner Ehefrau, dann möchte er hingerichtet werden, da nur so der Mord zu sühnen sei[156]. Des Rätsels Lösung kann auch die eigene Anlage, „eine erbliche Nervenschwäche" sein, die man für die Tat verantwortlich macht[157]. Von dort ist es nur noch ein kleiner Schritt, die Schuld an die Umwelt abzugeben. Der Mörder, dessen überstarker Eßtrieb das Verbrechen auslöste, schreibt es widrigen Umständen zu, daß sich die Angelegenheit zu einem Mord auswuchs. Daneben klagt er die menschliche Gesellschaft an: „Wenn die für anständiges Fressen gesorgt hätten, wäre die Tat nicht geschehen." Wenn die Gesellschaft versagt und ihn hängern läßt, so nötigt sie ihn doch zur Selbsthilfe[158]. Die Nachkriegszeit mit ihrem Hunger und ihrer Vergnügungssucht muß immer wieder herhalten[159].

Die zweite Stufe des Selbstbetruges beginnt dort, wo nicht mehr allein die Bewertung der Tat die Gewichte verschiebt, sondern eine Verdrehung des Sachverhalts hinzutritt.

Die Raubmörderin wälzt die Schuld auf die Getötete ab, durch deren Schimpfworte und Tätlichkeiten sie jede klare Überlegung verloren habe[160]. Der Vater, der mit seinem Sohn einen Raubmord beging, will, von lähmendem Entsetzen befallen, der Tötung des Opfers durch seinen Sohn wie erstarrt zugesehen haben, unfähig, ihr Einhalt zu gebieten[161]. Ein anderer, der selbst mit dem Hammer auf die ahnungslose Frau einschlug und dann half, sie mit einer Schnur zu erdrosseln, kann nicht begreifen, daß er einen Mord begangen haben soll, obwohl er doch nur die Rolle des passiven Zuschauers spielte, der von den Ereignissen überrumpelt wurde[162]. Der Sexualmörder hat sich „in Notwehr zudringlichen Griffen entzogen"[163]. Oder der Tötungsvorsatz wird bestritten. Der Ermordete sollte nur betäubt werden[164].

---

[152] *Ohm* a.a.O. S. 68.
[153] a.a.O. S. 69.
[154] a.a.O. S. 135, 145.
[155] a.a.O. S. 72, 75, 108; *Lehmann*, BlfGefK 68, 1937, 37.
[156] *Ohm* a.a.O. S. 80.
[157] a.a.O. S. 39.
[158] a.a.O. S. 59.
[159] *Ohm* a.a.O. S. 61, 63; *Lehmann*, BlfGefK 68, 1937, 37.
[160] *Ohm* a.a.O. S. 138.
[161] a.a.O. S. 63.
[162] a.a.O. S. 64.
[163] a.a.O. S. 74.
[164] a.a.O. S. 77, 130, 141.

Die letzte Stufe des Selbstbetruges besteht im Abstreiten der Tat. Beharrliches Leugnen wird zur Schutzhaltung gegen etwa aufsteigende Schuldgefühle[165]. Das frühere Geständnis war eine „glatte Lüge, hervorgegangen aus körperlicher Schwäche und geistiger Angst". Nun werden alle Kräfte konzentriert im Kampf um die Wiederaufnahme. Die Ablehnung des Antrages vermag aber keine stärkere Bewegung zu erzeugen[166].

Unter 28 Mördern, über die Hürbin berichtet, waren acht, die noch in der Strafhaft ihre Tat leugneten. Fünf von ihnen starben, ohne ein Geständnis abgelegt zu haben[167]. Von 50 Gefangenen in Bruchsal stritten elf (22 %) ihre Tat ab. Einer von ihnen legte kurz vor seinem Tode ein Geständnis ab, ein anderer, als es im 32. Haftjahr um seine Entlassung ging, und ein Dritter, der seine Identität mit dem Täter bestritten hatte, hinterließ ein schriftliches Geständnis mit der Erklärung, er habe sich geschämt, vor anderen seine Tat zuzugeben[168]. Viernstein fand 1914 in Kaishaim unter 40 Lebenslänglichen elf (27,5 %), die die Tat abstritten[169], Toebben 1927 unter 70 Mördern sogar 21 (37,5 %). Toebben vermerkt dabei auch Willensleben, Intelligenz, Führung und Alter der Ungeständigen. Dabei ergeben sich aber keine besonders auffallenden Abweichungen vom Durchschnitt[170]. Bei Ohm leugneten sechs von 46 Mördern und eine von elf Mörderinnen, bei Brückner etwa ein Drittel[171].

Die Zahl der Mörder, die auch nach jahrelanger Haft ihre Tat noch abstreiten, erreicht aufs Ganze gesehen etwa ein Viertel und ist damit sehr viel höher als der Anteil der möglicherweise wirklich zu Unrecht Verurteilten.

4. Die drei Stadien der lebenslangen Haft

Im Anfangsstadium der Haft überwiegt noch der Zustand hochgradiger Erregung, der mit tiefen Depressionen abwechselt. Zwar bringt das Urteil den Lebenslänglichen, die von der Tat ab bis zur Entdeckung und von da bis zur Verurteilung den stärksten Spannungen ausgesetzt waren, im ersten Augenblick eine gewisse Entlastung. Sobald sich aber die Zuchthaustür hinter ihnen geschlossen hat, erschüttert sie der Ernst des Gedankens, daß dies für immer geschehe, fast so sehr wie die Verhaftung und die erste Zeit der Untersuchungshaft. Dieser Zustand starker Gefühlserregung fordert eine besonders vorsichtige und schonende Behandlung durch alle Vollzugsbeamten. Ohne solche Rücksichtnahme führt besonders die Anfangszeit sehr leicht zu schweren Disziplinwidrigkeiten, Aggressionen oder zu dem bekannten „Zuchthausknall".

---

[165] a.a.O. S. 45.
[166] a.a.O. S. 43 f.; ähnlich S. 52.
[167] SchweizZStr 6, 1893, 433 ff.
[168] *Lumpp*, BlfGefK 47, 1913, 108.
[169] ZfMedizinalbeamte 27, 1914, 41 ff.
[170] Neuere Beobachtungen S. 15.
[171] S. 95.

Bei richtiger Behandlung tritt dagegen spätestens nach ein bis zwei Jahren von selbst eine Beruhigung ein. „Es kommt das zweite Stadium, in dem die Selbsterhaltung einen oft erfolgreichen Kampf gegen die zerstörenden Kräfte des Zuchthauses führt[172].“ Das wirksamste Mittel in diesem Kampf ist das Ausweichen vor der Wirklichkeit. Kein Gefangener vermag den Gedanken der lebenslangen Haft auszuhalten. Sie alle klammern sich an die Vorläufigkeit der Situation. Ein jeder hofft darauf, noch einmal die Freiheit wiederzuerlangen[173]. Diese Hoffnung hilft ihm, Haltung zu bewahren, vermag eine niedrige totale Anpassung zu verhüten und schützt manchen vor dem Zusammenbruch. Zugleich bringt sie viele dazu, ihre besten Kräfte einzusetzen, um durch gute Führung die Begnadigung zu erreichen[174].

In dieser Zeit des Kampfes gegen die zerstörenden Kräfte des Zuchthauses ist bei vielen Lebenslänglichen das Gefühl anzutreffen, daß es mit dem passiven Ertragen der Strafe, mit dem mechanischen Absitzen der Strafzeit nicht getan sei, sondern daß ihre Schuld eine aktive Sühneleistung von ihnen fordere. Der Drang zur Wiedergutmachung an den Angehörigen des Opfers und zu besonderen Leistungen für die Allgemeinheit ist sehr stark. Man möchte verdienen, um die Angehörigen des Opfers unterstützen zu können, oder sich für die Pflege von Leprakranken oder Irren zur Verfügung stellen[175]. In den wenigen Fällen, in denen das Zuchthaus die Möglichkeit zu solcher Betätigung bietet, leisten die Lebenslänglichen dann auch ganz Außerordentliches, etwa wenn sie als Krankenwärter verwendet werden oder sonstige Vertrauensstellungen bekommen[176]. Da der Weg zur tätigen Reue aber meistens versperrt ist, stürzt man sich mit aller Energie auf die angebotene Arbeit. Sogar der Zwang zur Arbeit wird gutgeheißen. Die Arbeit wirkt wie ein Betäubungsmittel und hilft, mit dem Problem der Zeit fertig zu werden[177].

Das zweite Stadium der Haft, in dem der Gefangene sich um eine erfolgreiche Bewältigung seiner Situation bemüht, endet irgendwann zwischen dem zehnten und 20. Haftjahr mit der Selbstaufgabe. Jetzt wird die Sinnlosigkeit der Situation offenbar. Wenn alle Anstrengungen erfolglos waren und alle Hoffnungen unerfüllt geblieben sind, dann kommt ein Gefühl der Ermüdung, des Abgeschrieben- und Vergessen-

---

[172] *Liepmann* S. 185.

[173] *Liepmann* a.a.O.; *Deetjen*, ZStW 34, 1913, 701; *Michel*, MSchrKrim 15, 1924, 70; *Lehmann*, BlfGefK 68, 1937, 38; *Horn*, ZfStrVo 9, 1960, 368; *Ohm*, Persönlichkeitswandlung S. 94.

[174] *Liepmann* a.a.O.

[175] *Ohm*, Persönlichkeitswandlung S. 84, 88 f.

[176] *Liepmann* S. 181.

[177] *Ohm* a.a.O. S. 84; ders., Haltungsstile S. 105.

seins auf[178]. Oft tritt das Gefühl völliger Lebensuntauglichkeit hinzu, das so weit gehen kann, daß Lebenslängliche sich sogar vor der Begnadigung fürchten und lieber im Zuchthaus bleiben möchten[179]. „Verschiedene von lebenslänglicher zu 15jähriger Zuchthausstrafe Begnadigte antworteten auf die neue Lage nach kurzem Freudentaumel mit nackter Angst; sie fürchten sich vor dem nunmehr feststehenden Termin der Rückkehr ins Leben, dessen Anforderungen sie sich nach den langen Jahren des Abgeschirmt-Seins in der Anstalt nicht mehr gewachsen fühlen[180]."

Aus der Nachkriegszeit gibt es noch keine Schilderung dieser letzten Phase der Haft. So hat Liepmann sie beschrieben[181]: „Nach 20 Jahren Strafhaft tritt dann regelmäßig das trübste, dritte Stadium ein. Es leitet sich ein durch ‚ein Abflauen der guten Affekte': anstelle der Hoffnungsfreudigkeit tritt dumpfe Resignation; die Enttäuschung schädigt wohl auch das Nervensystem, hypochondrische Befürchtungen nehmen überhand, die Gesundheit leidet vielleicht auch wirklich, der Gefangene fängt an, die Fortsetzung der Strafe als eine zwecklose Härte zu empfinden, er fühlt sich einer langsam zu vollziehenden Todesstrafe ausgesetzt. Anstelle früheren Vertrauens tritt Mißtrauen, Verbitterung, Haß auf die Gesellschaft. ‚Stiller und trauriger' werden dann viele Gefangene und ziehen sich mit schwindender Hoffnung immer mehr zurück, werden zu Einsiedlern, kommen nicht mehr zum Arzt und antworten auf die Frage nach dem Grunde ihres Fernbleibens wohl, ‚weil ich dieses Leben nicht verlängern will'. Dann beginnt ein grausames Zerstörungswerk des inneren Lebens durch die abtötende Haft. Das Notwendigste und Beste im Menschen, sein Wille zum Schlechten, aber auch zum Guten, wird langsam, aber sicher gewürgt. Es fehlt die den Menschen ‚heiligende' Freude. Das Vegetieren beginnt und siegt. Die Gefangenen werden stumpf und gefühllos, Maschinen, endlich Ruinen."

Einige Jahre später faßte Viernstein[182] sein Urteil noch einmal dahin zusammen, daß „jahrzehntelange hoffnungslose Haft bei durchschnittlich allen solchen Menschen eine langsam fortschreitende Einengung der geistigen Persönlichkeit ... im Sinne eines Verblödungsprozesses zur Folge hat. Die Gefangenen sind, nachdem sie in meist jahrzehntelanger Haft diese typische Wandlung durchgemacht haben, heute an einem Zustand angelangt, der als allgemeine geistige Reduktion auf intellektuellem und affektivem Gebiete zu deuten ist. Sie sind still geworden. Der Wert der Gesamtpersönlichkeit, gemessen an den Anforde-

---

178 *Ohm*, Persönlichkeitswandlung S. 85.

179 *Herbertz*, SchweizZStr 44, 1930, 46; *Seelig-Bellavicz* S. 369.

180 *Ohm*, Persönlichkeitswandlung S. 85.

181 S. 186 f.

182 ZfMedizinalbeamte 27, 1914, 52.

rungen des heutigen Wirtschaftskampfes im freien Leben, ist bei allen erheblich gedrückt, wenn nicht auf den Nullpunkt gesunken."

Ob diese Schilderungen der Vergangenheit angehören oder ob sie auch auf die Gegenwart übertragen werden können, ist noch offen. Erst in den letzten Jahren sammeln sich in den Zuchthäusern wieder Gefangene, die mehr als 15 Jahre verbüßt haben. Immerhin scheint es, als wenn Ohm hier sehr pessimistisch ist, denn er bezieht sich für die weitere Entwicklung seiner Probanden ohne Einschränkungen auf die Darstellung Liepmanns[183]. Auch Welzel hat sich 1958 noch darauf berufen, Strafanstaltsleiter und Geistliche berichteten übereinstimmend vom „Absacken" und „Verholzen" der Lebenslänglichen, die schließlich zu bloßen „Menschenhülsen" würden[184]. Dagegen hat Marc Ancel den Mitgliedern der Großen Strafrechtskommission, die wie Welzel für die Todesstrafe eingetreten waren und betont hatten, daß die lebenslange Freiheitsstrafe wegen ihrer deformierenden Wirkungen gleich grausam oder grausamer sei als der Tod[185], vorgeworfen, ihre Äußerungen zeugten von einzigartiger Unkenntnis der Wirklichkeit des modernen Strafvollzugs[186]. Ähnlich sah sich seinerzeit auch Sieverts schon zu der Feststellung veranlaßt, der Einwand, die Todesstrafe sei humaner als lebenslanges Zuchthaus, sei kein Argument für die Todesstrafe, sondern ein Argument gegen die heutige Form des Vollzugs dieser lebenslangen Internierung. Dieser könnte aber und müßte in der Zukunft so gestaltet werden, daß der Gefangene nicht seelisch und geistig verderbe, sondern eine schwere Schuld in positiver Weise für die Gesellschaft und die Angehörigen des Opfers seiner Tat sühne[187]. Neuerdings hören wir aber wieder von Simson aus Schweden: „Tatsächlich ist jede sehr lange Haft — Strafvollzugsreformen können an diesen Grundphänomenen wenig ändern — mit der Auflösung der natürlichen und familiären Gemeinschaft, dem Unvermögen, die normalen Wünsche und Triebe zu befriedigen, dem verfrühten Altern, dem Verlust von Initiative und Verantwortung, dem Schrumpfen der menschlichen Affekte und Emotionen verbunden und macht bei jahrzehntelanger Dauer den durchschnittlichen Verurteilten zum physisch reduzierten und psychisch verkrüppelten oder abnormen Produkt einer naturwidrigen Lebensform[188]."

Ein abschließendes Urteil über die deformierenden Wirkungen der langen und lebenslangen Freiheitsstrafe dürfte heute noch nicht möglich

---

[183] Persönlichkeitswandlung S. 94 f.

[184] Stellungnahme zum Thema „Todesstrafe" in Niederschriften Bd. 11 S. 47. In diesem Sinne auch *Dreher*, Sonderausschuß Strafrechtsreform, Sitzung am 19. 1. 1967, Protokoll S. 846, und *Leferenz* bei *Friedrichs*, ZStW 80, 1968, 131.

[185] Neben *Welzel Bockelmann* und *Skott*, Niederschriften Bd. 11 S. 11, 17.

[186] Studies in Penology S. 10.

[187] Niederschriften Bd. 11 S. 52.

[188] Welt der Literatur vom 4. 2. 1965.

sein. Die Frage der langen Freiheitsstrafen, die mehr qualitative als quantitative Bedeutung hat, ist eines der schwierigsten und am meisten vernachlässigten Probleme des Strafvollzugs[189]. Hier sind noch große Anstrengungen notwendig, um Klarheit zu bringen.

IV. Die geistigen Erkrankungen bei Lebenslänglichen

Von den bloß deformierenden Wirkungen der lebenslangen Freiheitsstrafe, mögen sie auch außerordentlich stark und die Übergänge fließend sein, müssen die während der Haft auftretenden Psychosen unterschieden werden. Seitdem der Psychiater Rüdin 1909 in seiner Habilitationsschrift[190] über 50 Lebenslängliche aus der Irrenabteilung der Strafanstalt Moabit berichtete, existiert die Vorstellung, daß mit der Zeit alle Lebenslänglichen geisteskrank würden. Rüdin selbst hat so etwas nie behauptet. Er zitiert nur einleitend die Äußerung des Gefängnisarztes Leppmann, daß die Lebenslänglichen mit der Zeit alle mehr oder weniger als geisteskrank erkannt würden, beziehungsweise in Geistesstörung schweren oder leichteren Grades verfielen[191]. Der Versuch, dieser Behauptung an Hand der Literatur nachzugehen, erweist sich als außerordentlich schwierig. Seit der Arbeit Rüdins haben Terminologie, Methode und Wissenstand der Psychiatrie ständig Fortschritte gemacht, und auch die Haftbedingungen haben sich seither geändert. Unter diesen Umständen muß ich mich auch hier auf ein kurzes Referat beschränken.

Bei der Frage nach den geistigen Erkrankungen der Lebenslänglichen ergeben sich aus der Hauptunterteilung der Psychosen zwei Problemkreise. Der erste umschließt die endogenen Psychosen, und das heißt in diesem Falle fast ausschließlich die Schizophrenie. Der zweite Problemkreis betrifft die psychogenen Psychosen, die man wohl als die eigentlichen Haftpsychosen bezeichnen kann. Er hat für unser Thema praktisch die weitaus größere Bedeutung.

Der Zusammenhang zwischen Schizophrenie, Mord und lebenslangem Zuchthaus ist nicht weniger rätselhaft als die Schizophrenie überhaupt[192].

---

[189] *Pompe* in „De lange Gevangenisstraf" S. 77; vgl. auch das sehr zurückhaltende Urteil in Home Office, The Regime for Long-Term Prisoners S. 57 ff., ferner *Mittermaier*, Gefängniskunde S. 125. Die neuere Arbeit von R. *Rijksen*, Vijf jaar tot levenslang, langgestraften in den gevangenis te Breda, Alphen a. Rh. 1967 (vgl. dazu die Besprechung von *Kühler*, MSchrKrim 51, 1968, 232 f.) habe ich leider nicht mehr rechtzeitig beschaffen und auswerten können.

[190] Über die klinischen Formen der Seelenstörungen bei zu lebenslänglicher Zuchthausstrafe Verurteilten.

[191] a.a.O. S. 4.

[192] Zu der immer noch umstrittenen Frage nach der kriminogenen Wertigkeit der Schizophrenie vgl. *Schipkowensky*, Schizophrenie und Mord, Berlin 1938; ders., Schizofrenia e Omicidio, Quaderni di Criminologia Clinica 9, 1967,

Rüdin sah in der „dementia praecox" auch bei Lebenslänglichen „die häufigste symptomatologisch-klinisch einheitliche Geisteskrankheit" und meinte, diese Diagnose in 20 seiner Fälle (40 %) nach Symptomenbild und Ausgang mit Sicherheit stellen zu können[194]. Charakteristisch sei der Ausbruch der Krankheit in relativ frühem Alter, zumeist noch im dritten Lebensjahrzehnt und im ersten Jahrzehnt der Haft sowie ihr chronischer Verlauf. Als Symptom zeigten sich die verschiedensten, auch sonst bekannten Beeinträchtigungs- und Wahnvorstellungen, die allerdings häufig durch die Haftsituation ihr besonderes Gepräge erhielten, vor allem indem sie sich mit Unschulds- und Begnadigungsideen verbänden. Lumpp diagnostizierte drei Jahre später ganz ähnliche Fälle von „dementia praecox", wenn auch in wesentlich geringerer Zahl (vier von 26 Erkrankten)[195], und auch Toeben beobachtete bald darauf unter 70 Gefangenen gleichfalls einige derartige Fälle, meldete aber sofort Zweifel an der Feststellung Rüdins, es handele sich dabei um die einheitlichste Gruppe der bei den Lebenslänglichen feststellbaren Geistesstörungen[196]. Auch in jüngerer Zeit ist noch wiederholt, besonders von Wilmanns, das verhältnismäßig häufige Auftreten der Schizophrenie unter verurteilten Mördern hervorgehoben worden[197]. Von anderen wiederum wird es geleugnet[198].

In unserem Zusammenhang stellt sich nur die Frage, ob die langdauernde Haft als solche für den Ausbruch der Schizophrenie verantwortlich gemacht werden kann. Schon Rüdin hat diese Frage verneint[199]. Auch Toebben und Wilmanns äußern starke Zweifel. Es scheint, als ob diese Frage auch weiterhin verneint werden müßte. Zunächst ist schon unsicher, ob man sich in allen Fällen, vor allem bei den älteren Arbeiten, auf die Diagnose verlassen kann. Andererseits besteht ganz sicher eine gewisse Affinität zwischen der Schizophrenie und dem Mord, mag auch hier im einzelnen alles umstritten sein. Es könnte daher der Zusammenhang zwischen Haft und Psychose nur darin liegen, daß die latent bestehende Psychose zum Verbrechen oder zum „Sich-Erwischen-lassen" führte und dann in der Haft manifest wurde.

Dagegen kann als gesichert gelten, daß es bestimmte Syndrome gibt, die durch die Haft und hier besonders durch die lebenslange Haft auf

273—306; *Bürger-Prinz*, Schizophrenie und Mord. Eine kritische Auseinandersetzung mit dem gleichnamigen Buch von Nikola *Schipkowensky*, MSchrKrim 30, 1939, 28—35 und 32, 1941, 149—161; *Wilmanns*, Über Morde im Prodromalstadium der Schizophrenie, Zeitschrift für die gesamte Neurologie und Psychiatrie 170, 1940, 583—672.

194 S. 10.

195 BlfGefK 47, 1913, 124 ff.

196 MSchrKrim 9, 1913, 468.

197 *Wilmanns* a.a.O. Fußn. 193 S. 668.

198 Nachweise bei Joachim *Schröder* S. 7.

199 S. 149.

psychischem Wege ausgelöst werden und den Stempel dieses Ursprungs in Verlauf und Einzelsymptom tragen. Ihre Entstehung wird wahrscheinlich durch gewisse Dispositionen sehr begünstigt, ein Umstand, den besonders die ältere Literatur immer wieder hervorgehoben hat, indem sie die Lebenslänglichen stets als eine Ansammlung von Minderwertigen, Degenerierten und Psychopathen beschreibt[200]. Hier macht sich ganz deutlich noch der unmittelbare Einfluß Lombrosos geltend.

Die in der Anfangszeit der Haft, oft auch schon in der Untersuchungshaft auftretenden übertriebenen Affektreaktionen, besonders der Zuchthausknall, der sich in einem Wut- und Schimpfanfall mit blindem Zerstörungsdrang äußert, und der Gansersche Dämmerzustand, eine aus dem Unterbewußtsein gesteuerte Simulation von Geisteskrankheit, können hier übergangen werden. Sie sind für die lebenslange Haft nicht spezifisch und heilen bei richtiger Behandlung bald wieder ab.

Die spezifischen Krankheiten der Lebenslänglichen hat als erster Rüdin beschrieben. In 26 von 50 Krankheitsfällen fand er psychogene Psychosen, darunter als besonders charakteristisch für die Lebenslänglichen den Unschulds- und den Begnadigungs- und Entlassungswahn. Am häufigsten war der Unschuldswahn. Bei dieser Erscheinungsform verwandelt sich die bloße Ungeständigkeit in die subjektiv unerschütterlich feste Überzeugung eigener Unschuld. Selbst bei anfangs Geständigen bildet sich allmählich oder plötzlich, in der Regel unter Begleitung von Sinnestäuschungen, der Unschuldswahn heraus. Der Begnadigungswahn ergreift die Gefangenen, nachdem sie etwa 60 Jahre alt geworden sind und 30 Jahre ihrer Strafe verbüßt haben. Rüdin sprach deshalb auch vom „präsenilen" Begnadigungswahn. Wenn ihre Gnadengesuche wiederholt abgelehnt worden seien, träten die Gefangenen eines Tages ganz plötzlich mitten aus tadelloser Führung mit der felsenfesten Behauptung hervor, sie seien begnadigt und ließen diesen Wahn nicht wieder los. Der Wahn werde mehr oder weniger begleitet von Sinnestäuschungen meist des Gehörs, aber auch des Gesichts, die dem Wahn subjektiv sinnliche Sicherheit gäben. Die Wahnbildung sei aber nicht konfus, ungeheuerlich und phantastisch, sondern entferne sich meistens nicht allzuweit von dem, was sich tatsächlich ereignen könnte. Von diesen ganz spezifischen Wahnformen abgesehen berichtete Rüdin noch über Fälle von Querulanten-, Größen- und Verfolgungswahn. Alle diese Formen brauchten nicht rein aufzutreten, sondern könnten sich mischen.

Immer wieder betonte Rüdin den verhängnisvollen Einfluß, den die zahlreichen Disziplinarstrafen auf die Entwicklung solcher Psychosen ausübten. Zu jener Zeit wurden alle psychopatischen Erscheinungen zu-

---

[200] Vgl. z. B. *Rüdin* S. 6 f.; *Lumpp*, BlfGefK 47, 1913, 113 f.; *Winckelmann*, a.a.O. S. 22 ff.

nächst als Simulation mit Arrest und notfalls Duschen und Prügel behandelt, und erst wenn diese Mittel jahrelang versagten, sah man sich genötigt, den Gefangenen den Ärzten zu übergeben. Insoweit haben sich die Verhältnisse inzwischen entscheidend gewandelt.

Liepmann fand Rüdins Schilderungen des Unschulds- und Begnadigungswahns in einer Reihe von Berichten voll bestätigt[201]. Ein Jahr später meinte allerdings der Vollzugsbeamte Deetjen, von einer übergroßen Zahl geistiger Erkrankungen Lebenslänglicher, namentlich im Vergleich zu den Erkrankungen zeitiger Gefangener, könne nicht gesprochen werden[202]. Es ist aber doch symptomatisch, daß die außerordentlich gründliche Preußische Strafvollzugsstatistik die Lebenslänglichen überhaupt nur unter der Rubrik „Geistige Erkrankungen" besonders auswies. Dort wurden in den Jahren 1923 bis 1929 durchschnittlich 13 bis 14 Fälle gemeldet. Leider sind diese Zahlen so gut wie wertlos, weil die Statistik weder die Gesamtzahl der Lebenslänglichen angibt noch erkennen läßt, ob nur Neuerkrankungen oder alle Krankheitsfälle gezählt werden. Es scheint, als ob das letztere der Fall ist. Dann wäre die Zahl der Erkrankungen jedenfalls nicht sonderlich hoch, denn in Preußen hat es zwischen 500 und 600 Lebenslängliche gegeben. Dagegen fand der Gefängnisarzt Lumpp 1913 bei 26 von 50 Gefangenen Zeichen geistiger Störungen[203]. Sechs Fälle rechnete er der Dementia praecox zu, zwei davon sollen schon vor Strafantritt manifest gewesen sein. Im übrigen handelte es sich um Haftpsychosen, darunter auch die von Rüdin beschriebenen Formen des Unschulds- und Begnadigungswahns. Bemerkenswert erscheint, daß bei sieben Gefangenen nach ihrer Begnadigung alle psychotischen Erscheinungen verschwanden. Besonders kraß waren die Ergebnisse Toebbens in seiner ersten Arbeit aus dem Jahre 1913[204]. Er berichtete, daß von seinen 70 Fällen „bei weitem der größte Teil vorübergehend oder dauernd geisteskrank wurde". Addiert man die mitgeteilten Zahlen, so kommt man sogar auf 100 %. Offenbar hat Toebben nicht die Zahl der überhaupt Erkrankten, sondern die Zahl der Krankheitsfälle gezählt. Aus seiner Mitteilung, daß die Krankheit in 32 Fällen (45,7 %) schon in den ersten fünf Jahren aufgetreten sei, ist die Annahme berechtigt, daß auch die akuten Haftpsychosen in der Form des sogenannten Zuchthausknalls berücksichtigt sind. Im übrigen betont Toebben daß er ebenso wie Rüdin zur größeren Hälfte rein psychogene oder psychogen stark beeinflußte Irreseinsformen gefunden habe. Zu ihnen rechnet er auch mit Rüdin den Querulantenwahn, die „psychogenen Psy-

[201] Gutachten S. 187 Fußn. 378.

[202] ZStW 34, 1913, 702.

[203] BlfGefK 47, 1913, 124.

[204] MSchrKrim 9, 1913, 467.

chosen auf dem Boden epileptischer Entartung" und den Begnadigungswahn der Lebenslänglichen. Viernstein stellte 1914 bei 40 Lebenslänglichen in 22,5 % der Fälle Geisteskrankheit fest[205].

Jüngere Berichte geben ein anderes Bild. 1927 beobachtete Toebben unter 56 Gefangenen nur noch drei Fälle von Geisteskrankheit, darunter einen Fall von Unschuldswahn[206]. Michel hatte 1924 unter seinen zwölf Probanden keinen Geistekranken gesehen, allerdings war die Strafzeit bei allen noch verhältnismäßig kurz[207]. Winckelmann fand 1934 unter 50 Mörderinnen noch sechs Geisteskranke, von denen drei in eine Heilanstalt überführt werden mußten[208]. Ohm (1959 und 1960) schenkt der Frage der Geisteskrankheit bei Lebenslänglichen keine Beachtung mehr. Es scheint danach, als ob man heute gelernt hat, die psychogenen Psychosen in der Haft zu beherrschen, während die feineren Diagnosemöglichkeiten es gestatten, Fälle von Schizophrenie schon im Strafverfahren zu erkennen. Die Vorstellung, daß alle Lebenslänglichen mit der Zeit geisteskrank werden müßten, ist sicher nicht zutreffend. Dennoch könnte die langandauernde Haft auch heute noch für eine Reihe psychotischer Erscheinungen verantwortlich zu machen sein.

---

205 ZfMedizinalbeamte 27, 1914, 41 ff.

206 Neuere Beobachtungen S. 185.

207 MSchrKrim 15, 1924, 70.

208 Veröffentl a. d. Gebiete der Medizinalverwaltung XLII, 1934, 64.

Vierter Abschnitt

Die Rolle der lebenslangen Freiheitsstrafe in der Strafrechtsgeschichte

I. Die Entwicklung von der Gnadenstrafe zur Arbeits- und Sicherungsstrafe

Bis zum Ausgang des Mittelalters hatten im Strafrecht des germanisch-fränkischen Raumes Leibes- und Lebensstrafen die beherrschende Stellung inne[1]. Erst nach und nach und nur sehr zögernd machte das Strafrecht die Freiheitsentziehung als Strafmittel nutzbar, und zwar zunächst auch nur für die kleinere Kriminalität mit zeitigen oder unbestimmten Gefängnisstrafen von mäßiger Dauer. Seit dem 14. Jahrhundert verwandten die Städte die Haftstrafe häufiger bei minder schweren Vergehen, etwa bei privilegierten Formen des Diebstahls oder leichter Körperverletzung[2]. Auch dann erschien lebenslange Freiheitsstrafe in den überlieferten Stadtrechten nur ausnahmsweise[3]. Nirgends war die lebens-

---

[1] Über die Anwendung lebenslanger Haft in verschiedenen Kultur- und Rechtskreisen des Altertums vgl. *Krauß* S. 6, 24 f., 27, 46 ff.; *Bohne*, Freiheitsstrafe Bd. 1 S. 74 f.; ferner zum römischen Recht unten Fußn. 14 und 18.

[2] *Bohne* a.a.O. S. 233; *His* S. 556 ff.; Eb. *Schmidt*, Einführung S. 64. Ein bedeutender Einfluß zugunsten der Freiheitsstrafe ging verhältnismäßig früh von der Kirche aus (*Bohne* a.a.O.). Die Todesstrafe nimmt dem Verbrecher die Möglichkeit, in sich zu kehren und zu bereuen. Ecclesia abhorret sanguinem. Buße und wahre innere Besserung sind das Ziel der Kirchenstrafe, die Einkerkerung „ad agendam paenitentiam“ ist dazu das geeignete Strafmittel. So wurde, zunächst nur bei Ordensmitgliedern, dann auch bei Weltgeistlichen und Laien, von der Einsperrung im Kloster und in bischöflichen Gefängnissen immer häufiger Gebrauch gemacht. Die Dauer der Haft war von den Konzilien und in den Ordensregeln oft genau festgelegt, häufiger aber war entweder die Strafzumessung in das Ermessen des kirchlichen Richters gestellt oder die Strafe sollte bis zur Besserung andauern. „Carcer perpetuus“ stand auf die schwersten Verbrechen, auf Mord, Giftmischerei, gewohnheitsmäßige und widernatürliche Unzucht, Häresie und tätlichen Angriff gegen den Prälaten. Bald galt der Grundsatz, daß alle Verbrechen, die nach weltlichem Recht mit der Todesstrafe bedroht waren, im Kloster mit ewigem Gefängnis geahndet wurden, später mit der Einschränkung, daß lebenslange Klosterhaft nur verhängt werden durfte, wenn das weltliche Recht eine qualifizierte Todesstrafe androhte (*Bohne* a.a.O. S. 239 f., 255 f.; *Krauß* S. 206 f.). Ketzer, die sich bekehrten, strafte das Ketzergesetz Friedrichs II. von 1232 statt mit dem Tode mit lebenslanger Kerkerhaft: „juxta canonicas sanctiones ad agendam paenitentiam in perpetuum carcerem retrudentur“.

[3] Die Freiburger Einung von 1282 drohte lebenslangen Kerker als Ersatzhaft an für den Bannbrüchigen, der nicht zahlen konnte: „Man sol ime von der stat

lange Haft am Anfang ein ursprüngliches und eigenständiges Strafmittel. Außerhalb von Gesetz und Recht fand sie langsam Eingang in die Strafrechtspflege. Wenn man sich aus irgendwelchen Gründen scheute, die Todesstrafe zu vollziehen, so wählte man statt dessen die Einsperrung. Als Gnadenstrafe wurde die lebenslange Freiheitsstrafe in einzelnen Fällen angewandt, wenn die Todesstrafe zu hart erschien und alle anderen Strafen versagten[4]. Oft war darin weniger ein Ausfluß von Milde als vielmehr die Folge von Ratlosigkeit und Unentschlossenheit zu sehen. Stets aber war lebenslange Haft nur ein Ersatz für die Todesstrafe. Das ewige Gefängnis galt daher auch als poena capitalis. Es wurde der Todesstrafe gleich geachtet und ebenso wie diese gefürchtet[5]. Ein merkwürdiger Zwitter war die Strafe der Einmauerung. Sie war allerdings nur im Süden Deutschlands bekannt[6]. Dort galt sie bald als besondere Vollstrekkungsart der Todesstrafe, bald als Freiheitsstrafe, die an die Stelle der Hinrichtung trat[7].

---

wassir unde brot gen unsint an sinen dot" (*His* S. 560). Nach dem Dortmunder Stadtbuch (um 1350) sollte lebenslange Haft den Mann treffen, der heimlich und ohne Erlaubnis der Eltern ein Mädchen heiratete (*His* S. 561). Von einer „Vorliebe aller alten Gesetzgebung für lebenslängliche Haft", von der *Bohne* (a.a.O. S. 64) gesprochen hat, kann aber nicht die Rede sein.

[4] Die folgenden Beispiele zur Anwendung der lebenslangen Freiheitsstrafe als Gnadenstrafe hat in der Mehrzahl schon *Bohne* (a.a.O. Fußn. 21 auf S. 83) zusammengestellt: 1339 wurde in Regensburg O. Gainkofer zum Tode verurteilt, da er den Rat hatte stürzen wollen. Da aber „alle Pfaffheit" mit den Reliquien des heiligen Ehrhardt auf dem Rathaus erschien, um den Verurteilten zu retten, kam er auf ewig in den Gießübel, einen sehr festen Regensburger Kerker. 1354 wurde ein Mörder vom Kaiser „losgebeten" und für immer im Gießübel gesichert. Ebenso erging es 1492 einer Gattenmörderin. Das Urteil lautete, „daz man sie vermauren solt in einem ewigen Charcher, ir lebtag darin zu beleiben und ze pussen an alle ledigung". 1356 wurde jemand, der ein falsches „insiegel" auf einen Brief „geleint" hatte, auf Bitten seiner „erbergen" Freunde begnadigt, im Gießübel zu „faulen", und 1439 ein diebischer Mönch von St. Jakob zu ewigem Gefängnis verurteilt, allerdings vom Bischof ohne Wissen des Rats und ohne Urfehdeschwur freigelassen. In Zürich erhielt 1399 ein gewisser Andreas Seiler wegen grober Verleumdungen „ewiges Gefängnis bis zu seinem Tode" (nach *Hafner*, Schweizerische Gefängniskunde, Bern 1925, S. 2). In Speyer wurde 1509 der zum Tode verurteilte Bernhard Koch, ein sehr gefährliches Subjekt, zu ewigem Gefängnis in den Turm gelegt. Auch als Verdachtsstrafe scheint die Lebenszeitstrafe verwandt worden zu sein. In Frankfurt sperrte man 1512 eine Kindesmörderin lebenslänglich ein, der die Tötung nicht nachzuweisen war. Ähnlich wurde 1572 in Villingen eine Frau, welche der Hexerei angeklagt war, aber nicht überführt werden konnte, wohl von der Anklage freigelassen, aber „in spittal genommen, ir leben lang darin zu erhalten an ainer ysen Kettin". 1497 entfloh dort auch ein gewisser Romias Mans, der wegen Beleidigung des Stadtschreibers und Schultheißen lebenslänglich in den Turm gelegt werden sollte (Rud. *Maier*, Das Strafrecht der Stadt Villingen, Freiburger Dissertation o. J., S. 60).

[5] *Bohne* a.a.O. S. 253; *Krauß* S. 281; *v. Weber*, Festschrift Zycha S. 459.

[6] Vgl. dazu *His* S. 499, 563 f.; *Wettstein*, Die Geschichte der Todesstrafe im Kanton Zürich, Winterthur 1958, S. 129.

[7] Als man 1419 in Augsburg vier Geistliche, deren Blut zu vergießen man sich scheute, in den Turm einmauerte und dem Hungertode preisgab, war die

Die Wende zur Neuzeit wird markiert durch die Gesetzeswerke aus der Feder Schwarzenbergs, die Bambergische Halsgerichtsordnung von 1507 (Bambergensis) und die Peinliche Gerichtsordnung Kaiser Karls V. von 1532 (Carolina). In beiden Gesetzen wollte Schwarzenberg das Gefängnis grundsätzlich nur zur Bewachung des Verbrechers während des Strafverfahrens, also als Untersuchungshaft, benutzt wissen. Zeitigen Freiheitsentzug hatte er als Strafe nur für den leichteren Fall des Diebstahls in Art. 157 der Carolina vorgesehen. Dagegen war von „ewiger gefengknuss" in beiden Gesetzen wiederholt die Rede[8], meistens in der Zusammenstellung „von leibstraffen, die zum todt oder ewiger gefengknuss gesprochen werden", welche die Gleichsetzung mit der Todesstrafe erkennen ließ. Aber ausdrücklich angedroht wurde das ewige Gefängnis nur in Art. 102, 221 der Bambergensis, und zwar auch hier nicht als Strafe, sondern als Sicherungsmaßnahme gegen Personen, die die Urfehde gebrochen hatten oder aus anderen Gründen gefährlich erschienen. Die Carolina gab zwar in Art. 192 noch die Formel für die Verurteilung „zum todt oder ewiger gefengknuss". Doch wurde zur Sicherung gegen Personen, von denen man aus „erzeygten vrsachen, übels und missethatt warten muß", in den Art. 176, 195 die Gefangenhaltung nur auf unbestimmte Zeit bis zur Stellung einer Kaution angeordnet. Hier ist aus dem ewigen Gefängnis der Bambergensis eine ganz modern anmutende Sicherungsverwahrung geworden.

Dem gemeinen Recht war die lebenslange Freiheitsstrafe also von vornherein nicht völlig fremd[9]. Doch sie blieb auch im 16. Jahrhundert noch ohne größere praktische Bedeutung. Vorerst wurden die Todesstrafe und verstümmelnde Leibesstrafen, wo immer sie zu hart erschienen, ersetzt durch den Staupenschlag, der notwendig mit ewiger Landesverweisung verknüpft war. Diese Strafart fand in Deutschland unter Führung Kursachsens eine erstaunliche Verbreitung und hielt sich bis in das 17. und zum Teil noch bis in das 18. Jahrhundert[10]. Die Freiheitsstrafe blieb daneben eine Ausnahmeerscheinung. Lebenslange Freiheits-

---

Einmauerung nur eine besondere Art der Hinrichtung (vgl. *His* a.a.O.). Sollte die Einmauerung dagegen die Hinrichtung ersetzen, so wurde der Verurteilte durch ein kleines Mauerloch jedenfalls notdürftig mit Nahrung versorgt, bis er eines langsamen, qualvollen Todes starb. So geschah es z. B. in Luzern mit der Apollonia Kneubühlerin, die wegen Diebstahls und anderer Sachen „nach Gnaden" gerichtet und ihrem Bruder, dem Schultheißen von Willisau, übergeben wurde, sie einzumauern und mit Moss und Brot zu erhalten, was lebenslänglicher Freiheitsstrafe gleichkam (nach *Hafner* a.a.O. Fußn. 4 S. 3).

[8] Art. 11, 102, 219, 221 und 222 der Bambergensis, Art. 10, 101, 176, 192, 195 der Carolina.

[9] *Carpzov*, Practica nova, pars III quaestio 111 nr. 56, betont, daß sie nur verhängt werden darf, wo das Gesetz sie besonders vorsieht, da es sich um eine poena capitalis handelt.

[10] *Breithaupt* S. 52 ff.; *v. Weber*, Festschrift *Zycha* S. 433.

strafe trat weiterhin gelegentlich gnadenweise an die Stelle der Todesstrafe[11] und subsidiär auch an die Stelle des Staupenschlages, wenn der des Landes Verwiesene die Urfehde brach und zurückkehrte[12]. Die Wende kam erst, als sich die herkömmlichen Strafen des gemeinen Rechts kriminalpolitisch als Fehlschlag erwiesen. Die übermäßige Härte der Leibes- und Lebensstrafen weckte den Widerstand der Bevölkerung gegen eine Strafverfolgung, die nicht mehr als gerecht, sondern als grausam empfunden wurde[13]. Das Heer der Bettler, Gauner und Räuber, das die großen Kriege freigesetzt hatten, konnte man nicht mehr mit der Todesstrafe bekämpfen. Durch Staupenschlag und Landesverweisung wurde es zwischen den Territorien hin- und hergeschoben und das Übel dadurch nur vergrößert. So war man geradezu gezwungen, Staupenschlag und Landesverweisung durch Einsperrung zu ersetzen. Das Vorbild des Galeerendienstes in den italienischen Stadtrepubliken, die wieder lebendige Erinnerung an die römische Rechtstradition[14] und der Geist des Merkantilismus ließen daraus die Verurteilung zu öffentlicher Zwangsarbeit entstehen, deren wichtigste Form die Festungsbaugefangenschaft oder Karrenstrafe wurde. Die opera publica verdrängten nicht nur das Gefängnis alten Stils, die zumeist kurze Haft in Rathauskellern oder Stadttürmen. Auch die neue Zuchthausstrafe nach dem Vorbild des Rasphuis (1595) und Spinhuis (1597) in Amsterdam, die in Deutschland bald Nachahmungen gefunden hatte, konnte sich, jedenfalls was ihre praktische Bedeutung und Verbreitung anlangt, vorerst noch nicht durchsetzen. Ja, die Ausbreitung der Zuchthäuser erlitt nach einem hoffnungsvollen Anfang mit der Entwicklung zum Merkantilismus bald einen empfindlichen Rückschlag, so daß die Zuchthäuser den opera publica oft sogar ihren Namen herleihen mußten. In der Gestalt des opus

---

[11] Davon berichtet *Carpzov*, Practica nova, pars III quaestio 102 nr. 2 ff.

[12] *Breithaupt* S. 21; Bambergensis Art. 102.

[13] Hellm. *Mayer*, AT S. 23.

[14] Die Zwangsarbeit wurde im letzten vorchristlichen Jahrhundert in Rom nach ägyptischem Vorbild eingeführt und gedieh bald zu einem der wichtigsten Strafmittel. Die härteste Arbeitsstrafe war die Bergwerksstrafe. Nach der Todesstrafe galt sie als die schwerste Strafe überhaupt. Die Bergwerksstrafe trat in zwei Stufen auf, als metallum und als opus metalli, die sich durch die schweren oder leichteren Fesseln und wohl auch durch strengere oder mildere Behandlung unterschieden. Bergwerksstrafe sollte nur auf Lebenszeit verhängt werden, mögen in der Praxis auch zeitige Verurteilungen unterlaufen sein. Der zu lebenslänglicher Zwangsarbeit Verurteilte konnte nach zehn Jahren seinen Verwandten zurückgegeben werden, wenn er zur Arbeit nicht mehr taugte, blieb aber rechtlich unfrei. Die Strafe wurde verhängt ohne Rücksicht auf Alter und Geschlecht, war aber auf die Geringen (humiliores) und Sklaven beschränkt. Eine leichtere Form der Zwangsarbeit, die nicht nur auf Lebenszeit, sondern auch befristet verhängt werden konnte, war das opus publicum. Es umfaßte Arbeiten, die sonst von Unfreien verrichtet wurden, wie die Ausbesserung der Straßen, Kloakenreinigung und Arbeit an den Pumpen. Sklaven sollten zu opus publicum nicht verurteilt werden, da diese Strafe nur ihren Herrn getroffen hätte (*Mommsen* S. 949 ff.).

publicum, der Zwangsarbeitsstrafe, wurde die länger dauernde Freiheitsentziehung seit dem 17. und verstärkt seit der Wende zum 18. Jahrhundert in umfassender Weise als Strafmittel nutzbar gemacht[15].

Eingang in die Strafrechtspflege fand das neue Strafmittel, die peinigende Arbeitsstrafe, vorerst außerhalb der Gesetze. Zunächst bemächtigte sich die landesherrliche Kasualpraxis der neuen Strafart. Aber auch die Gerichte griffen sie auf, wenn es eine poena arbitraria oder eine poena extraordinaria festzusetzen galt. Erst allmählich wurde die condemnatio ad opera publica auch in landesherrlichen Verordnungen und in den Gesetzen angedroht[16]. Diese Entwicklung hatte zur Folge, daß es anfangs völlig an Grundsätzen für die Strafzumessung fehlte. Je mehr man sich von den ordentlichen Strafen der Carolina abwandte, je reicheren Gebrauch man von der neuen Freiheitsstrafe machte, um so mehr zeigte sich in der Strafzumessung beispiellose Willkür. Abschreckung und Sicherung bildeten die leitenden Gesichtspunkte bei der Wahl der Strafe und führten bald zu übertrieben kurzen, häufiger aber zu übermäßig langen Freiheitsstrafen[17]. Nur zu gern ließ der konsequent zu Ende geführte Sicherungsgedanke an die Stelle von Staupenschlag und Landes-

---

[15] Mit dieser Ansicht von der Entwicklung der Freiheitsstrafe stelle ich mich auf die Seite *Kriegsmanns* (Gefängniskunde S. 3 ff., 5), *Delaquis'* (Einführung in das Gefängniswesen, SchweizZStr 37, 1923, 340 ff.) und *v. Webers* (Festschrift *Zycha* S. 427 ff., 457) und gegen die überwiegende Meinung, die im Anschluß an R. *v. Hippel* die „moderne" Freiheitsstrafe historisch ausschließlich auf die holländischen Zuchthäuser des ausgehenden 16. Jahrhunderts zurückführen will (grundlegend ZStW 18, 1898, 419 ff.; *v. Hippel* haben sich angeschlossen vor allem seine Schüler Doleisch *v. Dolsperg* (S. 46 ff.) und *Seggelke* (S. 40 ff.) sowie Eb. *Schmidt* (z. B. in *Liszt-Schmidt*, Lehrbuch Bd. 1 S. 379 und Einführung S. 186 ff.) und neuerdings *Krebs* (Die Forschungen R. v. Hippels ..., ZStW 79, 1967, 1 ff.). Die Kontroverse erhält ihre Schärfe dadurch, daß die Gegenmeinung nur den ideellen Unterschied zwischen dem opus publicum und dem holländischen Zuchthaus gelten läßt. Dieser Unterschied ist in der Tat außerordentlich groß. Eb. *Schmidt* (Einführung S. 187) nennt die opera publica „Leibesstrafen neuerer Art", ja „geradezu verlängerte Todesstrafen". Jedenfalls ist beim opus publicum der Arbeitszwang Strafübel und Selbstzweck und die Einsperrung daneben nur eine sichernde Begleitmaßnahme, während das Wesen der modernen Freiheitsstrafe nach holländischem Vorbild darin besteht, daß der Freiheitsentzug selbst das Strafübel ausmacht, das, verbunden mit dem Arbeitszwang, zugleich das nachdrücklichste Mittel abgeben soll, um bessernd und erziehend auf den Verbrecher einzuwirken und ihn dadurch wieder in die freie Gesellschaft einzugliedern. Indessen darf man bei allen Unterschieden der zugrundeliegenden Idee nicht die äußerliche Gemeinsamkeit übersehen, die durch die Verbindung von Freiheitsentziehung mit Arbeitszwang begründet wird. Denn diese Gemeinsamkeit hat den Lauf der Geschichte bestimmt und bewirkt, daß die „condemnatio ad opera publica (der Freiheitsstrafe) zuerst einen großen Teil ihres späteren Anwendungsgebietes erobert hat" (*Kriegsmann* S. 3). Erst die mit dem Ende des 18. Jahrhunderts international einsetzende Gefängnisreformbewegung konnte dann den nunmehr überall vorhandenen äußeren Rahmen der Freiheitsstrafe mit neuem Inhalt füllen und dem Besserungsgedanken endgültig zum Siege verhelfen.

[16] Eb. *Schmidt*, Einführung S. 187.

[17] *Kriegsmann* S. 12.

verweisung die lebenslange Freiheitsstrafe treten. Der Strafrechtstheorie blieb nur noch die Aufgabe, den Einwand auszuräumen, daß das römische Recht die lebenslange Freiheitsstrafe für unzulässig gehalten habe[18].

Die Strafe des opus publicum setzte sich in den südlichen Teilen Deutschlands annähernd ein Jahrhundert früher durch als nördlich des Mains. In Nürnberg kannte man schon 1577 die Springerstrafe. In Württemberg wurde der Staupenschlag durch öffentliche Arbeiten ersetzt. Dagegen erwähnte das ostpreußische Landrecht von 1685 den Festungsbau überhaupt erst an einer Stelle. Im revidierten Landrecht von 1721 begegnet das opus publicum aber schon etwa 40mal. Nun wurde es in einem Fall auch lebenslänglich vorgesehen, wenn auch zunächst ausdrücklich nur als Gnadenstrafe[19]. Braunschweig-Lüneburg hatte 1701 für Hausdiebe lebensländliches opus publicum alternativ neben die Todesstrafe treten lassen[20]. 1717 wurde dort im Verordnungswege die mit ewiger Landesverweisung verbundene Strafe des Staupenschlages ganz aufgehoben und durch opera publica oder Zuchthaus, beides in perpetuum, ersetzt. Diese Maßnahme wurde ausdrücklich mit dem Sicherungszweck begründet, den man durch die neue Strafe eher zu verwirklichen hoffte, als durch Staupenschlag und Landesverweisung, die den Verurteilten zum ehrlichen Unterhalt unfähig gemacht und ihn dadurch zu weiteren Verbrechen gezwungen hatten[21]. In der zweiten Hälfte des

[18] Dieses Bemühen reicht von *Carpzov* bis in das 19. Jahrhundert; vgl. *Abegg*, Archiv des Criminalrechts, N.F., 1838, 70; *Feuerbach-Mittermaier*, Lehrbuch des Peinlichen Rechts, Giessen 1847, S. 240 Note V; *Wächter* S. 39. Als ordentliche Strafe kannte die Republik weder zeitiges noch lebenslanges Gefängnis. Das Gefängnis (carcer, vincula) diente dem Privatrecht als Schuldhaft, der Verwaltung als Beugemittel und dem Strafverfahren als Untersuchungs- und Exekutionshaft. Nur in Ausnahmefällen wurde der carcer zur Strafe und dauerte dann allerdings manchmal als Ersatz für die Todesstrafe auch lebenslänglich (vgl. Doleisch *v. Dolsperg* S. 14). Die Kaiserzeit kannte sowohl lebenslängliches (perpetua vincula) als auch zeitiges (temporalia vincula) Gefängnis. Das zeigen z. B. *Callistratos* Dig. 48, 19, 28, 14 und *Ulpian* Dig. 48, 19, 8, 13 einerseits und *Ulpian* Dig. 11, 5, 1, 4 sowie *Scaevola* Dig. 47, 10, 38 andererseits. Aber die praktische Bedeutung war gering und die Tendenz der Gesetzgebung ging dahin, die Anwendung der Gefängnisstrafe zu beschränken. *Ulpian* lehnte sie grundsätzlich ab (Dig. 48, 19, 8, 9). *Callistratos* betonte besonders die Unzulässigkeit der lebenslangen Gefängnisstrafe (Dig. 48, 19, 35), *Antonius* ebenso jedenfalls für den Fall, daß sie gegen freie Bürger verhängt wurde (Cod. Just. 9, 47, 6). Ihre Zulässigkeit gegen Sklaven war dagegen allgemein anerkannt. Vgl. ferner zur lebenslangen Zwangsarbeit Fußn. 14 oben.

[19] Buch VI Tit. V Art. III § IV: „Wenn nun einer zum drittenmahl den Meyn-Eid vorsetzlicher und boßhaffter Weise bricht, der soll mit der ihm angedeuteten Todes-Straffe beleget werden. Wir wollen uns aber solche Todes-Straffe/vorkommenden Umständen nach/in die Strafe ad perpetuos carceres operas publicas zu verwandeln vorbehalten haben."

[20] *Kriegsmann* S. 4 Fußn. 2. In Schleswig-Holstein setzte Christian VII. 1771 an die Stelle der Todesstrafe für den wiederholten Diebstahl lebenswierige Festungs- und Zuchthausarbeit (a.a.O. S. 11 Fußn. 1).

[21] *Breithaupt* S. 89 f.

18. Jahrhunderts diente lebenswieriges Zuchthaus oder opus publicum aber auch in verstärktem Maße zur Abwendung der gesetzlich vorgesehenen Todesstrafe, besonders für Kindestötung und Rückfalldiebstahl[22].

Eine ähnliche Entwicklung vollzog sich in Preußen. Ein Edikt vom 18. 12. 1743 ersetzte die Landesverweisung durch lebenslange Freiheitsstrafe „mit leidlicher Arbeit", damit der Verurteilte „nicht herumlauffen oder mehr Übelthaten ausüben könne"[23]. Von der Landesverweisung, die vor allem Sicherungsstrafe gewesen war, wurde der Sicherungscharakter so allenthalben auf die lebenslange Freiheitsstrafe übertragen. Der Sicherungszweck, den man mit dieser Strafe verband, trat besonders deutlich hervor bei der Behandlung des Rückfalldiebstahls, dem man damals kriminalpolitisch noch ratloser gegenüberstand als heute. Nach dem Satz von der Verhältnismäßigkeit von Verbrechen und Strafe verbot sich die Todesstrafe, so daß nur die dauernde Einsperrung blieb, um die Gesellschaft vor ständig rückfälligen Eigentumsverbrechern zu schützen. Am 4. 2. 1747 erging für Berlin ein Edikt, demzufolge Diebe im Rückfall mit lebenslänglicher Freiheitsstrafe bestraft werden sollten, und in einem Edikt vom 28. 9. 1750 ordnete Friedrich der Große für Straßenraub und Einbruchsdiebstahl gleichfalls lebenslange Freiheitsstrafe an; denn die Erfahrung habe gelehrt, „daß dergleichen Missethäter, wenn sie schon auf einige Zeit zum Festungsbau condemniret gewesen, sich darum nicht gebessert, sondern sobald sie ihre Freiheit erhalten, es da wo sie es gelassen, wieder angefangen"[24]. Ganz folgerichtig wurde aus der Lebenszeitverurteilung bis zum Ende des Jahrhunderts die Sicherungsverwahrung von unbestimmter Dauer. So ist es kein Zufall, daß gerade Ernst Ferdinand Klein, dem wir den strafrechtlichen Teil des Preußischen Allgemeinen Landrechts verdanken, als der geistige Vater der unbestimmten Verurteilung gilt[25]. Nach der Vorschrift des ALR I, 20, § 5 sollen Diebe und andere Verbrecher, welche ihrer verdorbenen Neigungen wegen dem gemeinen Wesen gefährlich werden könnten, nach ausgestandener Strafe des Verhafts nicht eher entlassen werden, als bis sie ausgewiesen haben, wie sie sich auf eine ehrliche Art zu ernähren imstande sind[26]. Den Schlußstein dieser Entwicklung bildet die berühmte

---

[22] Die Spruchtätigkeit der Göttinger Juristenfakultät legt davon reiches Zeugnis ab; vgl. Georg Jacob Friedrich *Meister*, Rechtliche Erkenntnisse und Gutachten in peinlichen Fällen, 5 Teile, Göttingen 1786—1799 S. 18, 100, 218, 220, 260, 315, 330, 477, 560, 565, 699; vgl. ferner den Hinweis von Ekkehard *Kaufmann*, Jur. Schulung 1961, 251.

[23] Vgl. dazu E. *Schmidt*, Die Kriminalpolitik Preußens S. 53, bes. Fußn. 2. 1747 ergingen entsprechende Anordnungen für Schlesien.

[24] Nach Eb. *Schmidt*, Die Kriminalpolitik Preußens S. 52.

[25] Vgl. *v. Liszt*, E. F. *Klein* und die unbestimmte Verurteilung, Strafrechtliche Aufsätze und Vorträge, Bd. 2 S. 133; *Aschaffenburg* S. 340.

[26] 1797 urteilten *Klein* und die hinter ihm stehende Juristenfakultät in Halle: „Um dem Inquisiten noch Beweggründe zur Besserung zu geben, werde die

Verordnung vom 26. 2. 1799 betreffend die Bestrafung der Diebstähle und ähnlicher Verbrechen, die als wichtigste Strafe für den Rückfalldiebstahl Zuchthaus- oder Festungsarbeit bis zur Begnadigung vorschrieb.

II. Lebenslange Haft als Alternative zur Todesstrafe

Die Ausbildung der lebenslangen Freiheitsstrafe zur Sicherungsstrafe, die sich seit den Gesetzeswerken Schwarzenbergs verfolgen läßt, kreuzt sich zeitlich mit der Abolitionsbewegung der Aufklärungszeit, die die Todesstrafe durch die lebenslange Freiheitsstrafe zu ersetzen sucht.

Die Aufklärung wollte von ihrem Bemühen um eine rationale Kriminalpolitik auch die schwersten Verbrechen, für die bis dahin ganz selbstverständlich der Tod als die einzig mögliche Strafe galt, nicht mehr ausnehmen, ohne aber auf Abschreckung und Sicherung zu verzichten. Dabei forderte die Aufklärung zwar in der Theorie eine Humanisierung der Strafen. Indessen war sie in der Praxis alles andere als human. Wenn sie sich gegen die Todesstrafe wandte, so geschah das nicht nur aus menschlichem Gefühl, sondern auch aus Abneigung gegen die unwirtschaftliche Vergeudung von Menschenleben[27]. Nicht mit der Besserungsstrafe nach dem Vorbild der Amsterdamer Zuchthausgründungen, sondern mit dem vom Merkantilismus wiederentdeckten opus publicum, der peinigenden Arbeitsstrafe, wollte die Aufklärung die Todesstrafe zurückdrängen.

In Österreich schrieb 1765 von Sonnenfels: „Die Todesstrafen sind dem Endzwecke der Strafen entgegen; schwere, anhaltende, öffentliche Arbeiten sagen demselben mehr zu, und machen die Bestrafung des Verbrechers für den Staat nutzbar[28].“ Auch Voltaire wandte sich gegen die Todesstrafe, weil er sie für ein höchst „antiökonomisches“ Strafmittel hielt, und forderte, an die Stelle rein unschädlich machender Strafen solche zu setzen, die die Arbeitskraft des Täters dem Staate erhalten[29].

---

lebenswierige Gefangenschaft ihrer Quantität nach von seinem künftigen Betragen abhängig gemacht.“ In einer preußischen Kabinettsordre vom 1. 2. 1799 heißt es: „Ich habe bemerkt, daß sehr viele Verbrecher und darunter sogar solche, welche durch meine Gnade losgekommen sind, sogleich wieder Verbrechen begangen haben. Mehrenteils kann dieses wohl in der gänzlichen Verderbtheit des Verbrechers seinen Grund haben, und alsdann bleibt zur Sicherstellung des Eigentums gegen Diebe und Räuber kein anderes Mittel als deren lebenswierige Einsperrung übrig.“

[27] Eb. *Schmidt*, Freiheitsstrafe in Brandenburg-Preußen S. 8; vgl. auch *Lehmann* S. 56 ff.

[28] Grundsätze der Polizey, Handlung und Finanz, hier zitiert nach der 5. Aufl. Wien 1787, Bd. 1 S. 484.

[29] In seinem Kommentar zu *Beccarias* Buch, Übersetzung in ZfStrVo 13, 1964, 335; vgl. auch Eb. *Schmidt*, Die Kriminalpolitik Preußens S. 11.

An der lebenslangen Freiheitsstrafe schätzte die Aufklärung ganz besonders ihre abschreckende Wirkung. Beccaria sah in der lebenslangen Freiheitsstrafe den geeigneten Ersatz für die von ihm abgelehnte Todesstrafe, denn er hielt die immerwährende Knechtschaft für eine schärfere und deshalb weit abschreckendere Strafe als den Tod. Dem Tode sähen viele Menschen still und ruhig entgegen. Doch könne niemand nach einiger Überlegung noch zweifeln, ob er seine Freiheit völlig und auf immer verlieren oder ein Verbrechen begehen wolle, wie groß auch immer die zu erhoffenden Vorteile wären[30]:

„Man wird mir einwenden, eine ewige Sklaverey sei eben so schmerzhaft, und folglich ebenso grausam, als der Tod. Ich gebe dieses zu und behaupte sogar, daß, wenn man alle unglücklichen Wirkungen der Knechtschaft zusammen rechnet, sie vielleicht noch schlimmer als der Tod ist, deswegen, weil sich jene auf die ganze Lebenszeit des Menschen erstreckt, dieser aber seine Macht nur auf einen Augenblick äußert und verübet. Die Strafe der Sklaverey hat den Vortheil, daß sie dem der sie siehet, weit schrecklicher vorkommt, als sie den Leidenden wirklich schmerzet; ersterer betrachtet die ganze Summe der unglücklichen Augenblicke, und letzterer kann wegen der Unseeligkeit der gegenwärtigen Augenblicke an die zukünftigen nicht denken. Alle Übel werden durch die Stärke der Einbildung vergrößert und ein Leidender findet Linderungsmittel und Trostgründe, welche die Zuschauer weder einsehen noch glauben können, weil sie der abgehärteten Seele des Leidenden eben dieselbe Empfindlichkeit zutrauen, die sie selbst haben[31].“

In Österreich machte Josef II. mit den Gedanken v. Sonnenfels' und Beccarias Ernst. Er meinte, auf die Todesstrafe verzichten zu können, weil er eine lebenslange Freiheitsstrafe für abschreckender hielt. Deshalb ersetzte er sie 1781 durch die „weit schröckbarere und empfindlichere“ Strafe des Schiffziehens, an der alsbald in jedem Jahr doppelt so viele Sträflinge zugrunde gingen wie früher hingerichtet wurden. Die Josefina von 1787 ließ es bei der Abschaffung der Todesstrafe, brachte aber mit dem lebenslangen schweren Kerker, bei dem der Verurteilte mit einem Ring um die Mitte des Körpers auf hartem Lager angeschmiedet war, nur Wasser und Brot erhielt und „zum öffentlichen Beispiel“ jährlich ausgepeitscht wurde, erneut eine Strafe von furchtbarer Härte. Diese Freiheitsstrafe, die in Wahrheit eine verlängerte Todesstrafe war, wurde von Josefs Nachfolger Leopold II., der die Todesstrafe als Herzog von Toscana schon ein Jahr früher als sein kaiserlicher Bruder abgeschafft hatte, 1790 wesentlich gemildert. 1795 unter Franz II. kehrte Österreich zur Todesstrafe zurück[32].

---

[30] Dei delitti e delle pene, hier zitiert nach der zeitgenössischen Übersetzung des Leipziger Juristen K. F. *Hommel* aus dem Jahre 1786; vgl. dort S. 112 f.; ähnlich auch in dem 1792 verfaßten Gutachten zum Strafgesetzbuch Josefs II. von 1787; vgl. dazu *Würtenberger*, ZfStrVo 13, 1964, 133.

[31] a.a.O. S. 114.

[32] Vgl. dazu *Krohne* S. 126; *Nowakowski* in *Koestler*, Die Rache ist mein S. 325; Eb. *Schmidt*, Einführung S. 256 f.

Auch Friedrich der Große teilte die Überzeugung, daß eine lebenslange Freiheitsstrafe grausamer sei als der Tod, schätzte ihre abschreckende Wirkung aber geringer ein. 1785 schrieb er in einem Brief:

"Les assassins et les incendiaires méritent la peine de mort, parce qu'ils se sont attribué un pouvoir tyrannique sur la vie et sur les possessions des hommes. Je conviens qu'une prison perpétuelle est en effet une punition plus cruelle que la mort, mais elle n'est pas si frappante que celle qui se fait aux yeux de la multitude parce que de pareils spectacles font plus d'impression que des propos passagers."[33]

Er selbst verordnete diese Strafe aber in zahlreichen Edikten, und im ALR war sie 1794 schließlich zu einem Hauptstrafmittel geworden, das nicht nur als Sicherungsstrafe, sondern auch als Milderung der Todesstrafe verwendet wurde[34].

Der Anstoß zu einer wirklichen Humanisierung des Strafrechts ging nicht von den Philosophen der Aufklärung aus, sondern von der internationalen Bewegung, die im letzten Drittel des 18. Jahrhunderts auf religiös-philantropischer Grundlage bei den Quäkern in Philadelphia ihren Anfang nahm und mit einer Verbesserung des Gefängniswesens begann. Auf dem Kontinent gelang es dieser Bewegung aber bis zum Ausgang des 19. Jahrhunderts nicht, auf die Prinzipien des Strafrechts und die Gestaltung der Strafgesetze entscheidenden Einfluß zu nehmen. Nur in Frankreich, wo Benjamin Franklin, selbst lange Zeit ein Bürger Philadelphias, von 1776 bis 1785 als Gesandter in Paris ihr prominentester Fürsprecher war, konnte sie einen Anfangserfolg erzielen. Bis zur Revolution hatten sich der Besserungsgedanke und die Anschauung, daß man den Häftling nicht in Hoffnungslosigkeit stürzen dürfe, sondern das Strafleiden in tragbaren Grenzen halten müsse, soweit durchgesetzt, daß man ihn bei den Vorarbeiten zum Code pénal von 1791 zur Grundlage aller Strafvorschläge erhob und nicht nur auf die Todesstrafe, sondern auch auf die lebenslange Freiheitsstrafe verzichten wollte. Ganz so weit wagte sich die Nationalversammlung nicht vor. Tatsächlich beseitigte der Code pénal vom 25. 9. 1791 aber nicht nur die körperliche Züchtigung und jede Verschärfung der Todesstrafe, sondern auch die lebenslange Freiheitsstrafe und begnügte sich mit zeitigen Freiheitsstrafen von höchstens 24 Jahren Dauer[35].

---

[33] Hier zitiert nach Eb. *Schmidt,* Die Kriminalpolitik Preußens S. 29.

[34] Das ALR spricht zumeist von „lebenswieriger Festungsstrafe", hier und da von „lebenswieriger Zuchthausstrafe" und gebraucht auch beide Bezeichnungen nebeneinander. Eine Zusammenstellung der einschlägigen Tatbestände gibt *Abegg,* Archiv des Criminalrechts, N. F., 1838, S. 77.

[35] Über dieses Gesetz schreibt *v. Bar,* Handbuch S. 167: „Ungeachtet einer gewissen antiken Strenge — es galt die junge Freiheit zu schützen gegen Gewalt von oben und unten, aber auch das Privateigentum gegen wilde Exzesse Einzelner und zusammengerotteter Mengen — einer Strenge, die sich namentlich in der vielfach angewendeten Todesstrafe (besonders bei politischen Ver-

III. Lebenslange Haft als Schuldvergeltungsstrafe

Eine neue Zeit begann in Deutschland mit Feuerbach und dem Bayerischen Strafgesetzbuch von 1813, das zum Vorbild für die gesamte Strafgesetzgebungsarbeit des 19. Jahrhunderts wurde. Keines der deutschen Landesstrafgesetzbücher des 19. Jahrhunderts verzichtete auf die lebenslange Freiheitsstrafe, die in Bayern, Oldenburg, Braunschweig und Hannover zunächst noch in der besonders schweren Form der Kettenstrafe und im übrigen als Zuchthausstrafe mit harter Arbeit, geringer Nahrung und anderen Erschwerungen verhängt wurde[36]. Im Gegenteil, indem man die Todesstrafe auf wenige Verbrechen beschränkte, trug man um so weniger Bedenken, die lebenslange Freiheitsstrafe an ihre Stelle zu setzen. Zwar erhoben sich gelegentlich Stimmen, die bezweifelten, ob die lebenslange Haft milder sei als der Tod[37]. Auch die Vertreter des Pönitentiärsystems, wie die Gefängnisreformbewegung im 19. Jahrhundert genannt wurde, wandten sich gegen die mit dem Besserungsgedanken unvereinbare lebenslange Strafe[38]. Aber dem 19. Jahrhundert war die lebenslange Freiheitsstrafe aufs Ganze gesehen ebensowenig fragwürdig wie dem unsrigen. Die strafrechtliche Literatur begnügte sich daher, wenn sie auf die Strafmittel zu sprechen kam, mit der Darstellung des bestehenden Rechtszustandes und verwies allenfalls noch auf das römische Recht. Die ganz überwiegende Anschauung sah in der Lebenszeitstrafe die notwendige Zwischenstufe, die auf der Strafenskala die Lebensstrafe und die Zeitstrafe verband[39]. So verlagerte sich das Hauptanwendungsgebiet der Lebenszeitstrafe zu den minder schwe-

brechen), in den absoluten, dem richterlichen Ermessen keinen Raum lassenden Strafsanktionen für Verbrechen zeigt, ist das Gesetz gleichwohl als eine Epoche machendes Werk zu betrachten und ausgezeichnet durch Präzision und Gerechtigkeitssinn und beseelt von edler und echter, wenngleich nicht immer mit Rücksicht auf die realen Verhältnisse richtig durchgeführter Humanität." 1810 kehrte der Code pénal zur Strafe der travaux forcés à perpétuité zurück.

[36] Vgl. *Mittermaier*, Gefängniskunde S. 26.

[37] So besonders *Henke* in seinem 1815 in Zürich erschienenen Lehrbuch (Fußn. 1 auf S. 77) und 1823 im Handbuch des Criminalrechts Bd. 1 S. 436. Diese Bedenken wurden auch bei der Beratung des württembergischen Strafgesetzes 1838 geltend gemacht; vgl. *Hepp* Bd. 1 S. 147; ferner *Krug* S. 25 f.

[38] *Mittermaier*, Revue de Législation et Jurisprudence IV, 1836, 21 ff., 96 ff.; *Obermaier* S. 12, 14; *Röder*, Archiv des Criminalrechts, N. F., 1850, S. 419 ff. Auch *Wahlberg* mit seinem 1872 zuerst erschienenen Aufsatz „Die gesetzliche Herrschaft der Todesstrafe und die Begnadigungspraxis" muß wohl noch hierher gerechnet werden; ebenso ders. in *Holtzendorff*, Handbuch des deutschen Strafrechts Bd. 1 S. 480 f.

[39] So ausdrücklich schon eine Anmerkung zum Bayer. StGB, hier zitiert nach *Henke*, Handbuch Bd. 1 S. 426: „Die lebenslängliche, mit dem bürgerlichen Tode verknüpfte Kettenstrafe, eben weil sie am nächsten an den physischen Tod angrenzt, machte es möglich, für jene Verbrechen, für die die eigentliche Todesstrafe zu hart, eine zeitliche Freiheitsstrafe aber zu gelinde erscheint, eine verhältnismäßige Strafe festzusetzen." Vgl. ferner *Abegg*, Archiv des Criminalrechts, N. F., 1838, S. 62 ff.; *Hepp*, Commentar Bd. 1 S. 146 ff.

ren Tötungsverbrechen, vor allem dem Totschlag. Fälle von Hoch- und Landesverrat kamen hinzu, war es doch ein Merkmal des aufkeimenden bürgerlichen Liberalismus, daß er darauf verzichtete, den politischen Gegner durch die Todesstrafe zu vernichten, und sich mit der Einsperrung zufrieden gab. Daneben blieb die Lebenszeitstrafe Gnadenstrafe für die zum Tode verurteilten Mörder.

In dieser Entwicklung offenbart sich ein grundlegender Wandel in der Sinngebung der Strafe. Das 17. und 18. Jahrhundert hatte die lebenslange Strafe zur Sicherungsstrafe entwickelt und zugleich als Arbeitsstrafe zu nutzen gewußt. Die auf Abschreckung und Spezialprävention bedachte Aufklärung hatte in der Lebenszeitstrafe eine vernünftige Alternative zur irrationalen Todesstrafe gesehen. Sie war sich jedenfalls im Negativen einig gewesen, wenn sie nur nützliche Strafzwecke anerkannte und den Vergeltungsgedanken zumal im religiösen Gewande der durch die Strafe herbeizuführenden Versöhnung ablehnte. Die Feuerbachsche Kodifikation war zwar gleichfalls die Umsetzung einer relativen Straftheorie. Die Theorie des psychologischen Zwangs verschob aber das Gewicht von dem Vollzug der Strafe auf die Strafdrohung. Dieser Wandel bedeutete nicht nur den Umschwung vom polizeistaatlichen Strafrecht des aufgeklärten Absolutismus zum liberalen Strafrecht des bürgerlichen Rechtsstaates. Der Blickwechsel von dem als gefährlich erkannten Täter auf die im Gesetz beschriebene Tat war auch Voraussetzung für die Herrschaft der absoluten Strafrechtstheorien im 19. Jahrhundert, in denen sich der Vergeltungsgedanke oft unentwirrbar mit generalpräventiven Ideen vermischt.

Die lebenslange Freiheitsstrafe wurde anstelle und neben der Todesstrafe zu einem eigenständigen, der gerechten Vergeltung dienenden Strafmittel, das bestimmten Verbrechensgrößen zugeordnet war. Für ihre Anwendung erwies sich der Schuldgedanke besonders fruchtbar. Der Schuldgedanke, der noch bei Feuerbach nur der Einschränkung der Strafbarkeit diente, so daß fehlende Schuld einmal zum Ausschluß der Strafe führen konnte, wurde unter dem Einfluß der Philosophie Hegels zum eigentlichen Grund der staatlichen Strafe überhaupt. Das hatte zur Folge, daß man in einem bis dahin nicht gekannten Umfang begann, zwischen Schuldgrößen zu unterscheiden und die Schuldgrößen mit dem Strafmaß in Beziehung zu setzen. Dabei waren es besonders die Tötungsdelikte, die sich für eine Abstufung nach dem Grade der Schuld anboten und bei denen den verschiedenen Schuldstufen auf der Strafskala die Todesstrafe, die lebenslange und die zeitige Freiheitsstrafe entsprachen[40].

Eine positive Begründung der lebenslangen Freiheitsstrafe hat nur Köstlin versucht. Dazu sah er sich als Gegner der Todesstrafe genötigt.

---

[40] Vgl. *Abegg* a.a.O. S. 62 ff.

Ausgangspunkt ist seine auf Hegel zurückweisende Straftheorie. Überall fordere die Gerechtigkeit, daß das Unrecht als das in sich Nichtige auch wirklich als solches aufgewiesen und behandelt, mithin der Zwang, den es enthalte, durch Zwang wieder aufgehoben werde. Der verbrecherische Wille sei in demselben Umfang und in derselben Intensität einem Zwang zu unterwerfen, in welchem er dem im Gesetz ausgesprochenen allgemeinen Willen Zwang angetan habe. Eine solche Strafe sei objektiv und subjektiv gerecht, objektiv, indem sie in der idealen Form des Wertes nur Gleiches mit Gleichem vergelte, subjektiv, indem sie den Verbrecher nur nach dem Gesetz behandele, das er selbst aufgestellt habe[41].

Unmittelbar aus dieser Strafrechtstheorie ergeben sich die Anforderungen, die an die Strafmittel zu stellen sind. Da das Verbrechen nach Art und Größe stets verschieden wirkt, so muß auch die Strafe, die dem Maße des Verbrechens entsprechen soll, in verschiedene Arten zerfallen und zugleich der Höhe nach abzustufen sein. Die verschiedenen Strafarten müssen den verschiedenen Äußerungsweisen des verbrecherischen Willens entsprechen, der der einzig mögliche Gegenstand der Strafe ist. Die Strafarten müssen zudem teilbar sein, ausgenommen die eine, welche den der Art und Größe nach schwersten Verbrechen entsprechen soll[42]. Hiernach sieht Köstlin nur Vermögensstrafen, Ehrenstrafen, zeitige und lebenslange Freiheitsstrafen als zulässige Strafarten an. Lebenslange Freiheitsstrafe fordert er „für solche dolose Verbrechen, welche als absolute erscheinen, sofern sie das Unendliche im Leben des Einzelnen oder im Staate aufheben, daher auch eine absolute, d. h. die Totalität der Willenstätigkeit aufhebende Strafe verlangen“[43].

Die Todesstrafe, so meint Köstlin, komme als schwerste Strafe nicht in Betracht; denn sie lasse sich nur aus dem Prinzip der materiellen Talion begründen, wie es Kant getan habe. Dieses Prinzip sei aber mit Hegel zugunsten einer Vergeltung nach dem Werte zu verwerfen. Hegel widerspreche sich daher selbst, wenn er dennoch die Todesstrafe befürworte. Vielmehr müsse man, wenn man dem Begriff der Strafe als einem Zwange gegen den Willen des Verbrechers sowie dem anderen Grundsatz, daß für den Staat das Leben mit der Persönlichkeit zusammenfalle,

---

[41] System des Deutschen Strafrechts Bd. 1 S. 387.

[42] S. 424.

[43] In diesem Strafsystem haben die „auf das Gemein- und Einzelwohl gerichteten Strafzwecke“ durchaus ihren Platz, nur müssen sie mit dem Prinzip der vergeltenden Genugtuung vereinbar sein. In diesem Rahmen aber, so fordert *Köstlin,* müssen die betreffenden Strafarten auch so eingerichtet sein, daß durch die Vollziehung jene relativen Zwecke wirklich befriedigt werden. Da endlich die Möglichkeit einer ungerechten Verurteilung niemals ausgeschlossen werden kann, darf keine Strafart so beschaffen sein, daß eine Wiedergutmachung schlechthin unmöglich ist.

getreu bleiben wolle, das Leben ganz aus der Reihe der Strafmittel streichen, da jedes Verbrechen, auch das tiefste, nur eine bestimmte Handlung sei, in der sich niemals das ganze Sein des Menschen als unheilbar böse preisgebe. Die Persönlichkeit aber, in welcher stets die Möglichkeit der sittlichen Wiederherstellung liege, müsse der Staat bestehen lassen. Höchstmögliche Strafe eines Verbrechens sei daher nur die gänzliche Aufhebung des in der Tat offenbar gewordenen absolut widerrechtlichen Willens, also nicht die Vernichtung der Persönlichkeit, sondern nur die lebenslängliche Entziehung der Freiheit und Stellung unter die Vormundschaft des Staates[44].

IV. Das Reichsstrafgesetzbuch und die Reformversuche

Ganz im Geiste des 19. Jahrhunderts übernahm im Jahre 1871 das neue Reichsstrafgesetzbuch die lebenslange Zuchthausstrafe als eine Zwischenstufe zwischen der zeitigen Freiheitsstrafe und der Todesstrafe, die nächst dieser der Vergeltung schwerster Schuld, der Abschreckung und der Sicherung dienen sollte. Diese Strafe wurde auch die folgenden Jahrzehnte als selbstverständlich akzeptiert. Nur gegen die Forderung, die „trockene Guillotine der Zuchthäuser" durch die Deportation zu ersetzen[45], mußten die langzeitigen und die lebenslänglichen Freiheitsstrafen verteidigt werden[46]. Franz v. Liszt betonte zwar, daß Freiheitsstrafen von mehr als zehn Jahren Dauer keine Besserung mehr bewirken könnten[47]. Doch forderte er die Einschließung bis zum Lebensende als Sicherungsmittel[48] gegen Gewohnheitsverbrecher und tolerierte sie auch als Übergang zwischen einer zehnjährigen Freiheitsstrafe und der Strafe am Leben. Nur die Ausdehnung der vorläufigen oder bedingten Entlassung, wie sie mit den §§ 23 bis 26 StGB eingeführt worden war, auch auf die lebenslange Strafe wurde wiederholt befürwortet[49]. Eine beschränkte Diskussion setzte aber erst ein, als die Bestrebungen zur Reform des StGB im Jahre 1909 mit dem Vorentwurf Gestalt annahmen, zumal im gleichen Jahre Rüdin seine Schrift „Über die klinischen Formen

[44] a.a.O. S. 445 ff. Zur Kritik vgl. unten im 5. Abschnitt I 3. c).

[45] *Mittelstädt* S. 79 f.

[46] *Sichart,* Die Freiheitsstrafe S. 9.

[47] ZStW 21, 1901, 138; Aufsätze und Vorträge Bd. 1 S. 405. Zweifel an der Notwendigkeit einer Maximalstrafe von über zehn Jahren auch bei *v. Holtzendorff,* Handbuch des Gefängniswesens Bd. 1 S. 434.

[48] Ebenso *Goldschmidt* S. 361; *Binding,* Grundriß des AT, 7. Aufl., Vorwort S. XVIII, und M. E. *Mayer,* Verh. 28. DJT Bd. 1 S. 200.

[49] *Berner* S. 212; *van Calker,* BlfGefK 33, 1899, 108; ders., Verh. 26. DJT Bd. 2 S. 258; *v. Liszt,* ZStW 21, 1901, 138; *v. Holtzendorff,* Handbuch des Gefängniswesens Bd. 1 S. 434, 442; *Goldschmidt* S. 361; *Merkel,* Verh. 9. DJT Bd. 1 S. 43; *Mittermaier,* Vorläufige Entlassung S. 559, 562; dagegen *Görlich* S. 37; *Sichart,* BlfGefK 20, 1886, 308.

der Seelenstörungen bei zu lebenslänglicher Zuchthausstrafe Verurteilten" erscheinen ließ und die Diskussion mit Stoff versorgte. Der Vorentwurf wollte die lebenslange Zuchthausstrafe beibehalten, weil die dauernde Ausschließung aus der menschlichen Gesellschaft bei ganz schweren Straftaten als gerechte Vergeltung und zugleich als Sicherung geboten sei und glaubte, aus denselben Gründen auch die Erstreckung auf Lebenslängliche ablehnen zu müssen[50]. Daraufhin sprachen sich v. Bahr[51] und Oborniker[52], ein Schüler Franz v. Liszts, grundsätzlich gegen die Beibehaltung lebenslanger Freiheitsstrafen aus.

Von Bahr hielt langdauernde Strafen, die wohl oft die Lebensdauer erreichten, aber die Hoffnung auf die Freiheit nicht völlig ausschlössen, für genügend. Oberniker befürwortete anstelle der Lebenszeitstrafe die unbestimmte Verurteilung. Sie sei der bedingten Entlassung, wie sie 1909 vom österreichischen und vom Schweizer Vorentwurf zugelassen worden war, noch vorzuziehen, weil sie bei gleicher Sicherheit für die Gesellschaft doch den Verbrecher nicht so niederdrücke wie eine lebenslängliche Verurteilung. Auf der politischen Ebene begann auch die SPD gegen die lebenslange Zuchthausstrafe einzutreten, obgleich für sie der Kampf gegen die Todesstrafe ganz im Vordergrund stand[53]. Dagegen verteidigten Aschrott[54], Oetker[55] und Reichardt[56] die lebenslange Zuchthausstrafe weiter als notwendige Zwischenstufe zwischen der Todesstrafe und dem zeitigen Zuchthaus. Andererseits mehrten sich aber die Stimmen, die auch für die Lebenslänglichen die Möglichkeit der vorläufigen Entlassung forderten. Der Gefängnisarzt Leppmann empfahl, sie nach Ablauf von 20 Jahren zu gestatten. Die lebenslange Freiheitsstrafe führe erfahrungsgemäß etwa im sechsten Lebensjahrzehnt zu unheilbaren Geistesstörungen. In dem vollständigen Ausschluß jeder vorläufigen Entlassung bei lebenslänglichen Strafen liege auch ein Widerspruch zur Verjährung[57]. Auch der Gegenentwurf von Kahl, v. Lilienthal, v. Liszt und Goldschmidt aus dem Jahre 1911 sah in den §§ 55, 58 die vorläufige Entlassung Lebenslänglicher nach 20 Jahren vor. Ebenso sprach Liepmann sich in seinem berühmten Gutachten über die Todesstrafe, das zum ersten Male der lebenslangen Zuchthausstrafe auch eine krimino-

---

[50] Begründung S. 54, 102 ff.

[51] In *Aschrott-Liszt,* Reform Bd. 1 S. 65 Fußn. 1.

[52] Archiv Krim. 38, 1910, 143 ff.

[53] Vgl. *Oborniker,* Archiv Krim. 30, 1908, 222.

[54] *Aschrott-Liszt* Bd. 1 S. 84, 112.

[55] Strafen und sichernde Maßnahmen nach dem Vorentwurf zu einem deutschen Strafgesetzbuch, Stuttgart 1910, S. 10.

[56] BlfGefK 44, 1910, 13.

[57] Hier zitiert nach Zusammenstellung S. 48.

logische Untersuchung widmete, in diesem Sinne aus[58]. Liepmanns Arbeit zog mehrere Äußerungen zu diesem Thema nach[59]. Der Kommissionsentwurf von 1913 brachte gegenüber dem Vorentwurf zwar noch keine Änderung. Dann aber wurde der Entwurf von 1919 der erste — und bis heute einzige — amtliche Entwurf, der vorschlug, die bedingte Entlassung auch auf die lebenslange Zuchthausstrafe zu erstrecken. Sie sollte gemäß § 69 nach 15 Jahren mit einer Probezeit von fünf Jahren zulässig sein, wenn der Gefangene sich während der Strafzeit gut geführt hatte und nach seiner Vergangenheit und seinen persönlichen Verhältnissen die Erwartung rechtfertigte, daß er sich künftig wohlverhalten werde[60].

Obwohl die bedingte Entlassung der Lebenslänglichen im Schrifttum weiterhin befürwortet wurde[61], ließ der Entwurf 1925 diesen Vorschlag fallen, und die Entwürfe von 1927 und 1930 verwiesen die Regelung der vorläufigen Entlassung dann in das geplante Strafvollzugsgesetz. Dagegen kam es im Strafrechtsausschuß des Reichstages 1927 zu einer längeren Debatte über den Antrag der SPD-Mitglieder unter Führung Rosenfelds, die lebenslange Zuchthausstrafe abzuschaffen[62]. Der Antrag wurde aber abgelehnt, und in der folgenden Wahlperiode verzichtete die SPD darauf, diesen Antrag überhaupt zu stellen, um jedenfalls die Abschaffung der Todesstrafe durchsetzen zu können[63].

Zu den nationalsozialistischen Reformversuchen ist zu bemerken, daß sie sich, im Gegensatz zu den früheren Entwürfen, immerhin die Mühe machten, sich mit der Problematik der lebenslangen Zuchthausstrafe

---

[58] S. 197. Ferner *Toebben*, MSchrKrim 9, 1913, 467 ff.; *Straßmann*, MSchrKrim 9, 1913, 626 f.; Statistik der preußischen Strafanstalten und Gefängnisse 1910 S. CXIV.

[59] *Deetjen*, Die lebenslängliche Zuchthausstrafe, ZStW 34, 1913, 699; *Lumpp*, Das Schicksal von 50 zu lebenslänglicher Zuchthausstrafe Verurteilten, BlfGefK 47, 1913; 107 ff. *Toebben*, Ein Beitrag zur Psychologie der zu lebenslänglicher Zuchthausstrafe verurteilten oder begnadigten Verbrecher, MSchrKrim 9, 1913, 449 ff.; *Viernstein*, Eigenschaften und Schicksale von 40 lebenslangen Gefangenen des bayer. Zuchthauses Kaisheim, ZfMedizinalbeamte 27, 1914, 41, 92 ff.

[60] Die Begründung (S. 71 f.) bezieht sich auf den Schweizer Entwurf von 1918 und meint, auch da, wo eine Straftat schwerster Art zu einer derartigen Strafe geführt habe, solle die Möglichkeit, daß dem Täter noch einmal die Freiheit wiedergegeben werde, nicht schlechthin ausgeschlossen sein. Fraglich sei nur, ob man für diese Fälle eine gesetzliche Regelung vorsehen oder sie wie bisher der Gnade überlassen solle. Eine gesetzliche Regelung sei vorzuziehen, weil sie dem Gefangenen einen stärkeren Antrieb zu guter Führung gebe und ein Gegengewicht gegen die Gefahr völliger Abstumpfung schaffe. Die vorläufige Entlassung müsse aber stets eine Ausnahme bleiben. Der Entwurf beschränke sich deshalb auf eine Kannvorschrift.

[61] *Plischke*, ZStW 50, 1930, 165; *Toebben*, Neuere Beobachtungen S. 186 ff.

[62] 25. Sitzung am 4. 11. 1927.

[63] 16. Sitzung am 5. 11. 1928; vgl. dazu *Behrle* S. 82.

auseinanderzusetzen, mochte das Ergebnis der Erörterungen auch von vornherein feststehen[64].

V. Abschaffung der Todesstrafe und große Strafrechtsreform

Als der Parlamentarische Rat im Jahre 1949 mit Art. 102 GG die Todesstrafe für die Bundesrepublik Deutschland abschaffte, gab es keine Diskussion, daß nur die lebenslange Freiheitsstrafe an ihre Stelle treten konnte[65]. Für eine solche Diskussion war indessen auch gar kein Raum, denn die Entscheidung des Parlamentarischen Rates war nicht das Ergebnis kriminalpolitischer Überlegungen, sondern stand ganz unter dem Eindruck des ungeheuren Mißbrauchs, den die Machthaber des Dritten Reiches mit der Todesstrafe getrieben hatten.

Die bald wieder auflebenden Bemühungen um eine große Strafrechtsreform haben die kriminalpolitische Begründung für diese Entscheidung nachzubringen versucht[66]. Sie stehen aber insoweit noch ganz im Kampf gegen diejenigen, die die Todesstrafe zurückrufen wollen. Darauf dürfte es zurückzuführen sein, daß in der umfangreichen Literatur zur Strafrechtsreform die lebenslange Zuchthausstrafe allenfalls als Alternative zur Todesstrafe erörtert wird. Daß sie die einzige überhaupt in Betracht kommende Alternative sei, hat dabei niemand ernstlich in Zweifel gezogen. Bei der SPD ist von ihrer früheren Abneigung gegen diese Strafe heute nichts mehr zu spüren[66a]. Aber auch die vielen Stimmen, die vor

---

[64] Vgl. *Rietsch* in „Das kommende deutsche Strafrecht" Bd. 1 S. 132. In der 69. Sitzung der Strafrechtskommission am 8. 5. 1936 erklärte *Freisler:* „Ich bin zwar persönlich nach wie vor der Meinung, daß es unrichtig ist, einen Verbrecher zu lebenslangem Zuchthaus zu verurteilen und lebenslanges Zuchthaus zu vollstrecken. Diese Strafe ist, wenn man sie wirklich vollstreckt, keineswegs milder als die Todesstrafe und erlegt der Volksgemeinschaft höchst unnötige und völlig überflüssige Kosten auf. Ich verstehe nicht, warum man jemand 30 Jahre lang ernähren soll, von dem man von vornherein autoritativ erklärt: Ich ernähre dich nur, damit zu stirbst. Aber es ist eben so, daß eine gewisse Notwendigkeit für das lebenslange Zuchthaus in den Fällen besteht, in denen eine Todesstrafe vielleicht deshalb unerwünscht ist, weil das Urteil dem Inhaber des Gnadenrechts vorgelegt werden müßte ... (Protokoll S. 2).

[65] Es scheint indessen, als ob der Abgeordnete *Seebohm* von der Deutschen Partei, der den Antrag auf Abschaffung der Todesstrafe eingebracht hatte, selbst nicht unbedingt die lebenslange Freiheitsstrafe als Alternative ansah. Er begründete seinen Antrag: „Wenn ich die Abschaffung der Todesstrafe fordere und dafür eine längere Freiheitsstrafe eintreten lassen möchte, dann soll die Freiheitsstrafe vor allem dazu dienen, dem Menschen, der eine Todesstrafe nach bisherigem Recht verwirkt hat, die Gelegenheit zur inneren Läuterung und zur Umstellung zu geben. Wir haben Beispiele, wo gerade dadurch ganz Wesentliches, menschlich sehr Bedeutungsvolles sich ergeben und ereignet hat." (Parlamentarischer Rat, Verhandlungen des Hauptausschusses, Bonn 1948/49, S. 534.)

[66] Davon zeugt Bd. 11 der Niederschriften über die Verhandlungen der Großen Strafrechtskommission.

[66a] Vgl. *Worm*, SPD und Strafrechtsreform, München und Wien 1968, S. 112.

dem Kriege die Erstreckung der bedingten Entlassung auf Lebenslängliche gefordert hatten, schienen zunächst vergessen. Die Große Strafrechtskommission hat sie übergangen[67]. Erst Ullrich hat neuerdings diese Frage wieder ins Gespräch gebracht[68]. Auch der Alternativ-Entwurf der Strafrechtslehrer sieht nunmehr in § 48 Abs. 2 Nr. 2 die bedingte Entlassung aus einer lebenslangen Freiheitsstrafe frühestens nach 15 Jahren vor. Auf der Strafrechtslehrertagung 1967 in Münster erläuterte Rudolf Schmitt, warum der Alternativ-Entwurf die lebenslange Strafe beibehalten habe: Ein Entwurf, der nicht nur auf die Todesstrafe, sondern auch auf den lebenslangen Freiheitsentzug verzichte, habe keine Chance, die parlamentrischen Hürden zu nehmen. Er selbst sei der Ansicht, daß man dieses Institut auch nur dann aufgeben könne, wenn man zugleich die Sicherungsverwahrung ausbaue[69].

Dagegen wollen es die amtlichen Strafgesetzentwürfe von 1958 bis 1962 übereinstimmend bei der Beschränkung der Aussetzung des Strafrests auf zeitige Freiheitsstrafen belassen. Zur Begründung heißt es[70]:

„Zwar ist in einigen ausländischen Rechten auch die lebenslange Freiheitsstrafe in den Anwendungsbereich einbezogen. Eine solche Lösung widerspricht jedoch den allgemeinen Grundlagen des Entwurfs. Als selbständige Einrichtung des sachlichen Strafrechts empfängt die Möglichkeit vorzeitiger Entlassung ihre Rechtfertigung aus dem Besserungszweck der Strafe. Lebenslängliche Freiheitsstrafen dienen aber ihrer Natur nach nicht diesem Zweck, sondern ausschließlich oder mindestens ganz überwiegend dem Ausgleich der Schuld, die der Täter auf sich geladen hat. Ihr Vollzug hat nicht den Sinn der Vorbereitung auf ein späteres Leben in Freiheit. Die Frage, ob eine solche Strafe im Einzelfall abzukürzen ist, bestimmt sich deshalb nicht nach kriminalpolitischen, der gerichtlichen Prüfung zugänglichen Gesichtspunkten, sondern

---

67 Vgl. Niederschriften Bd. 1 S. 202 ff., 367 f.

68 MSchrKrim 48, 1965, 257 ff.

69 K. A. *Friedrichs*, Die Diskussionsbeiträge der Strafrechtslehrertagung 1967 in Münster, ZStW 80, 1968, 119 ff., 131. Neuerdings haben sich *Bemmann* und Arthur *Kaufmann* jedenfalls beiläufig gegen die lebenslange Strafe gewandt. *Bemmann* schlägt für die Freiheitsstrafe ein Höchstmaß von 25 Jahren vor; eine lebenslange Strafe sei schwerlich zu verantworten. Entweder man mache mit ihr, wie das so üblich sei, nicht ernst und lasse den Sträfling irgendwann in die Freiheit zurückkehren. Dann sei sie eine enorm unbestimmte und darum ungerechte Strafe. Oder man lasse den Sträfling bis an sein Lebensende hoffnungslos hinter Mauern ausharren. Dann werde der Vollzug der Strafe zu einer sinnlosen Folter. Man könne auch den niederträchtigsten Verbrecher nicht endgültig aus der menschlichen Gesellschaft ausstoßen (Für und Wider die Vereinheitlichung der Freiheitsstrafe, GA 1967, 129 ff., 134, 139). *Kaufmann* bemerkt, die lebenslange Freiheitsstrafe passe kaum in die Konzeption eines an Schuld und Resozialisierung orientierten Strafrechts (Dogmatische und kriminalpolitische Aspekte des Schuldgedankens im Strafrecht, JZ 1967, 553 ff., 558 Fußn. 48). Vgl. auch *Baumann*, Der Alternativ-Entwurf zum Strafgesetzbuch und der Strafvollzug, MSchrKrim 51, 1968, 311 ff., 319; *Leferenz* bei *Friedrichs*, ZStW 80, 1968, 131. Die Möglichkeit der bedingten Freilassung für Lebenslängliche gehört auch zum Mindestprogramm der Société International de Défense sociale; vgl. die Übersetzung von *Vogler*, ZStW 66, 1954, 646.

70 E 1962 S. 204 zu § 79.

allein nach Überlegungen, die auch sonst der gnadenrechtlichen Beurteilung vorbehalten sind."

Seither ist die Frage der Lebenslänglichen in den Sonderausschüssen „Strafrecht" bzw. „Strafrechtsreform" des 4. und 6. Deutschen Bundestages wiederholt zur Sprache gekommen[71]. Beide Ausschüsse haben bisher mit dem E 1962 daran festgehalten, daß eine Aussetzung des Strafrechts nur bei zeitigen Strafen zugelassen werden soll. Eine Wende könnte sich anbahnen, nachdem jetzt die 1967 einberufene Kommission zur Erarbeitung des Entwurfs für ein Strafvollzugsgesetz empfohlen hat, auch für zu lebenslanger Freiheitsstrafe Verurteilte eine bedingte Entlassung einzuführen mit der Maßgabe, daß die Frage der Entlassung erstmals zu prüfen ist, wenn 20 Jahre der Strafe verbüßt sind, und daß im Falle einer Entlassung stets ein Bewährungshelfer bestellt wird[72].

VI. Der interimistische Charakter der lebenslangen Freiheitsstrafe

Eine philosophisch, theologisch oder gefühlsmäßig begründete Entscheidung gegen die Todesstrafe braucht nicht in jedem Falle darauf Rücksicht zu nehmen, wie diese Strafe ersetzt werden könnte. Eine kriminologisch fundierte Stellungnahme muß aber nicht zuletzt davon abhängen, ob ein geeigneter Ersatz zur Verfügung steht. Dennoch nimmt diese Frage in der gesamten Diskussion um die Todesstrafe einen sehr geringen Raum ein[73]. Die Anhänger der Todesstrafe begnügen sich in der Regel mit der Behauptung, daß ein Ersatz nicht zu finden sei, während ihre Gegner einfach versichern, daß lebenslange Einsperrung an die Stelle treten könne[74]. Doch soweit sie die Frage überhaupt bedenken, können beide Seiten sich kaum einen anderen Ersatz für die Todesstrafe vorstellen als lebenslangen Freiheitsentzug. So ist die lebenslange Freiheitsstrafe im wahren Sinne des Wortes stets als Alternative zur Todesstrafe verstanden worden, und die Gegner wie die Anhänger der Todesstrafe haben nur in dieser Alternative gedacht und argumentiert. Sie haben

---

[71] Sonderausschuß Strafrecht, 4. Wahlperiode, Sitzung am 12. 12. 1963, Protokoll S. 187 ff.; Sitzung am 8. 10. 1964, Protokoll S. 458 ff.; Sonderausschuß Strafrechtsreform, 5. Wahlperiode, Sitzung am 4. 1. 1966, Protokoll S. 30 f.; Anlage zum Protokoll vom 9. 2. 1966 S. 61 ff.; Sitzung am 14. 12. 1966, Protokoll S. 803 ff.; Sitzung am 19. 1. 1967, Protokoll S. 846 ff.; Sitzung am 13. 3. 1968, Protokoll S. 2019 ff.; Sitzung am 28. 3. 1968, Protokoll S. 2043, 2046 f., 2051, 2066.

[72] ZfStrVo 17, 1968, 57.

[73] Als Ausnahmen sind besonders hervorzuheben: *Ancel*, L'abolition de la peine de mort et le problème de la peine de remplacement, Studies in Penology S. 1 ff.; *Sellin*, Is Imprisonment for Life an Inadequate Substitute? in Dealth Penalty S. 69 ff.; *Wood*, The Alternatives to Death penalty, Annals 284, 1952, 63 ff.; RCCP, The Alternative to Capital Punishment, Report S. 215 ff.

[74] *Ancel* a.a.O.

die Strafen miteinander verglichen, welche von beiden härter, grausamer, abschreckender oder ökonomischer sei und dabei abwechselnd die gleichen Gründe je für sich beansprucht. Während Beccaria und viele Zeitgenossen glaubten, die Todesstrafe durch lange Einkerkerung ersetzen zu können, weil diese Strafe grausamer und härter sei als der Tod, hören wir heute aus der Mitte der Großen Strafrechtskommission die Ansicht, lebenslanges Zuchthaus sei so unerträglich, daß die Todesstrafe vorzuziehen sei[75]. Während Voltaire die Todesstrafe für antiökonomisch hielt und Mörder deshalb zu lebenslänglicher Zwangsarbeit verurteilt wissen wollte, wird die Todesstrafe heute von manchem verteidigt, weil es widersinnig sei, einen Mörder mit großem Aufwand auf Kosten des Steuerzahlers zeitlebens zu verwahren, statt ihn hinzurichten. Vor allem aber haben sich die Gegner der Todesstrafe stets vorhalten lassen müssen, die lebenslange Freiheitsstrafe biete keine Sicherheit vor dem Rückfall. Entweder führe sie zur Begnadigung oder aber es fehle an einer Steigerung, so daß Lebenslängliche völlige Straflosigkeit für neue Mordtaten hätten. Seit Obermaier und C. J. A. Mittermaier[76] möchte man diesen Einwand kriminologisch widerlegen, indem man zu beweisen versucht, daß die Rückfallgefahr beim Morde gering und daher das Sicherungsbedürfnis klein sei. Das ist bis heute die Tendenz fast aller Untersuchungen über die Führung Lebenslänglicher in der Haft, ihre Begnadigung und Bewährung.

Als sich gegen Ende des 16. Jahrhunderts in Amsterdam die Schöffen weigerten, Diebe zum Tode zu verurteilen und sie statt dessen in das neu gegründete Zuchthaus schickten, suchten sie keinen Ersatz für die Todesstrafe, sondern schufen etwas so völlig Neues und anderes, daß man heute zweifeln muß, ob das Amsterdamer Zuchthaus überhaupt eine Strafanstalt war[77]. Wo seit der Aufklärung die Todesstrafe eingeschränkt oder abgeschafft wurde, trat gleichfalls Freiheitsentzug an ihre Stelle. Nun aber sollte der Freiheitsentzug ein möglichst vollwertiger Ersatz für die Todesstrafe sein, dem Verbrecher zwar das Leben lassen, ihr aber sonst in allen Wirkungen gleichen. Der Ersatz für die Todesstrafe mußte den Delinquenten wie diese aus der Rechtsgemeinschaft ausschließen. Er mußte hart und leidvoll sein, um abzuschrecken und zu vergelten, und absolute Sicherheit gewährleisten. Solchen Ersatz bot die lebenslängliche Einsperrung verbunden mit schweren Ketten, harter Arbeit, schmaler Kost, langer Einzelhaft, strenger Behandlung und bürgerlichem Tod. Die Ketten-, Festungs- und Karrenstrafen, bagnos, travaux forcés, penal servitude, das ergastolo und schließlich das Zucht-

[75] So *Bockelmann, Skott* und *Welzel,* Niederschriften Bd. 11 S. 11, 17, 47.

[76] Todesstrafe S. 113 ff.

[77] Vgl. *v. Weber,* Festschrift *Zycha* S. 428 ff., 433.

haus zeugen von dieser Entwicklung. Hier liegt die Wurzel der sogenannten Mehrheitsstrafensysteme, deren schwerste Strafart nicht nur Freiheits- und Besserungsstrafe ist, sondern wesentliche Züge einer Leibesstrafe trägt.

In Deutschland hat sich paradoxerweise die Zuchthausstrafe, die doch, wie ihr Name sagt, als Besserungsstrafe angetreten war, zur schwersten Strafart entwickelt. Das haftet ihr heute unauslöschlich an, obwohl sich in der Vollzugspraxis der Unterschied zur Gefängnisstrafe weitgehend verloren hat. Heute geht die Diskussion darum, ob man zugunsten einer Einheitsstrafe auf das Zuchthaus verzichten soll. Doch auch die Befürworter der Einheitsstrafe wollen eine Ausnahme machen: Lebenslanges Zuchthaus soll auf jeden Fall erhalten bleiben. Dieser Strafe, die ohnehin nicht zur Resozialisierung bestimmt sei, brauche man nicht den Makel zu nehmen, der die Resozialisierung erschwere[78]. Darin zeigt sich die weiterhin fortbestehende Abhängigkeit der lebenslangen Freiheitsstrafe des geltenden Rechts von der abgeschafften Todesstrafe. Sie wird vollends deutlich in Äußerungen, die für die heute in der Bundesrepublik herrschende Meinung repräsentativ sind: Die Todesstrafe ist abgeschafft. Dafür muß mit dem lebenslangen Zuchthaus Ernst gemacht werden. Es darf nicht der Eindruck entstehen, daß lebenslänglich in Wirklichkeit nur eine Einsperrung auf 20 Jahre bedeutet. Daher keine Begnadigung und erst recht keine bedingte Entlassung für die Lebenslänglichen[79]!

Man hat die Todesstrafe abgeschafft, ohne einen einzigen der mit ihr verfolgten Strafzwecke aufzugeben. Allein auf die physische Vernichtung des Verbrechers hat man verzichtet. Die lebenslange Haft läßt keinen anderen Strafzwecken Raum als die Todesstrafe. Nur die kirchliche Auffassung, die vom Täter Buße und wahre innere Besserung fordert, könnte darin eine sinnvolle Neuerung sehen. Bedeutet also die Abschaffung der Todesstrafe gar keinen Fortschritt? Sie war fraglos ein notwendiger Akt der Menschlichkeit, die es verbietet, ein Menschenleben, unter welchen Umständen auch immer, zu zerstören. Ein Verbrecherleben ist nicht schädlicher als das Leben eines gefährlichen Geisteskranken, nicht nutzloser als das eines Kretins. Im Sinne rationaler Kriminalpolitik hat die Abschaffung der Todesstrafe nur die eine Eliminationsstrafe durch eine andere ersetzt. Aber die Abschaffung der Todesstrafe durch das Grundgesetz stand gar nicht im Zeichen rationaler

---

[78] Vgl. die Beratungen des Sonderausschusses Strafrecht, 10. Sitzung am 12. 12. 1963, Protokoll S. 185; vgl. ferner das oben Fußn. 69 angeführte Schrifttum.

[79] In diesem Sinne *Baumann*, ARSP XLVI, 1960, 82; BJM Dr. *Bucher*, vgl. oben 3. Abschnitt IV 2.; MdB Dr. *Güde* in der 22. Sitzung des Sonderausschusses Strafrecht am 25. 6. 1964, Protokoll S. 452.

Kriminalpolitik, sondern bildete die Reaktion auf den grausamen Mißbrauch der Todesstrafe unter der Diktatur des Dritten Reiches. Indes bedeutet auch kriminalpolitisch gesehen die allmähliche Eindämmung und die endliche Abschaffung der Todesstrafe und ihre Ersetzung durch lebenslange Haft einen Fortschritt, der gar nicht groß genug eingeschätzt werden kann. Diesen Entwicklungsschritt konnte die Strafrechtsgeschichte nicht überspringen. Zu groß ist der Abstand von der eliminierenden Todesstrafe bis zu einem konsequent durchgeführten Resozialisierungsstrafrecht. Zwar gleicht die lebenslange Haft ihrer kriminalpolitischen Idee nach der Todesstrafe haargenau. Praktisch besteht jedoch ein großer Unterschied. Während der Vollzug der Todesstrafe endgültig und irreversibel ist, fordert der Vollzug der lebenslangen Freiheitsstrafe wie von selbst zunächst die Gnadeninstanz und dann auch den Gesetzgeber heraus, die Strafe weiter zu mildern und sie schließlich ganz zu beseitigen. Die äußere Gemeinsamkeit zwischen der resozialisierenden zeitigen und der eliminierenden lebenslangen Strafe ist größer als der Unterschied und wird deshalb früher oder später das Trennende überwinden. Die peinigende Arbeitsstrafe des opus publicum hat einst der Besserungsstrafe nach Amsterdamer Vorbild zum Durchbruch verholfen. Nun wird über kurz oder lang die Besserungsstrafe die Reste des opus publicum in sich aufnehmen. So trägt die lebenslange Freiheitsstrafe den Keim ihrer Abschaffung in sich. Das ist, was man den interimistischen Charakter der lebenslangen Freiheitsstrafe nennen könnte.

Fünfter Abschnitt

Die lebenslange Zuchthausstrafe und das Grundgesetz

Die Geschichte des Strafrechts zeigt, wie die lebenslange Freiheitsstrafe eng und unlösbar von der Todesstrafe abhängt. Nachdem das Grundgesetz durch Art. 102 die Todesstrafe abgeschafft hat, erhebt sich deshalb die Frage, wie sich lebenslanges Zuchthaus mit dem Buchstaben und dem Geist der Verfassung verträgt.

Mehr und mehr werden heute die Gültigkeit strafrechtlicher Bestimmungen und die Richtigkeit strafrechtlicher Grundsätze auf ihre Verfassungsmäßigkeit hin überprüft[1]. Die Probleme, die unter dem verfassungsrechtlichen Aspekt durch die lebenslange Zuchthausstrafe aufgeworfen werden, sind zwar schon von mehreren Autoren angesprochen worden[2], aber nur Dürig[3] und Hamann[4] haben sie bisher kurz erörtert. Es bleibt deshalb notwendig, ihnen hier besondere Aufmerksamkeit zu schenken. Fragwürdig wird die lebenslange Zuchthausstrafe schon dadurch, daß sie in ihrem wichtigsten Anwendungsfall, beim Morde, absolut bestimmt ist. Sie versagt dem Strafrichter einen Bewertungsspielraum, innerhalb dessen er die Höhe der Strafe der Schwere der Tat und dem Grade des Verschuldens anpassen könnte. Verfassungsrechtliche Bezugspunkte sind Art. 3 Abs. 1 GG und das Rechtsstaatsprinzip. Auch im Hinblick auf die Begnadigung Lebenslänglicher können Gleichheitssatz und Rechtsstaatsprinzip nicht unbeachtet bleiben. Es bedarf ferner einer Erklärung, wie sich die lebenslange Freiheitsstrafe mit der Wesensgehaltsgarantie des Art. 19 Abs. 2 GG verträgt. Vor allem anderen fragt sich aber, ob die lebenslange Freiheitsstrafe mit dem Verfassungsgebot des Art. 1 Abs. 1 GG vereinbar ist, das die Würde des Menschen für unantastbar erklärt und ihre Achtung und ihrenSchutz allen staatlichen Gewalten zur Pflicht macht.

---

[1] Vgl. besonders die Monographien von *Stree,* Deliktsfolgen und Grundgesetz, und von *Hamann,* Grundgesetz und Strafgesetzgebung, sowie den Beitrag von *Sax,* Grundsätze der Strafrechtspflege, in *Bettermann-Nipperdey-Scheuner,* Die Grundrechte, Bd. 2, 2. Halbbd. S. 909.

[2] *Hesse* S. 133; *Geck* in: Bonner Kommentar, Zweitbearbeitung, Art. 102 GG, S. 19; *Jäckel* S. 55; *Leisner,* Grundrechte und Privatrecht S. 157; ders. DVBl 1960, 625; *v. Mangoldt-Klein,* Art. 19 Anm. V 2 c; *Tiedemann* S. 105; vgl. ferner Fußn. 3.

[3] AöR 81, 1956, 154; ders. in *Maunz-Dürig,* Art. 2 Rn. 78 (Fußn. 2 auf S. 67), Art. 104 Rn. 4.

[4] a.a.O. S. 40 ff.; vgl. dazu die Besprechung von *Stree,* JZ 1965, 381.

I. Lebenslanges Zuchthaus und Würde des Menschen

1. Zur Auslegung des Art. 1 Abs. 1 GG

Will man die lebenslange Zuchthausstrafe an Art. 1 Abs. 1 GG messen, muß man den Rechtssatz von der Unantastbarkeit der Menschenwürde zunächst soweit entfalten, bis er zur praktischen Rechtsanwendung taugt. Diese Entfaltung begegnet außerordentlichen Schwierigkeiten methodischer und sachlicher Art[5]. Indes herrscht im praktischen Ergebnis, soweit es für unser Thema darauf ankommt, weitgehend Übereinstimmung. Deshalb können hier wenige Bemerkungen genügen.

Der Begriff der Menschenwürde wird vom Grundgesetz nicht nur als Leerformel, sondern inhaltserfüllt gebraucht[6]. Der Mensch empfängt seine unvergleichliche Würde aus der im Unterschied zum Tier nur ihm eigenen geistig-seelischen Seinsanlage, durch die er berufen ist, ichbewußt und mit dem Gefühl der Freiheit sich selbst zu bestimmen und sich in der Auseinandersetzung mit der Umwelt auszuwirken. Die Würde des Menschen besteht in seiner sittlichen Persönlichkeit, die ihn befähigt, sein Denken und Handeln an einem als allgemeinverbindlich vorgestellten (Sitten-)Gesetz auszurichten. Mit der Unantastbarkeit der Menschenwürde soll diejenige Persönlichkeitssphäre unbedingt gewährleistet werden, die Voraussetzung ist für eine selbstverantwortliche Teilhabe an einem alle bindenden Gesetz[7]. Wenn das Grundgesetz dem Katalog der Grundrechte eine Rechtsgarantie der Menschenwürde vorangestellt hat, fügt es damit den älteren Menschen- und Bürgerrechtsdeklarationen etwas Neues hinzu. Art. 1 GG muß als eine Abkehr von bloßem Liberalismus und als eine entschiedene Hinwendung zu einer wertgebundenen

---

[5] Vgl. dazu neben der Kommentarliteratur besonders *Badura*, Generalprävention und Würde des Menschen, JZ 1964, 337 ff.; *Bohne*, Menschenwürde und Strafrecht, in Recht, Staat, Wirtschaft Bd. 3 S. 20 ff.; *Dürig*, Der Grundrechtssatz von der Menschenwürde, AöR 81, 1956, 117 ff.; *Nipperdey*, Die Würde des Menschen, in *Neumann-Nipperdey-Scheuner*, Die Grundrechte Bd. 2 S. 1; *Wertenbruch*, Grundgesetz und Menschenwürde.

[6] So nachdrücklich Hellm. *Mayer*, Strafrechtsreform S. 41 Fußn. 1 unter Berufung auf *v. Mangoldt*, Das Bonner Grundgesetz, 1. Aufl., Art. 1 Anm. 2; a. A. besonders *Badura*, JZ 1964, 339.

[7] In diesem Sinne *Bohne* S. 26; *Dürig*, AöR 81, 1956, 117 ff. und bei *Maunz-Dürig*, Art. 1 Abs. 1 GG Rn. 1; Arthur *Kaufmann*, Schuldprinzip S. 117; *Leisner*, Grundrechte und Privatrecht S. 139 ff.; *Klein* in *v. Mangoldt-Klein*, Art. 1 GG Anm. III 7; *v. Mangoldt*, Kommentar 1. Aufl. Art. 1 GG Anm. 2; Hellm. *Mayer*, AT S. 36 und Strafrechtsreform S. 26 ff.; *Nipperdey* S. 2, 4, 10; *Sax* S. 937, 963; *Wintrich*, Festschrift für *Apelt* S. 1 f. und Problematik der Grundrechte S. 5—10; *Wernicke* in Bonner Kommentar, Erstbearbeitung, Art. 1 Anm. II 1 a; *Wertenbruch* S. 27, der aber die Würde des Menschen besonders auch in seiner theonomen Personalität erblickt (vgl. S. 181 ff.); *Zippelius* in Bonner Kommentar, Zweitbearbeitung, Art. 1 Rn. 9; ferner aus der Rspr. BVerfGE 9, 171 und zu Art. 100 der BayerVerf. Bayer VGH 1, 32; 2, 91; 8, 57; 9, 37; 111; 10, 68; 11, 89.

Grundlegung des Rechts verstanden werden[8], es sei denn, dieser Artikel enthielte nur eine pathetische, aber nichtssagende Einleitungsformel der Verfassung.

Demgegenüber hat neuerdings Badura eine werttheoretische Interpretation des Art. 1. Abs. 1 GG abgelehnt, weil in einem weltanschaulich neutralen Staat zwangsläufig zwischen Recht und Ethik unterschieden werden müsse[9]. Zwar könne der Gesetzgeber sich bei der Rechtssetzung an den vorherrschenden oder sogar an nur von einer Minderheit vertretenen ethischen Normen orientieren. Doch dürfe der Inhalt der Rechtssätze nicht ohne weiteres, d. h. ohne Anhaltspunkte in der Rechtsordnung, durch einen Rückgriff auf eine Ethik festgestellt werden. Das Grundgesetz enthalte aber weder explizit noch implizit einen Hinweis darauf, daß durch seinen Art. 1 Abs. 1 eine personale und materiale Ethik zur Basis des Verfassungsrechts und damit der gesamten Rechtsordnung gemacht werden solle. Das Verständnis des Art. 1 Abs. 1 GG im Sinne einer personalen Wertethik sei überdies dem Bedenken unterworfen, daß eine nicht mit den Mitteln einer juristischen Interpretationslehre arbeitende, sondern in einer Wertordnung denkende Verfassungsauslegung die Berechenbarkeit der Rechtsfolgen verringere und eine Ideologisierung der Rechtsordnung begünstige, weil die Rechtsfindung zur Wertfindung und -abwägung werde, dieser Vorgang aber im Kern nicht rationales Erkennen, sondern, wenn auch innerhalb bestimmter Grenzen, voluntatives Wählen sei. Badura will daher den rechtlichen Inhalt des Satzes von der Würde des Menschen durch teleologische Auslegung und durch eine Kasuistik klarer Verletzungstatbestände sichern. Dieser Auslegungsversuch mündet in den Satz: „In der durch das Grundgesetz geordneten Rechtsgemeinschaft soll von Verfassungs wegen bei allen rechtlich relevanten Handlungen die Auffassung zugrunde liegen, daß jeder Mensch, von welcher Art er auch sei und wie auch immer er sich verhalte und in welcher Situation auch immer er sich befinde, Mensch sei und bleibe und deswegen einen rechtlichen Anspruch darauf habe, nach den dem erreichten Zivilisationsstand entsprechenden Regeln behandelt zu werden[10]."

Mit dem Rekurs auf den „erreichten Zivilisationsstand" versucht Badura, den Kern des Grundgesetzes hinwegzuinterpretieren. Es ist geradezu ein Kennzeichen des modernen totalitären Massenstaates, dessen

---

[8] *Dürig* in *Maunz-Dürig*, Art. 1 Abs. 1 GG, Fußn. 1 auf S. 4; *v. Mangoldt*, Art. 1 Anm. 2; Hellm. *Mayer*, Strafrechtsreform S. 26 ff., 41; a. A. *Klein* in *v. Mangoldt-Klein*, Art. 1 GG Anm. III 1, der sich aber in der im wesentlichen aus der 1. Aufl. übernommenen Anm. III 9 selbst widerspricht; gegen ihn Hellm. *Mayer*, Strafrechtsreform S. 41 Fußn. 6.

[9] JZ 1964, 339 ff.

[10] a.a.O. S. 342.

Rückkehr doch das Grundgesetz nach Meinung aller seiner Interpreten verhindern soll, daß er sich auf dem Gipfel der Zivilisation stehend wähnt und die Freiheit im Interesse der Zivilisation und ihres Fortschritts einem kollektiven Zwang opfert. So geschieht es heute — mit Gradunterschieden von Land zu Land — in den sogenannten Volksdemokratien des sozialistischen Lagers. Ihre ideologische Grundlage, der dialektische Materialismus, beruft sich auf angeblich letztgültige wissenschaftliche Erkenntnis. Es ist in diesem Zusammenhang bezeichnend, daß eine sich anbahnende Selbstkorrektur dieser Systeme von der Vorstellung eines neuen Humanismus ausgeht. Auch Hitler berief sich auf die damals modernste Wissenschaft, die Biologie. Und von einem isoliert biologischen Standpunkt könnte man heute gegen Hitler wohl nur einwenden, daß er durch Rassenhaß und Rassenwahn verblendet, die Ergebnisse biologischer Forschung falsch gedeutet und angewendet habe. Der Begriff des „erreichten Zivilisationsstandes“ ist rein formaler Natur und dadurch allen denkbaren Staats- und Gesellschaftsformen offen. Nur ein Staat, der sich übergeordneten Werten verpflichtet fühlt, entgeht der Gefahr, zum Selbstzweck zu werden.

Es scheint auch im historischen Zusammenhang kein Zweifel erlaubt, daß das Grundgesetz sich von der Weimarer Reichsverfassung distanzieren und den Gedanken eines wertfreien pluralistischen Staates bewußt verwerfen wollte, als es seinen Grundrechtskatalog mit dem Satz von der Unantastbarkeit der Menschenwürde einleitete. Deshalb hat der Verfassungsgeber Art. 2 Abs. 1 des Herrenchiemseer Entwurfs, der noch stärker an einem formalen Individualismus ausgerichtet war, nicht übernommen und deshalb hat das Grundgesetz auch in Art. 1 einen anderen Weg eingeschlagen als der Herrenchiemseer Entwurf, der die Menschenwürde (nur) als Grundrecht an den Anfang stellen wollte[11]. Niemand besser als Hermann von Mangoldt, der selbst als Mitglied des Parlamentarischen Rates und seiner verschiedenen Ausschüsse an der Gestaltung des Art. 1 GG entscheidenden Anteil gehabt hat[12], vermag zu bezeugen, es sei „der Wille des Grundgesetzgebers“ gewesen, „daß in den Grundrechten nicht mehr die Einzelperson im alten liberalen Sinne im Mittelpunkt stehen“, daß „Eigenwert und Eigenständigkeit des Menschen schlechthin hier als unverbrüchliche Grundlage der Gesamtordnung anerkannt werden“ sollten[13], und daß es die Aufgabe des Art. 1 GG sei, „die Freiheits- und Menschenrechte zu dieser Menschenwürde in das rechte Verhältnis zu setzen“[14]. Dürig kann deshalb

---

[11] Darauf hat Hellm. *Mayer*, Strafrechtsreform S. 27 u. 41 Fußn. 6, unter Bezugnahme auf *v. Mangoldt*, Art. 1 GG Anm. 1 u. 2, hingewiesen.

[12] Das zeigt der Überblick über die Entstehungsgeschichte des Artikels im Jahrbuch des öffentlichen Rechts N. F. 1, 1951, 48—54.

[13] *v. Mangoldt*, Art. 1 GG Anm. 2.

[14] Jahrbuch des öff. Rechts a.a.O. S. 52.

schreiben: „In der Erkenntnis, daß die Verbindlichkeit und die verpflichtende Kraft auch einer Verfassung letztlich nur in objektiven Werten begründet sein kann, hat sich der Grundgesetzgeber, nachdem ein Hinweis auf Gott als den Urgrund alles Geschaffenen nicht durchgesetzt werden konnte, zum sittlichen Wert der Menschenwürde bekannt[15]." In dieser Vorstellung des historischen Verfassungsgebers, die durch die Übernahme des durch eine spezifisch deutsche Tradition, nämlich durch die Tradition der idealistischen Philosophie, geprägten Begriffes der Menschenwürde in das positive Verfassungswerk ihren bleibenden Ausdruck gefunden hat, ist der von Badura vermißte Hinweis darauf zu suchen, daß durch Art. 1 Abs. 1 GG eine personale und materiale Ethik zur Basis des Verfassungsrechts und der ganzen Rechtsordnung gemacht werden sollte. Der sittliche Wert der Menschenwürde ist damit auch vom Standpunkt des positiven Rechts zum Rechtswert geworden[16].

Damit beginnen freilich erst die eigentlichen Auslegungsprobleme. Sie unterscheiden sich jedoch grundsätzlich nicht von den Aufgaben, denen sich die Rechtswissenschaft auch an anderer Stelle gegenübersieht, etwa bei der Anwendung der Begriffe „gute Sitten" oder „Treu und Glauben" im bürgerlichen Recht. Ähnlich verweist auch das Grundgesetz in Art. 1 Abs. 1 unmittelbar auf das „Sittengesetz". Solche Generalklauseln, die den Einbruch sittlicher Wertungen in das Recht ermöglichen, entziehen sich weitgehend einer begrifflich systematischen Analyse. Gleichwohl läßt sich auch bei ihnen der zur Rechtsanwendung notwendige Vorgang der Wertfindung jedenfalls teilweise rationalisieren. So hat z. B. das bürgerliche Recht zu § 242 BGB längst eine fein ausgebaute Kasuistik hervorgebracht, mit deren Hilfe sich auch neu auftauchende Fälle einordnen, bewerten und entscheiden lassen[17]. Die Bemühungen um die Auslegung des Art. 1 Abs. 1 GG sind demgegenüber verhältnismäßig jung. Dennoch haben sie inzwischen Ergebnisse gezeitigt, die ganz überwiegend anerkannt werden und die deshalb hier als Ausgangspunkt für die weitere Untersuchung dienen können. In der in Literatur und Rechtsprechung anzutreffenden Übereinstimmung tritt nämlich das herrschende Rechtsethos zutage, das weitgehend als Maßstab für die Entscheidung der Wertungsfrage dienen kann[18]. Zippelius

---

[15] *Dürig*, AöR 81, 1956, 117; ebenso in *Maunz-Dürig*, Art. 1 Abs. 1 Rn. 1.

[16] *Dürig* a.a.O. Wer dieser „subjektiven" Auslegung des Art. 1 Abs. 1 GG nicht zu folgen vermag, müßte dennoch — wie z. B. *Zippelius* in Bonner Kommentar, Zweitbearbeitung, Art. 1 GG Rn. 7 — im Wege objektiver Verfassungsauslegung zu dem gleichen Ergebnis gelangen, weil es allein den herrschenden rechtsethischen Vorstellungen entspricht.

[17] Vgl. z. B. Wilhelm *Weber*, Treu und Glauben; J. *v. Staudingers* Kommentar zum BGB, 11. Aufl. 1961, Bd. II Teil 1 b; *Wieacker*, Zur rechtstheoretischen Präzisierung des § 242 BGB, Tübingen 1956.

[18] *Zippelius* in Bonner Kommentar, Zweitbearbeitung, Art. 1 GG Rn. 11; *Geck*, ebenda, Art. 102 GG Rn. 2.

spricht von einem Begriffskern, über den sich allgemeine Übereinstimmung erzielen lasse. Danach ist Würde sittlicher Wert des Menschen, und zwar Eigenwert, der dem Menschen um seiner selbst und nicht um anderer Güter und Zwecke willen zukommt und der in der Fähigkeit zu sittlicher Selbstbestimmung beruht[19]. Unmittelbar daraus lassen sich für das Strafrecht grundlegende rechtliche Folgerungen ziehen, weil dieser Begriffskern zum Schuldprinzip hinführt. An dieser entscheidenden Stelle könnte man vom Zivilisationsstandpunkt Baduras aus zu einem anderen Ergebnis gelangen. Dagegen führt der unterschiedliche Ausgangspunkt bei der Auslegung des Art. 1 Abs. 1 GG weitgehend zu demselben Ziel, wenn man im übrigen von der Möglichkeit Gebrauch macht, in Einzelfragen auf eine Reihe von Rechtssätzen des nationalen und übernationalen Rechts zurückzugreifen, die heute als Konkretisierungen des Verfassungsrechtssatzes von der Würde des Menschen angesehen werden[20]. Hier kommt im Hinblick auf die lebenslange Zuchthausstrafe das Verbot unmenschlicher oder erniedrigender Strafen in Art. 3 der Europäischen Konvention zum Schutz der Menschenrechte in Betracht[21].

Bevor wir an dieser Stelle mit der Untersuchung fortfahren, ist einem vielleicht möglichen Mißverständnis vorzubeugen, auf das wir in einem weiteren Einwand Baduras gegen die personalistische Interpretation des Art. 1 Abs. 1 GG hingewiesen werden. Eine solche Auslegung bewirke, so meint Badura, eine Umfunktionierung dieses Verfassungsrechtssatzes, da sie den Menschen nicht sehe, wie er sei, sondern wie er nach einem bestimmten ethischen Ideal sein solle. Auf den Schutz des Art. 1 Abs. 1 GG sei aber gerade derjenige angewiesen, der durch Konstitution — der Geisteskranke — oder durch Verhalten — der Asoziale — diesem Ideal der autonomen Persönlichkeit nicht entspreche. Deshalb sei das personalistische Verständnis paradoxerweise genötigt, die Anwendbarkeit des Art. 1 Abs. 1 GG auf die Personengruppen, deren „Würde" vornehmlich in Gefahr sei, besonders zu betonen und zu begründen, als ob es sich um einen Grenzfall handele. Dieses Verständnis eröffne darüber hinaus einen Weg, um besonders schutzbedürftige Personen unter gewissen Voraussetzungen von der Reichweite des Art. 1 Abs. 1 GG auszuschließen[22]. Der Einwand geht indessen ins Leere. Badura kann sich zwar darauf berufen, daß Klein gegenüber „ausgekochten" Verbrechern auch die Anwendung sonst menschenunwürdiger Vernehmungs- und Beweispraktiken für denkbar hält[23]. Dieses Zitat könnte die Bedenken Baduras aber

---

[19] a.a.O. Rn. 9.

[20] *Badura*, JZ 1964, 341 f.

[21] Vgl. dazu *Woesner*, Die Menschenrechtskonvention in der deutschen Strafrechtspraxis, NJW 1961, 1381 ff.

[22] JZ 1964, 341.

[23] In *v. Mangoldt-Klein*, Art. 1 GG Anm. III 5 a. Das andere an dieser Stelle von *Badura* angeführte Zitat stammt von Arthur *Kaufmann* (Schuldprinzip

nur stützen, wenn es vom Standpunkt der grundsätzlich auch von Klein vertretenen personalistischen Interpretation des Art. 1 Abs. 1 GG einer Nachprüfung standhielte. Das ist jedoch nicht der Fall. Wie Badura selbst nicht verkennt, ist nach der von ihm bekämpften Auslegung des Art. 1 Abs. 1 GG die Würde des Menschen allein schon mit der bloßen Möglichkeit der sittlichen Selbstbestimmung begründet, die ja notwendig auch die Gefahr der Selbstverfehlung voraussetzt. Die Menschenwürde im Rechtssinne hängt also nicht davon ab, ob der Mensch von seinen Fähigkeiten den sittlich wünschenswerten Gebrauch macht. Allein die Tatsache, daß im Menschen die Möglichkeit zum Guten wie zum Bösen beschlossen ist, macht sein Wesen aus und verleiht ihm seinen unvergleichlichen Eigenwert. Auch durch den Mißbrauch menschlicher Fähigkeiten kann die Menschenwürde nicht verloren gehen, ebensowenig wie sie durch Wohlverhalten erst erworben wird. Nur einzelne Freiheitsrechte sind durch Mißbrauch verwirkbar[24]. Der in der Menschenwürde begründete Achtungsanspruch ist dagegen angeboren und unveräußerlich. Daher genießt auch der „ausgekochte" oder „entmenschte" Verbrecher den Schutz des Art. 1 Abs. 1 GG[25]. Auch im Mörder, dessen Tat so „unmenschlich" scheint, ist die Würde des Menschen zu achten und zu schützen, denn selbst das schwerste Verbrechen bildet doch nur den Ausdruck einer grundsätzlich in jedem Menschen vorhandenen Handlungsbereitschaft. Nur das immerhin naheliegende Mißverständnis, daß die Menschenwürde der Lohn für denjenigen sei, der dem Ideal der sittlichen

---

S. 201). Dort heißt es, daß wegen der sittlichen Natur von Schuld und Strafe der Verbrecher durch die Tat seinen Anspruch, als Person respektiert zu werden, „teilweise verwirkt" habe und erst durch die Strafe soweit entsühnt werde, daß er wieder in den „Vollbesitz" seiner personalen Würde gelange. Diese Stelle ist aber aus einem Zusammenhang gerissen, der keinen Bezug auf Art. 1 GG hat. Dagegen meint neuerdings gerade im Hinblick auf Art. 1 GG K. *Brinkmann* (Grundrecht und Gewissen im Grundgesetz, Bonn 1965, S. 380 f.), würdig sei nur der Rechttuende. So habe beispielsweise jemand, der ein Verbrechen begehe, insofern keine Würde mehr; ihm komme statt dessen Unwürdigkeit zu. Daher könne er auch durch eine ihn als Verbrecher nicht achtende, aber gerechte Strafe nicht in seiner Würde getroffen werden. Diese Ausdeutung des Würdebegriffs ist zwar in sich logisch. *Brinkmann* verfehlt aber den Würdebegriff des Art. 1 GG, der — und dazu muß man sich mit *Badura* a.a.O. S. 341 auf den Schutzzweck dieser Vorschrift berufen — nicht zuletzt den in ihrer persönlichen Integrität und in ihrer Rechtsstellung besonders gefährdeten Personen, nämlich Abhängigen, psychisch Abnormen, Asozialen, Angehörigen weltanschaulicher und rassischer Minderheiten und der staatlichen Straf- und Polizeigewalt Ausgesetzten, gilt, der allein die allgemeine, jedem Menschen unterschiedslos eigene Würde meint.

[24] *v. Mangoldt-Klein*, Art. 1 Anm. III 8; *Zippelius* in Bonner Kommentar, Zweitbearbeitung, Art. 1 GG Rn. 50. Vgl. dazu ferner unten II 2. a. E.

[25] So die einhellige Meinung im Schrifttum und in der Rspr., z. B. *Hamann*, Art. 1 GG Anm. B 2; *Maunz-Dürig*, Art. 1 Abs. 1 GG Rn. 18, 21; *Nipperdey* S. 3; *Wintrich*, Festschrift für *Apelt* S. 2; *Wertenbruch*, Art. Menschenwürde; *Sax* S. 937; *Zippelius* in Bonner Kommentar, Zweitbearbeitung, Art. 1 GG Rn. 12; BGHSt 332, 334; vgl. auch *Leisner* S. 149.

Selbstbestimmung gerecht wird, zwingt uns dazu, besonders zu betonen und zu begründen, daß Menschenwürde unterschiedlos allem eigen ist, „was Menschenantlitz trägt". Es bleibt das Verdienst Baduras, vor diesem gefährlichen Mißverständnis gewarnt zu haben.

2. Das Verbot grausamer, unmenschlicher und erniedrigender Strafen

Es darf als eine allgemein anerkannte Ausformung des Satzes von der Unantastbarkeit der Menschenwürde angesehen werden, daß grausame, unmenschliche und erniedrigende Strafen verboten sind[26]. Dieses Verbot hat in Art. 3 der Europäischen Konvention zum Schutze der Menschenrechte und Grundfreiheiten seinen Niederschlag gefunden. Es wird auch von denen anerkannt, die die personalistische Auslegung des Art. 1 Abs. 1 GG ablehnen. Badura nennt es „ein anerkanntes Strafrechtsprinzip der neuzeitlichen Zivilisation". In der Tat muß man gerade vom Zivilisationsstandpunkt aus heute wohl fordern, daß mit der Strafe niemand ein unnötiges Leiden zugefügt werde. Ist aber die lebenslange Freiheitsstrafe grausam, unmenschlich oder erniedrigend?

Sieht man zunächst von den Dauerwirkungen der Strafe ab, so können die äußeren Lebensbedingungen in modernen Zuchthäusern heute nicht als unangemessen bezeichnet werden, mag auch im einzelnen vieles verbesserungswürdig und -fähig sein. Dennoch ist der lebenslange Zwangsaufenthalt im Zuchthaus sicher eine außerordentlich harte Strafe. Aber Härte ist nicht gleichbedeutend mit Grausamkeit. Zur Grausamkeit gehört ein subjektives Moment, die Absicht, mit der Strafe körperliche und seelische Leiden über das unvermeidbare Maß hinaus zufügen zu wollen. Eine solche Absicht kann man weder dem Strafgesetzgeber noch dem Strafvollzug unterstellen.

Eine andere Frage ist, ob die sicher unbeabsichtigten, aber doch tatsächlich vorhandenen persönlichkeitsdeformierenden Wirkungen einer lebenslangen Zuchthausstrafe die Menschenwürde verletzen. Wenn, wie Liepmann es einst formuliert hat und Ohm heute bestätigt, nach langen Jahren hoffnungsloser Haft das Vegetieren beginnt und siegt, die Gefangenen stumpf und gefühllos zu Maschinen und endlich zu Ruinen werden, dann scheint doch ein klarer Verletzungsfall gegeben. Wenn davon die Rede sein kann, daß die Lebenslänglichen „absacken" und „verholzen" und schließlich zu bloßen „Menschenhülsen" werden[27], dann kann kein Zweifel mehr bestehen, daß hier die Menschenwürde betrof-

---

[26] *Badura*, JZ 1964, 341 mit Nachweisen; *Dürig* in *Maunz-Dürig*, Art. 1 Abs. 1 Rn. 31; *Nipperdey* a.a.O. S. 31; *Wertenbruch*, Art. Menschenwürde; BVerfGE 1, 348; BGHSt 3, 119; 10, 301.

[27] *Welzel*, Stellungnahme zum Thema Todesstrafe, Niederschriften Bd. 11 S. 47; vgl. dazu oben im 3. Abschnitt III 4 a. E.

fen ist. Nur muß man sich davor hüten, die lebenslange Freiheitsstrafe deshalb gleich ganz zu verurteilen, solange nicht feststeht, ob durch eine freiere und psychisch gesündere Ausgestaltung des Strafvollzuges diese menschenunwürdigen Folgen vermieden werden können. Es ist schon darauf hingewiesen worden, daß Marc Ancel den Mitgliedern der Großen Strafrechtskommission, die für die Todesstrafe eingetreten waren und betont hatten, daß die lebenslange Freiheitsstrafe wegen ihrer deformierenden Wirkungen gleich grausam oder grausamer sei als der Tod, vorwirft, ihre Äußerungen zeugten von einzigartiger Unkenntnis der Wirklichkeit des modernen Strafvollzugs[28]. Es sei auch noch einmal daran erinnert, daß Sieverts sich seinerzeit zu der Feststellung veranlaßt sah, der Einwand, die Todesstrafe sei humaner als lebenslanges Zuchthaus, bilde kein Argument für die Todesstrafe, sondern ein Argument gegen die heutige Form des Vollzugs dieser lebenslangen Internierung. Der Vollzug könne und müsse in Zukunft so gestaltet werden, daß der Gefangene nicht seelisch und geistig verderbe, sondern eine schwere Schuld in positiver Weise für die Gesellschaft und die Angehörigen des Opfers seiner Tat sühne[29].

Man darf von den Möglichkeiten eines modernen Strafvollzugs kein Wunder erwarten. „If the cage were roomier and more comfortable, it would remain a cage[30].“ Jede längere Freiheitsstrafe und erst recht eine lebenslange Einsperrung drückt den Gefangenen unweigerlich ihren Stempel auf. Eine gewisse Institutionalisierung, die nicht zuletzt bei einer etwaigen Entlassung die Anpassung an die in Freiheit vorgefundenen Lebensbedingungen erschwert, wird auch mit den modernsten Vollzugsmethoden nicht zu vermeiden sein[31]. Hier geht es aber nur um die Frage, ob sich die unter dem Einfluß der lebenslangen Zuchthausstrafe bisher beobachtete psychische Verformung der Gefangenen zu bloßen Zerrbildern des Menschen verhindern läßt. Diese Frage ist bislang noch offen. Es steht keineswegs fest, daß die Antwort ungünstig ausfallen müßte. Deshalb folgt aus Art. 1 Abs. 1 GG vorerst kein Verbot der lebenslangen Freiheitsstrafe, sondern nur das Gebot an den Strafvollzug, alle Möglichkeiten auszuschöpfen, um dieser Strafe ihre menschenunwürdigen Wirkungen zu nehmen.

3. Art. 1 Abs. 1 GG als verfassungsrechtliche Verankerung des strafrechtlichen Schuldprinzips

Die zweite für das Strafrecht im allgemeinen und für die lebenslange Freiheitsstrafe im besonderen bedeutsame Ausformung des Satzes von

---

28 In Studies in Penology S. 10.
29 Niederschriften Bd. 11 S. 52.
30 Home Office, zitiert nach RCCP S. 230.
31 RCCP S. 229 f.

der Unantastbarkeit der Menschenwürde ist das Schuldprinzip[32]. Daran gibt es mindestens auf dem Boden der personalistischen Auslegung des Art. 1 Abs. 1 GG keinen Zweifel. Denn wenn der Mensch seine Würde aus der Fähigkeit zu sittlicher Selbstbestimmung bezieht, muß in dieser Fähigkeit auch der Anknüpfungspunkt für die Strafe gesucht werden. Nur die Schuldstrafe vermeidet den Vorwurf, daß sie den Verbrecher zur Sache erniedrigt und dadurch seine Menschenwürde verletzt. Dieser Zusammenhang zwischen Schuld und Strafe hat bei Kant in der „Metaphysik der Sitten" seinen klassischen Ausdruck gefunden: „Strafe kann niemals als Mittel, ein anderes Gutes zu befördern, sondern muß jederzeit nur darum verhängt werden, weil der Täter verbrochen hat, denn der Mensch kann niemals bloß als Mittel zu den Absichten anderer gehandhabt und unter die Gegenstände des Sachenrechts gemischt werden, wo wider ihn seine angeborene Persönlichkeit schützt[33]."

Ich muß hier die Feststellung, daß Art. 1 Abs. 1 GG die verfassungsmäßige Verankerung des Schuldprinzips für das Strafrecht enthält, als das heute überwiegend anerkannte Ergebnis der Verfassungsauslegung übernehmen und auf eine eigene Stellungnahme, die unweigerlich in den unendlichen Streit um die Strafrechtstheorien führen würde, verzichten. Nur auf folgendes sei besonders hingewiesen:

Es mag letztlich unbeweisbar bleiben, ob das Schuldprinzip und seine Prämissen richtig sind. Jedenfalls ist der Schuldgedanke eine Forderung der praktischen Vernunft. So wie er sich im christlich-abendländischen Bereich entwickelt hat und wie er von der idealistischen Philosophie theoretisch überformt worden ist, ist er zu einem integrierenden Bestandteil von Staat und Gesellschaft geworden. Man könnte daher vielleicht sogar heute (noch) auch vom Zivilisationsstandpunkt Baduras aus das strafrechtliche Schuldprinzip als eine Errungenschaft zivilisierten Menschentums verteidigen.

Gerade auf dem Umstand, daß der Schuldgedanke ein Stück Lebenswirklichkeit ist, beruht die praktische Wirksamkeit eines Sanktionssystems, dessen Kennzeichen darin besteht, daß es mit der Verhängung des Strafübels öffentlich sein Unwerturteil über die Tat des Verurteilten ausspricht. Nur gerechte, schuldangemessene Strafen können die erwünschten generalpräventiven Wirkungen hervorbringen[34]. Auch die

---

[32] *Bohne*, Menschenwürde und Strafrecht S. 27; *Dürig* in *Maunz-Dürig*, Art. 1 Abs. 1 GG Rn. 21; *Hamann*, Grundgesetz u. Strafgesetzgebung S. 26 ff.; *Naucke*, Betrug S. 45; *Nipperdey* S. 32; *Sax* S. 937; *Stree*, Deliktsfolgen S. 51 f.; *Wintrich*, Problematik der Grundrechte S. 18; *Zippelius* in Bonner Kommentar, Zweitbearb., Art. 1 Rn. 13; BVerfGE 1, 332, 348; 6, 389, 439; BayerVGH 3, 109; BayerObLG NJW 1964, 2025.

[33] Metaphysik der Sitten, 1. Teil § 49 E I.

[34] Ihre Hauptaufgaben erfüllt die Strafe nämlich nicht durch Abschreckung, sondern durch ihre sittenbildende Kraft; Hellm. *Mayer*, Strafrecht 1936 S. 26 ff.,

Spezialprävention kann auf den Schuldgedanken nicht verzichten. Eine Strafe, die nicht als gerecht empfunden werden kann, ist unerträglich. Sie tötet jeden Willen zur Besserung und macht den Verurteilten vollends zum Feind der Gesellschaft[35]. Sie verschenkt zugleich den besten Ansatzpunkt für eine spezialpräventive Einwirkung, indem sie es unterläßt, an Unrecht und Schuld anzuknüpfen und so dem Bestraften die Einsicht in die ethische und rechtliche Ordnung zu vermitteln, der diese Werturteile entnommen sind[36].

a) Fordert das Schuldprinzip die lebenslange Freiheitsstrafe?

Die Idee der Strafe als gerechte und sühnende Vergeltung für schuldhafte Tat ist aber nicht der positive Rechtsgrund, sondern „eine Sinndeutung der Strafe, wie sie wirklich in der Geschichte der Menschheit geübt wurde und wird“[37]. Nur staatliche Notwendigkeit kann einer Strafe Legitimität verleihen[38]. Allein es darf keine Strafe geben, die nicht als schuldvergeltende Strafe verstanden werden könnte. Die rechtliche Bedeutung, die das Schuldprinzip durch Art. 1 Abs. 1 GG erhalten hat, beschränkt sich daher auf seine limitierende Funktion[39].

Aus diesem Grund muß jeder Versuch scheitern, die lebenslange Freiheitsstrafe unmittelbar aus dem Prinzip der gerechten Vergeltung herzuleiten, wie es seit Hegel deutscher Strafrechtstradition entspricht und wie es besonders Köstlin unternommen hat[40]. Heute hört sich dieser

---

AT S. 23 ff.; Strafrechtsreform S. 15; vgl. ferner *Dahm,* Deutsches Recht, 2. Aufl. 1963, S. 504; *Lange,* Probleme der Strafrechtsreform S. 80; *Naucke,* Betrug S. 55; *Welzel,* Strafrecht, 8. Aufl., S. 212; *Schmidhäuser* S. 52, 63; Rich. *Schmidt* S. 132.

[35] Hellm. *Mayer,* AT S. 382.

[36] *Noll* S. 22.

[37] Hellm. *Mayer,* AT S. 33; *Noll* S. 20, und zwar unter Berufung auf Max *Scheler,* Der Formalismus in der Ethik und die materiale Wertethik, 4. Aufl. (1954) S. 374. Diese Feststellung bedeutet eine Distanzierung von der Straftheorie *Kants.* Wir können *Kant* nicht mehr folgen, wenn er in der „Metaphysik der Sitten“ sagt: „Hat (der Mörder) aber gemordet, so muß er sterben. Es gibt hier kein Surrogat zur Befriedigung der Gerechtigkeit.“ Die Strafe ist eben kein kategorischer Imperativ, wie *Kant* meinte (Hellm. *Mayer* a.a.O.).

[38] Hellm. *Mayer* a.a.O.; *Noll* a.a.O.; *Roxin,* Sinn und Grenzen staatlicher Strafe, Jurist. Schulung 1966, 384 ff.; *Welzel,* Strafrecht, 10. Aufl., S. 232.

[39] In diesem Sinne will auch der Alternativ-Entwurf der Strafrechtslehrer am Schuldprinzip festhalten; vgl. § 2 Abs. 2 und die Begründung S. 29 f.

[40] Vgl. oben 4. Abschnitt III. Es ist deshalb auch Arthur *Kaufmann* (Schuld und Strafe S. 19) zu widersprechen, wenn er in der Tatsache, daß die lebenslange Freiheitsstrafe kaum jemals ganz vollzogen wird, eine bedenkliche Erscheinung sieht, weil sich darin zutiefst zeige, daß, wie Gustav *Radbruch* es einmal ausgedrückt habe, der strafende Staat sein gutes Gewissen verloren habe, weil in ihm die Überzeugung von der sittlichen Natur der Strafe als einer notwendigen Reaktion auf schuldhaft begangenes Unrecht nicht mehr lebendig sei.

Versuch so an: Die lebenslängliche Freiheitsstrafe kann nur von der Annahme her gerechtfertigt werden, daß es schwerste Schuld gibt, durch die sich der Täter endgültig aus der menschlichen Gemeinschaft ausschließt. Das gilt vor allem für den Mord. Wer das Lebensrecht des Mitmenschen nicht anzuerkennen bereit ist, zerstört auch die Rechtsgrundlage, auf der sein eigenes Leben im mitmenschlichen Bereich beruht. Das allein, und keine general- oder spezialpräventiven Zweckgesichtspunkte geben dem Staat das Recht, den Ausschluß des Mörders aus der Gemeinschaft realiter zu vollziehen. Es gibt schwerste Taten, bei denen dieser Ausschluß endgültig sein muß. Taten eines Haarmann, Kürten, Pleil, des Auschwitzer Kommandanten Hoess, ganz zu schweigen von den Untaten der Hauptverbrecher des Dritten Reiches[41]. Aber auch Welzel, dessen Worte hier wiedergegeben worden sind, hat an anderer Stelle[42] selbst den Standpunkt eingenommen, daß die Strafe nicht in einer sittlichen Forderung, sondern allein durch staatliche Notwendigkeit begründet sei.

Wenn man dennoch zunächst einmal den Gedanken ein Stück weiter verfolgt, daß im Prinzip der gerechten Vergeltung die unbedingte Forderung beschlossen liege, durch die Strafe müsse die Rechtsstellung des Verbrechers in gleichem Maße gemindert werden, in dem er dem Recht Gewalt angetan habe, so hat man mit besonderer Schärfe den Mordtatbestand ins Auge zu fassen. Vielleicht konnte man für § 211 StGB a. F.[43] mit einigem Grund die Ansicht teilen, wer „mit Überlegung" einen Menschen töte, habe die Rechtsgrundlage zerstört, auf der sein Leben im mitmenschlichen Bereich beruhe, so daß ihm das Leben durch die Todesstrafe entzogen, er mindestens aber durch lebenslange Einsperrung von der Gemeinschaft freier Menschen isoliert werden müsse. Aber hat dieser Gedanke nicht vielleicht seine innere Berechtigung verloren, seitdem § 211 StGB durch die Neufassung im Jahre 1941[44] den Blick von dem Mord als der mit Überlegung begangenen Tat auf den Mörder als einen von Sadismus, fehlgeleiteter Sexualität, Habgier, maßloser Feigheit oder der Furcht vor Entdeckung getriebenen Täter lenkt? Wollte

---

[41] *Welzel,* Niederschriften Bd. 11 S. 47 f.

[42] Strafrecht S. 232.

[43] Die Vorschrift lautete: „Wer vorsätzlich einen Menschen tötet, wird, wenn er die Tötung mit Überlegung ausgeführt hat, wegen Mordes mit dem Tode bestraft."

[44] G. v. 4. 9. 1941, RGBl I 549. Die Umgestaltung der §§ 211 ff. knüpfte an Reformbestrebungen aus der Zeit vor 1933 an, die den Schweizerischen Entwurf von 1916 zum Vorbild hatten. Diese Umgestaltung im Sinne einer Materialisierung und Rückkehr zu altdeutschen Grundsätzen ersetzte das psychologische Merkmal der Überlegung durch ein materiell-ethisches im Sinne einer volkssittlichen Bewertung. Kasuistisch wurde teils die Niedrigkeit des Beweggrundes, teils die Art der Ausführung und in einem Fall der besondere Tatzweck zum Mordmerkmal erhoben.

man den Täter strafen und die Mordtat nur als Symptom der Strafbedürftigkeit ansehen, so müßte man doch bedenken, daß eine einzelne Tat niemals ausreicht, um die Gesamtpersönlichkeit eines Menschen zu kennzeichnen, am wenigsten der Mord[45]. Den „typischen Mörder" im Sinne Lombrosos gibt es nicht[46]. Es bestünde daher kein Grund, (nur) wegen einer Mordtat den Mörder mit der Vernichtung seiner Gesamtpersönlichkeit zu bestrafen. Nun ist man sich zwar heute darüber einig, daß § 211 StGB nicht als Bezugnahme auf einen besonderen kriminologischen oder tatbestandsbezogenen Tätertyp des Mörders ausgelegt werden darf[47]. Immerhin sieht man auch heute noch in der Bezeichnung des Täters als „Mörder" (bzw. als „Totschläger" in § 212 n. F.) eine Anweisung an den Richter, die Gesamtpersönlichkeit des Täters zu prüfen und zu würdigen[48]. Man will deshalb, teils gegen den Widerstand der Rechtsprechung[49], auch bei Vorliegen eines der in § 211 Abs. 2 StGB genannten Mordmerkmale den Täter als Mörder nur bestrafen, wenn unter Berücksichtigung der Gesamtpersönlichkeit und aller Umstände der Tat die Tötung als eine besonders verwerfliche anzusehen ist[50]. Müßte man dann nicht folgerichtig auch die Frage stellen, ob die Gesamtpersönlichkeit des Täters seinen vollständigen und endgültigen Ausschluß aus der Rechtsgemeinschaft erfordert? Diese Frage könnte man allein unter Berufung auf das Prinzip der Tatschuldvergeltung wohl nicht mehr beantworten.

Aus der Idee der gerechten Vergeltung wäre ohnehin nicht abzulesen, ob der Gesetzgeber als Höchststrafe schlechthin 20jähriges oder lebenslanges Zuchthaus oder Todesstrafe androhen soll[51]. In der Forderung,

---

[45] Hellm. *Mayer*, AT S. 65 f.

[46] *Gast* S. 61; *Loduchowski* S. 80; *Mezger*, Kriminologie S. 37; *Schönke-Schröder*, Rn. 3 vor § 211 StGB; vgl. ferner Fußn. 17 im 3. Abschnitt oben.

[47] *Maurach*, BT S. 28; *Schönke-Schröder*, Rn. 3 vor § 211 StGB; *Schwarz-Dreher*, Anm. 1 vor § 211 StGB.

[48] Vgl. die amtliche Begründung in Deutsche Justiz 19, 935.

[49] OGHSt 1, 77; BGHSt 3, 186; 9, 389; 11, 143; BGH NJW 1951, 204; KG NJW 1950, 237.

[50] *Schönke-Schröder*, Rn. 3 vor § 211 StGB und Rn. 6 zu § 211 StGB.

[51] *Spendel*, Zur Lehre vom Strafmaß S. 168. Rich. *Schmidt* (Aufgaben der Strafrechtspflege S. 112 f.) meint noch weitergehend, die vom Gesetzgeber fixierte „höchste Strafe wie die niedrigste" beruhe „auf willkürlicher Festsetzung". Dagegen wendet *Spendel* (S. 165) ein, daß einen einjährigen neuzeitlichen Freiheitsentzug als schwerste Übelgröße zu erklären willkürlich wäre und fährt fort: „Sollte man nicht seiner Vernunft zu wenig zutrauen, wenn man dies nicht auch von zehn- oder 15jährigem Freiheitsentzug zu sagen vermöchte?" Im Ergebnis hat *Spendel* vielleicht heute noch recht mit seiner Behauptung, „daß zwei, fünf oder zehn Jahre Gefängnis nach dem heutzutage üblichen Strafvollzug (etwa noch mit Kinovorführungen und gelegentlichen Fußballspielen der Häftlinge) als Maximum der Vergeltungsstrafe für Kapitalverbrechen voll zurechnungsfähiger Täter zu deklarieren, offenbar unsinnig sein dürfte". Allein das folgt nicht aus der Idee der gerechten Vergeltung,

den Mörder durch die lebenslange Freiheitsstrafe endgültig aus der Gesellschaft auszuschließen, ist das Prinzip der materiellen Talion kaum besser verhüllt als in der Forderung nach der Todesstrafe. Koestlin ist selbst dem Widerspruch zum Opfer gefallen, den er Hegel vorhielt, weil dieser das Prinzip der materiellen Talion zugunsten einer Vergeltung nach dem Werte verwarf, dennoch aber über den Mörder die Todesstrafe verhängt wissen wollte. Wenn wir uns vom Talionprinzip wirklich lösen wollen, kann die Frage nur lauten, ob die lebenslange Freiheitsstrafe, ihre kriminalpolitische Notwendigkeit vorausgesetzt, noch als gerechte Vergeltung für schuldhafte Tat verstanden werden kann.

b) Schuldprinzip und Generalprävention

In die gleiche Frage mündet auch das Bedenken, daß die Unantastbarkeit der Menschenwürde es verbieten könnte, die Notwendigkeit der lebenslangen Freiheitsstrafe vornehmlich aus dem Strafzweck der Generalprävention zu begründen. Gerade im Hinblick auf die Generalprävention wird zur Konkretisierung des Satzes von der Unantastbarkeit der Menschenwürde gewöhnlich die Kantsche Formel herangezogen, die besagt, der einzelne Mensch dürfe „nie bloß als Mittel zu den Absichten eines anderen gehandhabt und unter die Gegenstände des Sachenrechts gemengt werden, wowider ihn seine angeborene Persönlichkeit" schütze[52]. Man kann auch Hegel zitieren, der gegen die generalpräventive Zwangstheorie Feuerbachs eingewandt hat, sie behandle den Menschen wie einen Hund, gegen den man den Stock erhebe[53]. Diese Sätze enthalten das Verbot eines in erster Linie von dem Gedanken der Abschreckung geleiteten Strafens, das außer Verhältnis zur Tatschuld steht, ein Verbot, das heute so allgemein anerkannt ist, daß es als fester Bestandteil unserer Rechtskultur angesehen werden muß[54]. Nur die Strafe, die noch gerechte Vergeltung genannt werden kann, hält diesem Verbot stand.

Nun läßt sich allerdings unmittelbar aus der Idee der gerechten Vergeltung weder positiv das zur Vergeltung notwendige Strafquantum

---

sondern aus unseren zeitgebundenen Vorstellungen von den Strafgrößen. Der Sprung von der Todesstrafe, die noch bis in die jüngste Vergangenheit die Strafenleiter anführte, zu einer zehnjährigen Freiheitsstrafe kann nicht in zwei Jahrzehnten bewältigt werden.

[52] Metaphysik der Sitten, 1. Teil § 49 E I.

[53] Rechtsphilosophie § 99 Zusatz.

[54] Dieses Verbot ist häufiger noch als für die Gesetzgebung für die richterliche Strafzumessung erörtert worden und hat dort seinen Niederschlag vor allem in der sogenannten Spielraumtheorie gefunden; vgl. dazu besonders *Badura*, JZ 1964, 337 ff.; *Bruns*, Festschrift für H. *v. Weber* S. 15 f.; *Dreher*, Zur Spielraumtheorie als Grundlage der Strafzumessungslehre des Bundesgerichtshofs, JZ 1967, 41 ff.; Hellm. *Mayer*, AT S. 36; ders., Strafrechtsreform S. 41 ff.; *Roxin*, Jur. Schulung 1966, 380; *Sax* S. 937; Eb. *Schmidt*, Materialien Bd. 1 S. 18 ff.; *Stree*, Deliktsfolgen und Grundgesetz S. 36 ff.; *Warda* S. 163 ff.

ablesen noch auch nur negativ die Obergrenze der schuldvergeltenden Strafe exakt bestimmen. Aber wenn es nur darum geht, den Einzelnen mit Hilfe des Schuldgedankens vor einem Mißbrauch der Strafgewalt zu bewahren, so sind Werturteile erlaubt, die andernfalls, d. h. zur Begründung der Strafe, gefährlich wären. Sie können sich auf die in einer langen Strafrechtstradition geschulten Vorstellungen von der angemessenen Strafe stützen. Eine allgemein anerkannte Abstufung unter den strafrechtlich geschützten Rechtsgütern, die Unterscheidung von Beteiligungs- und Schuldformen und ein Katalog von Strafschärfungs- und Strafmilderungsgründen verhilft uns jedenfalls zu einem relativen Maßstab für die gerechte Strafe, der sehr fein und wirksam entwickelt ist. Nach diesem Maßstab ist für den Mord als das schwerste Verbrechen die schwerste der vorhandenen Strafen angemessen. Diese muß sich deutlich von anderen Strafen abheben. Kaum 20 Jahre nach der Abschaffung der Todesstrafe kann man mit allgemeiner Billigung für die Ansicht rechnen, daß lebenslanger Freiheitsentzug als Sanktion für die schwersten Kapitalverbrechen das Maß der Schuld nicht übersteigt. Allein von der Größe des Strafübels her bestehen deshalb keine Bedenken, für solche Taten lebenslanges Zuchthaus anzudrohen und diese Strafe auch um ihrer generalpräventiven Wirkung willen einzusetzen.

c) Schuldprinzip und Eliminationsstrafe

Das Schuldprinzip erschöpft sich indessen nicht in dem Satz: „Die Strafe darf das Maß der Schuld nicht übersteigen[55].“ Es begrenzt die Größe des Strafübels nicht nur quantitativ, sondern stellt auch bestimmte Anforderungen an die Qualität der Strafe.

Die Freiheit zu verantwortlicher Entscheidung, die das Fundament der Schuldstrafe bildet, geht durch den Mißbrauch nicht verloren. Der Schuldgedanke fordert, daß man dem Verbrecher nicht nur vor der Tat, sondern auch danach die Freiheit zur Entscheidung für das Recht zugesteht. Eine Strafe, die nichts weiter als ein Übel ist, das man dem Verurteilten zufügt, behandelt diesen als bloßes Objekt der Vergeltung und mißachtet seine Menschenwürde. Auch die Bestrafung muß an der Schuldfähigkeit anknüpfen, von der die Verurteilung abhängig ist. Nur diejenige Sanktion, die den Verbrecher aufruft, das Unrecht seiner Tat jedenfalls nachträglich einzusehen und sich unter ihrem Eindruck für das Recht zu entscheiden, darf sich Schuldstrafe nennen. Doch ebenso, wie nicht der böse Wille an sich, sondern nur dessen Verwirklichung in gemeinschaftsschädlicher Tat der positivrechtliche Grund zur Strafe ist, ist das Ziel der Rechtsstrafe nicht die innere Wandlung (Moralität), sondern das äußere Wohlverhalten (Legalität). Böser Wille und innere Wandlung bilden

---

[55] So formulierte § 2 des E 1958. Ähnlich lautet auch § 2 Abs. 2 des Alternativ-Entwurfs.

nur den ideellen Hintergrund, der durch die Wirklichkeit staatlichen Strafens nicht vergewaltigt werden darf. Fordert das Schuldprinzip, daß man die innere Wandlung für möglich hält, so kann es auch eine bürgerliche Besserung nicht für ausgeschlossen halten. Unausweichliche Folge des Schuldprinzips ist deshalb die Besserungsstrafe. Das bedeutet aber, daß eine Sanktion, die wie die Todesstrafe oder die Lebenszeitstrafe den endgültigen Ausschluß des Verbrechers aus der Rechtsgemeinschaft zum Ziel hat, durch das Schuldprinzip nicht mehr gedeckt wird. Weil die Menschenwürde nicht verwirkt werden kann, bleibt auch der Mörder Mensch, vernünftiges Wesen und Glied der Rechtsgemeinschaft, das nicht wie ein reißendes, schädliches Tier abgetan werden darf[56].

Diese Ansicht findet sich im Sühnegedanken bestätigt, der die notwendige Ergänzung des Schuldprinzips darstellt. Er ist durch die Gleichsetzung von Sühne mit Vergeltung nur weitgehend verloren gegangen[57]. Sühne ist eine rein sittliche Leistung, die durch die Strafe nicht erzwungen werden kann. Sie ereignet sich nur dort, wo der Schuldige freiwillig das Strafleiden auf sich nimmt. Wo Sühne geschieht, bewirkt sie dann Entsühnung und Versöhnung[58]. Wer die Strafe als Aufruf und Möglichkeit zur Sühne verstanden wissen will — das müssen alle Anhänger der Schuldstrafe —, der muß auch die schuldtilgende Wirkung der Sühne anerkennen. Er muß deshalb die Strafe auch nach außen hin so gestalten, daß für die entsühnende Wirkung der Strafe Raum bleibt. Erzwingen lassen sich Sühne und Versöhnung nicht, weder auf Seiten des Täters noch auf Seiten der Gesellschaft[59]. Das Gesetz kann aber und es muß auch, wenn es sich auf den Sühnegedanken beruft, die Voraussetzungen schaffen, unter denen dieser Gedanke Wirklichkeit werden kann. Das bedeutet aber, daß es auf Strafen verzichten muß, die den endgültigen Ausschluß des Verbrechers aus der Rechtsgemeinschaft vollziehen und dadurch eine sichtbare Versöhnung unmöglich machen[60].

---

[56] Mit Hellm. *Mayer* sind deshalb eliminierende Maßnahmen grundsätzlich für unzulässig zu halten; vgl. Strafrechtsreform S. 56: „In einem ‚christlichen' Staat ist es unerlaubt, irgendwelche Menschen nur negativ zu bekämpfen. Auch dem Verbrecher gegenüber gilt das Gebot der Feindesliebe."

[57] Darauf haben besonders hingewiesen u. a. *Dreher*, Gerechte Strafe S. 24 f.; *Noll* S. 8 mit Nachweisen; *Peters*, Kriminalpädagogik S. 100 Fußn. 238; *Schmidhäuser* S. 45; Eb. *Schmidt*, Materialien Bd. 1 S. 11; Arthur *Kaufmann*, JZ 1967, 556.

[58] Den Gedanken der Versöhnung betont besonders *Bianchi*, Ethik des Strafens. Er sieht in lebenslangem Zuchthaus keine ethisch verantwortbare Alternative zur Todesstrafe. Angemessen sei nur die Rehabilitierung des Mörders, die Gewährung solcher Hilfe, daß er mit seinem Mitmenschen zur Versöhnung kommen könne (vgl. S. 105).

[59] *Noll* S. 9; A. *Kaufmann*, JZ 1967, 557, der S. 558 Fußn. 48 auch andeutet, daß die lebenslange Freiheitsstrafe „schwerlich in die Konzeption eines an Schuld und Resozialisierung orientierten Strafrechts passen" dürfte.

[60] Hier ist der Ort, auch auf die Unstimmigkeit zwischen den Verjährungsvorschriften und der lebenslangen Zuchthausstrafe hinzuweisen, auf die sich

Diese „Entwicklung“ des Schuldprinzips war im Ansatz schon bei Koestlin vorhanden, wenn er das Leben aus der Reihe der Strafmittel streichen wollte, da auch das tiefste Verbrechen nur eine bestimmte Handlung sei, in der sich niemals das ganze Sein des Menschen als unheilbar böse preisgebe, so daß die Persönlichkeit, in welcher stets die Möglichkeit der sittlichen Wiederherstellung beschlossen liege, nicht vernichtet werden dürfe. Wenn Koestlin dann aber an Stelle der Todesstrafe den Entzug der Freiheit auf Lebenszeit forderte, so blieb er auf halbem Wege stehen[61]. Dagegen hat schon 1884 in Portugal die sogenannte Nova Reforma Penal denselben Gedanken nicht nur zu Ende geführt, sondern ihn auch in die Tat umgesetzt. Sie verzichtete, nachdem die Todesstrafe schon seit 1846 nicht mehr vollstreckt und 1867 gesetzlich abgeschafft worden war, auch auf die lebenslange Freiheitsstrafe und begründete diesen Schritt nicht zuletzt damit, die lebenslänglichen Strafen stünden im Widerspruch zu der sittlichen Natur der Menschen, nach welcher eine Vermutung dafür bestehe, daß schlechte Neigungen geändert und auch der verkommenste Charakter gebessert werden könne[62].

Dieser Gedanke ist die Konsequenz des Schuldprinzips, das seinerseits Ausfluß des Satzes von der Unantastbarkeit der Menschenwürde ist. Die Folgerung scheint zwingend[63]: Die lebenslange Zuchthausstrafe, die der Möglichkeit, daß auch der Mörder oder der Hochverräter sich bessert, keine Rechnung trägt, verstößt gegen Art. 1 Abs. 1 GG und ist verfassungswidrig[64].

ähnlich schon die Gegner der Todesstrafe vielfach berufen haben. Das StGB unterscheidet zwischen Verfolgungs- und Vollstreckungsverjährung. Während nach § 67 Abs. 1 die Strafverfolgung von Verbrechen, die mit lebenslangem Zuchthaus bedroht sind, in 20 Jahren verjährt, verjährt die Vollstreckung einer Verurteilung auf Lebenszeit nach § 70 Abs. 1 Nr. 1 in 30 Jahren seit Rechtskraft. Die Einrichtung und die Fristen der Strafverfolgungsverjährung lassen sich hinreichend mit prozessualen Gründen erklären. Dagegen kommt bei der Vollstreckungsverjährung der Gedanke der Sühne und der heilenden Wirkung der Zeit zum Tragen (Hellmuth *Mayer*, Leserbrief in der Frankfurter Allgemeinen vom 11. 10. 1968 S. 11). Es bedeutet deshalb einen unüberwindbaren Widerspruch, wenn das Gesetz einerseits die unversöhnliche lebenslange Zuchthausstrafe androht, andererseits aber auch die Vollstreckung dieser Strafe verjähren läßt. Die Strafrechtsreform tendiert dahin, die Verjährungsfrist für Mord auf 30 Jahre zu verlängern (vgl. Protokolle des Sonderausschusses für die Strafrechtsreform S. 2069 ff., 2125 ff.).

[61] Vgl. oben 4. Abschnitt III a. E.

[62] Hier zitiert nach Beleza *dos Santos* in der Einleitung zur Übersetzung des Portugiesischen StGB von *Basedau* S. 12 Fußn. 20.

[63] Ich bin mir wohl bewußt, daß diese Schlußfolgerung nicht das Ergebnis einer logischen Sequenz darstellt, sondern auf einem Werturteil beruht. Auch wenn ich selbst dieses Urteil für einleuchtend und überzeugend halte, so glaube ich doch nicht, alsbald auf allgemeine Zustimmung rechnen zu können. Dazu ist die Vorstellung von der Elimination des Verbrechers als Mittel der Vergeltung noch zu tief verwurzelt.

[64] Erst recht muß ich deshalb natürlich auch die Todesstrafe für verfassungswidrig halten in dem Sinne, daß sich ihre Unzulässigkeit unabhängig von der

Trotzdem muß der Gesetzgeber nicht unter allen Umständen auf die Androhung und Vollstreckung der lebenslangen Zuchthausstrafe verzichten. Die durch das Schuldprinzip begründete Vermutung besagt nur, daß jeder Mensch, möge er auch die schwersten Verbrechen begangen haben, sich bessern könne. Es gibt keine Vermutung dafür, daß er sich tatsächlich bessern werde. Es kann daher durchaus die Schwere der Tat zum Indiz dafür genommen werden, daß eine Besserung nicht zu erwarten sei, und deshalb zunächst auch eine Strafe auf Lebenszeit verhängt werden[65]. Nur für den Fall, daß die Besserung dennoch eintritt, muß das Gesetz den Weg für die Rückkkehr des Verurteilten in die freie Gesellschaft offen lassen. Daher wäre der lebenslangen Zuchthausstrafe der Makel der Verfassungswidrigkeit genommen, wenn das Gesetz eine Entlassungsmöglichkeit für den Fall der Besserung vorsähe. Die Einführung der bedingten Entlassung, wie sie bei zeitigen Freiheitsstrafen möglich ist, würde genügen, um die lebenslange Strafe mit dem Satz von der Unantastbarkeit der Menschenwürde in Einklang zu bringen.

Sehr zweifelhaft ist die Frage, ob die aus Art. 1 Abs. 1 GG folgende Verfassungswidrigkeit der lebenslangen Freiheitsstrafe ohne Entlassungsmöglichkeit die Nichtigkeit der entsprechenden Strafdrohungen nach sich zieht[66]. Grundsätzlich ist auch Art. 1 GG trotz seiner generalklauselartigen Weite eine Norm, der „ein zum unmittelbaren Vollzug geeigneter präziser Rechtsgehalt innewohnt"[67]. Wenn man aber, wie es hier geschieht[68], das lebenslange Zuchthaus als einen geschichtlich notwendigen Übergang von der eliminierenden Todesstrafe zu einem ausnahmslos verwirklichten Resozialisierungsstrafrecht ansieht, so liegt es doch wohl näher, Art. 1 GG nur als Verfassungsauftrag an den Gesetzgeber zu verstehen, daß er im Zuge der Strafrechtsreform den Lebenslänglichen mindestens auch die bedingte Entlassung gewährt. Erst wenn dieser Auftrag unerfüllt bleibt, wird man die Androhung von lebenslangem Zuchthaus im Strafgesetz für nichtig halten müssen.

---

positiven Bestimmung des Art. 102 GG schon aus dem Satz von der Unantastbarkeit der Menschenwürde ergibt; so auch *Hamann* S. 40; *Sax* S. 963; a. A. *Jäckel* S. 37; vgl. auch BVerfGE 18, 112; *Dürig* in *Maunz-Dürig*, Art. 2 Abs. 2 Rn. 11; *Schüßler*, Todesstrafe und Grundgesetz im Auslieferungsverfahren, NJW 1965, 1896 ff., 1898; besonders eingehend *Geck* im Bonner Kommentar, Art. 102 GG, Zweitbearbeitung 1967, Rn. 2—4.

[65] Ähnlich rechtfertigt Hellm. *Mayer*, AT S. 40, die Sicherungsverwahrung mit der Überlegung, wer den Willen, sein Leben überhaupt außerhalb der Rechtsordnung zu führen, durch schwerwiegende Rechtsverletzung bestätigt habe, habe unbemessene Strafe verdient.

[66] Kritisch zum Dogma von der ipso-iure-Nichtigkeit Christoph *Böckenförde*, Die sogenannte Nichtigkeit verfassungswidriger Gesetze, Berlin 1966.

[67] BVerfGE 8, 216 zu Art. 6 Abs. 5 GG.

[68] Oben 4. Abschnitt VI.

4. Menschenwürde und Strafvollzug

Der Verfassungsrechtssatz von der Unantastbarkeit der Menschenwürde ist schließlich auch noch für die Ausgestaltung des Vollzugs der lebenslangen Zuchthausstrafe von Bedeutung. Mehr und mehr wird anerkannt, daß ein nach dem Vergeltungsprinzip ausgerichteter Strafvollzug, der sich in bloßer Übelszufügung erschöpft, entwürdigend ist, sowohl für den Verurteilten als auch für die Vollzugsorgane. Die Vergeltung, die Mißbilligung der Tat und des Täters und die Manifestation des Rechts, ist Sache des Richters. Vergeltung aber gibt dem Vollzug keinen Sinn. Der Vollzug kann sich nicht allein an der begangenen Tat ausrichten, sondern muß nach anderen Gesichtspunkten gestaltet sein, vor allem nach der Täterpersönlichkeit und der Dauer der Freiheitsentziehung. Nicht nur für den Verurteilten, sondern auch für die Vollzugsorgane ist es unerträglich, für unabsehbare Zeit nur auf die Tat zurückzublicken. Deshalb muß der Strafvollzug den Vergeltungsgedanken überwinden und sich um eine andere Sinngebung bemühen[69]. Bei zeitigen Freiheitsstrafen steht allen Beteiligten mit der Aufgabe, den Verurteilten auf die Rückkehr in die Freiheit vorzubereiten, ein konkretes Ziel vor Augen. Aber schon bei längeren zeitigen Strafen und erst recht bei der Lebenszeitstrafe ist eine andere Zielvorstellung notwendig. Es muß dem Leben in der Gefangenschaft selbst ein Sinn abgewonnen werden, damit es auch ohne den Blick auf eine spätere Entlassung eine solche Sinnfülle erhält, daß man es als menschenwürdig ansprechen kann. Dazu müßte man den Gefangenen im Rahmen der Anstalt mehr als bisher Gelegenheit geben, ihre Fähigkeiten auszubilden und ihre Kräfte produktiv einzusetzen. Das Ziel solcher Betätigung könnte die Wiedergutmachung im weitesten Sinne sein[70]. Diese Aufgabe ist nur schwer zu lösen. Aber man kann ihr nicht ausweichen, denn sie ist durch Art. 1 Abs. 1 GG gestellt. Auf längere Sicht wird sich die Frage, ob Freiheitsstrafen, die das für die Resozialisierung notwendige Maß übersteigen, überhaupt beibehalten werden können, daran entscheiden, ob ein sinnerfüllter und dadurch menschenwürdiger Vollzug möglich ist. Die gegenwärtige Form des Vollzugs der lebenslangen Freiheitsstrafe, die dem Gefangenen auf die Dauer jede Möglichkeit zu einer sozial bedeutsamen Lebensäußerung abschneidet und damit eine Bewährung seiner sittlichen Persönlichkeit, die die Menschenwürde ausmacht, verhindert, begegnet verfassungsrechtlich schwersten Bedenken.

---

[69] In diesem Sinne besonders *Noll* S. 19 Fußn. 38 mit Nachweisen; *Schmidhäuser* S. 68 ff., 78 ff.

[70] So in anderem Zusammenhang für längere zeitige Strafen *Roxin*, Jur. Schulung 1966, 386; vgl. ferner *Sieverts*, Niederschriften Bd. 11 S. 52.

II. Die Wesensgehaltssperre des Art. 19 Abs. 2 GG

1. Hat das Grundgesetz die lebenslange Zuchthausstrafe rezipiert?

Art. 19 Abs. 2 GG bestimmt: „In keinem Fall darf ein Grundrecht in seinem Wesensgehalt angetastet werden.“ Für den auf Lebenszeit verurteilten Strafgefangenen bleibt von dem Recht auf freie Entfaltung der Persönlichkeit wenig, von den Grundrechten der räumlichen Bewegungsfreiheit, der Freizügigkeit, der Unverletzlichkeit der Wohnung, der Versammlungs- und Vereinigungsfreiheit, des Briefgeheimnisses sowie der Berufs- und Ehefreiheit gar nichts übrig. Die Frage liegt auf der Hand, ob denn eine so weitgehende Grundrechtsbeschränkung und Grundrechtsentziehung mit Art. 19 Abs. 2 GG zu vereinbaren sei. Indes hat bisher einzig Hamann unter Berufung auf Art. 19 Abs. 2 GG die Verfassungsmäßigkeit der lebenslangen Zuchthausstrafe bestritten[71]. Soweit man sich sonst mit der Frage überhaupt beschäftigt, sieht man zwar in dem „Paradebeispiel der lebenslangen Gefangenschaft“[72] einen „extremschwierigen Fall“[73], die „härteste dogmatische Belastungsprobe“[74] für die Auslegung des Art. 19 Abs. 2 GG, ja ein „ungelöstes Problem“[75]. Dennoch gilt die lebenslange Zuchthausstrafe stets nur als der schwerste einer Vielzahl unvermeidbarer und unbestritten rechtmäßiger Eingriffe in die Grundrechte des Einzelnen, der lediglich dazu zwingt, den Begriff des Wesensgehalts so eng zu fassen, daß auch die lebenslange Zuchthausstrafe die Schranke des Art. 19 Abs. 2 GG unbeanstandet passieren kann[76]. Wenn eine solche Begriffsbildung mißlingt, scheut man sich auch nicht vor einer „unharmonischen Lösung“[77]. Bei zeitigen Freiheitsstrafen, so meint Dürig, könne dem Art. 19 Abs. 2 GG durch deren vorübergehenden Charakter und die spätere Wiederherstellung der Grundfreiheiten genügt sein. Mindestens bei der lebenslänglichen Freiheitsentziehung sei jedoch die Wesensgehaltsgrenze, wie immer man sie begrifflich erfasse, durchbrochen[78]. Während Hamann[79] nach dieser Feststellung keine Möglichkeit mehr sieht, die lebenslange Freiheitsstrafe vor dem Grundgesetz zu rechtfertigen, will Dürig die lebenslange Strafe als eine Ausnahme von Art. 19 Abs. 2 GG verstanden wissen. Frü-

---

[71] Grundgesetz und Strafgesetzgebung S. 44.

[72] *Leisner,* DVBl. 1960, 625.

[73] Ders., Grundrechte u. Privatrecht S. 157 Fußn. 100.

[74] *Maunz-Dürig,* Art. 2 GG, Fußn. 2 auf S. 67.

[75] *v. Münch,* JZ 1958, 76.

[76] *Jäckel,* Grundrechtsgeltung und Grundrechtssicherung S. 55; *v. Mangoldt-Klein,* Art. 19 Anm. V 2 c.

[77] *Tiedemann* S. 105.

[78] *Maunz-Dürig,* Art. 104 Rn. 4.

[79] a.a.O. S. 44.

her nannte Dürig die lebenslange Zuchthausstrafe ohne nähere Erläuterung „die einzige, aber weitgehend irreale Ausnahme“ von dem aus Art. 19 Abs. 2 GG sich ergebenden Grundsatz, daß unfreiwillig begründete besondere Gewaltverhältnisse stets als zeitlich begrenztes Durchgangsstadium angelegt sein müßten[80]. Jetzt versucht er, sowohl die zeitige als auch die lebenslange Freiheitsstrafe als eine ausnahmsweise zulässige Durchbrechung der Wesensgehaltssperre zu erklären: Art. 104 GG müsse als eine in der gleichen Verfassungsebene beheimatete Ausnahmevorschrift zu Art. 19 Abs. 2 GG verstanden werden[81]. Daran ist fraglos richtig, daß Art. 104 GG die Freiheitsentziehung durch Einsperrung als zulässige Grundrechtseinschränkung voraussetzt. Ebenso könnte man auf Art. 12 Abs. 4 GG verweisen, der die Zwangsarbeit bei einer gerichtlich angeordneten Freiheitsentziehung zuläßt. Diese Vorschriften gestatten aber keine Aussage über die Vereinbarkeit gerade der lebenslangen Freiheitsstrafe mit Art. 19 Abs. 2 GG[82].

Es lohnt sich indessen, auf dem von Dürig eingeschlagenen Weg fortzufahren. Dann gelangt man zu der von Häberle im Hinblick auf Art. 19 Abs. 2 GG geforderten ganzheitlichen Auslegung der Verfassung, insbesondere der Grundrechtsbestimmungen, die auch den organisatorischen Teil des Grundgesetzes einbezieht. Wenn Art. 74 Nr. 1 GG von Strafrecht spreche und auch den Strafvollzug erwähne, so führt Häberle aus, dann handele es sich nicht um Formalbegriffe von lediglich technischer Bedeutung, sondern um Begriffe mit einem ganz bestimmten überkommenen und rezipierten Materialgehalt[83]. Die Freiheitsstrafe sei das Kernstück des „Strafrechts“, das mit Art. 74 Nr. 1 GG Eingang in das Grundgesetz gefunden habe. Die Artikel 12 Abs. 4, 74 Nr. 1 und 104 GG berechtigten daher zu dem Schluß, daß die Verfassung die Freiheitsstrafe als legitime Einschränkung der Grundrechte institutionalisiert habe[84]. Was besonders die lebenslange Freiheitsstrafe betrifft, so könnte man auf diesem Wege der Verfassungsauslegung noch einen Schritt weiter gehen: Durch Art. 102 GG ist die Todesstrafe abgeschafft worden. Die Folge war, daß als nächstschwere Strafe lebenslanges Zuchthaus an ihre Stelle trat. Diese Konsequenz wurde zwar bei den Beratungen des Grundgesetzes nicht

---

[80] AöR 81, 1956, 154.

[81] *Maunz-Dürig*, Art. 2 Rn. 78 Fußn. 2 auf S. 67 und Art. 104 Rn. 4. Ebenso, allerdings ohne ausdrücklich auf die lebenslange Strafe einzugehen, bezeichnet auch *Stein*, Lehrbuch des Staatsrechts 1968, S. 229, die die Freiheitsstrafe zulassenden Bestimmungen des Grundgesetzes als leges speciales gegenüber Art. 19 Abs. 2. Auch *Schüßler*, NJW 1965, 1898, sieht in der lebenslangen Zuchthausstrafe eine Durchbrechung des Art. 19 Abs. 2 GG, hält diese aber aus der Schutzfunktion des Art. 1 Abs. 1 GG für gerechtferitigt. Er nähert sich damit im Ergebnis der relativen Theorie des BGH; vgl. unten 2 a. A.

[82] So auch *Hamann* S. 45.

[83] Die Wesensgehaltsgarantie des Art. 19 Abs. 2 GG, S. 5.

[84] So auch schon *v. Münch*, JZ 1958, 73.

ausgesprochen. Dort war nur von der Freiheitsstrafe schlechthin die Rede[85]. Es konnten aber keine Zweifel bestehen, daß bei der Abschaffung der Todesstrafe das lebenslange Zuchthaus automatisch an die Spitze der Strafenleiter aufrücken würde. Hätte der Verfassungsgeber diese Folge nicht gewollt, so hätte er sie zwar nicht unbedingt gleichfalls durch eine besondere Vorschrift ausschließen müssen, es wäre aber wohl in den Gesetzesmaterialien ein Hinweis zu erwarten, daß über den Ersatz für die Todesstrafe das letzte Wort noch nicht gesprochen sei. Da dieser Hinweis fehlt, könnte man folgern, das Grundgesetz habe durch Art. 102 konkludent die lebenslange Zuchthausstrafe gebilligt, und sei es auch in Ausnahme zu Art. 19 Abs. 2 GG. Zu erwähnen wäre schließlich noch Art. 143 GG a. F., der vorläufig die durch das KRG Nr. 11 aufgehobenen Bestimmungen des StGB gegen Hoch- und Landesverrat ersetzen mußte, bis das Strafrechtsänderungsgesetz vom 3. 9. 1951 das Gebiet neu regelte. In diesem Artikel sah das Grundgesetz selbst neben zeitigem Zuchthaus nicht unter zehn Jahren wahlweise lebenslanges Zuchthaus als Strafe vor.

Danach scheint es, als könnte die lebenslange Zuchthausstrafe ohne Rücksicht auf die Auslegung des Art. 19 Abs. 2 GG mit dem Grundgesetz vereinbar sein. Indessen sind die Argumente, die diese Annahme stützen, zu vordergründig, um wirklich überzeugen zu können. Darüber hinaus verstößt der Versuch, aus der Erwähnung des Strafrechts in Art. 74 Nr. 1 GG abzuleiten, das Grundgesetz habe das Strafrecht in seiner konkreten Ausgestaltung als materiell verfassungsmäßig anerkannt, geradezu gegen Art. 123 GG, wonach Recht aus der Zeit vor dem Zusammentritt des Bundestages nur fortgilt, soweit es dem Grundgesetz nicht widerspricht. Art. 74 Nr. 1 GG darf nur als eine Regelung der Gesetzgebungskompetenz verstanden werden, die die konkrete Ausprägung des Strafrechts nicht der verfassungsrechtlichen Nachprüfung entzieht[86]. Noch gefährlicher wäre es, aus der Entstehungsgeschichte des Art. 102 GG mit Hilfe eines unsicheren Umkehrschlusses die Rezeption der lebenslangen Zuchthausstrafe zu folgern. Mit Hilfe solchen Rezeptionsdenkens ließe sich manches trojanische Pferd auf die Beine stellen, das ohne Rücksicht auf Art. 123 GG grundgesetzwidriges vorkonstitutionelles Recht in die Gegenwart hineintrüge[87]. Immerhin ist unbe-

---

[85] Vgl. oben im 4. Abschnitt V, besonders Fußn. 65.

[86] So hat das BVerfG trotz der ausdrücklichen Erwähnung der Umsatzsteuer in den Art. 106 Abs. 1 und 108 Abs. 1 GG das geltende Umsatzsteuerrecht auf seine Verfassungsmäßigkeit hin überprüft; vgl. BVerfG U. v. 20. 12. 1966, NJW 1967, 147.

[87] So geschieht es bereits, wenn es darum geht, die Durchbrechung der Rechtskraft des Strafbefehls oder die Bestrafung unechter Unterlassungsdelikte zu rechtfertigen; vgl. dazu BVerfG NJW 1954, 69 sowie *Schönke-Schröder*, Rn. 100 vor § 1.

streitbar, daß das Grundgesetz den gerichtlich angeordneten Freiheitsentzug als zulässige Grundrechtseinschränkung voraussetzt und auch den Strafvollzug als Einrichtung gebilligt hat. Damit ist jedoch über die Ausgestaltung der Freiheitsstrafe im einzelnen und ihre Vereinbarkeit mit dem Grundgesetz noch nicht entschieden. Insbesondere die Zulässigkeit einer lebenslangen Freiheitsstrafe bleibt offen. Art. 143 GG a. F. bietet zwar ein starkes Indiz, aber doch keinen vollgültigen Beweis für die Verfassungsmäßigkeit dieses Strafmittels. Art. 143 GG a. F. war nur formell, nicht aber der Sache nach Verfassungsrecht und stand damit auf einer anderen „Verfassungsebene" als die Grundrechtsbestimmungen unter Einschluß von Art. 19 Abs. 2 GG. Die „ganzheitliche Auslegung" der Verfassung gibt mithin eine Reihe von Anhaltspunkten und Hinweisen für die Zulässigkeit der lebenslangen Freiheitsstrafe. Sie entbindet jedoch nicht von einer begrifflichen und systematischen Analyse des Verfassungstextes, zumal eine „unharmonische Lösung" schwerlich befriedigen kann. Es bleibt deshalb notwendig, auf die von Rechtsprechung und Rechtslehre aufgezeigten Wege zur Auslegung des Art. 19 Abs. 2 GG einzugehen und ihre Bedeutung für die Frage der Verfassungsmäßigkeit der lebenslangen Freiheitsstrafe zu prüfen.

2. Die drei Theorien zum Begriff des Wesensgehalts

Zum Begriff des Wesensgehalts der Grundrechte unterscheidet man hauptsächlich drei Theorien[88]. Das Schrifttum vertritt überwiegend die sogenannte absolute Theorie[89]. Sie sieht im Wesensgehalt der Grundrechte einen unumstößlich feststehenden, absoluten, substantiellen Wesenskern, der gebildet wird aus den typischen Grundzügen, die den Charakter des Grundrechts bestimmen. Dementsprechend soll sich die Frage, ob ein Grundrecht in seinem Wesensgehalt angetastet wird, nicht nach dem Zweck und Grund einer Beschränkung, sondern ausschließlich danach beurteilen, was nach der Beschränkung von dem Grundrecht überhaupt übrig bleibt. Die absolute Theorie steht in bewußtem Gegensatz zu der relativen oder proportionalen Theorie des Bundesgerichtshofs[90]. Diese beruht auf den Gedanken der Güterabwägung und der Verhältnismäßigkeit. Nach der vom Bundesgerichtshof geprägten Formel wird ein Grundrecht durch einen gesetzlichen Eingriff dann in seinem Wesensgehalt angetastet, wenn durch den Eingriff die wesensmäßige Geltung

[88] Es sei besonders auf die Darstellungen des Streitstandes bei *v. Mangoldt-Klein*, Art. 19 Anm. V 4, und *Lerche* S. 34 ff. verwiesen.

[89] Besonders *v. Klein* in *v. Mangoldt-Klein*, Art. 19 Anm. V 4 d; Herb. *Krüger*, DÖV 55, 597; *Leisner*, Grundrechte und Privatrecht S. 152 ff.

[90] Vorlagegutachten BGHSt 5, 375; 4, 385 (392 f.); DÖV 1955, 729; BGHZ 6, 270.

und Entfaltung des Grundrechtes stärker eingeschränkt wird, als dies der sachliche Anlaß und Grund, der zu dem Eingriff geführt hat, unbedingt und zwingend gebietet. Der Eingriff dürfe nur bei zwingender Notwendigkeit und in dem nach Lage der Sache geringstmöglichen Umfang vorgenommen werden und müsse zugleich von dem Bestreben geleitet sein, dem Grundrecht grundsätzlich und im weitestmöglichen Umfang Raum zu lassen[91]. Der relativen Theorie des Bundesgerichtshofs nähert sich die dritte vom Bundesverwaltungsgericht vertretene Auffassung[92]. Das Gericht geht zwar von dem Begriff eines absoluten Wesensgehalts aus, sieht diesen Wesensgehalt aber durch immanente Grundrechtsschranken relativiert. Zwar fände die Einschränkbarkeit eines Grundrechts in Art. 19 Abs. 2 GG ihre feste und unverrückbare Grenze, so daß ein Grundrecht in keinem Falle in seinem Wesensgehalt angetastet werden dürfe, aber es gehöre „zum Inbegriff aller Grundrechte, daß sie nicht in Anspruch genommen werden dürfen, wenn dadurch die für den Bestand der Gemeinschaft notwendigen Rechtsgüter gefährdet werden". Das Bundesverfassungsgericht hat in diesem Theorienstreit noch nicht ausdrücklich Stellung bezogen. In seinem jüngsten auf Art. 19 Abs. 2 GG gestützten Urteil argumentiert es jedoch auf dem Boden der relativen Theorie[93].

Die Vorstellung, jedes Grundrecht trage von vornherein gewisse immanente oder inhärente Schranken in sich, die im Wesen des Grundrechts mitgedacht seien, ist besonders durch Arbeiten von Hamel[94] und Häberle[95] vertieft worden. Für Hamel entspricht die legitime Haft dem sittlichen Wesensgehalt des Grundrechts der Freiheit der Person, seiner Bestimmung im Gesamtgefüge der Gemeinschaftswerte. Denn nach der immanenten Bestimmung eines Grundrechts trete die Freiheit zurück hinter Werten, die den Vorrang in der Gemeinschaft hätten[96]. Häberle entwickelt die Grundrechtsschranken aus der sozialen Funktion der Grundrechte[97] und der wechselseitigen Bedingtheit aller Verfassungsrechtsgüter[98]. Erst das Strafrecht ermögliche und sichere eine sinnvolle Grundrechtsausübung und gewinne damit an Legitimität. Wo die Frei-

[91] Eike *von Hippel* (Grenzen und Wesensgehalt der Grundrechte S. 47) führt die relative Theorie schließlich auf den Satz zurück: Jede Grundrechtsnorm gilt nur, wenn und soweit dem geschützten Freiheitsinteresse keine höherwertigen Interessen entgegenstehen.

[92] NJW 1967, 1800.

[93] Vgl. bes. BVerwGE 1, 269 (272 f.); 2, 295 (299 ff.) ;4, 24 (36 f.). Eine kritische Zusammenstellung der Entscheidungen findet sich bei *Lerche* S. 36 Fußn. 28 u. 29.

[94] Die Bedeutung der Grundrechte im sozialen Rechtsstaat, 1957.

[95] Die Wesensgarantie des Art. 19 Abs. 2 GG, 1962.

[96] a.a.O. S. 47.

[97] S. 8; in diesem Sinne auch schon *Hamel* S. 23 ff.

[98] S. 12.

heit des einzelnen nicht gegen den Freiheitsmißbrauch anderer geschützt sei, könne von einer Bedeutung der Freiheit „für das soziale Leben im ganzen" keine Rede mehr sein. Kein Grundrecht sei denkbar, das nicht durch Strafgesetze bedingt sei[99]. Das Strafrecht dürfe aber nicht nur als Waffe der Gemeinschaft verstanden, sondern müsse auch in eine innere, werthafte und wesensmäßige Beziehung zu den betroffenen Grundrechtsberechtigten selbst gebracht werden. Es werde um des Wirkens der Werte willen geschaffen, die die Grundrechte ihrerseits zum Ziele hätten. Deshalb widerspreche die Zielsetzung des Strafrechts den Grundrechten nicht, sondern diene geradezu ihnen und damit auch dem Individuum selbst[100]. Das Strafrecht sei die Konsequenz der grundrechtlichen Freiheit, so daß beispielsweise die Bestrafung des Diebes zum Inhalt des Rechts auf persönliche Freiheit gerechnet werden müsse. Das Strafrecht gehöre damit zum Wesensgehalt der Grundrechte. Es sei im Wesensgehalt der Grundrechte mitgedacht, sei wesensmäßige Grenze der Freiheit[101].

Es bedarf hier keiner grundsätzlichen Stellungnahme zu dieser Auffassung[102], denn sie vermag zwar zu erklären, daß das Strafrecht in seiner Gesamtheit mit dem Geist des Grundgesetzes in Einklang steht. Die konkrete Frage nach der Verfassungsmäßigkeit der lebenslangen Freiheitsstrafe kann sie jedoch nicht beantworten. Mit der Feststellung, daß strafrechtliche Gebote und Verbote den Einzelnen nicht in seinen Rechten beschränken, sondern ihn nur in die seinen Freiheitsrechten immanenten Schranken verweisen, ist es nicht getan. Das Strafrecht begnügt sich nicht damit, Gebote und Verbote aufzustellen. Es gehört zum Wesen des Strafrechts, daß es erst eingreift, wenn das Unglück schon geschehen ist, wenn die in den Straftatbeständen verfestigten immanenten Schranken der Freiheit schon verletzt worden sind. Dann verleiht das Strafgesetz dem Staat die Macht, repressiv auf den Verletzer einzuwirken. Er weist ihn nicht nur in seine Schranken zurück, sondern gestattet, seine Rechte zu beschneiden[103]. Immerhin läßt sich die repressive Wirkungsweise des Strafrechts grundsätzlich noch daraus rechtfertigen, daß eine präventive Sicherung der Grundrechtsschranken vor einer Übertretung praktisch ausgeschlossen ist. Aber wenn man nicht in jedem einfachen Gesetz eine Offenbarung des Wesensgehalts der Grundrechte sieht und damit die Wesensgehaltssperre für den gesamten Bereich der Vor-

[99] S. 14 f., 189. Dazu hätte *Häberle* sich auf *Kant*, Metaphysik der Sitten, Einleitung in die Rechslehre § D, berufen können.

[100] S. 23, 25.

[101] S. 25 f., 60.

[102] Vgl. dazu *Jäckel* S. 29 ff.

[103] Vgl. *Lerche* S. 119; *Dürig* in *Maunz-Dürig*, Rn. 77 zu Art. 2 GG.

behaltsgesetzgebung beseitigt[104], so kann man nur noch sehr allgemeine Aussagen darüber machen, welche Ausgestaltung des Sanktionensystems sich im Rahmen des Art. 19 Abs. 2 GG hält. Bis in die konkreten Einzelheiten der Strafen und Maßnahmen ist die Erkenntnis der immanenten Grundrechtsschranken nicht voranzutreiben, ohne daß die Grundrechtsgarantien der Verfassung „hoffnungslos relativiert“[105] werden und dem „subjektiven Standpunkt des Betrachters, ... seinen Ansichten über Staat und Gesellschaft und seinen orts- und zeitbedingten Urteilen und Vorurteilen“[106] Tür und Tor geöffnet wird. So läßt sich zwar angeben, daß dem Grundrecht der freien Entfaltung der Persönlichkeit des als zur verantwortlichen Entscheidung fähig vorgestellten Menschen nur ein am Schuldprinzip ausgerichtetes Strafrecht entsprechen kann. Darüber hinaus kann man mit Häberle zugunsten der als Besserungsstrafe ausgestalteten zeitigen Freiheitsstrafe noch anführen, daß sie in ihrer sozialethischen und erzieherischen Funktion gerade auch um des Betroffenen selbst willen da ist, wenn sie ihm durch die Strafe den Weg zu sinnvoller, verantwortungsbewußter Lebensführung weist und dem Grundrechtsberechtigten so die Einsicht in den „rechten“ Gebrauch der Freiheit vermittelt[107]. Aber schon diese Legitimation fehlt der lebenslangen Freiheitsstrafe. Ihre Zulässigkeit ist nicht mehr aus dem Inhalt der Grundrechte abzuleiten. Zwar kann man auch nicht umgekehrt aus dem Wesen der Grundrechte auf die Unzulässigkeit der resozialisierungsfeindlichen lebenslangen Strafe schließen. Sie bleibt jedoch eine von außen kommende Beschränkung der Freiheit, die sich vor der Wesensgehaltssperre des Art. 19 Abs. 2 GG rechtfertigen muß.

In diesen Zusammenhang gehört auch der Gedanke der Verwirkung. Erblickt man in der Verwirkung einen allgemeinen, überpositiven Rechtsgrundsatz, der für alle Rechtsausübung gilt, so könnte dieses Prinzip einen gangbaren Weg weisen, um die Strafsanktionen im allgemeinen und die lebenslange Freiheitsstrafe im besonderen mit der grundgesetzlichen Wesensgehaltsgarantie der durch sie beeinträchtigten Freiheitsrechte zu versöhnen. Systematisch wäre die Verwirkung gleichfalls als immanente Grundrechtsschranke anzusehen. Indessen kann der Begriff der Verwirkung die volle Breite des Strafübels nicht decken. Darüber hinaus hat das Grundgesetz selbst diesen Weg versperrt. Die

---

[104] So weit geht indessen *Häberle*, wenn er schreibt: „Da die Gemeinschaftsbezogenheit zum Wesen der grundrechtlichen Freiheit gehört, gehört das vom Vorbehaltsgesetzgeber normierte Recht zum ‚Wesensgehalt‘ der Grundrechte“ (S. 207). Dazu kritische *Jäckel* S. 36.

[105] *Hamann* S. 44.

[106] *Jäckel* S. 35.

[107] S. 26. Darauf hat in anderem Zusammenhang auch *Roxin*, Jur. Schulung 1966, 386, hingewiesen.

Verwirkung ist ein Sonderfall der aus dem Begriff von Treu und Glauben entwickelten sogenannten unzulässigen Rechtsausübung. Für das öffentliche Recht wird die Verwirkung als der „Verlust eines Rechts oder einer Rechtsstellung als Folge eines gesetz- oder pflichtwidrigen Verhaltens" definiert[108]. Die Folge der Verwirkung erstreckt sich aber immer nur auf diejenigen Rechte, von denen der Betroffene unzulässigen Gebrauch gemacht und sich so zu ihrer Ausübung als ungeeignet erwiesen hat. Das Strafrecht dagegen hält sich an diese Beschränkung nur, soweit es allein vom Sicherungsgedanken getragen wird. Im Hinblick auf weitere Strafzwecke greift es jedoch auch in Freiheitsrechte ein, die mit der vom Täter verübten Rechtsverletzung in keinerlei Zusammenhang stehen. Es belegt zum Beispiel die Beleidigung mit einer (Ersatz-)Geldstrafe, den Mörder dagegen hindert es durch Freiheitsentziehung nicht nur an neuer Gewalttat, sondern beschränkt ihn auch in seinem Recht der freien Meinungsäußerung. So ist die Strafe mehr als eine „selbstverständliche" Folge unzulässiger Rechtsausübung. Sie sprengt den Rechtsbegriff der Verwirkung. Tatsächlich erhält ja auch das Wort einen ganz anderen Sinn, wenn man es in strafrechtlichem Zusammenhang gebraucht. Dann sagt man etwa, der Mörder habe sein Leben oder seine Freiheit verwirkt und fordert damit eigentlich Vergeltung. Davon abgesehen hat Art. 18 GG die Verwirkung von Grundrechten auf eine so spezielle Weise geregelt, daß der Schluß geboten ist, das Grundgesetz habe darüber hinaus Grundrechtsbeschränkungen und Grundrechtsentziehungen unter Berufung auf den Gedanken der Verwirkung für ausgeschlossen gehalten[109].

3. Das Schutzobjekt des Art. 19 Abs. 2 GG

Klein[110], der den Wesensgehalt der Grundrechte absolut versteht, stellt vor die Entscheidung für eine der Theorien vom Begriff des Wesensgehalts die Frage, ob Art. 19 Abs. 2 GG mit dem „Grundrecht" das subjektiv-öffentliche Recht des Einzelnen oder aber die Grundrechtsbestimmung als Rechtseinrichtung schützen wolle, und kommt in Anlehnung an eine Entscheidung des Bundesverfassungsgerichts[111] zu der Antwort, die Vorschrift meine nicht das subjektive Recht, sondern das Grundrecht „in seiner Bedeutung für das soziale Leben im Ganzen". Klein weist zur Begründung dieser Antwort darauf hin, zahlreiche, wenn nicht die meisten Grundrechtseinschränkungen seien gar nicht denkbar, ohne daß der Wesensgehalt der entsprechenden subjektiv-öffentlichen Rechte an-

[108] Vgl. *Forsthoff*, Lehrbuch des Verwaltungsrechts, 9. Aufl. 1966, S. 165 f.

[109] So *Mangoldt-Klein*, Art. 18 Anm. III 1 b; *Maunz*, § 16 II 2; *Zippelius* in Bonner Kommentar Art. 1 Rn. 50; kritisch *Maunz-Dürig*, Art. 18 GG Rn. 21 ff.

[110] In *v. Mangoldt-Klein*, Art. 19 Anm. V 2 a; ebenso neuerdings ausführlich *Jäckel* S. 49 ff. mit weiteren Nachweisen.

[111] BVerfGE 2, 275.

getastet würde. Jedes durch Art. 2 Abs. 2 Satz 3 gedeckte Urteil des Strafrichters auf Haft, Gefängnis oder Zuchthaus greife empfindlich in den Wesensgehalt des subjektiv-öffentlichen Rechts des Betroffenen (Art. 2 Abs. 2 Satz 1 GG) ein. Das werde durch die lebenslange Zuchthausstrafe eindringlich verdeutlicht. Sonst dürfe der Betroffene sich auf die Freiheit der Person nur noch berufen, wenn er in Ketten gelegt werde. Dann stünde aber nur noch ein Rudiment des Wesensgehalts dieses Grundrechtes in Rede[112].

Wenn man die absolute Theorie vom Wesensgehalt der Grundrechte auf die subjektiven Rechte des Einzelnen anwendet, so steht man vor der Notwendigkeit, zahlreiche aus der Wirklichkeit gar nicht hinwegzudenkende Grundrechtsbeschränkungen dadurch zu rechtfertigen, daß man den absolut gedachten Wesensgehalt der Grundrechte auf ein bedeutungsloses Minimum reduziert. Das wird auf eine groteske Weise deutlich, wenn man einen Vertreter der Gegenmeinung, der das Kernbereichsdenken der absoluten Theorie auch auf die subjektiven Rechte anwenden will, zur lebenslangen Freiheitsstrafe hört. Leisner nennt den Fall des Rechts der persönlichen Freiheit und der lebenslänglichen Verurteilung zwar „extrem-schwierig". Dennoch meint er — und dazu beruft er sich sogar auf die „allgemeine Auffassung" —, wenn man den Freiheitswert des Verurteilten „lokal, temporal und geistig" in seine qualitativ verschiedenen Bereiche zerlege, so werde in keinem der drei Bereiche die Freiheit des Verurteilten völlig vernichtet. Erst bei der Todesstrafe sieht Leisner den Wesenskern der Grundrechte als betroffen an und meint, die Todesstrafe könne man allerdings kaum mehr anders als von einer Auffassung verteidigen, die ein Weiterleben nach dem Tode annehme[113]. Sollte tatsächlich in der Freiheit der Lebenslänglichen noch der Wesensgehalt der Grundrechte bewahrt sein?

Die absolute Theorie vom Wesensgehalt der Grundrechte kann die lebenslange Freiheitsstrafe vor dem Grundgesetz nur rechtfertigen, wenn man mit Klein in der Wesensgehaltssperre lediglich ein Verbot der Grundrechtsauflösung in abstracto erblickt. Das Grundrecht der persönlichen Freiheit wird in seiner Bedeutung „für das soziale Leben im Ganzen" sicherlich nicht angetastet, wenn jährlich 50 bis 100 Mörder auf Lebenszeit ins Zuchthaus geschickt werden. Vom Standpunkt der beiden relativen Theorien könnte man dagegen diese Strafe auch dann verteidigen[114], wenn man annimmt, die Wesensgehaltssperre betreffe die Grundrechte als subjektiv-öffentliche Rechte, vorausgesetzt daß dieses Strafmittel auch kriminalpolitisch notwendig ist.

---

112 a.a.O. Anm. V 2 c.

113 Grundrechte und Privatrecht S. 157 Fußn. 100.

114 Wie z. B. E. *v. Hippel* S. 48.

Der Weg zu einer befriedigenden und vor allem praktikablen Auslegung des Art. 19 Abs. 2 GG ist versperrt, solange man die Auslegungsmöglichkeiten zu den Begriffen „Grundrecht" und „Wesensgehalt" nur alternativ sieht. Die Grundrechte weisen einerseits eine individualrechtliche Seite auf, andererseits tragen sie auch institutionellen Charakter[115]. Für die beiden Seiten der Grundrechte gilt die Wesensgehaltssperre. Jedoch ist der Begriff des Wesensgehalts für beide Seiten verschieden zu interpretieren. Man darf, um einer gefährlichen Relativierung der Grundrechte vorzubeugen, nicht völlig darauf verzichten, den Wesensgehalt absolut zu bestimmen. Aber es ist vom praktischen Ergebnis her einfach ausgeschlossen, eine absolute Bestimmung des Wesensgehalts der Grundrechte zum Schutze der einzelnen Grundrechtsträger durchzuhalten. Eine solche subjektive Auffassung müßte vor dem Alltag des staatlichen Lebens kapitulieren[116]. Allerdings darf hier zum Beweise für diese Behauptung nicht die lebenslange Freiheitsstrafe angeführt werden. Dafür wäre Voraussetzung, daß die lebenslange Zuchthausstrafe als zweifelsfrei verfassungsmäßig angesehen werden könnte, während hier doch gerade die Vereinbarkeit dieser Strafe mit Art. 19 Abs. 2 GG in Frage steht. Es genügt aber, auf die zeitige Freiheitsstrafe zu verweisen, denn schon diese Strafe wirft für die Auslegung des Art. 19 Abs. 2 GG das gleiche Problem auf. Jede nicht ganz kurzfristige Freiheitsentziehung beeinträchtigt ganz wesentlich die subjektiv-öffentliche Rechtsstellung des Betroffenen. Der Hinweis auf die spätere Wiederherstellung der Grundfreiheiten in einem, zehn oder 15 Jahren kann über diese Tatsache nicht hinwegtäuschen. Die Verfassungsmäßigkeit der zeitigen Freiheitsstrafe kann nun aber in der Tat mit guten Gründen nicht bestritten werden. Zeitiger Freiheitsentzug wird nicht nur nach dem Wortlaut des Grundgesetzes als zulässig vorausgesetzt, sondern kann auch mit dem Geist des Grundgesetzes in Einklang gebracht werden. Dem muß, will man das Grundgesetz nicht innerer Widersprüche zeihen, die Auslegung des Art. 19 Abs. 2 GG Rechnung tragen. Schon die zeitige Freiheitsstrafe fordert mithin, daß man sich damit begnügt, die absolute Theorie vom Wesensgehalt der Grundrechte auf die in dem jeweiligen Freiheitsrecht verborgene objektiv-institutionelle Komponente anzuwenden. Darüber hinaus bedarf auch die individuelle Seite der Grundrechte des Schutzes durch Art. 19 Abs. 2 GG. Dieser Schutz kann jedoch nur nach Maßgabe eines relativen Verständnisses vom Begriff des Wesensgehalts gewährt werden. Zwar kann die Einschränkung und Entziehung von Grundrechten im Extremfall bis zur völligen Vernichtung der individuellen Grundrechtsposition führen,

---

115 Dieser Doppelcharakter der Grundrechte ist im Hinblick auf Art. 19 Abs. 2 GG besonders von *Häberle* (S. 70 ff.) und von *Lerche* (S. 239 ff.) hervorgehoben worden.

116 *Lerche* S. 237.

wenn der institutionelle Kern der Grundrechte bewahrt bleibt. Die Zulässigkeit einer jeden Grundrechtseinschränkung hängt jedoch im Einzelfall davon ab, daß sie nach Lage der Dinge ganz zwingend notwendig ist und auch dann den Rechten des Betroffenen in einem möglichst weiten Umfang Raum läßt. So verbietet Art. 19 Abs. 2 GG als absolute Bestandsgarantie schlechthin, ein Grundrecht seiner Bedeutung für das soziale Ganze zu entkleiden und schützt als relative Rechtsstellungsgarantie auch die Rechte des Individuums, soweit das sachlich überhaupt möglich ist[117].

Eine solche differenzierende Auslegung des Art. 19 Abs. 2 GG, die die objektive mit der subjektiven und die relative mit der absoluten Betrachtungsweise verbindet — sie ist von Lerche vorgezeichnet worden[118] —, gestattet uns, die Voraussetzungen anzugeben, unter denen die lebenslange Zuchthausstrafe vor dem Grundgesetz bestehen kann: Die lebenslange Zuchthausstrafe, wie sie gegenwärtig angedroht und angewendet wird, läßt den objektiven Bestand der Grundrechte unberührt. Sie ist deshalb nicht, wie Hamann meinte, von vornherein verfassungswidrig. Es müssen indessen sachliche Gründe vorhanden sein, die diese Strafe unbedingt und zwingend erforderlich machen. Darüber, ob solche Gründe bestehen, ob also die lebenslange Freiheitsstrafe insbesondere zur Sicherung und zur Generalprävention unabweisbar notwendig ist, muß sich letztlich der Gesetzgeber in einer von der Wissenschaft möglichst vorbereiteten kriminal-„politischen“ Entscheidung schlüssig werden. Dabei ist ihm ein gewisser Beurteilungsspielraum zuzubilligen. Kommt der Gesetzgeber zu dem Schluß, daß die lebenslange Freiheitsstrafe zum Schutze überragend wichtiger Gemeinschaftsgüter unentbehrlich ist, so hat er weiter zu prüfen, wie bei der konkreten Ausgestaltung dieses Strafmittels den Grundrechten der Betroffenen der größtmögliche Raum gelassen, insbesondere, ob die Einführung der bedingten Entlassung auch für Lebenslängliche verantwortet werden kann.

III. Die absolute Strafdrohung beim Morde

„Die Gleichheit aller vor dem Gesetz verlangt, daß gleiche Taten mit gleichen Strafen, ungleiche Taten nach dem Maße ihrer Verschiedenheit

---

[117] Es ist an sich selbstverständlich, daß jede einzelne Grundrechtsnorm sowohl das subjektive Recht als auch das Rechtsinstitut des Grundrechts gewährleistet. So enthält Art. 19 Abs. 2 GG tatsächlich nur eine Klarstellung. Als solche bedeutet diese Vorschrift aber „das mahnende Ausrufungszeichen für die öffentliche Gewalt“ (*v. Mangoldt-Klein,* Art. 19 Anm. V 7 b; in diesem Sinne ferner *Jäckel* S. 63 f. u. *Leisner,* DVBl 1960, 625).

[118] S. 237 ff. Ganz ähnlich im Ergebnis, gerade im Hinblick auf die lebenslange Freiheitsstrafe neuerdings auch *Hesse* S. 133, der allerdings zur Begründung allein auf den Grundsatz der Verhältnismäßigkeit abstellt.

mit ungleichen Strafen geahndet werden[119]." Diese Forderung nach gerechter und gleichmäßiger Strafzumessung, die der Art. 3 Abs. 1 GG dem Gesetzgeber aufgegeben hat, steht teilweise in einem Widerstreit mit dem Grundsatz nulla poena sine lege. Nach Art. 103 Abs. 2 GG kann eine Tat nur bestraft werden, wenn die Strafbarkeit im voraus gesetzlich bestimmt ist. Das verlangt vom Gesetzgeber nicht nur eine vorherige Festlegung der Straftatbestände, sondern grundsätzlich ist auch die Strafhöhe im voraus durch Gesetz zu bestimmen. Bei aller Sorgfalt, die man auf die Abfassung des Gesetzes verwendet, kann es aber nicht ausbleiben, daß die einem Tatbestand unterfallenden Verbrechen in ihrer Strafwürdigkeit erheblich voneinander abweichen. Die verschiedenen Tatumstände, die die Tatschwere und die Tatschuld beeinflussen, lassen sich gar nicht von vornherein übersehen und erschöpfend würdigen. Der Gesetzgeber wäre überfordert, wenn man von ihm mehr als eine abstrakte Bewertung der Tatbestände verlangen wollte. Soll nicht Ungleiches gleich behandelt werden, so muß er darauf verzichten, die Strafe für jeden Einzelfall im voraus exakt festzulegen und es weitgehend den Gerichten überlassen, die jeweils tat- und schuldangemessene Strafe zu ermitteln[120]. Den dazu notwendigen Spielraum finden die Gerichte hauptsächlich in den gesetzlichen Strafrahmen, die nur die Mindest- und die Höchstgrenzen angeben, zwischen denen der Richter im Einzelfall die gerechte Strafe zu suchen hat. Es bedeutet eine Besonderheit der lebenslangen Zuchthausstrafe, daß sie, ebenso wie vor ihr die Todesstrafe[121], in ihrem wichtigsten Anwendungsfall, beim Morde, absolut,

---

[119] *Sarstedt*, ZStW 69, 1957, Sonderheft S. 131.

[120] Darüber sind sich Schrifttum und Rechtsprechung einig; vgl. *Baumann*, summum ius S. 121; *Busch, Krille, Sarstedt* in Dt. Beiträge zum VII. Internat. Strafrechtskongreß, Sonderheft der ZStW 69, 1957, 104, 119 ff., 133; *Hamann*, Grundgesetz und Strafgesetzgebung S. 41 f.; *Peters*, Die kriminalpolitische Stellung des Strafrichters S. 32 ff.; ders., Verhandlungen des 41. DJT I, 2. Halbbd. S. 24; *Schröder*, Gesetz und Richter im Strafrecht S. 20; *Stree* S. 13; BayerVGH VerwRspr 3, 145, 150.

[121] *Rosenfeld* sprach von der allein und wahllos angedrohten Todesstrafe als einem unabgestoßenen Rest des Mittelalters (Vergleichende Darstellung, AT Bd. 3 S. 110). R. *v. Hippel* nannte das absolut bestimmte Strafmaß eine für die zivilisierte Vergeltung nicht mehr zu rechtfertigende Ausnahme (Strafrecht Bd. 1 S. 502) und fügte an anderer Stelle hinzu, zweifellos verdiene nicht jeder Mord die Todesstrafe (S. 572; vgl. auch Lehrbuch S. 189 Fußn. 5 und S. 404 Fußn. 5). *Dreher* empfand die absolute Androhung der Todesstrafe als ein Relikt des alten Tatstrafrechts, das in einem modernen Strafgesetzbuch als ein bedenklicher Fremdkörper erscheine. Denn das moderne Strafrecht wolle nicht allein die Tat, sondern ebenso den Täter bewerten. Es wolle die Strafe nicht an einen bloßen Sachverhalt knüpfen, sondern die persönlichen, psychischen und moralischen Triebfedern und Hintergründe der Tat auch bei der Strafzumessung mit in die Waagschale fallen lassen. Das Problem sei um so brennender, als der Richter gerade bei der schwersten, gänzlich irreparablen Strafe vor ein starres Ja oder Nein gestellt werde, das sich nur auf den Sachverhalt selber beziehe und ihm keine Abstufung der Strafe nach den Modalitäten des Falles erlaube (Gerechte Strafe S. 57 f.). Auch Adolf *Arndt* meint,

d. h. als einzig zulässige Strafe, angedroht ist[122]. Das nötigt uns, diese Strafdrohung am Gleichheitssatz des Art. 3 Abs. 1 GG zu messen.

Abstufungen nach Tatschwere und Schuld sind bei allen Lebensvorgängen, auch beim Morde, denkbar[123]. Die unterschiedliche Fassung des Mordtatbestandes zu verschiedenen Zeiten und in verschiedenen Ländern, die fortdauernden Anstrengungen um seine Auslegung und Reform, das Bestreben der Rechtsprechung, in geeigneten Fällen die Verurteilung wegen vollendeten Mordes zugunsten einer Verurteilung wegen Beihilfe zu vermeiden, und die vergebliche Suche der Kriminologie nach dem typischen Mörder sind Beweis genug. Verschärft werden die Zweifel an der Gleichmäßigkeit und Gerechtigkeit der Mordstrafe noch durch die ungleiche Dauer der lebenslangen Haft, die je nach dem Alter des Verurteilten von wenigen Jahren bis zu einem halben Jahrhundert reichen kann. C. J. A. Mittermaier sah darin sogar den Haupteinwand gegen die lebenslange Freiheitsstrafe. Er hielt dieses Bedenken aber nicht für durchschlagend, weil es keine Strafe gebe, die sich bei ihrer Anwendung auf verschiedene Menschen nicht ungleich auswirke[124]. Doch gerade die unterschiedliche Strafempfindlichkeit ist ein Umstand, der bei der Strafzumessung sonst stets weitgehend berücksichtigt wird.

Indessen hat, soweit ich sehe, bisher nur Hamann die Verfassungswidrigkeit der absolut angedrohten lebenslangen Zuchthausstrafe, besonders in § 211 StGB, behauptet[125]: Eine absolut angedrohte Strafe sei nur dann zulässig, wenn die Straftat sich in ihrer Typik als so eindeutig erweise, daß eine Differenzierung nach Schwere und Schuld ausgeschlossen sei. Zwar verbiete Art. 3 Abs. 2 GG, die Schwere einer Mordtat im Hinblick auf den „Wert“ des Getöteten unterschiedlich zu beurteilen. Möglich sei dagegen eine Differenzierung nach dem Maß der Schuld. So wiege die besondere Verwerflichkeit beim Lustmord schwerer

---

es sei dem rechtsstaatlichen Strafrecht wesenseigen, daß es keine absoluten Strafen kenne (Rechtsprechende Gewalt und Strafkompetenz in: Festgabe für Carlo *Schmid* S. 16). Wenn er dann aber fortfährt, die letzte absolute Strafe, die Todesstrafe, deren Fragwürdigkeit auch in ihrem absoluten Bestimmtsein gelegen habe, sei durch das Grundgesetz beseitigt worden, so übersieht er dabei, wie *Hamann* (Grundgesetz und Strafgesetzgebung S. 41) ihm zu Recht vorwirft, die absolut angedrohte lebenslange Zuchthausstrafe in § 211 StGB.

[122] Auch in Österreich, der Schweiz, Italien, England und Finnland ist lebenslanges Zuchthaus die obligatorische Mordstrafe. Dagegen steht in Dänemark, Schweden, Norwegen und Holland neben der lebenslangen stets eine zeitige Freiheitsstrafe zur Wahl.

[123] BGH 3 StR 221/55 v. 31. 8. 1955, zitiert nach *Jagusch,* LK, B II 2 a vor § 13.

[124] Revue de Législation et Jurisprudence IV, 1836, 97. *Mittermaier* hielt es dennoch für notwendig, daß das Gesetz sich bei der Anwendung der lebenslangen Strafe Zurückhaltung auferlege und dem Lebenslänglichen die Hoffnung bleibe, durch gute Führung Begnadigung zu verdienen.

[125] Grundgesetz und Strafgesetzgebung S. 40 ff.

als beim Deckungsmord. Auch bei den „sonst aus niedrigen Beweggründen" begangenen Taten sei das Maß der Verwerflichkeit ganz verschieden. Die Bedenken gegen die Verfassungswidrigkeit der Mordstrafe verstärkten sich noch besonders durch die Auslegung, die die Rechtsprechung dem Tatbestand des § 211 StGB habe zuteil werden lassen. Sogar politische Motive hätten die Gerichte als „niedrig" angesehen[126]. Die Würdigung der Täterpersönlichkeit sei nach der Rechtsprechung des Bundesgerichtshofs nur in sehr unterschiedlicher Weise zulässig. Bei der Tötung zur Verdeckung einer Straftat solle die Würdigung der „Täterpersönlichkeit kaum von Bedeutung sein", während sie in den nach den Tatmotiven bestimmten Fällen des Mordes „gemäß deren Eigenart im Vordergrund" stehe[127]. Das bedeute praktisch, daß das Verschulden eines Täters von minderer Intelligenz, der gerade noch voll zurechnungsfähig sei, als ebenso schwerwiegend angesehen werden müsse, wie die Schuld eines raffiniert und kaltblütig vorgehenden Mörders. Dieses Ergebnis sei mit der rechtsstaatlich fundierten Forderung nach individueller Gerechtigkeit und nach Täterproportionalität der Strafe nicht vereinbar, so daß die absolute lebenslange Zuchthausstrafe als verfassungswidrig angesehen werden müsse und nicht mehr angewendet werden könne. § 212 StGB, der auch die Verhängung von lebenslangem Zuchthaus zulasse, biete hinreichenden Ersatz. Ähnlich wie Hamann, allerdings ohne ausdrücklich die Verfassungswidrigkeit der Mordstrafe zu behaupten, hatte vor dem 41. DJT schon Sarstedt referiert: „Gerade der Mord gehört zu den Straftaten, bei denen die Schuld des Täters sehr verschieden groß sein kann. Neben Fällen von unvorstellbarer Abscheulichkeit der Begehungsweise und letzter Verworfenheit des Täters stehen Mordtaten minderer Schwere, Taten, die weniger die verbrecherische Stärke, als die menschliche Schwäche des Täters, seine Umgebung, die aus den Fugen geratene Zeit, die Gesellschaft, uns alle anklagen. Es gibt hier, wie bei allen anderen Straftaten, Unterschiede, die aller vorherigen Festlegung durch den Gesetzgeber spotten. Man kann mit einer noch so sorgsamen Aufstellung des gesetzlichen Mordtatbestandes nicht verhindern, daß er immer Fälle mit umfassen wird, die mildere Verurteilung verdienen als manche Totschlagsfälle. ... Man kann nicht alle Mordfälle gleich behandeln, weil das allzu ungerecht wäre[128]." Sarstedt fordert deshalb, das künftige Strafgesetzbuch solle auf absolute Strafen verzichten und lebenslange Freiheitsstrafe nur wahlweise mit zeitiger Freiheitsstrafe androhen[129].

---

[126] KG JR 1947, 27; OLG Frankfurt a. M. SJZ 1947, 629; OHGSt 2, 180, 357; BGH NJW 1951, 666; Literaturhinweise bei *Schönke-Schröder*, § 211 Rn. 11.

[127] BGH NJW 1953, 392.

[128] Verhandlungen II D S. 42.

[129] a.a.O. S. 52 These 1; ebenso *Schüßler*, NJW 1965, 1898 Fußn. 23. Wenn sich neuerdings auch Arthur *Kaufmann* gegen die absolute Strafdrohung beim

Dagegen hält die herrschende Meinung die absolute Strafdrohung beim Morde ausnahmsweise für zulässig, und die Große Strafrechtskommission sowie die Entwürfe der Nachkriegszeit sehen auch de lege ferenda keine Notwendigkeit zu einer Änderung. Als erster hat Karl Peters darauf hingewiesen, daß eine absolute Strafdrohung da am Platze sein könne, wo auch der mildeste Fall diese Strafe verdiene, und daß auf diesem Gedanken die alleinige Androhung der Todesstrafe beim Mord beruhe[130]. Ähnlich war Dreher der Ansicht, daß beim Mord als dem schwersten Verbrechen gleichgültig, welche Umstände äußerer oder innerer Art in Frage ständen, die schwerste Strafe verwirkt sei. Nur im Hinblick auf die Todesstrafe wollte er diesen Grund nicht gelten lassen[131]. Spendel hält bei entsprechender Fassung der Straftatbestände eine absolut bestimmte Strafdrohung für sehr wohl möglich und sogar angezeigt, wenn der denkbar mildeste Deliktsfall immer noch die höchstzulässige Strafe verdiene, wie im geltenden Recht der Tatbestand des Mordes[132]. Aber auch Stree, der sich grundsätzlich gegen absolute Strafen ausgesprochen hat, weil mit ihnen eine schematische Gleichsetzung ungleicher Strafmerkmale verknüpft sei, die im Einzelfall zu falschen Wertungen führe und damit eine gerechte Beurteilung des Täters und seiner Tat verhindere[133], betrachtet die lebenslange Zuchthausstrafe als die Mindeststrafe des Mordes. Da sich diese Strafe nicht steigern lasse, müsse sie ausnahmsweise als absolute Strafe zulässig sein[134]. Jagusch schließlich meint, die Unantastbarkeit des Lebens könne sehr wohl die starre Rechtsfolge der Höchtsstrafe rechtfertigen und das weitere der Gnade überlassen, ohne die menschliches Richten niemals auskomme[135].

Hier muß allerdings die Kritik einsetzen. Gerade der Hinweis auf die Gnade, dem man im Zusammenhang mit der lebenslangen Freiheitsstrafe öfter begegnet, sollte Zweifel an der Gerechtigkeit dieses Strafmittels wecken. Wenn die Ungerechtigkeit einer Strafe nicht im Einzel-

---

Morde gewandt hat, weil von der Schuld her keine Strafe erforderlich sein könne, die über das hinausgehe, was zur Sühne und Entsühnung nötig sei (JZ 1967, 558), so trifft seine Begründung doch weniger die absolute Strafdrohung als solche, als vielmehr die Androhung der lebenslangen Strafe, die in dem Sinne absolut ist, daß sie eine Versöhnung ausschließt. Tatsächlich deutet *Kaufmann* dann auch die Unvereinbarkeit der lebenslangen Strafe mit dem Schuldprinzip an; vgl. dazu oben I 3 c.

130 Die kriminalpolitische Stellung des Strafrichters S. 55 Fußn. 1.

131 Gerechte Strafe S. 51; vgl. auch oben Fußn. 121.

132 Zur Lehre vom Strafmaß S. 161.

133 Deliktsfolgen und Grundgesetz S. 13.

134 In seiner Besprechung des Buches von *Hamann*, JZ 1965, 382; in diesem Sinne ferner *Fritz*, Niederschriften Bd. 5 S. 46, 220 f.

135 LK, B II 2a vor § 13. Ebenso für das BJM jetzt *Horstkotte* vor dem Sonderausschuß für die Strafrechtsreform in der 115. Sitzung vom 8. 10. 1968 S. 2244.

fall, sondern in der Natur des Strafmittels begründet ist, so ist es nicht die Aufgabe der Gnade, sondern allein Sache des Gesetzgebers, diese Ungerechtigkeit zu beseitigen. Im übrigen ist der Versuch, die lebenslange Zuchthausstrafe als die Mindeststrafe des Mordes auszugeben, wenig überzeugend. Zutreffend hält Sarstedt ihm entgegen, daß er unserer heutigen Rechtsauffassung nicht mehr entspreche[136]. Zum Beweise läßt sich die Gnadenpraxis des In- und Auslandes anführen. Lebenslängliche werden allenthalben in solchem Umfang begnadigt, daß man nicht mehr von Einzel- und Ausnahmefällen sprechen kann. Die Gnadenpraxis läßt vielmehr ganz allgemein ein dringendes Bedürfnis nach einer Differenzierung und Milderung der Mordstrafe erkennen. Sie widerlegt die Behauptung, daß lebenslanges Zuchthaus schlechthin die Mindeststrafe für jede Mordtat sein müsse.

Auch ein anderes Argument, auf das Dreher[137] und Jagusch[138] hingewiesen haben, reicht nicht aus, um die Bedenken gegen die Gerechtigkeit der absoluten Mordstrafe auszuräumen: Es ist eine Erfahrungstatsache, daß Richter milder sind als der Gesetzgeber. Der Richter sieht vor sich nicht den Verbrecher und das Verbrechen als Gattung, sondern den konkreten Fall mit seinen Besonderheiten und einen bestimmten Menschen mit allen seinen Schwächen und Verirrungen, dessen Schicksal in seine Hand gelegt ist. Er ist daher geneigt, der schwersten Strafe auch in solchen Fällen auszuweichen, in denen der Gesetzgeber sie angewendet wissen wollte. Diese Neigung tritt um so stärker hervor, je schwerer die Strafe ist, welche der Gesetzgeber vorgesehen hat. Selbst Sarstedt räumt ein, daß der Gesetzgeber keinen Ermessensspielraum lassen konnte, solange er den Mord mit der Todesstrafe bedrohte[139]. Die Kluft zwischen einem Todesurteil und der Zuchthausstrafe sei wohl zu breit, als daß man dem Richter habe zumuten dürfen, sie mit einer Ermessensentscheidung zu überbrücken. Er meint aber, bei der lebenslangen Freiheitsstrafe sei das anders. Sie werde ohnehin nicht immer bis zum Lebensende vollstreckt, andererseits dauerten auch zeitige Freiheitsstrafen zuweilen bis zum Lebensende. Gerade bei einem Verbrechen von so verschiedener Strafwürdigkeit wie dem Morde könne der Gesetzgeber dem Richter nicht die ganze Strafzumessung von vornherein abnehmen wollen, sondern es seien richterliche Ermessensentscheidungen möglich und notwendig. Zwar bleibt auch der Abstand zwischen der lebenslangen und der zeitigen Zuchthausstrafe immer noch außerordentlich groß. Doch Sarstedt ist zuzugeben, daß dieser Abstand sich

---

[136] a.a.O.

[137] a.a.O. Fußn. 171.

[138] a.a.O. Fußn. 175.

[139] a.a.O. Fußn. 168.

überbrücken läßt. Das zeigen die Tatbestände, die dem Richter zeitige und lebenslange Strafen nebeneinander an die Hand geben[140].

Dennoch wird man im Ergebnis weder Hamann beipflichten können, der für das geltende Recht die Verfassungswidrigkeit der Mordstrafe behauptet, noch auch nur Sarstedt zu folgen haben, wenn er de lege ferenda fordert, lebenslanges Zuchthaus auch beim Morde nur noch wahlweise neben zeitiger Strafe anzudrohen. Es ist zwar nicht zu leugnen, daß die absolute Mordstrafe angesichts der Vielzahl der möglichen Fallgestaltungen nach heutiger Rechtsauffassung ein sehr grobes Strafmaß darstellt, das zu mancherlei Ungleichheiten führen muß. Der Verstoß gegen den Gleichheitsgedanken wiegt aber nicht so schwer, daß er die überlieferte Regelung ungültig macht. Das Problem der absoluten Mordstrafe ist nur ein Ausschnitt aus der größeren Diskussion um Freiheit und Bindung des Richters bei der Zumessung der Strafen. Diese Diskussion weist letztlich auf das Spannungsverhältnis von Rechtssicherheit und Gerechtigkeit zurück. Wenn der Gesetzgeber einen Strafrahmen zur Verfügung stellt, so eignet sich dieses Verfahren zwar besser zur Auffindung einer materiell gerechten Rechtsfolge, ist aber der Rechtssicherheit abträglich, während umgekehrt eine absolute Strafdrohung zwar Rechtssicherheit schaffen, die Gerechtigkeit im Einzelfall dagegen hindern kann. Unter diesem Gesichtspunkt ist Baumann[141] zuzustimmen, wenn er die absolute Strafdrohung des § 211 StGB als gerecht ansieht, vorausgesetzt, der Tatbestand des Mordes wird eng ausgelegt. Wäre auch für die verwerflichsten Fälle vorsätzlicher Tötung ein Strafrahmen oder eine Wahlmöglichkeit zwischen lebenslangem und zeitigem Zuchthaus gegeben, so könnte nicht nur die Rechtssicherheit, sondern wegen der gerade beim Morde auftretenden und letztlich unlösbaren Wertungsschwierigkeiten auch die individuelle Gerechtigkeit Schaden leiden.

Darüber hinaus muß man zwischen Verfassungswidrigkeit und Reformbedürftigkeit unterscheiden. Im Strafrecht zeigt sich immer stärker, wie sich die Wertvorstellungen seit dem 19. Jahrhundert, auf das unser StGB zurückgeht, gewandelt haben. Diesem Wandel auch im Strafgesetz Geltung zu verschaffen, ist Aufgabe der Strafrechtsreform, wie sie nun schon seit geraumer Zeit in Angriff genommen worden ist. Auch bei der Mordstrafe geht es darum, der zeitbedingten, allmählichen Fortentwicklung der Vorstellung von der gerechten Strafe Eingang in das

---

[140] In dem für die sogenannte Spielraumtheorie grundlegenden Urteil BGHSt 7, 28 heißt es, es könne durchaus sein, daß für denselben Mord eines erheblich vermindert zurechnungsfähigen Täters zwar schon eine Zuchthausstrafe von 15 Jahren schuldangemessen erscheine, daß aber auch lebenslanges Zuchthaus noch als schuldangemessen angesehen werden könne; vgl. ferner die Diskussion in der Großen Strafrechtskommission, Niederschriften Bd. 5 S. 54 ff.

[141] In summum ius S. 134.

Strafrecht zu schaffen. Das aber ist, solange die Diskrepanz zum geltenden Recht nicht übergroß wird, die Sache des Gesetzgebers. Restlos läßt sich die Aufgabe der gerechten Strafzumessung ohnehin nicht lösen. Es kann nur darum gehen, dem Ziel der gerechten Strafe möglichst nahe zu kommen. Diesem Ziel ist nicht gedient, wenn einzelne, nicht mehr zeitgemäße Strafbestimmungen unter Berufung auf die Verfassung aus dem Gesamtgefüge des Strafgesetzes herausgebrochen werden. Noch kann man auf eine Korrektur des Gesetzes durch die Strafrechtsreform warten[142].

Aber auch einer Gesamtreform muß die absolute Strafdrohung des Mordparagraphen nicht unbedingt zum Opfer fallen, wenn dafür eine andere Möglichkeit eröffnet wird, das Strafmaß im Einzelfall zu korrigieren. Diese Möglichkeit kann dadurch geschaffen werden, daß die Rechtseinrichtung der bedingten Entlassung von der zeitigen Strafe auf die lebenslange Freiheitsstrafe ausgedehnt wird.

Bei zeitigen Strafen steht die bedingte Entlassung ganz im Dienste der Spezialprävention im Sinne einer Resozialisierung. Zwar ist nach § 26 StGB die Aussetzung des Strafrechts stets schon davon abhängig, daß erwartet werden kann, der Verurteilte werde in Zukunft ein gesetzmäßiges und geordnetes Leben führen. Aufs Ganze gesehen erhält diese Rechtseinrichtung ihre kriminalpolitische Bedeutung aber daher, daß Zeitgefangene ohnehin früher oder später ohne Rücksicht auf die Gefahr eines Rückfalls entlassen werden müssen. In dieser Zwangslage gestattet die vorzeitige Entlassung unter der Bedingung straffreier Führung, über den Tag der Entlassung hinaus auf den Verurteilten einzuwirken, denn die Gefahr des Widerrufs bildet ein starkes Motiv gegen den Rückfall, und bei entsprechender Ausgestaltung der Schwebezeit durch geeignete Auflagen und Weisungen sowie durch Bewährungshilfe im weitesten Sinne des Wortes läßt sich die resozialisierende Wirkung noch erheblich verstärken. Hat sich der Entlassene erst über längere Zeit straffrei geführt, so kann die Reststrafe erlassen werden, denn die Rückfallgefahr hat dann erfahrungsgemäß sehr abgenommen. Für die lebenslange Freiheitsstrafe bekommt die bedingte Entlassung dagegen einen anderen Sinn. Wenn erst die Entscheidung für die Entlassung eines Lebenslänglichen gefallen ist, so kann sie zwar im Einzelfall, ähnlich wie bei Zeitstrafen, ihre spezialpräventive Funktion im Sinne einer Zwischenstufe zwischen der Gefangenschaft und der Vollfreiheit erfüllen. Da aber die Entlassung von Lebenslänglichen bei schlechter Prognose überhaupt aus-

---

[142] Ähnlich ist das BVerfG in E 8, 216 (Unehelichenrecht); 16, 141 (Wahlkreiseinteilung) und in dem Urteil v. 20. 12. 1966, NJW 1967, 147 (Umsatzsteuer) verfahren, indem es als verfassungswidrig angegriffene Gesetze als zwar reformbedürftig, aber jedenfalls zur Zeit noch nicht ungültig behandelt hat.

geschlossen bleiben müßte, so wäre aufs Ganze gesehen dieser spezialpräventive Effekt doch nicht das Entscheidende. Entscheidend wäre vielmehr, daß bei der lebenslangen Freiheitsstrafe die Einführung der bedingten Entlassung eine nachträgliche Korrektur des Strafmaßes gestattet. Die Betonung liegt nicht auf „bedingt“, sondern auf „Entlassung“. Man könnte ebensogut in geeigneten Fällen für Lebenslängliche eine bedingungslose Entlassung vorsehen. Auch bei zeitigen Strafen kann die bedingte Entlassung im Einzelfall einmal zu einer nicht allein durch spezialpräventive Gesichtspunkte begründeten Korrektur des Strafmaßes führen. Für die absolute lebenslange Strafe dagegen gewinnt die vorzeitige — bedingte oder unbedingte — Entlassung entscheidende Bedeutung gerade dadurch, daß sie die Möglichkeit einer nachträglichen Überprüfung des Strafmaßes unter allen in Betracht kommenden Gesichtspunkten eröffnet und damit die Bedenken gegen die Zulässigkeit der absoluten Strafdrohung ausräumen kann.

Dieser Weg zur Entschärfung der absoluten Strafdrohung beim Morde ist einem Strafrahmen vorzuziehen. Das von Dreher und Jagusch angeführte verfahrenspsychologische Argument, daß die Gerichte von einem Strafrahmen beim Morde allzu milden Gebrauch machen könnten, reicht zwar nicht aus, um die absolute Strafdrohung auf die Dauer vor dem Gleichheitssatz bestehen zu lassen. Eine gewisse Berechtigung ist ihm aber nicht abzusprechen[143]. Dem trüge eine absolute Strafdrohung mit der Möglichkeit späterer Korrektur am ehesten Rechnung. Der Tatrichter, der eine unwiderrufliche lebenslange Zuchthausstrafe verhängen muß, ist überfordert, denn er soll eine endgültige Entscheidung treffen, die weiter in die Zukunft wirkt, als sich aus seiner Sicht verantworten läßt. Jedes Urteil, das eine Freiheitsstrafe verhängt, wirkt in die Zukunft, aber es handelt sich bei den zeitigen Freiheitsstrafen stets um eine bestimmte, relativ überschaubare Zeit, die zehn Jahre nie übersteigt. (Denn bei der zeitigen Höchststrafe gestattet § 26 StGB schon jetzt nach Verbüßung von zwei Dritteln eine Prüfung, ob der Strafrest ausgesetzt werden soll.) Dagegen ist lebenslänglich so unabsehbar, daß die Straffestsetzung, zumal wenn ihr eine absolute Strafdrohung zugrunde liegt, nicht endgültig sein dürfte, sondern aus einem längeren Abstand noch einmal revidiert werden sollte. Eine nachträgliche Überprüfung des Strafmaßes kann den Blick auf Umstände lenken, die dem Tatrichter verborgen geblieben sind. Sie führt insbesondere zu einer Berücksichtigung der Täterpersönlichkeit in einem Umfang, der erst durch eine in langen Jahren des Strafvollzugs erworbene Kenntnis möglich wird. Aber auch die Tat selbst

---

[143] Der Sonderausschuß für die Strafrechtsreform hat deshalb (auf der 115. Sitzung am 8. 10. 1968, Protokoll S. 2243 ff.) Bedenken gegen den Hamburger Vorschlag geäußert, durch eine besondere Vorschrift dem Richter in Ausnahmefällen die Unterschreitung der gesetzlichen Mindeststrafe zu gestatten.

kann aus größerem Abstand rückblickend betrachtet eine andere Beurteilung erfahren. Diese Revision der Strafzumessung darf nicht wie bisher der Gnade vorbehalten bleiben, sondern sie muß einer besser geeigneten Instanz übertragen werden. Dazu ist eine gesetzliche Regelung erforderlich, die die Entlassung der Lebenslänglichen nach Verbüßung einer bestimmten Mindeststrafzeit unter bestimmten, noch näher zu klärenden Voraussetzungen gestattet und die Entscheidung in die Hand der Gerichte legt.

IV. Gnadenpraxis und Rechtsstaat

Für die Lebenslänglichen, deren einzige Hoffnung die Begnadigung ist, stellt sich ganz konkret die Frage nach der Rechtsbindung und der Möglichkeit gerichtlicher Nachprüfung von Gnadenakten.

Fast einhellig haben die Rechtsprechung und der überwiegende Teil des Schrifttums die Frage nach der Rechtsbindung und der gerichtlichen Nachprüfbarkeit von Gnadenentscheidungen bisher verneint[144]. Den Anfang machte der Württ.-Bad. Verwaltungsgerichtshof in einem Urteil vom 13. 10. 1949[145]. Er führte aus, es sei nicht Aufgabe des Gnadenverfahrens, eine gerichtliche Entscheidung erneut auf ihre Rechtmäßigkeit nachzuprüfen. Vielmehr könne die Gnadeninstanz „Gnade vor Recht ergehen" lassen. Deshalb könne es auch nicht Aufgabe der Verwaltungsgerichte sein, zusammen mit der Ablehnung eines Gnadenerweises das zugrunde liegende Urteil des ordentlichen Gerichts einer nochmaligen, diesmal verwaltungsrichterlichen Nachprüfung zu unterziehen. Andernfalls „müßte man zu dem grotesk anmutenden Ergebnis kommen, daß beispielsweise der Ministerpräsident die Ablehnung eines Gnadengesuches eines rechtskräftig zu lebenslangem Zuchthaus verurteilten Mörders mit einer Rechtsmittelbelehrung versehen müßte, daß dagegen eine Anfechtungsklage beim Verwaltungsgericht oder, wo es ein solches nicht gibt, möglicherweise eine Klage beim Landgericht nach Art. 19 Abs. 4 GG möglich sei". Aus dem Wesen der Gnade sei zu folgern, daß die Gnadenentscheidung sich darüber auszusprechen habe, ob „der Gerechtigkeit freier Lauf zu lassen" sei oder nicht. Sie sei frei von rechtlichen Bindungen und Schranken und könne auch nicht nach den sonst gültigen Grundsätzen des Ermessens beurteilt werden. In der Folgezeit haben sich auch die anderen Verwaltungsgerichte unter Berufung auf das Wesen der Gnade mit stets gleichen oder ähnlichen Formulierungen geweigert, Gnadenentscheidungen nachzuprüfen und alle Klagen als

---

[144] Vgl. die vollständigen Nachweise bei *König* S. 174 Fußn. 1 (Rechtsprechung) und Fußn. 2 (Lehre).

[145] DÖV 1950, 377 = VerwRspr 2, 502.

unzulässig abgewiesen. Das OVG Münster[146] betont, eine Gnadenentscheidung werde nicht nach rechtlichen Gesichtspunkten getroffen. Vielmehr liege ihr Wesen gerade darin, daß sie von der Anwendung des Rechts absehe und eben Gnade vor dem Recht ergehen lasse. Denn inhaltlich sei die Gnade ein Akt der Barmherzigkeit und des Wohlwollens, der anstelle eines Rechtsaktes trete; Gnade ersetze das Recht. Das Bundesverwaltungsgericht[147] hat in zwei obiter dicta geäußert, Gnadenakte stünden außerhalb der Rechtsordnung. Mit einem Gnadenerweis entfalte der Träger der öffentlichen Gewalt keine dem Rechtswert unterstellte Tätigkeit. Auch das Schrifttum beruft sich durchweg auf das Wesen der Gnade: Die Gnade sei vollkommen frei[148], sie entziehe sich ihrer Natur nach jeder Rechtskontrolle[149], eine Rechtsverletzung sei bei Gnadenakten begriffsnotwendig ausgeschlossen[150].

Das Bundesverfassungsgericht hat in einem unveröffentlichten Beschluß aus dem Jahre 1952 die Verfassungsbeschwerde eines Strafgefangenen gegen die Ablehnung eines Gnadengesuchs gemäß § 24 des Bundesverfassungsgerichtsgesetzes einstimmig als unzulässig verworfen mit der Begründung, Gnadenakte seien Hoheitsakte, die einer gerichtlichen Nachprüfung nicht unterlägen. Auf einen Gnadenerweis habe niemand ein Recht; somit könne auch grundsätzlich durch die Ablehnung eines Gnadenerweises kein Grundrecht verletzt sein. In einem Beschluß vom 27. 10. 1964, der die Verfassungsbeschwerde eines Lebenslänglichen betraf, hat das Bundesverfassungsgericht seine Auffassung bestätigt[151]. Dadurch hat sich der Bayerische Verfassungsgerichtshof indessen nicht gehindert gesehen, eine zu ihm erhobene Verfassungsbeschwerde desselben Gefangenen zuzulassen. Das Gericht führt dazu aus, auch die für die Gnadenentscheidungen zuständigen Stellen seien, wie jedes

---

[146] VerwRspr 5, 876; ähnlich OVG Rheinland-Pfalz, Zeitschrift für Beamtenrecht 1954, 279; OLG Düsseldorf JZ 1959, 58; OVG Hamburg JZ 1961, 165 mit abl. Anm. von *Dürig;* vgl. ferner OVG Hamburg DÖV 1959, 266 mit Anm. von *Obermayer.*

[147] BVerwGE 4, 298; 6, 167.

[148] W. *Jellink,* Diskussionsbeitrag in Veröffentlichungen der Vereinigung der Deutschen Staatsrechtslehrer 8, 1960, 160; vgl. auch Verwaltungsrecht, 3. Aufl. 1948, Nachtrag 1950 S. 4.

[149] *Bachof,* Die verwaltungsgerichtliche Klage auf Vornahme einer Amtshandlung, Tübingen 1951, S. 26.

[150] *Schunck-De Clerk,* Das Landesgesetz über die Verwaltungsgerichtsbarkeit für Rheinland-Pfalz, § 15 3a dd. Weitere Beispiele bei *König* S. 40. Die vom Schrifttum überwiegend und von der Gerichtspraxis fast ausnahmslos vertretene Auffassung von der Außerrechtlichkeit der Gnade kann zu paradoxen Ergebnissen führen. Das hat der Verf. als Mitglied einer großen Strafkammer erlebt: Der Angeklagte hatte mit einem Gnadengesuch ein gefälschtes Leumundszeugnis eingereicht. Keiner der Prozeßbeteiligten zweifelte, daß die Urkunde zur Täuschung im „Rechtsverkehr" bestimmt sei und der Angeklagte deshalb nach § 267 StGB verurteilt werden müsse, obwohl doch nach h. M. das Gnadenverfahren als etwas Außerrechtliches angesehen werden müßte.

[151] Mitgeteilt vom BayerVerfGH NJW 1966, 444.

Staatsorgan und wie jede öffentliche Behörde, an die Verfassung und vor allem an die unübersteigbaren Schranken gebunden, die durch die dem positiven Recht vorgehenden elementaren Grundrechte der öffentlichen Gewalt gezogen seien. Hierzu zähle besonders das in Art. 118 Abs. 1 der Bayerischen Verfassung enthaltene Willkürverbot als objektives Gerechtigkeitsprinzip. Würden diese Schranken bei der Abweisung von Gnadengesuchen mißachtet, so könnten die betroffenen Bürger verfassungsgerichtlichen Schutz begehren[152].

Wiederholt wird die gerichtliche Nachprüfung von Gnadenakten auch mit der Begründung abgelehnt, daß es sich dabei um gerichtsfreie Hoheitsakte handele. So bezeichnet H. Schneider den Gnadenakt als „freien Präsidialakt"[153]. Von Mangoldt-Klein[154] sprechen von „freier Präsidialgewährung" und Kern[155] von einem Regierungsakt. Das Bundesverwaltungsgericht hat in einem neueren Urteil den Verwaltungsrechtsweg gegen die Ablehnung eines Gnadengesuches für unzulässig erklärt, weil der Ministerpräsident das Gnadenrecht nicht als Verwaltungsbehörde, sondern als Verfassungsorgan ausübe[156].

Eine vermittelnde Ansicht vertreten Jesch, Menger und Ule. Auch Jesch[157] meint zwar, Gnade und Recht seien zweierlei, er bezweifelt aber, daß es sich wirklich um Gnadenakte handelt, wenn die Bedingungen für einen Gnadenerweis normiert seien und der Vollzug der Gnadenordnungen unteren Dienststellen, teils mit Beschwerdemöglichkeit zur vorgesetzten Behörde, anvertraut werde. Menger[158] weist darauf hin, daß Gnade etwas sehr Verschiedenes bedeuten könne: Nur wenn sich die Gnade über das Recht erhebe und dieses in bewußter Einseitigkeit um der Menschlichkeit willen zugunsten des von der normalen Rechtsordnung überforderten Rechtsgenossen durchbrochen werde, fehle es an einer Rechtsbindung. Im übrigen sei der Gnadenerweis auch nicht notwendig mit dem Ausschluß des Rechtsweg verbunden.

---

[152] NJW 1966, 443 ff.; das Gericht hat die Beschwerde freilich als unbegründet zurückgewiesen. Vgl. jetzt auch BayerVerfGH NJW 1968, 587 und zustimmend *Menger* und *Erichsen*, Verwaltungs-Archiv 57, 1966, 377, 383 f.

[153] Gerichtsfreie Hoheitsakte, Recht und Staat 160/161, S. 47.

[154] Art. 19 Anm. VII 6 b.

[155] Gerichtsverfassungsrecht, 4. Aufl. 1965, S. 40, 164 Fußn. 1. Als gerichtsfreie Hoheitsakte werden Gnadenakte auch von *Schäfer* in *Dalcke-Fuhrmann-Schäfer*, Strafrecht und Strafverfahren, 37. Aufl. 1961, S. 1785, und in *Löwe-Rosenberg*, Anm. 16 d vor § 12 GVG, bezeichnet.

[156] BVerwGE 14, 73 = JZ 1963, 26 ff. mit Anm. von *Maurer*.

[157] Die Bindung des Zivilrichters an Verwaltungsakte, 1956, S. 20 Fußn. 16; ähnlich *Ule*, Verwaltungsprozeßrecht, 4. Aufl. 1966, S. 102.

[158] Urteilsanmerkung DVBl 1957, 683; ferner in *Bettermann-Nipperdey-Scheuner*, Grundrechte Bd. 3, 2. Halbbd S. 745 Fußn. 129.

Dagegen vertreten Dürig[159] und ihm folgend König[160] ganz entschieden die Meinung, daß Gnadenakte nicht im rechtsfreien Raum ergehen und deshalb grundsätzlich der gerichtlichen Nachprüfung unterliegen. Denn auch bei Vornahme einer Gnadenerweisung könne das Recht verletzt werden und die Nichtbegnadigung könne rechtswidrig sein. In einem auf dem Prinzip der Gewaltenkontrolle basierenden Rechtsstaat sei es denkbar, daß die Ablehnung einer Begnadigung durch das Staatsoberhaupt oder einen Minister mit Erfolg angegriffen werde, wenn die Ablehnung auf einer rechtsirrigen Auslegung entsprechender Kompetenzvorschriften beruhe oder wenn das subjektive Recht auf fehlerfreie Anwendung des Ermessens verletzt sei. Auf alle Fälle müsse eine gerichtliche Kontrolle zulässig sein, wenn die Entscheidung über ein Gnadengesuch in einem durch eine Gnadenordnung eingehend durchnormierten Verfahren ergehe und dadurch gewissermaßen zu „kleiner Münze verrechtlicht" sei. Dürig und König bejahen ein „formelles" Recht auf willkürfreie Entgegennahme, Prüfung und Verbescheidung des Gnadengesuches und darüber hinaus unter gewissen Umständen auch ein materielles Recht auf eine bestimmte Entscheidung. Der Gleichheitsgrundsatz begründe mindestens dann einen materiellen Anspruch, wenn bei sonst stetiger, voraussehbarer und berechenbarer Gewährung die Verwaltung in einem Fall nicht begnadige, obwohl sie dies in vielen gleichgelagerten Fällen getan habe.

Wenn man die Diskussion um die Rechtsbindung von Gnadenakten und deren gerichtliche Nachprüfung so weit verfolgt hat, so kann man sich des Eindrucks nicht erwehren, daß die Berufung auf das „Wesen" der Gnade einer petitio principii gleichkommt. Wer die Rechtsbindung der Gnade verneint, weil die Gnade ihrem Wesen nach etwas Außerrechtliches sei, behauptet, was zu beweisen wäre. Wenn man aus dem Wesen der Gnade rechtliche Folgerungen ableiten will — und sei es die Folgerung, daß die Gnade keiner Rechtsbindung unterliegt —, so kann man dieses Wesen nicht von innen her, nicht aus sich selbst, bestimmen, sondern muß es von außen, von der Rechtsordnung her, einzugrenzen versuchen. Es ist unmöglich, die Gnade hinsichtlich ihrer Existenz und Wirkungsweise völlig aus der Rechtsordnung herauszulösen. Das Staatsoberhaupt, das selbst und durch nachgeordnete Stellen Gnade übt, nimmt damit ein Recht zur Gnade in Anspruch. Das Gnaden-„recht" existiert nur, weil und soweit die Rechtsordnung es anerkennt. Die Ausübung des Gnadenrechts und damit die „Durchbrechung" der Rechtsordnung

[159] In *Maunz-Dürig*, Art. 19 IV Rn. 27 und JZ 1961, 166 (Anm. zu OVG Hamburg, U. v. 23. 9. 1960).

[160] Grundrechtsbindung und gerichtliche Nachprüfung von Gnadenakten, passim; ferner *Bettermann*, Grundrechte Bd. 3, 2. Halbbd. S. 792; *Geerds*, Gnade S. 34; *Monz*, NJW 1966, 137. Auch die Steuergerichte haben teilweise eine Rechtsbindung der Gnade anerkannt; vgl. die Nachweise bei *König* S. 176 ff.

muß rechtlich zulässig sein[161]. Es ist deshalb von vornherein verfehlt, nach der Rechtsbindung der Gnade zu fragen. Zu fragen ist vielmehr, welchen Platz die Rechtsordnung der Gnade zugewiesen hat. Treffend spricht König von einer Umkehrung der Beweislast, wenn die herkömmliche Lehre aus dem Wesen der Gnade die Rechtsbindung verneint[162].

Welchen Platz hat nun die Rechtsordnung der Gnade zugewiesen? Die Verfassungen des Bundes und der Länder haben ein Recht zur Gnade anerkannt und dieses Recht dem Staatsoberhaupt beigelegt. Dieses Recht begründet eine Ausnahme von dem in Art. 20 GG festgelegten Grundsatz der Gewaltenteilung[163]. Der Umfang dieser Ausnahme ist zwar nicht beschrieben. Er ist aber verhältnismäßig klar. Die Gnade berechtigt zur Milderung oder Aufhebung der Strafe im *Einzelfall*[164]. „Anspruchsgegner" des Gnadenrechts sind die gesetzgebende und die rechtsprechende Gewalt. Das hat die praktische Bedeutung, daß nur diese Gewalten betroffen sind, wenn der Träger des Gnadenrechts die Grenzen der Gnade überschreitet. Nur sie können und müssen über die Einhaltung dieser Grenzen wachen.

Noch eine zweite Aussage über das Gnadenrecht ist ohne weiteres möglich: Das Gnadenrecht ist inhaltlich nicht festgelegt. Seinem Träger ist im Hinblick darauf, ob und wann er Gnade übt, eine Entscheidungsbefugnis eingeräumt, die sachlich keine Begrenzung erfahren hat. Daraus resultieren allerdings gerade alle Meinungsverschiedenheiten. Dennoch besitzt man mit dieser Aussage, die den Umfang des Gnadenrechts beschreiben soll, für die Lösung eine bessere Basis, als wenn man von vornherein auf das Wesen der Gnade abstellt.

Die Entscheidungsbefugnis der Gnadeninstanz ist weiter, als jedes gebundene oder freie Verwaltungsermessen. Sie ist so weit, daß die Gnadeninstanz nicht einmal gehalten ist, überhaupt in eine Sachprüfung einzutreten. Das ist nicht Willkür, sondern der Inhalt des Gnadenrechts. Von dem Willkürverbot ist auch die Gnadeninstanz nicht ausgenommen. Würde z. B. der Ministerpräsident eines Landes ein Gnadengesuch mit der Begründung abschlagen, der Gesuchsteller sei Jude, so würde sicher kein deutsches Gericht, am wenigsten das Bundesverfassungsgericht, eine solche Willkür hingehen lassen. Es könnte indessen nicht mehr tun, als die Rechtswidrigkeit der negativen Gnadenentscheidung feststellen. Eine positive Gnadenentscheidung könnte das Gericht nur dann treffen, wenn auch für das Gnadenermessen der Fall der „Ermessensreduzierung auf Null" eintreten könnte.

Das Ermessen der Gnadeninstanz ist nun zwar dadurch von ganz außerordentlicher Weite, daß es nur negativ durch das Willkürverbot begrenzt

[161] Vgl. *Obermayer*, Grundzüge S. 32.
[162] S. 26 f.
[163] *Geerds* S. 34; *König* S. 58 ff., 69.
[164] *von Bar*, Gesetz und Schuld S. 468; *Peters*, Strafprozeßordnung S. 610.

wird. Aber das Willkürverbot ist die Umkehrung des Gleichheitssatzes[165]. Das Problem scheint sich deshalb auf die Frage zuzuspitzen, ob Fälle denkbar sind, in welchen die Gnadenbehörde derart von einer bestimmten Gnadenpraxis abweicht, daß sich aus dem Gleichheitssatz ein Rechtsanspruch auf eine positive Gnadenentscheidung ergeben könnte, der dann mit Gerichtshilfe durchsetzbar sein müßte. Gegen diese Möglichkeit will der BayerVerfGH[166] unter Berufung auf Schäfer[167] einwenden, die Mannigfaltigkeit der Sachverhalte und die Verschiedenheiten in der Persönlichkeit der Verurteilten seien so außerordentlich groß, daß bei der Weite des Gnadenermessens ein Verstoß gegen den Gleichheitssatz durch die Ablehnung eines Gnadengesuchs praktisch kaum denkbar sei. Deshalb läßt der BayerVerfGH sich auf die Verfassungsbeschwerde eines Lebenslänglichen gegen die Ablehnung seines Gnadengesuchs zwar auf einen Vergleich mit anderen Fällen ein, aber nur, um die Verschiedenartigkeit der Fälle aufzuzeigen. Damit ist das Gericht der eigentlichen Rechtsfrage nur ausgewichen.

Zwar verstößt die Gnadeninstanz, die bei einer Vielzahl gleichgelagerter Fälle im Einzelfall „springt“, gegen Art. 3 GG. Allein der Fehler liegt nicht erst bei der Entscheidung des letzten Einzelfalles, sondern darin, daß die Gnadeninstanz es überhaupt zu einer festen Gnadenpraxis hat kommen lassen. Man spricht sonst im öffentlichen Recht von der Selbstbindung der Verwaltung, wenn im Einzelfall über den Gleichheitssatz ein Anspruch auf ein spezialgesetzlich nicht vorgeschriebenes Verhalten der Behörde hergeleitet wird. Es besteht Einigkeit darüber, daß eine Selbstbindung der Verwaltung nur auf Grund rechtmäßiger Maßnahmen in Betracht kommen kann. Einen Anspruch auf Fehlerwiederholung gibt es nicht. Nur ein solches Verhalten der Verwaltung hat eine Selbstbindung zur Folge, das im Bereich des rechtlich zu Ordnenden liegt und rechtmäßig ist[168]. Rechtswidrig wird aber die Handhabung des Gnadenrechts, wenn sie über die Entscheidung von Einzelfällen hinaus eine Praxis von solcher Festigkeit und Regelmäßigkeit entstehen läßt, daß der Gleichheitssatz zur Gleichbehandlung weiterer Fälle zwingen müßte. Die Rechtsordnung hat der Gnadeninstanz allein die Milderung oder Aufhebung der Strafe im Einzelfall zugewiesen. Jede feste Gnadenpraxis ist ein Mißbrauch des Gnadenrechts, weil sie in den Aufgabenbereich des

---

[165] BVerfGE 3, 136.

[166] NJW 1966, 443.

[167] *Löwe-Rosenberg* II, § 12 GVG Anm. IV 3 c cc; ganz ähnlich auch *Hamann*, Grundgesetz, Art. 19 Anm. 14.

[168] *Eyermann-Fröhler*, Verwaltungsgerichtsordnung, 4. Aufl. 1965, § 14 Rn. 22; Württ.Bad. VGH, VerwRspr 7, Nr. 83; Hess. VGH, DVBl. 1963, 443; BayerVerfGH, VerwRspr 15, Nr. 46; *Mertens*, Die Selbstbindung der Verwaltung auf Grund des Gleichheitssatzes, 1963, S. 26 und *Wallerath*, Die Selbstbindung der Verwaltung, Berlin 1968, S. 98 f., jeweils mit weiteren Nachweisen.

Gesetzgebers und unter Umständen auch der Gerichte eingreift[169]. Da eine feste Gnadenpraxis mißbräuchlich und darum rechtswidrig ist, führt sie zu keiner Selbstbindung, die über Art. 3 GG einen Anspruch auf Gleichbehandlung erzeugen könnte. Nur das zur Gesetzgebung berufene Parlament kann solchem Mißbrauch der Gnade steuern, indem es die Gnadenpraxis Gesetz werden läßt oder aber den Träger des Gnadenrechts zur Verantwortung zieht. Es ist deshalb ausgeschlossen, daß ein Lebenslänglicher unter Berufung auf eine feste Gnadenpraxis mit Gerichtshilfe seine Entlassung erzwingen könnte.

Ein Mißbrauch des Gnadenrechts wäre indes, auch wenn der einzelne Gefangene daraus keinen Vorteil ziehen könnte, für den Rechtsstaat ein unwürdiger Zustand. Zwar kann den Ländern der Bundesrepublik ein Mißbrauch des Gnadenrechts bei der lebenslangen Zuchthausstrafe bisher nicht vorgeworfen werden. Aber das könnte sich ändern, denn es ist anzunehmen, daß die Gnadenpraxis von Jahr zu Jahr festere Formen gewinnt und das Gnadenrecht immer schematischer gehandhabt werden wird, weil die Begnadigung Lebenslänglicher nur selten wirklich in der Individualität des Falles begründet ist, sondern meistens dazu dient, die typischen Härten und Fehler dieser Strafe auszugleichen. Das letztere sollte im Rechtsstaat nicht Aufgabe der Gnadeninstanz, sondern ein Anliegen des Gesetzgebers und der Gerichte sein. Allenfalls um die Probe zu machen, ob sich die Entlassung Lebenslänglicher bewährt, wären Begnadigungen nach bestimmten Grundsätzen und in größerer Zahl jedenfalls vorübergehend zu billigen[170].

Das Parlament hat darüber zu wachen, daß diese Abgrenzung der Gewalten eingehalten wird. Um so bedenklicher muß es stimmen, daß kürzlich ausgerechnet der Sonderausschuß des Bundestages für die Strafrechtsreform seinen Vorsitzenden beauftragt hat, eine Entschließung auszuarbeiten, mit der den Kabinetten der Länder eine Richtlinie für die Begnadigung Lebenslänglicher gegeben werden soll[171]. Darin liegt nicht allein der Versuch eines Einbruchs in die Gnadenkompetenz der Länder, sondern auch ein Angriff auf die in den Verfassungen des Bundes und der Länder verankerten Gewaltenteilung, die durch die Rezeption des historischen Gnadenbegriffs nur eine eng begrenzte Ausnahme erfahren hat. Schließlich würde die Existenz solcher Richtlinien wohl auch die bisher noch ablehnenden Gerichte dazu bewegen, die Nachprüfung von Gnadenentscheidungen zuzulassen.

---

[169] *von Bar* a.a.O. Fußn. 204.

[170] *von Bar* a.a.O.

[171] Sitzung vom 14. 12. 1966, Protokoll S. 805 f.; vgl. auch Sitzung vom 2. 10. 1968, Protokoll S. 2170.

In dieser Situation gibt es nur eine sachgerechte Lösung: Der Bundestag muß rechtzeitig, noch bevor die Gnadenpraxis sich verfestigt hat, auch den Lebenslänglichen von Rechts wegen eine Entlassungsmöglichkeit eröffnen.

Sechster Abschnitt

Kriminalpolitischer Ausblick

I. Die Alternativen zur lebenslangen Freiheitsstrafe

Man muß denen beipflichten, die die lebenslange Freiheitsstrafe als eine notwendige Zwischenstufe zwischen der Todesstrafe und den zeitigen Freiheitsstrafen angesehen und verteidigt haben. In der Tat werden alle Bedenken, die man gegen die lebenslängliche Einsperrung geltend machen kann, durch die bloße Existenz der Todesstrafe konsumiert, wie umgekehrt die Existenz der Strafe am Leben die Strafe auf Lebenszeit als Milderungsmöglichkeit praktisch fordert. Was für das Nebeneinander beider Strafarten gilt, muß für eine Übergangszeit auch fortgelten, nachdem die mildere Strafe die härtere abgelöst hat. Deshalb besitzt die lebenslange Zuchthausstrafe in ihrer gegenwärtigen Gestalt, in der sie an die Stelle der Todesstrafe getreten ist, jedenfalls vorläufig ihre historische und damit auch eine sachliche Legitimation. Diese relative Rechtfertigung aus der Todesstrafe ist aber auch die einzig mögliche. Sie wird nicht mehr lange vorhalten. Es ist deshalb an der Zeit zu fragen, wie die lebenslange Zuchthausstrafe reformiert oder ersetzt werden kann.

Noch stärker als im Streit um die Todesstrafe wird in einer kritischen Auseinandersetzung mit der lebenslangen Freiheitsstrafe jede begründete Stellungnahme davon abhängen, welche Strafe gegebenenfalls nachrücken könnte. Bei den zahlreichen und stichhaltigen Bedenken, die gegen die lebenslange Freiheitsstrafe vorgebracht werden, besteht die Hauptschwierigkeit eben darin, daß diese Strafe noch schwerer zu ersetzen ist als die Todesstrafe.

Der Vielfalt der Tatbestände steht eine erstaunliche Armut an Strafmitteln gegenüber. Sieht man von der Strafe am Leben ab, so bilden Freiheitsentzug und Geldstrafe die Hauptstrafmittel. Ehren- und Tadelstrafen, Aufenthaltsbeschränkungen und Landesverweisungen kommen auch im Ausland fast nur noch als Nebenstrafen vor. Im Privatstrafrecht des germanischen Altertums konnten gerade die schwersten Gewalttaten einschließlich der Tötung durch Bußzahlung abgegolten werden. Heute erscheint schon der Gedanke an eine Geldstrafe als Höchststrafe absurd. Die Phantasie der Strafrechtsreformer im Erfinden neuer Strafmittel hat über Modifikationen der Freiheitsstrafe bisher wenig hinausgeführt[1]. Insbesondere für die schwere Kriminalität fehlt es völlig an einer echten Alternative. In neuerer Zeit konnte nur die Deportation als Ersatzmöglichkeit für die Freiheitsstrafe von sich reden machen. Die Auflösung der Kolonialreiche und die rapide Entwicklung der Verkehrstechnik haben die Deportation jedoch praktisch undurchführbar werden lassen. Vielleicht greift man eines Tages den Vorschlag Berlits auf, für Schwerverbrecher ein „internationales Verbannungsterritorium" zu schaffen[2].

Vorerst scheint dieser Gedanke aber noch wenig Aussicht auf Realisierung zu haben. Medizinische Eingriffe wie die Kastration kommen allenfalls als die Strafe begleitende, spezialpräventive Maßnahmen in Betracht. Noch auf lange Zeit wird der Freiheitsentzug die einzige adäquate Reaktion der Gesellschaft auf die schwere und schwerste Kriminalität bleiben. Nur die Dauer der Strafe und die Art ihres Vollzugs läßt sich variieren.

Für die Bemessung der Höchststrafe bieten sich, will man sie nicht endgültig auf Lebenszeit festsetzen, grundsätzlich vier verschiedene Lösungsmöglichkeiten an. Diejenige, welche sich am weitesten von dem gegenwärtigen Zustand entfernt, besteht in dem völligen Verzicht auf eine aus den anderen Zeitstrafen herausragende Höchststrafe. Länder, die lebenslange Freiheitsstrafen abgeschafft haben, haben jedoch in der Mehrzahl eine weniger radikale Lösung gewählt, indem sie, deutlich abgesetzt von den übrigen Freiheitsstrafen, eine besondere zeitige Höchststrafe von bestimmter Dauer zwischen 20 und 30 Jahren vorgesehen haben, wie beispielsweise Brasilien und Portugal. Will man dagegen jedenfalls die Drohung und Möglichkeit offenhalten, die Strafe bis auf Lebenszeit zu erstrecken, so kann man entweder die vorläufige Entlassung auch für Lebenslängliche einführen oder als vierte Lösungsmöglichkeit die unbestimmte Verurteilung ohne obere Grenze wählen. Zum Beispiel wird in Peru die Strafe des internamiento auf unbestimmte Zeit verhängt, und zwar mit einer Mindestdauer von 25 Jahren, während es in nordamerikanischen Staaten neben der bestimmten Verurteilung zum Tode oder zu lebenslangem Freiheitsentzug als nächstschwere Strafe die Verurteilung zu einer Strafe von fünf Jahren bis lebenslänglich gibt. Natürlich handelt es sich dabei nur um die vier typischen Lösungsmöglichkeiten, denn jede für sich hat wieder eine solche Variationsbreite, daß die Übergänge schließlich verfließen können.

---

[1] Eine Ausnahme bildet der Vorschlag Hellm. *Mayers*, Strafrechtsreform S. 119 ff., für die leichtere und mittlere Kriminalität einen neuartigen Strafdienst (bürgerliche Schulung und Bewährungsdienst) einzuführen.

[2] Todesstrafe S. 137.

Es ist im vorhergehenden Abschnitt dargelegt worden, daß das Grundgesetz jedenfalls die endgültige Verurteilung auf Lebenszeit, wie sie heute Gesetz ist und nach den Entwürfen bleiben soll, nicht zuläßt. Die Frage kann daher nur noch lauten, an welchem Lösungsmodell die Strafrechtsreform sich am besten orientiert. Praktisch fällt die Wahl nicht schwer, denn sie hängt in erster Linie von dem ab, was politisch durchsetzbar erscheint. Insoweit kann man sich von dem Gedanken an die Todesstrafe gar nicht frei machen, sondern muß stets berücksichtigen, daß die echte lebenslängliche Verwahrung den Preis bildet, den die Masse der Wähler und ihre Abgeordneten für die Abschaffung der Todesstrafe fordern. Das einzige, was in absehbarer Zeit politisch erreicht werden könnte, wäre die Einführung der bedingten Entlassung für Lebenslängliche. Nach dem bisherigen Gang der Strafrechtsreform bestehen jedoch Zweifel, ob nicht auch insoweit erst das Machtwort des Grundgesetzes aus dem Munde des Bundesverfassungsgerichtes notwendig sein wird.

Aber auch kriminalpolitisch ist die verfassungsrechtlich gebotene Minimallösung nicht nur notwendig und ausreichend, sondern auch allen anderen radikaleren Lösungen vorzuziehen, weil die lebenslange Freiheitsstrafe zum Zwecke der Generalprävention unentbehrlich ist. Die Eröffnung einer Entlassungsmöglichkeit, die notwendig wird, um dem Besserungsgedanken auch bei der schwersten Strafe Rechnung zu tragen und um die ärgsten Unzuträglichkeiten ihres Vollzuges zu beseitigen, tut der generalpräventiven Wirkung der Strafe keinen Abbruch und auch der Sicherungszweck dürfte eine solche Milderung noch zulassen. Das ist im folgenden näher zu erläutern.

II. Die lebenslange Freiheitsstrafe als Mittel der Generalprävention

1. Die Wirkungsweise der Generalprävention

Generalprävention, d. h. eine vorbeugende Einwirkung auf die Allgemeinheit zur Verhinderung von Verbrechen, ist der praktisch wirksamste und wichtigste Strafzweck.

Unter Generalprävention versteht man im allgemeinen die Abschreckung des Verbrechenslustigen durch die angedrohte Strafe. Es ist dies die „handgreiflich-brutale" Wirkung der Strafe in der die psychologische Zwangstheorie Feuerbachs das Wesen des Strafrechts sah[3]. Die generalpräventive Wirkung der Strafe erschöpft sich jedoch nicht in unmittelbarer Abschreckung. Die Strafdrohung besitzt noch eine viel feinere Funktion, die tiefere und weitere Schichten ergreift und sich unabhängig von den Plänen des Einzelnen auf das Wollen und Handeln

---

[3] *Exner*, Theorie der Sicherungsmittel S. 13; *Naucke*, Betrug S. 51.

der breiten Allgemeinheit auswirkt. Diese Seite der Generalprävention ist zuerst von Exner beschrieben worden[4]. Hellmuth Mayer hat sie als die „sittenbildende Kraft“[5] der Strafe neu entdeckt und ihr zugleich das theoretische Fundament gegeben[6]: „Die Strafe hat zunächst einmal für das Volksganze pädagogische Bedeutung, indem sie das sittliche Gemeinschaftsurteil festigt, oder überhaupt erst formt, und damit den Begehrungsantrieben und Handlungen schon ihre Inhalte gibt, welche unter gewöhnlichen Umständen durch subjektive — etwa rechtsfremde — Impulse nicht beseitigt werden[7].“ Damit leitet Hellmuth Mayer die Wirkungsweise der Generalprävention unmittelbar aus seinen kriminologischen Grundanschauungen ab, wie er sie am Mordproblem näher dargestellt hat[8]: Nicht die „Natur“, nicht biologisch verankerte Instinkte verhelfen dem Menschen zu planvollem sozialem Handeln. Ihn leiten vielmehr die Sozialvorstellungen der Allgemeinheit, das „Gemeinschaftsurteil“, das der Einzelne als geistiges Sozialwesen im Laufe eines Erziehungs- und Vergesellungsprozesses in sich aufnimmt und welches dann in der normalen Reizsituation für ihn denkt und durch ihn handelt.

---

[4] a.a.O. S. 13 f.

[5] Der Ausdruck scheint freilich nicht sehr glücklich gewählt. Das mag der Grund sein, daß die „sittenbildende Kraft“ der Strafe heute teilweise in Verruf gekommen ist; denn man ist nur zu leicht versucht, sie mit dem Schuldstrafrecht gleichzusetzen oder eine Verbindungslinie zu einem moralisierenden Sittenstrafrecht zu ziehen. Tatsächlich will der Ausdruck ganz wertneutral die Summe aller generalpräventiven Strafwirkungen bezeichnen, die nicht auf unmittelbarer Abschreckung, sondern auf Regelbildung beruhen.

[6] Grundlegend Strafrecht 1936 S. 26 ff.; AT S. 23 ff.; Strafrechtsreform S. 15 ff.

[7] Strafrecht 1936 S. 26.

[8] Strafrecht 1936 S. 27 ff.; AT S. 19 ff.; Strafrechtsreform S. 8 f., 13: Dem Menschen, der sich durch die Erfindung künstlicher Waffen vom Pflanzenfresser zum Raubtier umgeschaffen hat, fehlt nach seiner Herkunft das für das Sozialverhalten der Raubtiere wichtigste Schema, nämlich das zwingende Demutschema, welches die Raubtiere nötigt, die Tötung des Artgenossen zu unterlassen. Das Tötungsverbot, das die Masse der Menschen davon abhält, zu Mördern zu werden, wirkt „nur“ auf der geistig-seelischen Ebene. Es wirkt aber mit so naturhafter Sicherheit, daß immer wieder das Vorurteil auftaucht, der natürliche Mensch vermeide die Tötung des Nebenmenschen von Natur aus, der Mörder sei also irgendwie abartig oder krank. So meint z. B. *Toebben* (Untersuchungsergebnisse S. 1), für den Normalen sei die Tötung eine so ungeheuerliche Tat, daß er vor ihr zurückschrecke. Indes ist kaum eine typische Tötungshandlung denkbar, die nicht zu irgendeiner Zeit unter bestimmten Voraussetzungen erlaubt oder gar geboten gewesen wäre. Erst die jüngste Vergangenheit hat wieder gezeigt, wie Männer jeder Herkunft ohne Zwang und Not in Konzentrationslagern und Einsatzgruppen zu vielfachen Mördern geworden sind. Hellm. *Mayer* macht deshalb *Toebben* und auch *Ohm* (Haltungsstile Lebenslänglicher) zum Vorwurf, daß sie sich nicht die einfache Frage vorgelegt hätten, ob nicht ein Großteil der Lebenslänglichen möglicherweise aus Durchschnittsmenschen bestehe, die gerade so gehandelt hätten, wie es von Durchschnittsmenschen in einer entsprechenden Lebenssituation zu erwarten sei, ob nicht der Durchschnittsmensch in Extremsituationen sich ebenso verhalten könne wie der Soldat im Krieg (Strafrechtsreform S. 13 Fußn. 13).

Das Strafrecht spricht durch die Verkündung der Norm und Handhabung der Strafe die wichtigsten sittlich-rechtlichen Grundsätze aus und predigt sie mit dem Mittel der Macht und dem Anspruch auf sittliche Autorität[9]. Diese Propaganda formt das Gemeinschaftsurteil und stärkt seine Führungskraft bis zu einem Grade, in dem sich die verbotene Handlung mit einer Tabu-Vorstellung verbindet, die so weit gegen kriminelle Antriebe immunisiert, daß die verbotene Tat regelmäßig gar nicht erst in Erwägung gezogen wird.

Will man diese Gedanken für die spezielle kriminalpolitische Frage, ob lebenslange Einsperrung zur Generalprävention tauglich oder gar unentbehrlich ist, fruchtbar machen, so muß man versuchen, noch ein näheres Bild von dem Prozeß der Internalisierung des Gemeinschaftsurteils zu gewinnen. Dazu stellt man sich den sozialpsychologischen Prozeß der Internalisierung des Gemeinschaftsurteils am besten nach dem Bild vor, daß die Tiefenpsychologie von dem individualpsychologischen Vorgang der Überichbildung gezeichnet hat.

Der normale Mensch lernt in bestimmten Entwicklungsphasen, die Wertvorstellungen seiner Umgebung so weit in seine Persönlichkeit aufzunehmen, daß ihm seine eigenen Triebe und rechtsfremden Impulse als gefürchtete Bedrohung erscheinen. Man erklärt diese Entwicklung tiefenpsychologisch durch den Mechanismus der Identifikation mit dem Angreifer, der bewirkt, daß das elterliche „Du sollst" oder „Du sollst nicht", das anfangs durchaus triebfeindlich und einschränkend, angsterregend und schmerzbereitend empfunden wird, auf die Dauer eine Instanz schafft, die durch innere Sanktion ersetzt, was früher durch äußere Strafe und Strafdrohung erzwungen werden mußte. Die auf diese Weise introjizierten sozialen und kulturellen Vorstellungen schlagen sich in der inneren Überzeugung tief gefühlter Harmonie nieder, die durch verbotene Akte gestört und nur durch das Erleiden von Strafe wieder in das alte Gleichgewicht gebracht werden kann[10]. Das ist die Vorstellung von Schuld und Sühne, das Bedürfnis nach ausgleichender Gerechtigkeit, von der Hellmuth Mayer sagt, sie wirke mit der Macht eines „angeborenen Schemas"[11].

Sozialpsychologisch gesehen zählt das Strafrecht zu den wichtigsten Erziehungsmitteln. „Das Strafgesetz ist tief und intensiv mit dem Charakter und Gefühlsleben des Volkes verbunden. Es erscheint ihm als Symbol und eindrucksvollste Ausdrucksform des Rechts schlechthin. Das Strafgesetz ist die Grundlage und das Aushängeschild einer Kultur, in der alle Werte der Gesellschaft, ihr Menschen- und Gesellschaftsbild,

---

[9] Ähnlich *Hacker* S. 17.

[10] Die Darstellung folgt *Hacker* S. 24, 138, 144.

[11] AT S. 23.

lebendig werden[12]." Weil die Überichbildung auf dem Lust-Unlustprinzip beruht, kann das Strafrecht auf Abschreckung nicht verzichten. Besonders das Strafgesetz, das neue Normen durchsetzen soll, ist zunächst auf Triebeinschränkung, d. h. auf handgreiflich brutale Abschreckung angewiesen, bis das Gemeinschaftsurteil, das kollektive und das individuelle Überich, die neue Norm in sich aufgenommen haben. Sobald sich aber das Strafgesetz mit dem Gemeinschaftsurteil deckt, wirkt dieses aus sich heraus als innere Instanz, und es bedarf nur noch verhältnismäßig geringer Strafdrohungen, um das Gemeinschaftsurteil dem Gesetz entsprechend zu festigen und zu bewahren. Jetzt produziert das Überich Schuldgefühl und Strafbedürfnis und verleiht der Strafe damit den Charakter „einer beschämenden sozialen Zensur für eine verwerfliche Tat". Die unmittelbare Abschreckung tritt demgegenüber in den Hintergrund. Schon verhältnismäßig milde Strafe erzielen eine nachhaltige generalpräventive Wirkung[13].

2. Die Symbol- und Systemfunktion der lebenslangen Freiheitsstrafe

Ob die lebenslange Freiheitsstrafe als Schreckmittel unentbehrlich ist, scheint zweifelhaft. Im Strafrecht der Gegenwart erfüllt sie jedoch eine Symbol- und Systemfunktion, auf die im Interesse der Generalprävention auch künftig noch lange nicht verzichtet werden kann. Ein Strafgesetz, das durch Introjektion in das Gemeinschaftsurteil seine generalpräventive Erziehungsaufgabe erfüllen will, muß anschaulich, leicht faßbar und einleuchtend sein. Man mag gegen das Talionsprinzip einwenden, was man will. Es ist nicht zu leugnen, daß das Talionsprinzip den Vorzug der Anschaulichkeit für sich hat. Als Mordstrafe ist die lebenslange Freiheitsstrafe der letzte Anklang an dieses Prinzip, ohne daß ihr die spezifischen Nachteile der Leibes- und Lebensstrafen anhaften. Die lebenslange Freiheitsstrafe an der Spitze der Strafenleiter ist damit zu einem Symbol geworden, welches für das ganze Strafrecht steht und in seiner Eindringlichkeit und in seinem Erlebniswert alle anderen Strafmittel weit übertrifft. Zeit- und Geldstrafen sind farblos dagegen. Im Vergleich mit ihnen darf man von der lebenslangen Freiheitsstrafe eine durch keine mildere Strafe erzielbare generalpräventive Wirkung erwarten. Insofern kann tatsächlich nur lebenslange Freiheitsstrafe die Todesstrafe ersetzen.

Aus der Diskussion um die Todesstrafe ist man gewohnt, die generalpräventive Wirkung nur in der Beschränkung auf den Mordtatbestand zu erörtern. Eine solche Betrachtungsweise verkennt die von der Höchststrafe ausstrahlende Autorität und den Systemcharakter des Rechts. Die

---

[12] *Hacker* S. 17.

[13] Hellm. *Mayer*, AT S. 23; vgl. auch Strafrechtsreform S. 15.

generalpräventive Bedeutung der Mordstrafe reicht weit über den Bereich des Strafrechts hinaus. Das Gemeinschaftsurteil besteht nicht aus einer Reihe scharf isolierter Gebote und Verbote, sondern bildet ein unentwirrbares Gewebe von Normen und Wertvorstellungen, das sich stets in Bewegung befindet. Erst das Bild von der Strafenleiter, die den geschützten Rechtsgütern proportional ist, verleiht der Vielzahl der Normen im Gemeinschaftsurteil eine gewisse Ordnung und Bewertung. Es dient damit nicht nur der besseren Einprägsamkeit. Eine Rangordnung ist notwendig, um die zahllosen Interessenkonflikte in einer rechtlichen Lösung aufzufangen. Das alles überragende Rechtsgut des Lebens muß diese Rangordnung anführen. Im Sinne einer höheren Ethik mag es Situationen geben, in denen das Leben anderen Werten weichen muß. Der staatliche Alltag fordert aber absoluten Vorrang für den Schutz des Lebens. Das muß sich in der Strafe widerspiegeln. Aus diesem Grunde ist eine inkommensurable Strafe notwendig. Sobald auch der Mord nur noch mit zeitiger Strafe bedroht wird, beginnt das Vergleichen, das schließlich zur quantitativen Güterabwägung führt. Davor kann nur die lebenslange Freiheitsstrafe schützen.

Wenn das schwerste Verbrechen, der Mord, verhältnismäßig mild bestraft wird, so sinken ganz allgemein die Strafgrößen[14]. Darin liegt die andere Seite der Systemfunktion der lebenslangen Freiheitsstrafe. Aus diesem Gesichtspunkt könnte man heute geltend machen, es sei an der Zeit, die lebenslange Freiheitsstrafe zu beseitigen, denn die übrigen Strafgrößen seien der Mordstrafe ohnehin davongelaufen. Seit 1870 hat sich im Wege der Gerichtspraxis das angewendete Strafmaß ständig vermindert. Nur vor der absoluten Mordstrafe mußte die Milderung halt machen. So ist der Abstand immer größer geworden, auch wenn man berücksichtigt, daß die Todesstrafe abgeschafft worden ist. Es wäre indessen falsch, den Abstand heute durch die Milderung der Höchststrafe verringern zu wollen. Er würde sich doch nach einiger Zeit wieder einstellen. Eine weitere Milderung der allgemeinen Strafgrößen scheint generalpräventiv, jedenfalls bei einer Einschränkung des Strafgesetzes auf die wirklich strafwürdigen Verbrechen, zur Zeit kaum vertretbar. Es sei nur darauf hingewiesen, daß der E 1962 eine Erhöhung der zeitigen Zuchthausstrafe auf 20 Jahre für erforderlich hält, und zwar vornehmlich aus general- und spezialpräventiven Gründen und erst in zweiter Linie, um den Abstand zur lebenslangen Strafe zu verringern[15].

3. Generalprävention und bedingte Entlassung

Wenn man den Abstand zwischen der zeitigen und der lebenslangen Strafe verkürzen will, so geschieht das am besten mit Hilfe der bedingten

[14] Hellm. *Mayer*, AT S. 365.

[15] Vgl. oben 1. Abschnitt I 2 a. E., besonders Fußn. 24.

Entlassung. Die bedingte Entlassung ist eine Einrichtung des Strafrechts, die allein spezialpräventiven Zwecken dienen soll. Deshalb ist hier nur zu fragen, ob sie der Generalprävention Abbruch tut.

Tatsächlich sind in der Vollzugspraxis verschiedentlich schon Strafgrößen erreicht worden, bei denen man sich ernsthaft zu fragen beginnt, ob nicht doch das unverzichtbare Minimum an unmittelbarer Abschrekkung unterschritten ist. Hellmuth Mayer weist darauf hin[16], daß nach den Ausführungen Höplers[17] die tatsächliche Freiheitsstrafe für Gattenmord in Österreich bis auf vier Jahre zurückgegangen war. Wer, um sich von dem Ehegatten zu befreien, der einer neuen Bindung im Wege steht, mit Mordgedanken umgeht, könnte wohl den Plan fassen, eine solche Strafe zu riskieren. Indessen ist aus den Zahlenangaben Höplers nicht zu erkennen, daß die außerordentlich milde österreichische Gnadenpraxis der Generalprävention geschadet hätte. Auch aus England, wo ein Mörder heute mit einiger Sicherheit damit rechnen kann, nach zehn Jahren Haft entlassen zu werden, wird bislang über ein Nachlassen der generalpräventiven Wirkung der Mordstrafe nicht geklagt. Die bedingte Entlassung zu lebenslänglicher Strafe verurteilter oder begnadigter Mörder ist heute in der westlichen Welt so weit verbreitet, daß man mit einiger Gewißheit feststellen kann, daß sie der abschreckenden Wirkung dieser Strafe keinen Abbruch tut.

Es macht psychologisch einen bedeutenden Unterschied, ob von vornherein eine bestimmte zeitige Strafe angedroht wird oder ob eine lebenslange Strafe im Wege der bedingten Entlassung — und sei es auch mit großer Regelmäßigkeit — vorzeitig endet. Das beruht einerseits darauf, daß die Öffentlichkeit dem späteren Schicksal der Verurteilten nur wenig Interesse entgegenbringt[18]. Andererseits ist die Allgemeinheit nicht nur dem Gedanken von Schuld und Strafe, sondern auch der Idee von Wohlverhalten und Belohnung zugänglich. Man darf von ihr daher auch Verständnis dafür erwarten, daß Lebenslängliche bei guter Führung entlassen werden, wenn hinreichend gewährleistet ist, daß dadurch keine Gefährdung der Sicherheit eintritt.

III. Lebenslange Freiheitsstrafe und Spezialprävention

Das Dilemma der Mordstrafe beruht auf der Antinomie der Strafzwecke. Aus Gründen der Generalprävention muß man für den Mord

---

[16] AT S. 36 Fußn. 7.

[17] MSchrKrim 20, 1929, 449 ff.

[18] *Wood*, Annals 284, 1952, 449 ff. Dagegen machte der Abgeordnete *Müller-Emmert* (SPD) in der 108. Sitzung des Sonderausschusses für die Strafrechtsreform am 27. 6. 1968 geltend, es sei leichter, den immer wieder auftretenden Tendenzen zur Wiedereinführung der Todesstrafe zu begegnen, wenn man darauf hinweisen könne, daß die abschreckende Wirkung der lebenslangen

als das schwerste Verbrechen nach einer Strafe verlangen, deren Härte in der Mehrzahl der Fälle nicht notwendig, ja sogar schädlich ist und deren Vollzug zu menschlich nur noch schwer erträglichen Zuständen führt. Stellt man auf den Besserungszweck der Strafe ab, so liegt das in der lebenslangen Freiheitsstrafe enthaltene Übermaß klar zu Tage. Es bleibt deshalb insoweit nur noch die Aufgabe darzulegen, daß der Besserungszweck nicht den gänzlichen Verzicht auf die lebenslange Freiheitsstrafe fordert, sondern daß ihm schon mit der Einführung der bedingten Entlassung genügt ist. Beim Sicherungszweck der Strafe liegt es gerade umgekehrt. Hier wird mancher bestreiten wollen, daß das Sicherheitsinteresse eine Milderung der lebenslangen Freiheitsstrafe zuläßt. Schließlich stehen in unlösbarem Zusammenhang mit den Fragen der Spezialprävention die Erfordernisse des Vollzuges selbst, der ja gerade bei der lebenslangen Freiheitsstrafe nicht nur eine kurze Durchgangsstation bedeutet, sondern zu einer selbstbezogenen Lebensform wird.

1. Der Besserungszweck der Strafe

Der Besserungsgedanke gilt heute vielen als das Wesen und die Rechtfertigung der modernen Freiheitsstrafe. Vom Besserungs- und Resozialisierungszweck der Strafe sind Praxis und Wissenschaft vom Strafvollzug beherrscht. Es fällt indessen nicht schwer einzusehen, daß aus dem Besserungsgedanken eine Freiheitsstrafe von über zehn Jahren nicht mehr zu rechtfertigen ist. Deshalb kennt das Jugendstrafrecht, das ganz vom Erziehungsgedanken bestimmt ist, auch nur eine Höchststrafe von zehn Jahren Dauer. Es wäre sinnlos, sich weiter mit der Frage zu befassen, ob der Besserungszweck auch lebenslange Freiheitsstrafen rechtfertigen könne. Es geht dem Besserungsgedanken ja nicht um die innere, sondern um bürgerliche Besserung. Nur die umgekehrte Frage, ob nicht der Besserungszweck notwendig zum Verzicht auf die lebenslange Freiheitsstrafe zwinge, ist sinnvoll. Konsequenterweise hat man stets auch gerade unter Berufung auf den Besserungsgedanken die völlige Abschaffung dieser Strafe gefordert. Die Anhänger des Besserungsgedankens müssen von der lebenslangen Freiheitsstrafe, die den Verbrecher wie die Todesstrafe eliminieren soll, das gleiche sagen wie von dieser, nämlich, daß sie der letzte Rest eines längst überwundenen Strafrechtsdenkens sei, der, durch eine unüberbrückbare Kluft von den anderen Strafarten getrennt, völlig verbindungslos und unvergleichbar im Strafensystem stehengeblieben sei[19].

Zuchthausstrafe bei Mord auch darin bestehe, daß es eine Verjährung und eine bedingte Entlassung nicht gebe (Protokoll S. 2127).

[19] So *Radbruch* in seinem Entwurf eines allgemeinen deutschen Strafgesetzbuches (1922), Tübingen 1952, S. 52, zur Todesstrafe.

Mit welcher Kraft der Besserungsgedanke nach fast 400 Jahren noch immer wirksam ist, zeigt gerade im Zusammenhang mit unserer Frage seine Aufnahme in die italienische Verfassung und die daraus entstandene Diskussion[20] sowie die Folgerungen, die man in Holland aus der entsprechenden Bestimmung des Strafvollzugsgesetzes im Hinblick auf die lebenslange Freiheitsstrafe hat ziehen wollen[21]. Auch hier wird ja die Ansicht vertreten, daß der Besserungsgedanke im Grundgesetz, und zwar im Schuldprinzip, verfassungsrechtlich verankert ist. Ich sehe indessen in der Besserung nur eine menschliche Möglichkeit, die niemals endgültig verschlossen werden darf, nicht aber den alles überragenden Strafzweck, nach dem allein das Strafsystem auszurichten wäre. So betrachtet, fordert der Besserungsgedanke zwar eine Änderung des jetzigen Zustandes mindestens durch die Einführung der bedingten Entlassung für Lebenslängliche, die auch dem Mörder noch eine echte Chance zum Neubeginn in Freiheit bietet. Er verlangt jedoch nicht den völligen Verzicht auf diese Strafe.

Der Besserungsgedanke steht bei der Bestrafung des Mordes vor der Schwierigkeit, daß gerade das schwerste Verbrechen oft von Menschen begangen wird, die gar keiner oder nur einer sehr geringen erzieherischen Einwirkung bedürfen, weil kaum eine Rückfallgefahr besteht[22]. Auf die Rückfallgefahr ist im Zusammenhang mit dem Sicherungszweck der Strafe näher einzugehen. Deshalb sei hier nur auf eine Tätergruppe verwiesen, bei der das fehlende Resozialisierungsbedürfnis offenkundig ist, an der sich der Besserungsgedanke aber gleichfalls bewähren müßte, wenn er über den Verbleib der lebenslangen Mordstrafe entscheiden sollte. Es handelt sich dabei um die große Gruppe der wegen nationalsozialistischer Gewaltverbrechen Verurteilten, die sämtlich nach dem Kriege ein sozial angepaßtes Verhalten an den Tag gelegt haben und die man nach spezialpräventiven Gesichtspunkten überhaupt nicht zu bestrafen brauchte.

2. Der Sicherungszweck der Strafe

Spezialprävention durch Sicherung ist ohne Frage ein legitimer Strafzweck. Er ist durch lebenslängliche Einsperrung des Täters auch vollkommen zu erreichen. Nicht ohne Grund ist die lebenslange Inhaftierung seit den Zeiten Schwarzenbergs so beliebt. Geht es um die Bestrafung der schwersten Verbrechen, so entfällt auch das Grundübel, das sonst

---

[20] Vgl. dazu die Entscheidung des Corti di Cassazione v. 16. 6. 1956 zur Verfassungsmäßigkeit der ergastolo Strafe in Giurisprudenza Costituzionale 1956, 805—810.

[21] Vgl. oben 2. Abschnitt V 5.

[22] Hellm. *Mayer*, AT S. 24.

der Sicherungsverwahrung anhaftet und sie zu einer grausamen und praktisch undurchführbaren Maßnahme macht, daß sich nämlich hinter der Maßregel eine Strafe ohne Schuld verbirgt[23].

Die Frage, ob die lebenslängliche Verwahrung der Mörder aus Sicherheitsgründen erforderlich ist, hängt natürlich in erster Linie von der Rückfallgefahr ab. Sie ist im Zusammenhang mit der Todesstrafe oft und ausführlich erörtert worden. Dabei ist sich die Literatur in kaum einem Punkt so einig wie in der Ansicht, daß die spezifische Rückfallgefahr beim Morde gering sei[24]. Man muß sich indessen vor Schönfärberei hüten, wie sie Reformeifer allzuleicht hervorbringt. Selbst die Kriminologen, die ja ganz überwiegend gegen die Todesstrafe eingestellt sind, können sich bei diesem Thema nicht völlig von emotionalen Vorurteilen freimachen, die schließlich auch in ihre sachliche Argumentation einfließen müssen. So ist bei allen Äußerungen zur Rückfallgefahr beim Morde einige Vorsicht geboten. Dennoch hat die Meinung, daß jedenfalls bei dem Mörder, der überführt und bestraft worden ist, in der Regel keine Wiederholung der Tat befürchtet zu werden braucht, eine Reihe guter Gründe für sich[25]. Man darf nur die Augen vor den Ausnahmefällen nicht verschließen.

Von dem gleichartigen Rückfall, dem Rückfall in ein vorsätzliches Tötungsverbrechen, ist der Rückfall im weiteren Sinne zu unterscheiden, der jede Form des Rezidivs umfaßt. Dabei bildet die Größe der spezifischen Rückfallgefahr das eigentliche Problem. Indessen gilt die günstige Prognose, die man dem Mörder stellt, für beide Arten des Rückfalls. Sie stützt sich einerseits auf kriminalpsychologische Erwägungen, andererseits auf die guten Erfahrungen mit der Entlassung von Mördern aus lebenslänglicher Haft.

Der Mord ist ein typisches Gelegenheits- oder Situationsverbrechen. Für diese Annahme spricht die allgemein anerkannte Tatsache, daß es den typischen Mörder nicht gibt[26]. Zwar fällt an den Mördern Egozentrizität, Erregbarkeit und Aggressivität sowie zum Teil gesteigerte sexuelle Triebhaftigkeit auf[27]. Mit diesen Eigenschaften bleiben sie jedoch inner-

---

[23] Vgl. besonders Hellm. *Mayer*, Strafrecht 1936 S. 21, 136 ff.; AT S. 24, 379 ff.

[24] *Alt* S. 80; *Baumann*, ARSP XLVI, 1960, 82; *Bedau* S. 395 ff.; *Berlit* S. 135; *v. Hentig*, Die Strafe Bd. 2 S. 119; Arthur *Kaufmann*, Schuld und Strafe S. 19; *Koestler* S. 93 ff.; *Kraschutzki* S. 142; Hellm. *Mayer*, AT S. 365; *Middendorf*, Todesstrafe S. 45; RCCP S. 490 ff.; *Seiler* S. 126; *Sellin* S. 69 ff. Sehr negativ dagegen *Kosyra* in einem (recht unkritischen) Aufsatz zur Verteidigung der Todesstrafe Kriminalistik 13, 1959, 124 ff. *Kosyra* unterscheidet aber nicht zwischen multiplem und Rückfallmord.

[25] Anders ist es anscheinend, wenn die erste Tat nicht entdeckt wird; vgl. dazu *v. Hentig*, ZStW 74, 1962, 562 ff.

[26] Vgl. oben 5. Abschnitt Fußn. 46.

[27] *Brückner* S. 79 ff.

halb einer Norm, die die Masse der Menschen gleicher Veranlagung keinesfalls zum Morde prädisponiert. Das zeigt sich auch in der Haft, wo die Mörder gewöhnlich normal reagieren. Die besonders von Hellmuth Mayer wiederholt vertretene Ansicht, daß die allermeisten Tötungen einer einmaligen und unwiederholbaren seelischen Situation entspringen, so daß der Täter in seinem späteren Leben seiner Tat als ein anderer gegenübersteht, weshalb man viele Mörder unter dem Gesichtspunkt der Spezialprävention ohne weiteres laufen lassen könnte[28], hat aber doch wohl etwas einseitig nur den Konfliktmord, wenn auch im weitesten Sinne, im Auge. Mindestens für Raubmord[29] und Sexualmord sowie bei multiplen Mördern scheint eine Einschränkung geboten. Bei einem Sexualmord, der nicht nur das Opfer als Tatzeugen beseitigt, ist die Mitwirkung abnormer Anlagefaktoren zu vermuten. Der Raubmord ist hingegen fast stets die Tat eines Vorbestraften, dessen Entwicklung kriminelle Neigungen erkennen läßt. Indessen zählen auch die Raubmörder nicht zu der Klasse der vernünftigen und willensstarken Verbrecher. Der typische Raubmord ist die Tat eines noch jungen Mannes, der auf dem Wege aus einer Notlage oder zur Durchsetzung seiner Wünsche nach Erreichung eines bestimmten Stadiums für andere ungefährlichere Lösungen blind wird und dann beinahe zwangsläufig eine Gewaltlösung sucht, die zu dem Anlaß der Tat in einem ganz unzulänglichen Verhältnis steht[30]. Bei multiplen Mördern ist die Rückfallprognose mindestens dann ungünstig, wenn es sich bei der wiederholten Tat nicht um einen reinen Deckungsmord handelt[31].

Zahl und Art der Vorstrafen bilden bisher neben der Führung in der Haft den wichtigsten Anhaltspunkt für die Prognose. Während sich die öffentliche Meinung den Mörder als einen vielfach vorbestraften Verbrecher vorstellt, der am Ende seiner Laufbahn auch vor einer Bluttat nicht mehr zurückschreckt, besteht im kriminalistischen Schrifttum die kaum weniger stereotype Vorstellung vom Mörder als von einem bis dahin unbestraften Mann[32]. Dieser Gegensatz tritt besonders deutlich in den von den Gegnern der Todesstrafe mehrfach zitierten Bemerkungen der RCCP hervor[33]:

---

[28] Strafrecht 1936 S. 26, 144; AT S. 24, 365.

[29] *von Hentig*, ZStW 74, 1962, 563.

[30] *von Hentig*, Mord S. 46.

[31] *Wurmser* stellt für die Hälfte der von ihm untersuchten Raubmörder vom Gesichtspunkt der Gefährlichkeit aus eine schlechte Prognose (S. 291). Noch viel ungünstiger beurteilt *Ohm* die Zukunft von 46 Mördern, von denen zwei Drittel Raubmörder sind. Als positiv bewertet er 17 Fälle, als negativ 24 Fälle, vier Fälle als noch fraglich und einen als Verwahrfall. Positiv sieht er die Prognose vor allem, „wo seelische Entwicklungsstörungen zum Mord geführt haben", negativ dagegen diejenigen, „wo konstitutionelle Mängel" vorliegen (Haltungsstile S. 114 f.). Bei den elf Mörderinnen ist *Ohms* Prognose kaum günstiger (S. 159). Vgl. dazu auch *Beck*, Raubmörder nach 20jähriger Strafverbüßung.

[32] Vgl. dazu *Wolfgang*, Patterns in Criminal Homicide S. 168.

[33] S. 216.

"There is a popular belief that prisoners serving a life sentence after conviction of murder form a specially troublesome and dangerous class. That is not so. Most find themselves in prison because they have yielded to temptation under the pressure of a combination of circumstances unlikely to recur. 'Taking murderers as a class' said one witness, 'there are a considerable number who are first offenders and who are not people of criminal tendencies. The murder is in many cases their first offence against the law. Previous to that they were law-abiding citizens and their general tenor of life is still to be law-abiding'."

Nach den Angaben der Kriminalstatistik über mehr als 8000 Fälle kann man heute mit einiger Sicherheit sagen, daß seit 1890 außerordentlich konstant etwa die Hälfte der Mörder vorbestraft ist. Nur in den zwanziger Jahren mit ihrer überdurchschnittlich hohen Mordkriminalität lag der Anteil der Vorbestraften um 10 % niedriger. Die Werte für Mord und Totschlag unterscheiden sich zunächst kaum. Sie gehen erst 1950 auseinander.

Tabelle 13

Vorstrafen der Mörder und Totschläger

	Mord		Totschlag	
	insgesamt (100 %)	davon vorbestraft (in %)	insgesamt (100 %)	davon vorbestraft (in %)
1882/89	1046	39,9	1189	38,6
1890/99	1096	50,6	1629	46,5
1900/09	898	51,7	1808	52,9
1910/19	936	48,6	1777	49,9
1920/29	1622	39,3	3634	41,4
1930/36	989	51,5	2687	43,8
1950/62	1583	51,5	1858	37,6

Etwa die Hälfte der Vorbestraften hat nur eine oder zwei Vorstrafen, während ein Viertel (ca. 12,5 % aller Verurteilten) mehr als vier Vorstrafen aufweist. Genauer unterschied die Statistik zunächst nur bis 1917.

Tabelle 14

Die Anzahl der Vorstrafen bei Mördern (in % der Verurteilten)

	1	2	3—5	mehr als 4	mehr als 5	vorbestraft insgesamt
1882/89	14,1	10,1	11,5	—	4,1	39,8
1890/99	14,1	10,6	15,1	—	10,8	50,6
1900/09	17,2	7,3	14,4	—	12,8	51,7
1910/17	18,2	9,1	14,2	—	11,1	52,6
1918/36	—	—	—	12,0	—	41,8
1950/62	—	—	—	12,2	—	51,2

Die Belastung mit Vorstrafen wird natürlich verhältnismäßig größer, wenn man nur die Erwachsenen zählt. Da aber einerseits der Anteil der weniger vorbestraften Jugendlichen an der gesamten Mordkriminalität weit unter 10 % liegt und da andererseits die Vorstrafen der Heranwachsenden hinter denen der Erwachsenen kaum mehr zurückbleiben, verschieben sich die Zahlen nur unwesentlich. In der nachstehenden Tabelle ist der Anteil der vorbestraften Erwachsenen aus den Jahren 1960—1966 mit 53,2 % berechnet. Sehr niedrig ist der Anteil der Vorbestraften unter den Frauen. Er schwankt zwischen 8 % und 20 % vor dem Ersten Weltkrieg und liegt seit 1954 bei 25 %. Der Anteil der Vorbestraften unter den erwachsenen Männern läßt sich mit 55 % angeben. Das ist auch das Ergebnis der Mordstatistik für die Jahre 1928 bis 1933. In Einzeluntersuchungen sind jedoch meistens höhere Werte festgestellt worden. So ermittelten Brückner[34] 70 %, Blühm[35] 62 %, v. Lucadou[36] 79,7 %, Ohm[37] 64,4 %, Loduchowski[38] dagegen nur 45,4 %.

Tabelle 15

Anzahl der Vorstrafen von erwachsenen Mördern

	Verurteilte insgesamt	Vorbestrafte insgesamt	1	2—4	mehr als 4
1960	97	49	12	19	18
1961	102	59	18	20	21
1962	105	57	16	26	15
1963	109	49	16	23	10
1964	129	77	18	36	23
1965	146	88	20	38	30
1966	152	88	19	38	31
	878 (100 %)	467 (53,2 %)	119 (13,6 %)	200 (22,8 %)	148 (17,9 %)

Tabelle 16

Art der jeweils schwersten Vorstrafe bei den von 1960 bis 1966 wegen Mordes verurteilten Erwachsenen

		Gefängnis von			
Zucht-haus	Jugend-strafe	über 9 Mon.	3 bis 9 Mon.	bis zu 3 Mon.	Sonstige Strafen
49 (5,6 %)	60 (6,8 %)	102 (11,6 %)	89 (10,1 %)	88 (10,1 %)	79 (9,0 %)

Als gefährliche Gewohnheitsverbrecher nach § 20 a StGB wurden verurteilt:

1960	1961	1962	1963	1964	1965	1966
6 6,3 %	8 7,8 %	5 4,8 %	1 0,9 %	5 3,9 %	9 6,2 %	7 4,6 %

[34] S. 72.

[35] S. 63.

[36] ZfStrVo 14, 1965, 151.

[37] S. 100.

[38] S. 66.

Seit 1960 schlüsselt die Kriminalstatistik die Vorstrafen wieder näher auf und gibt auch über die jeweils höchste Strafe Auskunft.

Von den insgesamt in den Jahren 1960 bis 1966 wegen Mordes verurteilten Erwachsenen wurden danach nur 41 oder 4,7 % als gefährliche Gewohnheitsverbrecher behandelt[38a].

Die Vortaten waren nach den Feststellungen des Statistischen Reichsamtes für 1928 bis 1930 zu 78 % Verbrechen und Vergehen gegen das Vermögen und zu 7,6 % solche gegen die Person[39]. Für 1931 bis 1933 lauten die entsprechenden Werte 76,8 % und 13 %[40].

Die Statistik rechtfertigt danach die Annahme, daß Mörder nur in seltenen Fällen aus dem Schwerverbrechertum hervorgehen. Man kann aber den Anteil der Vorbestraften und auch die Zahl der Vorstrafen doch wohl nur im Verhältnis zur Schwere des Deliktes als gering bezeichnen[41].

Die Erfahrungen mit der vorzeitigen Entlassung Lebenslänglicher sind insgesamt noch als günstig zu beurteilen. Der Optimismus, mit dem der Report der RCCP aufgenommen worden ist[42], muß allerdings wohl einer realistischeren Betrachtung weichen. Die neueren Zahlen aus Amerika, wonach zwischen 1945 und 1956 in Pennsylvanien von 46 auf Bewährung entlassenen Mördern fünf ein zweites Tötungsverbrechen begingen, während im Jahre 1964 in den USA insgesamt zwölf entlassene Mörder erneut unter Mordanklage gestellt wurden[43], geben zu

---

[38a] Zwar hat die Anwendung des § 20a StGB bei einer Verurteilung wegen Mordes für die Höhe der zulässigen Strafe keine Bedeutung, da die Strafdrohung des § 211 StGB keine Schärfung mehr zuläßt und da auch bei Versuch, Beihilfe usw. nach § 44 Abs. 2 StGB die Strafmilderung nur fakultativ ist, so daß Zuchthaus zeitig bis zu 15 Jahren oder lebenslang verhängt werden kann. Die Rechtsprechung verlangt jedoch, den Täter stets ausdrücklich als gefährlichen Gewohnheitsverbrecher zu verurteilen, wenn die Voraussetzungen des § 20a StGB gegeben sind, auch dann, wenn das verletzte Strafgesetz gegenüber § 20a StGB die schwerere Strafdrohung enthält (RGSt 68, 365; RG Höchstrichterl. Rechtsprechung 1938 Nr. 1311). Ob dieser Grundsatz, der in die Kommentare (LK, § 20a Anm. VII 3; *Schönke-Schröder*, § 20a Rn. 57) ohne Einschränkung Aufnahme gefunden hat, auch dann gilt, wenn lebenslanges Zuchthaus verhängt wird, ist mir zweifelhaft. Das Reichsgericht hat darauf hingewiesen, daß die Kennzeichnung des Täters als gefährlicher Gewohnheitsverbrecher für die Verhängung der Sicherungsverwahrung nach § 42e StGB bedeutsam werden könne. Sicherungsverwahrung kommt aber neben lebenslangem Zuchthaus nicht mehr in Betracht. Wie die Schwurgerichte in der Praxis verfahren, ist mir nicht bekannt. Es ist jedenfalls die Möglichkeit in Rechnung zu stellen, daß die Voraussetzungen des § 20a StGB nur geprüft und festgestellt werden, wenn zeitiges Zuchthaus verhängt wird. In diesem Falle wären die oben im Text errechneten Verhältniszahlen annähernd zu verdoppeln.

[39] Kriminalstatistik 1931 S. 32.

[40] Kriminalstatistik 1932 S. 37. Auch bei *v. Lucadou* überwiegen mit fast 59 % die Vermögensdelikte, gefolgt von den Delikten gegen Leib und Leben mit 11 % (ZfStrVo 14, 1965, 152).

[41] Bei einfachem Diebstahl betrug der Anteil der Vorbestraften unter den erwachsenen Männern im Durchschnitt der Jahre 1960/62 52 %, bei schwerem Diebstahl 67 % und bei Unterschlagung 65 %.

[42] Vgl. *v. Hentig*, Strafe Bd. 2 S. 119; *Koestler* S. 97 f.

[43] Vgl. oben 2. Abschintt V 10 a. E.

denken, obwohl Sellin[44] und Bedau[45] auch in jüngerer Zeit die Rückfallgefahr noch sehr gering beurteilt haben. Aus Deutschland und vielen anderen mitteleuropäischen Ländern sind in diesem Jahrhundert Rückfallmorde entlassener Lebenslänglicher nur ganz vereinzelt bekannt geworden. In Dänemark hat es einen und in Belgien drei Fälle gegeben. In der Bundesrepublik hatten wir den Fall des Hamburger Taximörders Herus, eines am 11. 11. 1927 geborenen Ukrainers, der am 25. 8. 1945 von einem Gericht der britischen Besatzungsmacht wegen zweifachen Mordes zu lebenslangem Zuchthaus verurteilt worden war. Am 26. 5. 1948 wurde die Strafe im Gnadenwege in fünf Jahre Gefängnis umgewandelt, am 27. 8. 1949 wurde H. wegen guter Führung vorzeitig aus der Strafhaft entlassen. Wenige Monate später beteiligte er sich in Hamburg an der Ermordung von zwei Taxifahrern und wurde deshalb erneut mit lebenslangem Zuchthaus bestraft[46].

Diese günstigen Zahlen sind aber nicht voll beweiskräftig. Schon Liepmann hat darauf hingewiesen, daß es bei der hierzulande immer noch anzutreffenden „grausam-vorsichtigen Handhabung des Begnadigungsrechts" nicht verwunderlich sei, wenn die Begnadigten im allgemeinen nicht rückfällig würden[47]. Ebenso haben die englischen Zahlen auch angesichts der dort herrschenden großzügigen Begnadigungspraxis nur beschränkten Aussagewert, da bis vor kurzem die schwersten Fälle noch mit dem Tode bestraft wurden. Schließlich sei darauf hingewiesen, daß man beim Studium der Literatur immer wieder auf Fälle stößt, in denen eine vorsätzliche Tötung, die nur mit zeitiger Strafe geahndet wurde einen Rückfall nach sich zog[48]. Überraschend hoch scheint schließlich auch

---

[44] S. 69 ff.

[45] S. 395 ff.

[46] *Kosyra*, Die Hamburger Taxifahrermorde, Kriminalistik 7, 1953, 129 ff., 133.

[47] Gutachten S. 194.

[48] z. B. *Brückner* S. 73; RCCP S. 490 (drei Fälle allein aus Dänemark); *Ohm*, Haltungsstile S. 101; *Loduchowski* S. 67; vgl. ferner *Yoshimasu*, Zur Typologie rückfälliger Mörder, ArchKrim 137, 1966, 84—90. Auch in den Tageszeitungen findet man solche Berichte: Der Segeberger Taximörder Warnemünde (31) war 1952 in Kaiserslautern wegen Raubes und Totschlags zu zehn Jahren Jugendgefängnis verurteilt worden (Kieler Nachrichten vom 20. 5. 1965). „Mit dem seltenen Fall eines rückfälligen Mörders mußte sich ein Schwurgericht in München befassen. Es verhängte über den bereits in seiner österreichischen Heimat als Mörder verurteilten Spüler Arno Seger wegen Mordes und schweren Raubes eine lebenslange Zuchthausstrafe. Seger hatte schon als 18jähriger im Jahre 1951 wegen Meuchel- und Raubmordes vor dem Schwurgerichtshof in Klagenfurt gestanden. Damals hatte er einen Bauern mit einer Axt erschlagen. Seine Jugend hatte die Richter dazu bewogen, von der Höchststrafe abzusehen. Sie erkannten auf 15 Jahre schweren Kerker. Nachdem Seger davon 14 Jahre verbüßt hatte, wurde er entlassen und ein Jahr später in die Bundesrepublik abgeschoben, weil er nach der Option seiner Eltern deutscher Staatsangehöriger ist. Im Dezember tötete er in Österreich einen Textilkaufmann mit

die Zahl der Mordfälle, die Anttila und Westling in Finnland unter ihren Probanden gezählt haben[49]. Die Zahl der aus einer lebenslangen Freiheitsstrafe entlassenen, im eigentlichen Sinne rückfälligen Mörder betrug immerhin zehn unter 288, also 3,47 %, nachdem schon während der Haft elf Mordfälle vorgekommen waren. Schließlich waren 19 Gefangene schon vor Antritt der lebenslangen Strafe wegen eines Tötungsverbrechens vorbestraft, worunter sich allerdings auch Fälle fahrlässiger Tötung befinden[50]. Wenn man es gegenwärtig überhaupt wagen will, die Rückfallgefahr beim Morde zahlenmäßig einzugrenzen, so liegt es nahe, die Ergebnisse von Anttila und Westling zum Ausgangspunkt zu nehmen, denn diese Forscher haben bisher als einzige exakte Zahlen geliefert. Der Umstand, daß die Mordkriminalität in Finnland ganz allgemein mehr als doppelt so hoch ist wie in anderen mitteleuropäischen Ländern, gestattet es, die finnischen Werte als Höchstwerte anzusehen. Das bedeutet: Würde man in Deutschland, ähnlich wie in Finnland, alle Mörder zwischen dem zehnten und dem 20. Strafjahr entlassen, und zwar die Masse von ihnen zwischen dem zwölften und dem 14. Jahr, so müßte man im ungünstigsten Falle bei 3,5 % der Männer mit einem neuen Tötungsverbrechen und bei 30 % mit sonstigem Rückfall rechnen, während die Rückfallgefahr bei den Frauen praktisch keine Rolle spielte.

Auch nach der Einführung der bedingten Entlassung wäre für die Bundesrepublik noch auf lange Zeit mit einer Strafdauer zu rechnen, die im Durchschnitt um fünf bis zehn Jahre höher liegen dürfte als in Finnland. Während die finnischen Mörder im Mittel mit 40 Jahren, also beinahe im besten Mannesalter, entlassen wurden, würde es wahrscheinlich auch dann, wenn die gesetzlichen Voraussetzungen gegeben wären, hierzulande noch lange dauern, bis man das durchschnittliche Entlassungsalter so weit gesenkt hätte. Das Entlassungsalter ist ein erheblicher Faktor für die Rückfallgefahr. Zwar erschwert höheres Alter eine echte Resozialisierung und kann deshalb vielleicht sogar eine erhöhte Vermögenskriminalität der Entlassenen mit sich bringen. Aber die Gefahr des eigentlichen Rückfalls wird mit der Abnahme der Vitalität in fortschreitendem Alter mit großer Wahrscheinlichkeit sinken. Wenn man sich dazu noch bemüht, die gesammelten Erfahrungen auszuwerten, so werden sich auf die Dauer die Prognosemöglichkeiten so weit entwickeln lassen, daß nicht nur die Entlassung in früherem Alter ermöglicht, sondern auch die Rückfallwahrscheinlichkeit noch weiter herabgedrückt werden kann.

---

sieben Stichen. Nach der Tat floh er nach Hamburg und wurde dort festgenommen." (Husumer Nachrichten vom 2. 6. 1967.) Vgl. ferner den Fall Bergeest, oben 2. Abschnitt Fußn. 53.

[49] S. 26 ff.

[50] a.a.O. S. 18.

Dennoch bleibt ein Sicherheitsrisiko bestehen. Diesem Risiko braucht der Gesetzgeber aber nicht auszuweichen. Er nimmt schon jetzt viel größere Risiken auf sich. Bei Mordbeihilfe und Versuch[51] ist die Rückfallgefahr oft nicht geringer als beim vollendeten Mord. Dennoch wird in solchen Fällen von vornherein fast nie auf lebenslanges Zuchthaus erkannt. Auch die Jugendlichen und die Heranwachsenden unter den Mördern, soweit sie nach Jugendstrafrecht zu behandeln sind, können allenfalls auf zehn Jahre in Jugendstrafe gehalten werden[52]. Beim Totschlag ist die Wiederholungsgefahr eher noch größer als beim Mord[53]. Dennoch kommt mehr als die Hälfte der Totschläger mit Freiheitsstrafen unter fünf Jahren davon.

Die allgemeine und spezielle Rückfallgefahr bei vorsätzlichen Tötungsverbrechen wird also keineswegs überall als ein Grund angesehen, der die lebenslängliche Verwahrung der Täter erfordert. Auch darüber hinaus zeigt ein Blick auf den Katalog der Delikte, die mit lebenslangem Zuchthaus bedroht sind, daß es sich dabei zwar um die tatbestandlich schwerste Kriminalität handelt, die Fälle aber nicht nach dem Sicherungsbedürfnis ausgewählt worden sind. Jedenfalls ist die erhöhte Gefährlichkeit in der Person des Täters in keinem Fall der unmittelbare Grund für die schwere Strafdrohung. Im Sicherheitsinteresse lohnt es nicht, einige Mörder unnachsichtig einzusperren, solange man jedes Jahr 16 000 Verkehrstote in Kauf nimmt. Im Hinblick auf den Sicherungszweck der Strafe erscheint deshalb auch beim vollendeten Mord noch eine Lockerung der starren, unwiderruflichen Strafdrohung des § 211 StGB durch die Einführung der bedingten Entlassung möglich. Schließlich hat auch die Mehrheit der anderen Länder diesen Schritt gewagt.

Ob das Sicherheitsbedürfnis auch den völligen Verzicht auf die Möglichkeit der lebenslänglichen Verwahrung zuläßt, soll hier offen bleiben.

---

[51] Vgl. den Fall des Taximörders Schewzow, der 1948 von einem Besatzungsgericht wegen Mordversuchs verurteilt worden war und nach seiner Entlassung 1949 drei Taxifahrer ermordete (*Kosyra*, Kriminalistik 7, 1953, 129 ff.).

[52] Jugendliche Mörder scheinen sich nach der Entlassung recht gut zu bewähren. 1964 und 1965 wurden zusammen 43 Mörder aus einer Jugendstrafe zur Bewährung entlassen und unter Bewährungshilfe gestellt. In zwölf Fällen wurde die Strafaussetzung widerrufen, davon in sieben Fällen wegen einer neuen Straftat. Als rückfälliger Mörder wurde der Jugendliche Peter Hößl bekannt (ArchKrim 130, 1962, 175 f.). Vgl. ferner *Gerson*, Zur Frage der Strafaussetzung zur Bewährung bei einem jugendlichen Mörder, MSchrKrim 42, 1959, 40 und Nachtrag MSchrKrim 43, 1960, 225; *Jung*, Ein jugendlicher Mörder in Bewährungsaufsicht und Bewährungshilfe, Bewährungshilfe 8, 1961, 145; *Rehbein*, Zur Frage der Strafaussetzung zur Bewährung bei einem wegen Totschlags verurteilten Heranwachsenden, MSchrKrim 43, 1960, 211.

[53] So besonders *Anttila* und *Westling* S. 29. Der Grund könnte darin zu suchen sein, daß beim Totschlag einem biologisch verankerten Aggressionstrieb eine viel größere Bedeutung zukommt als beim „kaltblütigen, überlegten" Mord. Aber bislang bewegt sich alles Gerede über einen zur Tötung führenden, biologisch verankerten Aggressionstrieb im Bereich bloßer Spekulation.

Der Hinweis auf die Länder, die die lebenslange Freiheitsstrafe abgeschafft haben, besagt allein nicht viel. Der Ostblock hat dafür die Todesstrafe beibehalten. Brasilien erreicht mit einer Höchststrafe von 30 Jahren schon weitgehend die Wirkungen der lebenslangen Einsperrung. Und Portugal hat sich die Hintertür aufgehalten, im Anschluß an die 24jährige Höchststrafe noch eine Sicherungsverwahrung vollstrecken zu können[54].

IV. Die Entlastung des Strafvollzuges

Die Lebenslänglichen bilden kein Massenproblem. In den Zuchthäusern der Bundesrepublik verbüßten Ende 1967 1028 Gefangene eine lebenslange Zuchthausstrafe. Genaue Zahlen gibt die bundeseinheitliche Strafvollzugsstatistik seit 1961 bekannt:

Tabelle 17

Lebenslängliche in den Zuchthäusern der BRD einschließlich West-Berlin

Jahr	Männer	Frauen	insgesamt
1961	739	120	859
1962	778	123	901
1963	782	120	902
1964	804	123	928
1965	843	123	966
1966	873	126	999
1967	904	124	1028

Wenn die lebenslange Zuchthausstrafe in Zuknuft so gnadenlos vollstreckt wird, wie es manche fordern, so läßt sich ausgehend von jährlich 50 Verurteilungen und einer durchschnittlichen Lebenserwartung von 40 Jahren leicht ausrechnen, daß die Zahl der Lebenslänglichen höchstens auf 2000 ansteigen kann, wenn keine Gefangenen entlassen werden. Selbst bei einer Fortführung der gegenwärtig noch sehr strengen Begnadigungspraxis ist es jedoch wenig wahrscheinlich, daß die Gesamtzahl tatsächlich jemals über 1500 klettern wird.

Die Zahl aller an einem Stichtag einsitzenden Strafgefangenen schwankt in den letzten Jahren zwischen 46 000 und 47 000. Die Gesamtzahl der Zuchthausgefangenen liegt eben über 8000. Schon heute ist also jeder 23. Gefangene und jeder achte Zuchthäusler ein Lebenslänglicher. Dieses Verhältnis kann sich noch so weit verschieben, daß jeder 15. Strafgefangene überhaupt oder jeder sechste Zuchthäusler eine lebenslange

[54] *Horn*, ZfStrVo 9, 1960, 369, gibt zu bedenken, ob man nicht für Morde eine Höchststrafe von 30 Jahren einführen sollte, an die sich für vielfach vorbestrafte Mörder mit schlechter Prognose die Sicherungsverwahrung anschließen könnte.

Strafe verbüßt. Indes bedeutet die Verwahrung von 1500 Lebenslänglichen in einem Staat mit fast 60 Millionen Einwohnern technisch kein Problem. Es werden sehr viel mehr Geisteskranke als Strafgefangene lebenslänglich verwahrt. Der quantitative Aspekt hat aber ganz in den Hintergrund zu treten, wenn es um den Auftrag des Grundgesetzes geht, auch im Strafvollzug menschenwürdige Zustände zu schaffen.

Wenn die Lebenslänglichen dem Strafvollzug auch kein Massenproblem aufbürden, so ergibt sich doch durch die natürliche Akkumulation der Langstrafigen und an ihrer Spitze der Lebenslänglichen, daß diese Gefangenenklasse dem Zuchthausvollzug ihre Prägung verleiht. Durch sie erhält der ganze Strafvollzug den Vergeltungscharakter, der zwar dem Strafrecht insgesamt zukommt und zukommen soll, der aber dem Strafvollzug, der die Mehrzahl der Sträflinge nach kurzer Zeit wieder entlassen und auf diese Entlassung vorbereiten muß, nur schädlich sein kann.

Hinzu kommt, daß die Lebenslänglichen für den Strafvollzug nicht so sehr Sicherheits- und Erziehungsschwierigkeiten bereiten, sondern ihn eher mit geriatrischen Problemen belasten. 1966 gab es unter den 8046 Zuchthausgefangenen 1686 im Alter über 45, 1145 im Alter über 50, 658 im Alter über 55, 331 im Alter über 60, 121 im Alter über 65 und noch 29 im Alter über 70 Jahre.Gerade die Lebenslänglichen sind natürlich in den oberen Altersgruppen sehr stark vertreten, und ihr Anteil wird sich weiter erhöhen[55]. Gefangene über 45 passen schon kaum mehr in ein geschlossenes Zuchthaus, das seine Bemühungen vornehmlich auf die Erziehung 20- bis 30jähriger ausrichtet. Zehn Jahre später beginnt bei den Lebenslänglichen der psychische und oft auch der körperliche Verfall, der den weiteren Vollzug der Strafe zu einer Farce werden läßt. Schon lange bevor die Gefangenen schließlich zum Pflegefall werden, kann von Schuld und Sühne, Einsicht und Reue, Erziehung, künftigem Wohlverhalten und Gesellschaftsschutz ohnehin nicht mehr die Rede sein[56]. Mindestens von dieser menschenunwürdigen Hypothek muß das Zuchthaus befreit werden. Hier könnte die Eröffnung der Möglichkeit der vorzeitigen Entlassung aus der lebenslangen Freiheitsstrafe weitgehend Abhilfe schaffen. Gleichzeitig würde mit der Entlassungsmöglichkeit für Lebenslängliche die Grundvoraussetzung für einen menschenwürdigen Vollzug dieser Strafen gelegt. Die Hoffnungslosigkeit, die das Kennzeichen der lebenslangen Strafe ist, würde durch die Aussicht auf einen Neubeginn in Freiheit verdrängt werden. Diese Hoffnung könnte nicht nur ein Ansporn zu guter Führung sein, wie er durch keine andere Maßnahme zu erzielen wäre. Sie gäbe darüber hinaus auch die Grund-

[55] So auch *Güde* im Sonderausschuß Strafrecht am 8. 10. 1964, Protokoll S. 458.

[56] Vgl. die Schilderung des Falles eines krebskranken Doppelmörders bei *Ohm*, Neue Polizei 19, 1965, 134 f.

lage ab, die notwendig wäre, um durch eine Lockerung und Neugestaltung des Vollzugs im Sinne einer Progression das durch die Menschenwürde geforderte Minimum an Sinnfülle möglich zu machen.

Beim Vollzug der lebenslangen Strafe gewinnt eine Progression eine ganz andere Bedeutung als im normalen Erziehungsvollzug, dem die progressive Ausgestaltung als Erziehungsmittel dient, indem durch Aufrücken von Stufe zu Stufe die gute Führung belohnt und ein allmählicher Übergang von der völligen Unfreiheit bis zur vollen Freiheit ermöglicht wird. Für die Lebenslänglichen bedeutet ein progressiver Strafvollzug in erster Linie, daß die lange Zeit der Strafe eine Gliederung erfährt, so daß die Strafe im subjektiven Erleben etwas von dem Charakter des Unbefristeten, Endlosen verliert und dadurch weniger niederdrückend wirkt. Darüber hinaus wird durch eine fortschreitende Lockerung der Freiheitsbeschränkungen innerhalb der Anstalt und durch eine Anhebung des Lebensstandards erst die Möglichkeit zu sinnvoller Betätigung eröffnet. Ein offener Vollzug kommt für Lebenslängliche allerdings erst dann in Betracht, wenn die Entlassung beschlossene Sache ist.

Der Vollzug muß jede Gelegenheit ausschöpfen, um an dem gerade bei Lebenslänglichen zu beobachtenden großen Arbeitseifer anzuknüpfen, die vorhandenen Kräfte zu üben und zu entfalten und sie sinnvoll und produktiv einzusetzen. Die Entlohnung der Gefangenenarbeit ist kein Sonderproblem der Lebenslänglichen. Aber gerade auch bei ihnen könnte eine leistungsgerechte Bezahlung das Selbstwertgefühl heben und größere Befriedigung verschaffen. Das Entgelt wäre nach Abzügen für ein angemessenes Hausgeld und für die Vollzugskosten zur Wiedergutmachung an den Opfern der Tat und zur Unterstützung der eigenen Angehörigen zu verwenden. Das Wiedergutmachungsbedürfnis scheint bei Mördern sehr ausgeprägt zu sein. Viele würden sich gerne einer besonders schweren oder sogar gefahrvollen Arbeit unterziehen, um dadurch die Tat zu sühnen. In den herkömmlichen Zuchthäusern sind Gelegenheiten dafür jedoch kaum vorhanden. Hier bietet sich ein weiterer lohnender Ansatzpunkt für eine Neugestaltung des Vollzugs. Warum sollte es eigentlich nicht möglich sein, lebenslänglich verurteilte Mörder in den großen Landeskrankenhäusern bei der Pflege von Geisteskranken einzusetzen. Natürlich fordert das eine Auswahl der Gefangenen und der Abteilungen, auf denen ein solcher Einsatz in Betracht kommt. Notwendig wäre ferner eine Reihe organisatorischer Vorkehrungen, die sich aber am ehesten noch in geschlossenen Krankenhäusern durchführen lassen könnten. Die Sache scheint jedenfalls einen Versuch wert zu sein. Schließlich könnte man daran denken, den Lebenslänglichen innerhalb des Vollzugs im Hinblick auf Organisation und Durchführung der Arbeit, der Versorgung, des Unterrichts und der Freizeitgestaltung eine gewisse Selbstverwaltung einzuräumen.

Der Vollzug der lebenslangen Strafe fordert ferner eine psychologisch-psychiatrische Betreuung der Gefangenen. Die Flucht vor dem Eingeständnis der eigenen Schuld, die für die Lebenslänglichen als typisch gelten kann, ist ein Zeichen dafür, wie sehr Lebenslängliche innerlich zutiefst von ihrer Tat betroffen sind. Hier bietet sich ein Ansatzpunkt für einen seelischen Neuaufbau. Eine Voraussetzung dazu ist, daß die an sich nicht zu vermeidende Relativierung der Tat nicht zu weit getrieben wird und eine positive innere Verarbeitung stattfindet, die die Tat nicht vergessen, aber langsam verblassen und zur Vergangenheit werden läßt. Wer, wie die Lebenslänglichen, in „zukunftsloser Vorläufigkeit“ lebt, kann keine Vergangenheit bilden[57]. Die Tat bleibt ein unverarbeiteter Fremdkörper, der sich verkapselt, aber noch nach Jahren hervorbrechen kann. Baan spricht von einer seelischen Abszeßbildung[58]. Dieser Abszeß muß geöffnet und sein Inhalt unschädlich gemacht werden. Dazu bedarf es nicht so sehr irgendwelcher Behandlung, sondern seelischer Führung und Hilfe, vor allem aber eines Zieles in der Zukunft, damit die Tat der Vergangenheit zugewiesen werden kann. Voraussetzung für den Erfolg ist auch insoweit eine Entlassungsmöglichkeit.

Diese Wünsche an die Gestaltung des lebenslangen Vollzugs lassen sich praktisch kaum anders als in besonders eingerichteten und ausgestatteten Anstalten verwirklichen, in die auch die zu zeitigen Strafen von über fünf Jahren Verurteilten aufgenommen werden könnten. Der übrige Strafvollzug könnte auf diese Weise wirksam entlastet werden. Gegen die Zusammenfassung der Lebenslänglichen in Sonderanstalten hat man bisher eingewandt, es sei dem Vollzugspersonal nicht zuzumuten, in einer solchen Anstalt Dienst zu tun[59]. Aber auch für die Gefangenen wäre eine solche Maßnahme, die den eliminierenden Charakter der Strafe ganz besonders betont, sicher eine zusätzliche Härte. Dieser Einwand könnte schon allein durch die Einführung der bedingten Entlassung weitgehend entkräftet werden. Er verlöre vollends seine Berechtigung, wenn es das erklärte Ziel einer solchen Sonderanstalt wäre, die langdauernde Gefangenschaft lebenswert zu gestalten. Sollte es am Ende nicht gelingen, der lebenslangen Gefangenschaft jedenfalls für den, der die Strafe als notwendige Folge seines Verbrechens anerkennt, soviel an Sinnfülle und Eigenwert zu verleihen, daß sich die deformierenden Wirkungen der Haft in erträglichen Grenzen halten und die Strafe zu einer menschenwürdigen Lebensform wird, so wäre es Zeit, die lebenslange Zuchthausstrafe abzuschaffen.

---

[57] *Baan*, De lange Gevangenisstraf S. 68.

[58] S. 69.

[59] Sonderausschuß Strafrechtsreform, Protokoll S. 504.

V. Vorschläge zur Reform

Es ist im Verlaufe dieser Arbeit darzulegen versucht worden, daß die lebenslange Zuchthausstrafe als Mittel zur Generalprävention und daneben auch als Sicherungsmittel grundsätzlich erhalten bleiben muß, daß aber von Verfassungs wegen und ebenso im Interesse des Strafvollzugs eine Reform notwendig geworden ist, die im wesentlichen die Ausdehnung der bedingten Entlassung auf die lebenslange Strafe bringen sollte. Zum Abschluß ist nun noch zu erörtern, wie eine gesetzliche Regelung der bedingten Entlassung für Lebenslängliche aussehen könnte. Die Regelung hätte sich auf die mindestens zu verbüßende Strafzeit, auf die Voraussetzungen und auf die Bedingungen der Entlassung zu erstrecken.

1. Der Zeitpunkt der Entlassung

Es empfiehlt sich, den Zeitpunkt, nach welchem die Entlassung aus einer lebenslangen Strafe frühestens möglich sein soll, auf 15 Jahre festzusetzen. Auf längere Sicht muß allerdings für die Entlassung im Regelfall ein früherer Zeitpunkt angestrebt werden, der general- und spezialpräventive Gesichtspunkte optimal vereinigt. Er liegt wahrscheinlich dort, wo die englische und annähernd auch die norwegische Entlassungspraxis heute schon angelangt ist, nämlich bei einer Strafe von zehn Jahren Dauer. Währt die Strafe länger als zehn Jahre, so beginnt sie, ihre entsozialisierenden und deformierenden Wirkungen mit solcher Kraft geltend zu machen, daß die Institutionalisierung die Rückkehr in die Freiheit entscheidend erschwert. Zudem steigt mit dem Alter die Schwierigkeit eines echten Neubeginns. Dadurch erhöht sich natürlich auch das (unspezifische) Sicherheitsrisiko. Vorerst ist der Gedanke an die Zehnjahresgrenze aber im Hinblick auf die politische Durchsetzbarkeit noch eine Illusion. Erst wenn sich die 15-Jahresgrenze bewährt hat, sollte man weiterdenken. Andererseits genügt es nicht, die Entlassung erst nach einer Mindestzeit von 20 Jahren freizugeben. Es ist nämlich damit zu rechnen, daß Begnadigungen Lebenslänglicher fast völlig aufhören werden, wenn die vorzeitige Entlassung, die bislang allein Sache der Gnadeninstanzen ist, gesetzlich geregelt und in die Hand der Gerichte gelegt wird. Es wäre ja geradezu das Ziel einer solchen gesetzlichen Regelung, die Entscheidung über eine vorzeitige Entlassung in rechtliche Formen zu bringen. Darüber hinaus müßte die Regelung aber auch eine echte Erleichterung der Strafe bringen. Bei der Einführung einer Mindestgrenze von 20 Jahren hätten die Verurteilten praktisch kaum eine Chance, früher aus dem Zuchthaus herauszukommen, als wenn sie weiterhin auf Gnade angewiesen wären[60]. Es bliebe aus ihrer Sicht alles

---

[60] So *Dreher* in der 25. Sitzung des Sonderausschusses Strafrecht am 8. 10. 1964, Protokoll S. 459.

beim alten. Auch eine Mindestgrenze unter 20 Jahren wird indessen nur schwer durchzusetzen sein, nachdem diese Grenze in Österreich erst 1960 auf 20 Jahre angehoben worden ist und auch in der Schweiz eine Anhebung diskutiert wird. Deshalb muß hier besonders betont werden, daß sowohl in Österreich als auch in der Schweiz keine schlechten Erfahrungen mit der Entlassung Lebenslänglicher vorliegen, sondern daß es allein darum geht, die öffentliche Meinung zufrieden zu stellen, die durch besonders brutale Mordfälle erregt war. Nur die 15-Jahresgrenze, die einerseits gewährleistet, daß die wirklich verbüßte Strafzeit die zeitige Höchststrafe nicht unterschreitet und andererseits gegenüber der bisherigen Gnadenpraxis eine echte Erleichterung verspricht, bietet eine vorläufig befriedigende Lösung. Es bleibt noch zu erwägen, ob die Mindestgrenze nicht jedenfalls für die erst in höherem Lebensalter verurteilten Gefangenen von vornherein niedriger, vielleicht sogar flexibel, bestimmt werden müßte, damit auch diese Täter noch eine echte Chance erhalten. Die Frage hat vornehmlich für die wegen nationalsozialistischer Gewaltverbrechen Verurteilten praktische Bedeutung. Unter dem Sicherheitsaspekt bestehen deshalb keine Bedenken. Gesetzestechnisch könnte diese Frage dahin gelöst werden, daß für die Berechnung der Mindeststrafzeit von 15 Jahren die nach Vollendung des 60. Lebensjahres verbüßte Strafzeit doppelt und die nach Vollendung des 65. Lebensjahres verbüßte Haft dreifach gezählt würde.

2. Die Voraussetzungen der Entlassung

Die wichtigste Voraussetzung für die vorläufige Entlassung ist, abgesehen von der Mindeststrafzeit, zweifellos eine günstige Prognose. § 26 StGB umschreibt diese Voraussetzung dahin, es müsse erwartet werden können, daß der Verurteilte in Zukunft ein gesetzmäßiges und geordnetes Leben führen werde. Der E 1962, der nicht mehr von der bedingten oder vorläufigen Entlassung, sondern von der Aussetzung des Strafrechts zur Bewährung spricht, läßt diese bei zeitigen Strafen zu, wenn „verantwortet werden kann zu erproben, ob der Verurteilte auch außerhalb des Strafvollzugs ein gesetzmäßiges und geordnetes Leben führen wird“ (§ 79 Abs. 1 Nr. 2). Es besteht kein triftiger Grund, die Aussetzung der lebenslangen Freiheitsstrafe von strengeren Voraussetzungen abhängig zu machen, wie es etwa in Österreich 1960 geschehen ist, es sei denn, man wollte damit die Öffentlichkeit beruhigen. Dazu bedient man sich aber besser der Aufklärung mit den Mitteln der Publizistik.

Eine andere Frage ist, ob die gute Führung während der Haft als selbständige Voraussetzung der Entlassung vorzusehen wäre, wie es z. B. in der Schweiz geschehen ist. Diese Frage liegt an sich auch nicht soviel anders als bei Zeitstrafen. Es kommt darauf an, welchen prognostischen

Wert man der guten Führung zumißt. Während vielen die gute Führung in der Haft beinahe selbstverständlich als Anzeichen für ein entsprechendes Verhalten nach der Entlassung verwertbar erscheint, sehen andere in guter Führung nur den äußeren Schein, der auf Verstellung und niedriger Anpassung beruht. Sicher ist gute Führung nicht immer das Zeichen für eine entsprechende moralische Haltung. Andererseits zeugt doch aber gute Führung über lange Jahre, zumal bei Lebenslänglichen, von ganz erstaunlicher Selbstbeherrschung. Gefährlich ist gerade der umgekehrte Fehler, daß man nämlich schlechte Führung, insbesondere Disziplinwidrigkeiten, als absolute Kontraindikation für eine Entlassung ansieht. Bei Lebenslänglichen sind Perioden schlechter Führung, insbesondere Zeiten besonderer Erregbarkeit und Reizbarkeit geradezu als normal zu erwarten und dürfen deshalb nicht überbewertet werden. Andererseits hat die Entlassungsmöglichkeit ja auch gerade den Zweck, gute Führung zu belohnen und dem Vollzug dadurch seine schwierige Aufgabe zu erleichtern. Den richtigen Mittelweg geht § 79 Abs. 2 E 1962 mit der Vorschrift, daß bei der Entscheidung über die Aussetzung des Strafrestes u. a. auch das Verhalten der Verurteilten im Vollzug zu berücksichtigen sei, ohne nähere Anweisung zu geben, wie das zu geschehen habe. Hier bleibt dem Gericht Spielraum, dem Einzelfall gerecht zu werden.

§ 79 Abs. 2 E 1962 schreibt ferner vor, daß bei der Entscheidung über die Strafaussetzung namentlich die Persönlichkeit des Verurteilten, sein Vorleben, die Umstände seiner Tat, seine Schuld, seine Lebensverhältnisse und die Wirkungen zu berücksichtigen sind, die von der Aussetzung zu erwarten sind. Auch wenn der E 1962 ebenso wie § 26 StGB die bedingte Entlassung mit einer Kannvorschrift in das Ermessen des Gerichts stellt, so ist die Entlassung doch nicht schlechthin fakultativ, weil im Falle einer guten Prognose nach Verbüßung der Mindestzeit nur sachgerechte Gründe die Ablehnung eines Entlassungsantrages rechtfertigen können. In der Kannbestimmung steckt die Frage, welche Gründe berücksichtigt werden dürfen, eine Frage, die der E 1962 jedenfalls teilweise zu beantworten sucht, indem er die „namentlich" zu berücksichtigenden Umstände aufzählt. Nach geltendem Recht ist streitig, ob bei § 26 StGB generalpräventive Erwägungen der Entlassung entgegenstehen können und ob § 23 Abs. 3 Nr. 1 StGB, wonach die Strafaussetzung zur Bewährung unterbleiben muß, wenn das öffentliche Interesse die Vollstreckung der Strafe erfordert, entsprechend anzuwenden ist[61].

---

[61] Die Frage wird verneint von *Baumann*, AT S. 688; *Maurach*, AT S. 747; *Schönke-Schröder*, § 26 Rn. 8; OLG Braunschweig MDR 1954, 245. Heute vertreten die OLGe einhellig die Ansicht, daß bei der Entscheidung über die bedingte Entlassung alle Strafzwecke zu berücksichtigen seien, vornehmlich aber diejenigen, die für die Strafzumessung ausschlaggebend waren (OLG Oldenburg NJW 1954, 1297; OLG Braunschweig JR 1955, 30 mit Anm. von *Dreher*, der diese Rspr. maßgeblich beeinflußt hat; vgl. auch in *Schwarz-Dreher*, § 26

Solche Gründe und auch die Berücksichtigung der Schuld, wie sie der E 1962 besonders vorschreibt, könnten gegebenenfalls die Aussetzung des Strafrestes ganz ausschließen. Insoweit muß bei der lebenslangen Freiheitsstrafe eine andere Beurteilung stattfinden. Wenn das im Grundgesetz verankerte Schuldprinzip schlechthin endgültige Strafen verbietet und verlangt, daß jedem Verbrecher jedenfalls die Chance zur Wiedergewinnung der Freiheit offen bleibt, so dürfen die Tat selbst und außerhalb des Täters liegende Umstände nie endgültig zur Versagung der Strafaussetzung führen.

3. Bewährungsfrist, Auflagen und Widerrufsgründe

Für zeitige Strafen bestimmen Gesetz und Entwurf, daß die bedingte Strafaussetzung mit einer Bewährungszeit zwischen zwei und fünf Jahren bewilligt wird, jedoch darf die Bewährungszeit keinesfalls die Länge des noch zu verbüßenden Strafrestes unterschreiten (§ 24 Abs. 4, 26 StGB, § 79 Abs. 3, 73 E 1962). Auch der Lebenslängliche muß die Chance haben, noch einmal wieder ein völlig freier Mann zu werden. Es geht deshalb nicht an, die Probezeit, wie in Belgien, zeitlich nicht zu begrenzen. Spezialpräventiv würde eine Probezeit von fünf Jahren ausreichen. Damit will sich der Alternativentwurf der Strafrechtslehrer begnügen (§ 48 Abs. 5 in Verb. m. § 40 Abs. 4). Nur aus optischen Gründen ist eine längere Frist von etwa sieben Jahren angezeigt.

Hinsichtlich der notwendig werdenden Auflagen und Weisungen gilt nur insofern Besonderes, als dafür Sorge zu tragen ist, daß durch die Entlassung die Erinnerung an die Tat nicht wieder geweckt wird. Es ist kaum damit zu rechnen, daß die Presse in freiwilliger Zurückhaltung darauf verzichtet, die alten Fälle wiederaufleben zu lassen. So berichteten kürzlich alle Tageszeitungen ausführlich über die Entlassung der Giftmörderin Hilde Göpel, allerdings in einem bemerkenswert versöhnlichen Ton[62]. Dagegen zerrte der Bericht einer Illustrierten über die Begnadigung der Raubmörder Flickinger und Lehmann nur die längst vergessenen Taten wieder an das Licht[63]. In solchen Fällen sollte den Entlassenen die Führung eines neuen Namens gestattet werden, wie es heute in Schweden schon vielfach geschieht. Andererseits muß

Anm. 2 B; OLG Neustadt NJW 1965, 2358). KG und OLG Köln betonen, daß die Notwendigkeit von Vergeltung und Sühne besonders bei schweren Verbrechen wider das Leben dazu führen könne, daß die Entlassung versagt werden müsse. Vgl. noch BGHSt 6, 125 u. 218; Sonderausschuß Strafrechtsreform, Protokoll S. 809, 2167.

[62] Vgl. Bildzeitung vom 16. 5. 1968: „Nach 20 Jahren ein zweites Leben"; Kieler Nachrichten Nr. 113 vom 15. 5. 1968: „Eine Lebenslängliche wird wieder frei".

[63] „Blumen für die Mörder", Der Stern Nr. 38 vom 22. 9. 1968 S. 195 ff.

ihnen natürlich auch untersagt werden, nunmehr durch Veröffentlichung ihrer Erinnerungen aus der Tat noch Kapital zu schlagen[64].

Der Widerruf der Strafaussetzung brauchte gleichfalls nicht anders geregelt zu werden als bei zeitigen Strafen. Der obligatorische Widerruf der Entlassung, der sowohl nach § 25 Abs. 1 Nr. 1 StGB als auch nach § 78 Abs. 1 Nr. 2 E 1962 zu erfolgen hat, wenn der Entlassene wegen eines in der Bewährungszeit begangenen Verbrechens oder vorsätzlichen Vergehens zu einer Freiheitsstrafe verurteilt wird, kann sich bei Lebenslänglichen allerdings außerordentlich hart auswirken. In der früheren Gnadenpraxis hat es wiederholt Fälle gegeben, in denen von einem Widerruf der bedingten Begnadigung abgesehen wurde, obwohl der Entlassene erneut zu Gefängnisstrafe verurteilt worden war. Es geht aber nicht an, die Gründe für den Widerruf der Strafaussetzung bei der lebenslangen Strafe milder zu fassen als bei den zeitigen Freiheitsstrafen. Man kann jedoch darauf verzichten, den Lebenslänglichen für den Fall des Widerrufs der Strafaussetzung die Möglichkeit einer erneuten Entlassung endgültig zu verschließen.

„On ne fait mourir ceux qu'on ne tue pas[65].“ Dieses bittere Wort über das lebenslange Zuchthaus sollte den Gesetzgeber mahnen, es nicht bei der Abschaffung der Todesstrafe bewenden zu lassen, sondern auch den „Lebenslänglichen“ einen Weg zurück in die Freiheit zu eröffnen.

---

[64] Eine gesetzliche Regelung dieser Frage ist ohnehin notwendig. So haben der des Mordes an Timo Rinnelt beschuldigte Klaus Lehnert aus Wiesbaden und der wegen fünffachen Mordes verurteilte „Mittagsmörder“ Gossmann schon in der Untersuchungshaft die Veröffentlichung ihrer Memoiren angekündigt. Vgl. auch oben 2. Abschnitt I bei Fußn. 10—15 zum Fall Han.

[65] *van Hamel*, Révue pénitentiaire 1907 S. 754, hier zitiert nach *Toebben*, Neuere Beobachtungen S. 187.

Schrifttumsverzeichnis

Die hier verzeichnete Literatur wird nur mit dem Namen des Verfassers und der Seitenzahl, wenn erforderlich mit einem unterscheidenden Stichwort, zitiert. Bei Zeitschriften wird vor der Seitenangabe stets das Erscheinungsjahr und davor regelmäßig auch der Jahrgang der Zeitschrift genannt. Weiteres Schrifttum, das mit dem Thema der Arbeit in keinem unmittelbaren Zusammenhang steht, ist mit den notwendigen Angaben nur in den Fußnoten angeführt.

Van der Aa, J. Simon: Zur Frage der Todesstrafe. Bericht über die Abschaffung in den Niederlanden. MSchrKrim 20, 1929, 384.

Abegg: Bemerkungen über die Strafe lebenswieriger Freiheits-Entziehung. Archiv des Criminalrechts, N.F., 1838, 62.

Alt, Hans-Peter: Das Problem der Todesstrafe. München 1960.

Alternativ-Entwurf eines Strafgesetzbuchs, Allgemeiner Teil, vorgelegt von Jürgen *Baumann* und 14 anderen, Tübingen 1967.

Ancel, Marc: L'abolition de la peine de mort et le problème de la peine de remplacement. In: Studies in Penology dedicated to the memory of Sir Lionel *Fox*, by the International Penal and Penitentiary Foundation edited by Manuel *Lopez-Rey* and Charles *Germain*. The Hague 1964.

Aschaffenburg, Gustav: Das Verbrechen und seine Bekämpfung. 3. Aufl., Heidelberg 1923.

Aschrott, P. F.: Strafen. Sichernde Maßnahmen. Schadensersatz. In: *Aschrott-von Liszt*, Die Reform des Reichsstrafgesetzbuchs, Bd. 1, Berlin 1910, S. 67.

Bader, Karl S.: Beobachtungen zur Nachkriegskriminalität unter besonderer Berücksichtigung der Gewaltverbrechen. Arbeiten zur Psycho-Hygiene. Biel 1952.

— Soziologie der deutschen Nachkriegskriminalität. Tübingen 1949.

Badura, Peter: Generalprävention und Würde des Menschen. JZ 1964, 337.

von Bar, L.: Geltungsgebiet des Strafgesetzes. In: *Aschrott-v. Liszt*, Die Reform des Reichsstrafgesetzbuchs, Bd. 1, Berlin 1910, S. 37.

— Handbuch des Deutschen Strafrechts. Bd. 1: Geschichte des Deutschen Strafrechts und der Strafrechtstheorien, Berlin 1882.

— Gesetz und Schuld im Strafrecht. Bd. III: Die Befreiung von Schuld und Strafe. Berlin 1909.

Basedau, Dirk: Das Portugiesische Strafgesetzbuch vom 16. September 1886. Sammlung LXXIX, Berlin 1962.

Baumann, Jürgen: Zur Diskussion um die Todesstrafe. ARSP XLVI, 1960, 73.

— Grenzen der individualen Gerechtigkeit im Strafrecht. In: Summum ius summa iniuria, Tübingen 1963, S. 117.

Baumann, Jürgen: Die Dienst- und Vollzugsordnung vom 1. 12. 61. MSchrKrim 47, 1964, 57.

— Strafrecht. Allgemeiner Teil, 4. Aufl., Bielefeld 1966.

Beck, Robert: Raubmörder nach 20jähriger Strafverbüßung. In: Raubkriminalität, Forschungsberichte zur forensischen Psychologie, Heft 3, Freiburg 1967.

Bedau, Hugo Adam: The Death Penalty in America. New York 1964.

Berner, Albert Friedrich: Lehrbuch des deutschen Strafrechts. 16. Aufl., Leipzig 1891.

Bianchi, Hermann: Ethik des Strafens. Strafrecht, Strafverfahren, Kriminologie, Bd. 18, Berlin 1966.

Birnbaum, Karl: Die psychopathischen Verbrecher. 2. Aufl., Leipzig 1926.

— Kriminalpsychopathologie und psychobiologische Verbrecherkunde. 2. Aufl., Berlin 1931.

Bjerre, Andreas: Zur Psychologie des Mordes. Heidelberg 1925.

Blau, Bruno: Die Kriminalität in Deutschland während des Zweiten Weltkrieges. ZStW 64, 1952, 31.

Bleuler, Eugen: Lehrbuch der Psychiatrie. 9. Aufl., Berlin, Göttingen, Heidelberg 1955.

Bluhm, Herbert: Die Kriminalität der vorsätzlichen Tötungen. Heft 7 der Kriminologischen Untersuchungen, hrsg. von H. *v. Weber* und Th. *Würtenberger*, Bonn 1958.

Bochnik, H. J., *Legewie*, H., *Otto*, P., *Wüster*, G.: Tat, Täter, Zurechnungsfähigkeit. Stuttgart 1965.

Bohne, Gotthold: Die Freiheitsstrafe in den italienischen Stadtrechten des 12.—16. Jahrhunderts. Teil I, Das Aufkommen der Freiheitsstrafe, Leipzig 1922; Teil II, Der Vollzug der Freiheitsstrafe, Leipzig 1925.

— Menschenwürde und Strafrecht. In: Recht, Staat, Wirtschaft, Bd. 3, Düsseldorf 1951, S. 20.

Breithaupt, Wilhelm: Die Strafe des Staupenschlags und ihre Abschaffung im gemeinen Recht. Zugleich ein Beitrag zur Geschichte des Zuchthauses. Dissertation Jena 1937.

Brückner, Günther: Zur Kriminologie des Mordes. Hamburg 1961.

von Buri: Zur Konkurrenzfrage. In: Gerichtssaal 35, 1883, 517.

Busch, Richard: Die Kontrolle der Ermessensfreiheit des Richters bei der Festsetzung von Strafen und sichernden Maßnahmen. In: Deutsche Beiträge zum VII. Internationalen Strafrechtskongreß in Athen vom 26. September bis 2. Oktober 1957. Sonderheft der ZStW 69, 1957, 101.

van Calker: Vergeltungsidee und Zweckgedanke im System der Freiheitsstrafen. BlfGefK 33, 1899, 85.

Cirpka, Ekkehard: Das System der Strafen und Maßregeln und der Reclassering in den Niederland. Bonn 1962.

Clinard, Marshall B.: Sociology of Deviant Behaviour. New York 1964.

Cramer, Peter: Die Neuregelung der Sprengstoffdelikte durch das 7. Strafrechtsänderungsgesetz. NJW 1964, 1835.

Deetjen, E.: Die lebenslängliche Zuchthausstrafe. ZStW 34, 1913, 699.

Deutsches Gefängniswesen, hrsg. von Erwin *Bumke,* Berlin 1928.

Diekmann, Wilhelm: Das Entweichen Gefangener. Kriminologische Untersuchungen, Heft 20.

Doleisch, Wolfgang: Das Institut der bedingten Entlassung in den USA mit Bezug auf Urteile der Bundesgerichte. Kriminalistik 20, 1966, 269.

Doleisch von Dolsperg, Franz: Die Entstehung der Freiheitsstrafe. Breslau 1928.

Dreher: Über die gerechte Strafe, Heidelberg 1947.

Dürig, Günter: Der Grundrechtssatz von der Menschenwürde. AöR 81, 1956, 117.

Düsing, Bernhard: Die Geschichte der Abschaffung der Todesstrafe in der Bundesrepublik Deutschland. Offenbach 1952.

Entwurf eines Strafgesetzbuchs mit Erläuterungen. Allgemeiner Teil, Wien, Bundesministerium der Justiz 1964.

Entwurf eines Strafgesetzbuches (StGB), E 1962 mit Begründung — Bundesratsvorlage, Bonn 1962.

Exner, Franz: Mord und Todesstrafe in Sachsen 1855—1927. MSchrKrim 20, 1929, 1.

— Studien über die Strafzumessungspraxis der deutschen Gerichte. Heft XVI der Kriminalistischen Abhandlungen, hrsg. von Franz *Exner,* Leipzig 1931.

— Theorie der Sicherungsmittel, Berlin 1914.

Fechenbach, Felix: Im Haus der Freudlosen. Berlin 1925.

Fitzgerald, P. J.: Criminal Law and Punishment. Oxford 1962.

Frank, Reinhard: Das Strafgesetzbuch für das Deutsche Reich. 18. Aufl., Tübingen 1931.

Die Frage der Todesstrafe, Zwölf Antworten *(Maurach, Schmidt, Preiser, Jeschek, Portmann, Kretschmer, Huth, Müller-Meiningen jr., Süsterhenn, Bockelmann, Künneth, Löwith).* Frankfurt a. M. und Hamburg 1965.

Gaddis, Thomas E.: Der Gefangene von Alcatraz. Heyne-Buch Nr. 271, München 1964.

Gardiner, Gerald: Capital Punishment as a deterrent, and the Alternative. London 1956.

Gast, Peter: Die Mörder. Heft 11 der Kriminalistischen Abhandlungen, Leipzig 1930.

Geerds, Friedrich: Gnade, Recht und Kriminalpolitik, Recht und Staat in Geschichte und Gegenwart. Heft 228/229, Tübingen 1960.

Giardini, G. I.; *Farrow,* R. G.: The Paroling of Capital Offenders. The Annals of the American Academy of Political and Social Science, 284, 1952, 85.

Giger, Hans: Kriminologie der Entweichung, Zürcher Dissertation, Winterthur 1959.

Görlich, Richard: Die vorläufige Entlassung. Strafrechtliche Abhandlungen, Heft 74, Breslau 1906.

Gowers, Ernest: A Life for a Life. London 1956.

Grassberger, Roland: Der Ruf nach der Todesstrafe. Juristische Blätter 1958, 429.

Grau, Fritz, und *Schäfer*, Karl: Das Preußische Gnadenrecht, Berlin 1931.

Grewe, Wilhelm: Gnade und Recht. Hamburg 1936.

Grützner, Heinrich; *von Kieckebusch*, Gisela: Das Belgische Strafgesetzbuch, Sammlung LXXV. Berlin 1958.

Häberle, Peter: Die Wesengehaltsgarantie des Art. 19 Abs. 2 Grundgesetz. Freiburger Rechts- und Staatswissenschaftliche Abhandlungen, Bd. 21, Karlsruhe 1962.

Hacker, Friedrich: Versagt der Mensch oder die Gesellschaft?, Wien 1964.

Hamann, Andreas: Grundgesetz und Strafgesetzgebung. Strafrecht, Strafverfahren und Kriminologie, Bd. 7, Neuwied und Berlin 1963.

— Das Grundgesetz, Kommentar, 2. Aufl., Neuwied und Berlin 1961.

Hanack, Ernst-Walter: Zur Problematik der gerechten Bestrafung nationalsozialistischer Gewaltverbrechen. JZ 1967, 297 ff., 329 ff.

Handbuch des Gefängniswesens, hrsg. durch Franz *von Holtzendorff* und Eugen *von Jagemann*, 2 Bände, Hamburg 1888.

Handwörterbuch der Kriminologie und der anderen strafrechtlichen Hilfswissenschaften, hrsg. von Alexander *Elster* und Heinrich *Lingemann*, 2 Bde., Berlin 1933—1936; 1. Bd., 2. Aufl., 1966, hrsg. von Rudolf *Sieverts*.

Hartung, Fritz: Der „Badewannenfall“, JZ 1954, 430.

Hellmer, Joachim: Erziehung und Strafe. Berlin 1957.

Heinitz, Ernst: Der Entwurf des Allgemeinen Teils des Strafgesetzbuches vom kriminalpolitischen Standpunkt aus. ZStW 70, 1958, 1.

— Die Individualisierung der Strafen und Maßnahmen in der Reform des Strafrechts und des Strafprozesses. Berlin 1960.

Henckels, Heidi: Aus dem Strafvollzug an Frauen. ZfStrVO 14, 1965, 258.

Henke, Hermann Wilhelm Eduard: Lehrbuch der Strafrechtswissenschaft. Zürich 1815.

— Handbuch des Criminalrechts und der Criminalpolitik, Erster Teil. Berlin und Stettin 1823.

von Hentig, Hans: Zur Psychologie der Einzeldelikte II. Der Mord. Tübingen 1956.

— Der Rückfallmörder. ZStW 74, 1962, 562.

— Zur Psychologie des Lebenslänglich Verurteilten. ArchKrim, 52. Bd. (1913), S. 72.

— Die Strafe. 2 Bde., Berlin, Göttingen, Heidelberg 1955.

— Zur Psychologie des Gefangenen. SchweizZStr 44, 1930, 452.

Hepp, F. C. Th.: Commentar über das neue Württembergische Straf-Gesetzbuch. Bd. 1, Tübingen 1839.

Herbertz, Richard: Das Seelenleben des Strafgefangenen. SchweizZStr 44, 1930, 36.

Herren, Rüdiger: Zur Psychologie der Haft. Kriminalistik 18, 1964, 342.

Hesse, Konrad: Grundzüge des Verfassungsrechts der Bundesrepublik Deutschland, 2. Aufl., Karlsruhe 1968.

Hindse-Nielsen, Erik, und *Hye-Knudsen,* Axel: Faengsel på livstid, NTfK 1958, 201.

von Hippel, Eike: Grenzen und Wesensgehalt der Grundrechte. Schriften zum öffentlichen Recht, Bd. 19, Berlin 1965.

von Hippel, Robert: Beiträge zur Geschichte der Freiheitsstrafe. ZStW 18, 1898, 419; 608.

— Deutsches Strafrecht. Bd. 1, Berlin 1925; Bd. 2, Berlin 1930.

— Lehrbuch des Strafrechts. Berlin 1932.

His, Rudolf: Das Strafrecht des deutschen Mittelalters, 1. Teil, Leipzig 1920.

Höpler, E.: Mordkriminalität und Todesstrafe in Österreich in den Jahren 1847 bis 1927. MSchrKrim 20, 1929, 449.

Hoffmann, E. H.: Bedingte Strafaussetzung unter Auflage (Fall Hau). GA 70, 1926, 289.

Home Office. Criminal Statistics of England and Wales 1964. London 1965.

— The Regime for Long - Term Prisoners in Conditions of Maximum Security. Report of the Advisory Council on the Penal System, London 1968.

Hommels, K. F.: Des Herrn Marquis von Beccaria unsterbliches Werk von Verbrechen und Strafen. Leipzig 1786.

Horbach, Michael: Gespräch mit dem Mörder. Bayreuth 1965.

Horn, Wolfgang: Warum berichten „Lebenslange" über ihre Taten? ZfStrVo 9, 1960, 367.

Hürbin, J. V.: Die todeswürdigen Verbrechen in der Strafanstalt. SchweizZStr 6, 1893, 433.

van Husen, Paul: Gibt es in der Verwaltungsgerichtsbarkeit justizfreie Regierungsakte? DVBl 1953, 70.

Hye-Knudsen, Axel: Om løsladelse af drabsforbrydere, NTfK 1954, 115.

— Livstidstraffen, NTfK 1962, 143.

Jäckel, Hartmut: Grundrechtsgeltung und Grundrechtssicherung. Eine rechtsdogmatische Studie zu Art. 19 Abs. 2 GG. Schriften zum Öffentlichen Recht, Bd. 42, Berlin 1967.

Jayewardene, C. H. S.: Are Murderers Dangerous? Off Duty (Ceylon) 1, 1963, 16.

Jovane: Carcere a vita et pena di morte. Rassegna di Studi penitenziari 1964, 625.

Jung: Ein jugendlicher Mörder in Bewährungsaufsicht und Bewährungshilfe. Bewährungshilfe 8, 1961, 145.

Karanikas, D.: Das Griechische Strafgesetzbuch. Sammlung LIX, Berlin 1953.

Kaufmann, Arthur: Das Schuldprinzip. Heidelberg 1961.

— Schuld und Strafe. Köln, Berlin, Bonn, München 1966.

— Dogmatische und kriminalpolitische Aspekte des Schuldgedankens im Strafrecht. JZ 1967, 553 = Programm für ein neues Strafrecht, Fischer-Bücherei Nr. 952, S. 56 ff.

Kern, Eduard: Vom Seelenleben des Verbrechers. Hamburg 1964.

Klare, Hugh J.: Notes on Capital Punishment. London o. J.

Kornhuber, Hans H.: Psychologie und Psychiatrie der Kriegsgefangenschaft. In: Psychiatrie der Gegenwart, Bd. 3, Berlin, Göttingen, Heidelberg 1961, S. 631.

Krämer, Karl: Mord und Todesstrafe in Hessen 1817—1929. MSchrKrim 23, 1932, 129.

Kraschutzki, Heinz: Strafvollzug an Lebenslänglichen. In: Strafvollzug in Deutschland, hrsg. von Dietrich *Rollmann*. Fischer Bücherei 841, S. 136 ff.

Krebs, A.: Die heutige Situation des deutschen Strafvollzugs. In: Kriminologie und Vollzug der Freiheitsstrafe, hrsg. von Th. *Würtenberger*, Stuttgart 1961, S. 27.

Krug, August Otto: Ideen zu einer gemeinsamen Strafgesetzgebung für Deutschland. Erlangen 1857.

Koestler, Arthur; *Camus*, Albrecht; *Müller-Meiningen*, E.; *Nowakowski*, F.: Die Rache ist mein. Theorie und Praxis der Todesstrafe. Stuttgart 1961.

Köstlin, Reinhold L.: System des deutschen Strafrechts. Allgemeiner Theil, Tübingen 1855.

Kohlrausch-Lange: Strafgesetzbuch mit Erläuterungen. 41. Aufl., bearb. von Richard *Lange*, Berlin 1956.

Krauß, Karl: Im Kerker vor und nach Christus. Freiburg i. Br. und Leipzig 1895.

Kriegsmann, Hermann: Einführung in die Gefängniskunde. Heidelberg 1912.

Krille, Herbert: Die Kontrolle der Ermessensfreiheit des Richters bei der Festsetzung von Strafen und sichernden Maßnahmen. In: Deutsche Beiträge zum VII. Internationalen Strafrechtskongreß in Athen vom 26. September bis 2. Oktober 1957. Sonderheft der ZStW 69, 1957, 117.

Köhler, August: Deutsches Strafrecht, Leipzig 1917.

König, Manfred: Grundrechtsbindung und gerichtliche Nachprüfung von Gnadenakten. Dissertation, Tübingen 1961.

Lang: Mord und Todesstrafe in Hamburg. MSchrKrim 21, 1930, 128.

Lang-Hinrichsen, Dietrich: Zur Frage der Todesstrafe. JR 1961, 321.

Lehmann: Begnadigte Mörder in ihrer inneren Verfassung. BlfGefK 68, 1937, 34.

Leipziger Kommentar (zum Strafgesetzbuch), hrsg. von Heinrich *Jagusch* und Edmund *Mezger*, 8. Aufl., 2 Bde., Berlin 1957/8.

Leisner, Walter: Die schutzwürdigen Rechte im besonderen Gewaltverhältnis? DVBl 1960, 617.

— Grundrechte und Privatrecht. Münchener öffentlich-rechtliche Abhandlungen, 1. Heft, München 1960.

Lenz, Adolf; *Seelig*, Ernst; *Kalmann*, Heinrich; *Müller*, Gustav; *Pokorn*, Alfred: Mörder. Graz 1931.

Lerche, Peter: Übermaß und Verfassungsrecht. Köln, Berlin, München, Bonn 1961.

Liepmann, Moritz: Die Todesstrafe. Berlin 1912.

von Lilienthal: Der Haftbefehl gegen Karl Hau. DJZ 1925, Sp. 1861.

von Liszt, Franz: Das gewerbsmäßige Verbrechen. ZStW 21, 1901, 121.

— Strafrechtliche Aufsätze und Vorträge. 2 Bde., Berlin 1905.

Loduchowski, Hans-Willi: Die Tötungsdelikte im Landgerichtsbezirk Koblenz in den Jahren 1910—1939. Heft 11 der Untersuchungen zur Kriminalität in Deutschland, hrsg. von H. *v. Weber,* Jena 1941.

Löwe-Rosenberg: Die Strafprozeßordnung und das Gerichtsverfassungsgesetz mit Nebengesetzen. Bd. 1 und 2, Berlin 1962—1965.

Lohmann, Friedrich: Jean Paul Marat und das Strafrecht der französischen Revolution. Bonner Rechtswissenschaftliche Abhandlungen, Bd. 59, Bonn 1963.

Lorenz, Konrad: Die angeborenen Formen möglicher Erfahrung. Zeitschrift für Tierpsychologie V, 1943, 235.

von Lucadou, Carl: „Lebenslängliche" in der Anstaltsstatistik. ZfStrVo 14, 1965, 147.

Lumpp: Das Schicksal von 50 zu lebenslänglicher Zuchthausstrafe Verurteilten. BlfGefK 47, 1913, 107.

Lyon, Thea: Das Bulgarische Strafgesetzbuch. Sammlung LXXIII, Berlin 1957.

von Mangoldt, Hermann, und *Klein,* Friedrich: Das Bonner Grundgesetz. Bd. 1, 2. Aufl., Berlin und Frankfurt a. M. 1957.

Materialien zur Strafrechtsreform. 15 Bde., Bonn 1954—1960.

Maunz, Theodor, und *Dürig,* Günter: Grundgesetz, Kommentar. München und Berlin 1963.

Maunz, Theodor: Deutsches Staatsrecht, 15. Aufl., München und Berlin 1966

Maurach, Reinhart: Deutsches Strafrecht. Allgemeiner Teil, 3. Aufl., Karlsruhe 1965; Besonderer Teil, 4. Aufl., Karlsruhe 1964.

Mayer, Hellmuth: Das Strafrecht des Deutschen Volkes. Stuttgart 1936.

— Strafrecht. Allgemeiner Teil. Stuttgart und Köln 1953.

— Strafrechtsreform für heute und morgen. Kriminologische Forschungen, Bd. 1, Berlin 1962.

Menschell, Wolfgang: Das gesamte deutsche Gnadenrecht. 5. Aufl., Berlin - Leipzig - Wien 1943.

Mezger, Edmund: Kriminologie. München und Berlin 1951.

Mezger, Edmund; *Blei,* Hermann: Strafrecht. Allgemeiner Teil, 11. Aufl., München und Berlin 1965; Besonderer Teil, 8. Aufl., München und Berlin 1964.

Mezger, Edmund; *Schönke,* Adolf; *Jeschek,* Hans-Heinrich (Hrsg.): Das ausländische Strafrecht der Gegenwart. Bd. 1—4, Berlin 1955—1962.

Mezöfy, Ladislaus: Der Strafkodex der Ungarischen Volksrepublik. Sammlung LXXXIII, Berlin 1964.

Michel, Rudolf: Zur Psychologie und Psychopathologie der Strafhaft. MSchr Krim 15, 1924, 58.

Middendorf, Wolf: Todesstrafe — Ja oder Nein? Freiburg i. Br. 1962.

Middendorf, Wolf: Soziologie des Verbrechens. Düsseldorf/Köln 1959.

Mittelstädt, Otto: Gegen die Freiheitsstrafen. Leipzig 1879.

Mittermaier, C. J. A.: Die Todesstrafe nach dem neuesten Stande der Ansichten in England, Nordamerika, Frankreich, Belgien, Dänemark, Schweden, Rußland, Italien und Deutschland über die Aufhebung dieser Strafart. Archiv des Criminalrechts, N. F., 1841, 311.

— Des Peines Perpétuelles. Revue de Législation et de Jurisprudence, Paris, Tom IV, 1836, 21 und 96.

Mittermaier, Wolfgang: Die vorläufige Entlassung. In: Vergleichende Darstellung des deutschen und ausländischen Strafrechts, Allgemeiner Teil, Berlin 1908, Bd. 4, S. 507.

— Gefängniskunde. Berlin und Frankfurt a. M. 1954.

Mommsen, Theodor: Römisches Strafrecht. Unveränderter Nachdruck der 1899 in Leipzig erschienenen Ausgabe, Graz 1955.

Monz, Heinz: Die Anfechtbarkeit von Gnadenentscheidungen. NJW 1966, 137.

von Münch, Ingo: Die Grundrechte des Strafgefangenen. JZ 1958, 73.

Naucke, Wolfgang: Zur Lehre vom strafbaren Betrug. Kriminologische Forschungen, Bd. 3, Berlin 1964.

Niederschriften über die Sitzungen der Großen Strafrechtskommission, 14 Bde., Bonn 1956—1962.

Nipperdey, Hans Carl: Die Würde des Menschen. In: Neumann-Nipperdey-Scheuner, Die Grundrechte, 2. Bd., Berlin 1954, S. 1.

Noll, Peter: Die ethische Begründung der Strafe. In: Recht und Staat, Heft 244, Tübingen 1962.

Nordisk Kriminalistik Årsbok 1962, Stockholm 1964.

Obermaier, G. M.: Anleitung zur vollkommenen Besserung der Verbrecher in den Strafanstalten. Kaiserslautern 1835 (Nachdruck: Schriften zum modernen Strafvollzug, Nr. 2, Hamburg 1925).

Obermayer, Klaus: Grundzüge des Verwaltungsrechts und des Verwaltungsprozeßrechts, Stuttgart, München, Hannover 1964.

Ohm, August: Haltungsstile Lebenslänglicher. Berlin 1959.

— Persönlichkeitswandlung unter Freiheitsentzug, Berlin 1964.

— Mißglückte Spurenbeseitigung. Die Neue Polizei 1965, 134.

— Gefährliche Affektlabilität. Die Neue Polizei 20, 1966, 162.

Önder, Ayken: Neue Entwicklungen im türkischen Strafrecht. ZStW 78, 1966, 308.

Perucatti, Eugenio: Perchè la pena dell'ergastolo deve essere attenuata. Gaeta (Perugatti) 1955.

Peters, Karl: Die kriminalpolitische Stellung des Strafrichters bei der Bestimmung der Straffolgen, Berlin 1932.

— Grundprobleme der Kriminalpädagogik, Berlin 1960.

— Strafprozeß, 2. Aufl., Karlsruhe 1966.

Plischke, Rudolf: Die Lebenslänglichen. ZStW 50, 1930, 146.

Popescu, Maria: Von Mittwoch bis Mittwoch. Bern 1961.

Probleme der Verfolgung und Ahndung von nationalsozialistischen Gewaltverbrechen. In: Verhandlungen des 46. DJT 1966, Bd. II, Teil C.

Pusylewitsch, Teresa: Strafgesetzbuch der Russischen Sozialistischen Föderativen Sowjet-Republik vom 27. Oktober 1960 in der Fassung vom 6. Mai 1963. Sammlung LXXXII.

Quintano-Ripollis, Antonia; *Heilpern de Quinta,* Johanna; *Scharff,* Helmut: Das Spanische Strafgesetzbuch vom 23. Dezember 1944. Sammlung LXIX, Berlin 1955.

Radbruch, Gustav (Hrsg.): Die Peinliche Gerichtsordnung Kaiser Karls V. von 1532. Reclams Universal-Bibliothek, Stuttgart 1960.

– Die Psychologie der Gefangenschaft. ZStW 32, 1911, 349.

Reichardt: Der Vorentwurf zu einem deutschen Strafgesetzbuch von 1909. BlfGefK 44, 1910, 5.

Rietzsch: Die Strafen und Maßregeln der Sicherung, Besserung und Heilung. In: Franz *Gürtner* (Hrsg.), Das kommende deutsche Strafrecht, Allgemeiner Teil, Bericht über die Arbeit der amtlichen Strafrechtskommission, 2. Aufl., 1935, S. 118.

Riksen, R.; *Niekerk,* K. H.; *Baan,* P. A. H.; *Pompe,* W. P. J.: De lange Gevangenisstraf. Van Gorcum, Assen, 1957.

Röder: Zur Verständigung über das Verhältnis der Einzelhaft zur Strafgesetzgebung. Archiv des Criminalrechts, N.F., 1850, 412.

Röhl, Hellmut: Die Nennung des eingeschränkten Grundrechts nach Art. 19 Abs. I Satz 2 des Grundgesetzes. AöR 81, 1956, 195.

Roesner, Ernst: Der Mord, seine Täter, Motive und Opfer nebst einer Bibliographie zum Problem des Mordes. ZStW 56, 1937, 327.

Rosenfeld, Ernst Heinrich: Die richterliche Strafzumessung. Vergleichende Darstellung des deutschen und ausländischen Strafrechts, Allgemeiner Teil, Bd. 3, S. 93.

Roxin, Claus: Straftaten im Rahmen organisatorischer Machtapparate, GA 1963, 193.

Royal Commission on Capital Punishment. Report, London 1953.

Rubin, Sol: Psychiatry and Criminal Law. New York 1965.

Rüdin, Ernst: Über die klinischen Formen der Seelenstörungen bei zu lebenslänglicher Zuchthausstrafe Verurteilten. München 1909.

Sarstedt, Werner: Referat zu dem Thema: „In welcher Weise empfiehlt es sich, die Grenzen des strafrichterlichen Ermessens im künftigen Strafgesetzbuch zu regeln?" In: Verhandlungen des 41. DJT, Bd. 2 D, Berlin 1955, S. 29.

– Die Kontrolle der Ermessensfreiheit des Richters bei der Festsetzung von Strafen und sichernden Maßregeln. In: Deutsche Beiträge zum VII. Internationalen Strafrechtskongreß in Athen vom 26. September bis 2. Oktober 1957. Sonderheft der ZStW 69, 1957, 133.

Sax, Walter: Grundsätze der Strafrechtspflege. In: *Bettermann-Nipperdey-Scheuner,* Die Grundrechte, 3. Bd., 2. Hbd., Berlin 1959, S. 909.

Schickert, Hans: Statistik der Todesstrafe in Baden 1851—1929. MSchrKrim 21, 1930, 161.

Schmidt, Eberhard: Die Kriminalpolitik Preußens unter Friedrich Wilhelm I. und Friedrich II. Abhandlungen des kriminalistischen Instituts an der Universität Berlin, hrsg. von Franz *von Liszt* und Ernst *Delaquis*, 3. Folge, 1. Bd., 2. Heft, Berlin 1914.

– Entwicklung und Vollzug der Freiheitsstrafe in Brandenburg-Preußen bis zum Ausgang des 18. Jahrhunderts. Abhandlungen des kriminalistischen Instituts an der Universität Berlin, hrsg. von Franz *von Liszt* und Ernst *Delaquis*, 3. Folge, 2. Bd., 2. Heft, Berlin 1915.

– Einführung in die Geschichte der deutschen Strafrechtspflege. 2. Aufl., Göttingen 1951.

– Lehrkommentar zur Strafprozeßordnung und zum Gerichtsverfassungsgesetz, II. Teil. Göttingen 1957.

Schmidt, Lothar: Die Strafzumessung in rechtsvergleichender Darstellung. Berlin 1961.

Schmidt, Richard: Die Aufgaben der Strafrechtspflege. Leipzig 1895.

Schmied, Erich: Das Tschechoslowakische Strafgesetzbuch vom 29. November 1964. Sammlung LXXXV, Berlin 1964.

Schönke, Adolf; *Schröder*, Horst: Strafgesetzbuch, Kommentar. 13. Aufl., München und Berlin 1967.

Schröder, Horst: Gesetz und Richter im Rechtsstaat. Veröffentlichungen der Schleswig-Holsteinischen Universitätsgesellschaft, N.F., Nr. 4, Kiel 1953

Schröder, Joachim: Zur Psychologie der Delikte gegen das Leben. Dissertation Basel (gedruckt in Zürich), 1950.

Schüßler, Hans: Todesstrafe und Grundgesetz im Auslieferungsverfahren NJW 1965, 1896.

Seelig, Ernst: Lehrbuch der Kriminologie. 3. Aufl., neubearbeitet und ergänzt von Hanns *Bellavič*, Darmstadt 1963.

Seggelke, Günter: Die Entstehung der Freiheitsstrafe. Breslau 1928.

Seiler,, Robert: Probleme der Todesstrafe. In: „Der Einzelne und die Gesellschaft", Kärntner Hochschulwochen der Karl-Franzens-Universität in Graz, S. 111.

Sellin, Thorsten: The Dealth Penalty. Philadelphia 1959.

Sensoy, Naci; *Tolun*, Osman: Das Türkische Strafgesetzbuch vom 1. März 1926. Sammlung LXVII, Berlin 1955.

Seyfarth, H.: Vorläufige Entlassung für lebenslänglich Verurteilte. ZStW 33, 1912, 217.

von Sichart: Empfiehlt sich nach den bisherigen Erfahrungen eine Aenderung der Bestimmungen über das Beurlaubungssystem im Strafvollzuge? BlfGefK 20, 1886, 291.

— Die Freiheitsstrafe im Anklagestande und ihre Verteidigung, Heidelberg 1904.

Sieverts, Rudolf: Die Wirkungen der Freiheitsstrafe und Untersuchungshaft auf die Psyche der Gefangenen. Mannheim/Berlin/Leipzig 1929.

Sonderausschuß „Strafrecht", Deutscher Bundestag, 4. Wahlperiode, Protokolle.

Sonderausschuß für die Strafrechtsreform, Deutscher Bundestag, 5. Wahlperiode, Protokolle.

Steigleder, Emanuel: Mörder und Totschläger. Stuttgart 1968.

Stotz, Jo: Der schwarze Sternsaphir. Menschen im Strafvollzug. Stuttgart 1965.

Straßmann, Fritz: Die Begnadigung Lebenslänglicher. MSchrKrim 9, 1913, 62.

Stree, Walter: Deliktsfolgen und Grundgesetz. Tübingen 1960.

— Besprechung von *Hamann*, Andreas: Grundgesetz und Strafgesetzgebung. JZ 65, 381.

Sykes, Gresham M.: The Society of Captives. Princeton 1958.

Tersiev, M.: Die Bewertung ihrer Taten seitens der verurteilten Mörder. MSchrKrim 21, 1930, 198.

Tiedemann, Klaus: Die Rechtsstellung des Strafgefangenen nach französischem und deutschem Verfassungsrecht. Rechtsvergleichende Untersuchungen zur gesamten Strafrechtswissenschaft. N.F., Heft 31, Bonn 1963.

Többen, Heinrich: Ein Beitrag zur Psychologie der zu lebenslänglicher Zuchthausstrafe verurteilten oder begnadigten Verbrecher. MSchrKrim 9, 1913, 449.

— Neuere Beobachtungen über die Psychologie der zu lebenslänglicher Zuchthausstrafe verurteilten oder begnadigten Verbrecher. Leipzig und Wien 1927.

— Untersuchungsergebnisse an Totschlägern. Berlin 1932.

— Beobachtungsergebnisse an Lebenslänglichen. Mitteilungen der Kriminalbiologischen Gesellschaft, Bd. IV, 1933, 23.

Ullrich, Wolfgang: Das Schicksal der Lebenslänglichen. Ergebnis einer Untersuchung, zugleich ein Beitrag zur Strafrechtsreform. MSchrKrim 48, 1965, 257.

United Nations, Department of Economic and Social Affairs, Capital Punishment. New York 1962.

Vassalli, Giuliano: La Fonction Rééducative de la peine et la libération conditionelle. In: Studies in Penology dedicated to the memory of Sir Lionel *Fox*, by the International Penal and Penitentiary Foundation edited by Manuel *Lopez-Rey* and Charles *Germain*. The Hague 1964, S. 220.

Verkko, Veli: Verbrechen wider das Leben und Körperverletzungsverbrechen. Finnland und die benachbarten Länder. Helsinki 1937.

— Homicides and Suicides in Finnland and their Dependence on National Character. Scandinavian Study in Sociology, 3, Kopenhagen 1951.

Viernstein, Theodor: Eigenschaften und Schicksale von 40 lebenslangen Gefangenen des bayerischen Zuchthauses Kaisheim. Zeitschrift für Medizinalbeamte 27, 1914, 41 und 92.

Wächter, Carl Georg: Strafarten und Strafanstalten des Königreiches Württemberg. Tübingen 1832.

Wahlberg, Wilhelm Emil: Die gesetzliche Herrschaft der Todesstrafe und die Begnadigungspraxis. Gesammelte kleinere Schriften und Bruchstücke über Strafrecht, Strafprozeß, Gefängniskunde, Literatur und Dogmengeschichte der Rechtslehre in Österreich. Bd. 1, Wien 1875, S. 177.

Walker, Nigel: Crime and Punishment in Britain, Edinburgh 1965.

Warda, Günter: Dogmatische Grundlagen des richtlichen Ermessens im Strafrecht. Köln, Berlin, Bonn, München 1962.

Wasik, Józef: Kara Dozywotniego Wiezienia w Polsce (Die lebenslange Freiheitsstrafe in Polen). Warschau 1963.

von Weber, Hellmuth: Die Entwicklung des Zuchthauswesens in Deutschland im 17. und 18. Jahrhundert. Festschrift Adolf *Zycha*, Weimar 1941, S. 427.

Weitbrecht, Hans Jörg: Psychiatrie im Grundriß. Berlin 1963.

Welzel, Hans: Das Deutsche Strafrecht, 10. Aufl., Berlin 1967.

Wertenbruch, Wilhelm: Grundgesetz und Menschenwürde. Köln und Berlin 1958.

— Artikel „Menschenwürde", in: Staatslexikon Recht, Wirtschaft, Gesellschaft. Freiburg 1960.

Winckelmann, Walter: Beobachtungen an 50 Mörderinnen in der Strafanstalt zu Jauer. Veröffentlichungen aus dem Gebiete der Medizinalverwaltung, XLII, 1934, 45.

Winters, Peter Jochen: Hinter Gittern wird keiner besser. Sonderdruck von Christ und Welt, Stuttgart, Ende 1966.

Wintrich, Josef M.: Zur Problematik der Grundrechte. Arbeitsgemeinschaft für Forschung des Landes Nordrhein-Westfalen, Heft 71, Köln und Opladen 1957.

— Zur Auslegung und Anwendung des Art. 2 Abs. 1 GG. In: Staat und Bürger, Festschrift für Willibalt Apelt, München und Berlin 1958.

Wolfgang, Marvin E.: Patterns in Criminal Homicide. Philadelphia 1958.

Wood, Arthur Lewis: The Alternatives to the Death Penalty. The Annals of the American Academy of Political and Social Science, 284, 1952, 63.

Wurmser, Léon: Raubmörder und Räuber. Hamburg 1959.

Würtenberger, Thomas: Cesare Beccaria (1738—1794) und sein Buch „Von Verbrechen und Strafen" (1764). ZfStrVo 13, 1964, 127.

Zoepfl, Heinrich: Die Peinliche Gerichtsordnung Kaiser Karl's V. 3. Aufl., Leipzig und Heidelberg 1883.

Zusammenstellung der gutachtlichen Äußerungen über den Vorentwurf zu einem Deutschen Strafgesetzbuch, gefertigt im Reichs-Justizamt. Berlin 1911.

Zwingt die Leute zur Arbeit und ihr werdet sie zu ehrenwerten Menschen machen (*Voltaire* zu Cesare *Beccaria*). ZfStrVo 13, 1964, 335.

FSC
www.fsc.org
MIX
Papier | Fördert gute Waldnutzung
FSC® C083411

Kolibri 360 GmbH
Ferdinand-Jühlke-Straße 7
99095 Erfurt, Deutschland
produktsicherheit@kolibri360.de

Druck:
CPI Druckdienstleistungen GmbH
im Auftrag der
Kolibri 360 GmbH
Ferdinand-Jühlke-Str. 7
99095 Erfurt